河南省"十四五"普通高等教育规划教材

现 代 汉 语

■ 主 编 宋培杰

■ 副主编 赵丽萍 侯冬梅 康军帅 宋萌萌

WUHAN UNIVERSITY PRESS
武汉大学出版社

图书在版编目(CIP)数据

现代汉语/宋培杰主编.—武汉:武汉大学出版社,2022.10(2024.9
重印)
河南省"十四五"普通高等教育规划教材
ISBN 978-7-307-21758-4

Ⅰ.现⋯　Ⅱ.宋⋯　Ⅲ.现代汉语—高等学校—教材　Ⅳ.H109.4

中国版本图书馆 CIP 数据核字(2020)第 165351 号

责任编辑:詹　蜜　　　责任校对:汪欣怡　　　版式设计:马　佳

出版发行:**武汉大学出版社**　　(430072　武昌　珞珈山)
(电子邮箱:cbs22@whu.edu.cn　网址:www.wdp.com.cn)
印刷:武汉邮科印务有限公司
开本:720×1000　　1/16　　印张:24　　字数:393 千字　　插页:1
版次:2022 年 10 月第 1 版　　2024 年 9 月第 2 次印刷
ISBN 978-7-307-21758-4　　　定价:58.00 元

前　　言

　　吕叔湘先生曾经说过："评价一种教材的优劣，主要看它的时代性和针对性。"这里所谓的时代性，是指教材要体现当前某个领域科学研究的新成果，针对性是指教材要服务于特定的课程目标、课程体系、学习者及教学时限等。现代汉语教材反映现代汉语学科知识，是进行现代汉语课程授课的重要参考，它同样也需要满足这两个条件：一方面，必须反映当下现代汉语研究的最新成果与动态；另一方面，要以促进现代汉语的规范化和现代化、培养新时期合格的语言文字工作者为宗旨，对现代汉语语音、文字、词汇、语法、修辞等各分支进行系统全面的说明和分析。基于此，我们在本教材编写过程中，特别注意了如下几个问题：

　　第一，在内容安排上，根据"现代汉语各分支学科之间是相互关联的系统"这一特点，合理安排章节和知识点，力求做到条目清晰、循序渐进、前后照应。

　　第二，在内容选择上，主要遵循以下几个原则：一是"科学、稳妥"原则，把已成定论且有价值的知识点写进去，有学术争议的问题暂不涉猎；二是"时代性"原则，注重吸收现代汉语各分支学科比较前沿的一些研究成果，特别是有关语言分析理论方面的；三是"基础宽厚、重点突出"原则，注重基础理论、基本知识和基本技能的说明与阐述，对其中的重点内容注意结合语言生活中的实际用例和汉语教学实践进行论述分析。

　　第三，在表述方式上，宏观说明和微观阐释相结合，理论介绍与语言实例分析相结合，深入浅出，难易适中，符合一线教学的实际。同时，在具体问题的分析上，语言现象描写和语言现象解释并重，力求让学习者能知其然，更能知其所以然。

　　第四，在习题设计上，我们主要突出两点：一是指向性，即习题的设计是为实现特定的教学目标。现代汉语课程主要的教学目标是：让学习者掌握

1

现代汉语的基础理论和基本知识，提高其理解、分析、运用现代汉语的能力。基于此，我们以节为单位，分级设计课后习题。也就是说，教材中每一节后面都设置"思考与练习"，其中涵盖不同形式的习题，这些习题根据考查目标分为三级：一级习题是考查学生对基础理论和基本知识的掌握程度，二级习题是考查学生利用所学理论描写和解释语言现象的能力，三级习题考查学生通过拓展阅读获得的知识理解的能力。二是实效性。课后习题是巩固课内教学内容的重要资源，目前因现代汉语课内学时有限，所以课后作业基本上是学生课下自发完成，做得对不对、做得好不好，教师无法在课堂上进行全面及时的反馈，所以其实效性难以尽如人意。为解决这个问题，我们对每道习题都做了详细的答案解析，并在教材里附上二维码方便自由获取。这样处理，对于学习者而言，他们可以随时随地查阅学习，满足了当下多样化、便捷化学习方式的需求；对于教师来说，他们可以弥补因课时有限无法开设课内习题课这一教学安排的不足，另外，还能根据学生水平有针对性地选择部分习题进行讲解而无需顾忌没讲解过的习题学生可能不会这个问题。

　　本教材既可供各类高等院校汉语言文学专业和汉语国际教育专业作为本科必修教材使用，也可供各类大专院校相关专业作为选修课教材使用。本教材在编写、出版过程中，得到了河南科技学院教务处的大力支持，武汉大学出版社文史分社社长詹蜜老师也给出了诸多指导。在此，向他们表示由衷的感激！

　　本教材的编者在编写过程中，参阅和借鉴了不少文献资料，有些是直接吸收国内公开出版的相关论文、教材、专著的学术成果，有些是通过互联网获得的资讯。考虑到教材的性质和体例，未能一一注明出处，恳请有关作者、专家多多谅解与包涵。在此，也向他们表示诚挚的歉意，并致以由衷的感谢！

　　本教材是集体合作的成果，各位编者具体分工如下：

　　宋培杰（河南科技学院）：提纲编写与统稿；第一章

　　赵丽萍（平顶山学院）：第二章、第三章

　　康军帅（新乡学院）：第四章

　　侯冬梅（河南科技学院）：第五章

　　宋萌萌（河南科技学院）：课后习题编写；第六章

　　本教材在编写过程中，虽然我们力求完美，但由于知识水平有限，其中不当甚至错误之处恐难避免，恳请学界同仁与读者批评指正，以期今后逐步改进完善。

主编　宋培杰

目　录

▣ 第一章　绪论 ———————————————————————— 1

　　第一节　现代汉语概说 ………………………………… 1

　　第二节　现代汉语的特点 ……………………………… 8

　　第三节　现代汉语规范化 ……………………………… 14

▣ 第二章　语音 ———————————————————————— 18

　　第一节　语音概说 ……………………………………… 18

　　第二节　声母 …………………………………………… 27

　　第三节　韵母 …………………………………………… 33

　　第四节　声调 …………………………………………… 41

　　第五节　音节 …………………………………………… 46

　　第六节　音变 …………………………………………… 58

　　第七节　音位 …………………………………………… 67

　　第八节　语调 …………………………………………… 75

　　第九节　语音的规范化 ………………………………… 81

▣ 第三章　文字 ———————————————————————— 85

　　第一节　汉字概述 ……………………………………… 85

　　第二节　汉字的形体 …………………………………… 88

　　第三节　汉字的结构 …………………………………… 93

　　第四节　汉字的整理与标准化 ………………………… 104

▣ 第四章　词汇 ———————————————————————— 114

　　第一节　词汇概说 ……………………………………… 114

第二节　词义的性质及构成 ……………………………………… 130

第三节　义项和义素 ……………………………………………… 135

第四节　语义场 …………………………………………………… 144

第五节　现代汉语词汇的构成 …………………………………… 157

第六节　熟语 ……………………………………………………… 166

第七节　词汇的发展变化和词汇的规范化 ……………………… 173

第五章　语法 ──────────────────────── 180

第一节　语法概说 ………………………………………………… 180

第二节　词类概说 ………………………………………………… 186

第三节　实词 ……………………………………………………… 188

第四节　虚词 ……………………………………………………… 218

第五节　短语 ……………………………………………………… 241

第六节　句法成分 ………………………………………………… 257

第七节　单句 ……………………………………………………… 283

第八节　复句 ……………………………………………………… 301

第九节　句类 ……………………………………………………… 317

第十节　标点符号 ………………………………………………… 325

第六章　修辞 ──────────────────────── 338

第一节　修辞概说 ………………………………………………… 338

第二节　词语的选用 ……………………………………………… 343

第三节　句式的选用 ……………………………………………… 350

第四节　辞格 ……………………………………………………… 358

第五节　辞格的综合运用 ………………………………………… 375

第一章 绪　论

第一节　现代汉语概说

【目标要求】掌握现代汉语、基础方言、共同语的内涵，了解汉民族共同语的发展历程及我国方言的概况。

语言是人类区别于其他动物的本质特征之一，作为一种特殊的社会现象，它随着社会的产生而产生，并随着社会的发展而发展。汉语具有一切语言共同的属性。从构成要素上看，语言是以语音为物质外壳，词汇为建筑材料，语法为结构规律而构成的音义结合的符号系统。从功能上看，语言是人类最重要的交际工具和思维工具，也是文化的载体。

汉语历史悠久，文献资料长达三千多年。口头语言一发即逝，古人的口语现在已无法听到，所以汉语从古至今的发展历史、各个阶段的特点，只能从书面语言及有关的文字资料中去了解和研究。从书面语言资料来看，汉语在长期的发展中，曾在一个相当长的历史时期内，并存着两种书面语言系统，一种是在先秦口语基础上形成的上古书面语言以及后代采用和模仿这种书面语写成的各类文献著作，这种书面语就是现在通常所说的"文言"；另一种是魏晋六朝以来在北方方言口语基础上逐渐发展形成的书面语，它与当时的口语十分接近，大多用于通俗文学和笔记语录的写作。为区别于"五四"前后的"新白话"，这种书面语被称为"古白话"。唐代变文、宋元话本、明清小说都属于古白话的范围。

汉语从远古到现在，经历了不同的发展时期，面貌也发生了巨大的变化。以语法演变为主要依据，同时参照语音和词汇的变化情况，大致可以把汉语的发展分为上古汉语(先秦时期)、中古汉语(两汉至隋唐时期)、近代汉语(晚唐五代至"五四"运动)和现代汉语("五四"运动后至今)四个阶段。

现代汉语是现代汉民族所使用的语言,有广义和狭义两种理解,狭义的是指现代汉民族共同语,广义的包括现代汉民族共同语和汉语的多种方言。现代汉民族共同语是以北京语音为标准音,以北方话为基础方言,以典范的现代白话文著作为语法规范的普通话。

一、现代汉民族共同语

现代汉民族共同语不仅是汉民族内部用来交际的语言,也是我国各民族之间使用的通用语。中国大陆称为"普通话",中国台湾地区称为"国语",新加坡、马来西亚等地称为"华语"。我国是一个多民族的国家,出于国家统一、各民族之间交往的需要,《中华人民共和国宪法》规定"国家推广全国通用的普通话",这是按照国际惯例,从立法上确定以主体民族的共同语作为全国通用的语言。国家大力推广普通话,其目的并不是要消灭方言和少数民族语言,而是要让公民具备普通话应用能力,并自觉使用,以消除交际障碍。

(一)基础方言

民族共同语总是在某种方言的基础上形成。民族共同语形成基础的方言叫作基础方言。什么方言能成为民族共同语的基础方言,主要取决该方言在社会中所处的地位,取决于这个方言区的政治、经济、文化以及人口等条件。

北方方言是汉民族共同语的基础方言,这是由于政治、历史、文化、人口等因素造成的。历史上但凡是中国建成大一统政权的时期,都城都定在了北方方言区,如汉唐的长安、宋代的汴京。不仅如此,北方方言区的重要城市——北京是辽、金、元、明、清的都城,是全国的政治中心。这不仅使得北京话因为政治的力量成为北方方言的代表,而且也使得以北京话为代表的北方方言很早以来就处于同其他汉语方言完全不同的特殊社会背景之中。从文化方面来看,晚唐以来许多重要的文学作品都是用北方方言写成的,这些作品在全国范围内流传,扩大了北方方言的社会影响。从人口方面来看,北方方言分布区域随历史的发展而不断扩大,北方方言成为汉语诸方言中通行范围最广、使用人口最多的方言。正是上述因素的综合作用，才最终促使北方方言成为汉民族共同语的基础方言。

（二）现代汉民族共同语的历史渊源

汉民族很早就有了书面语形式的共同语。春秋战国时期，《论语·述而》里曾记载："子所雅言，《诗》《书》、执礼皆雅言也。"意思是说孔子在诵读《诗》《书》以及主持赞礼时用的都是雅正之言。到了汉代，扬雄在《方言》里把共同语称为"通语""凡语"，与只在局部地区通行的方言相对。

古代汉民族共同语的书面语——文言最初也是在口语的基础上形成的，但当它逐渐固定下来成为一种书面语的传统之后，就与自然口语逐渐脱节，最后变成了如果不经过专门学习，连看也看不懂的书面语了。中国先秦、两汉时期以口语为基础形成的上古书面语，就是如此。由于上古书面语和口语完全脱节，于是六朝以后出现了一种新的与口语联系更为密切的书面语——白话。例如，在笔记小说《世说新语》、佛经翻译等一些书面资料中就有一些口语化的词语和句式。其后，这种书面语经历唐五代，到宋元之际已发展成熟。宋元以来，采用白话创作的文学样式很多，如唐代的变文、宋元的话本、元代的散曲，而影响最大的则是明清小说。这些白话文学作品的语言虽然或多或少带有一些地方色彩，但基本上是用北方方言写成的。这些脍炙人口的文学作品在社会上的广泛流传，加速了北方方言的推广，同时扩大了北方方言的影响。但是长期以来，因为白话的使用还只局限于通俗文学，所以没有成为通用的书面语形式，直到1919年"五四"运动之后，白话才真正取得了民族共同语书面语言的资格。

汉民族共同语的口语形式，出现得比书面语形式要晚，因为口语交际会更多地受到空间限制。公元14世纪，一种被称为"官话"的口语形式的共同语已经在北方方言的基础上形成了。官话与"乡音、土语"相对，是当时各个方言区之间用来互相沟通的交际用语。在官话的形成过程中，北京话有着特殊的地位。唐代，北京是北方军事重镇；辽代，北京是"五京（上京临潢府、西京大同府、中京大定府、南京析津府、东京辽阳府）"之一；金元以来，北京成为我国政治和文化的中心。因此，北京话的影响逐渐显著，其地位日益重要。一方面，北京话作为官府的通用语言传播到了全国各地而发展成为"官话"；另一方面，白话文学作品也更多地受到了北京话的影响。

到了 20 世纪初，随着我国社会的发展，民族民主革命运动高涨，一方面，掀起了"白话文运动"，彻底动摇文言文的统治地位；另一方面，由汉语拼音运动引发的"国语运动"也已展开，清末出现的"国语"这一名称在民国初年正式取代了"官话"。当时的教育部颁布了注音字母，规定以北京语音为标准统一的口语读音。中华人民共和国成立之后，随着政治的空前统一和经济的迅速发展，因此对民族共同语的进一步统一和规范提出了更高的要求。于是，1955 年在北京召开了现代汉语规范问题学术会议，会上确定把汉民族共同语称为普通话，主张向全国大力推广。

二、现代汉语方言

方言俗称地方话，指通行于一定的地域，局部地区人们所使用的语言。汉语历史悠久，是世界上方言现象比较复杂的语言之一。形成汉语方言的因素很多，有社会、历史、地理方面的，如长期的小农经济、分封割据、人口迁徙、山川阻隔等；有语言本身的，如语言发展的不平衡性，不同语言之间的相互接触、相互影响等。

方言虽然只是在一定的地域中通行，但本身却也有一套完整的系统，能够满足本地区人们社会交际的需要。民族共同语是在一种方言的基础上发展起来，因此同一民族的各个方言和这个民族的共同语，大多会表现出"同中有异，异中有同"的特点。汉语方言的差异性表现在语音、语法、词汇等各个方面，其中语音的差异最大，词汇的差异次之，而语法方面的差异，则相对来说要小得多。

我国人口众多，地域辽阔，方言现象复杂。为了充分地了解、研究汉语方言的情况，有必要根据其特征划分方言区。现代汉语方言分区有多种方案，其中影响最大的是袁家骅先生在《汉语方言概要》中提出的七大方言区，即北方方言、吴方言、湘方言、赣方言、客家方言、闽方言和粤方言。在某些复杂的方言区内部，还可以再分列出若干方言片（又称次方言），甚至再分"方言小片"，直到一个个地点(某市、某县、某镇、某村)的方言，就叫作"地点方言"。

（一）北方方言

北方方言也叫官话方言，以北京话为代表。北方方言可分为四个次方言：（1）华北-东北方言，分布在北京、天津两市，河北、河南、山东、辽宁、吉林、黑龙江以及内蒙古的部分地区。（2）西北方言，分布在山西、陕西、甘肃等省和宁夏、青海、内蒙古的部分地区。新疆的汉族使用的也是西北方言。（3）西南方言，分布在四川、云南、贵州等省及湖北大部分地区（东南角咸宁地区除外），广西西北部，湖南西北部等。（4）江淮方言，分布在安徽省、江苏长江以北地区（徐州、蚌埠一带属华北-东北方言，除外）、镇江和镇江以西九江以东的长江南岸沿江一带。北方方言分布地域最广，使用人口约占汉族总人口的73%。

（二）吴方言

吴方言也叫吴语，以上海话或苏州话为代表。分布在上海市、江苏省长江以南镇江以东部分（不包括镇江）、南通的小部分地区、浙江的大部分地区。吴方言内部存在一些分歧，杭州曾做过南宋的都城，杭州城区的吴语就带有浓厚的"官话"色彩。吴方言的语音和北方方言差别较大，保留了更多的古音成分，词汇和语法方面也有许多独特之处。吴方言的使用人口约占汉族总人口的7.2%。

（三）湘方言

湘方言也叫湘语，以长沙话为代表。分布在湖南省大部分地区、临近湖南的重庆市以及广西壮族自治区北部少数几个县。湘方言内部存在新湘语和老湘语的差别。新湘语主要分布在湘北和长沙等较大的城市，受北方方言影响较大，中古时期的全浊声母已经清音化。老湘语分布在衡阳市、湘乡（含双峰县）一带，受外部方言影响较小，不同程度地保留了全浊声母。湘方言的使用人口约占汉族总人口的3.2%。

（四）赣方言

赣方言也叫赣语，以南昌话为代表。分布在江西省中部和北部，湖南东南部、湖北省东南一带，安徽西南部和福建的西北部等地区。赣方言的使用人口约占汉族总人口的3.3%。

（五）客家方言

客家方言也叫客家话，以广东梅县话为代表。分布在广东、广西、福建、台湾、江西、湖南、台湾等省，其中以广东东部和北部、福建西部、江西南部和广西东南部为主。客家人虽然居住分散，但客家方言内部仍自成系统，内部差别不太大。客家方言的使用人口约占汉族总人口的3.6%。

（六）粤方言

粤方言也叫粤语，以广州话为代表。分布在广东中部、西南部和广西东部、南部，以及香港、澳门特别行政区。粤方言内部也有分歧，四邑(台山、新会、开平、恩平四县)话、阳江话和桂南方言等都各有一些有别于广州话的语音特色。粤方言的使用人口约占汉族总人口的4%。

（七）闽方言

闽方言也叫闽语，分布在福建、海南、台湾、广东省东部潮汕地区和雷州半岛部分地区，以及浙江南部温州地区的一部分、广西的少数地区。闽方言可分为闽南、闽东、闽北、闽中、莆仙五个次方言。闽南方言以厦门话为代表，闽东方言以福州话为代表，闽北方言以建瓯话为代表，闽中方言以永安话为代表，莆仙方言以莆田市的城关话为代表。闽方言的使用人口约占汉族总人口的5.7%。

汉语方言还有两种特殊分布：一是方言岛，二是海外方言，它们都是历史上的移民散播造成的。方言岛指的是存在于某方言区内的使用另一种方言的人群所居住的小块区域，这样的小块方言犹如大海中的孤岛，所以形象地称为方言岛；海外方言指的是海外华人社区通行的汉语方言。世界各地有大约150个海外方言社区，主要分布在亚洲、欧洲、非洲、美洲等。七大方言中，粤方言、闽方言、北方方言和客家方言在海外也有分布，使用人口最多的是粤方言和闽方言。

就与普通话的差别来说，闽、粤方言与普通话的差别最大，吴方言次之，湘、赣、客家方言与普通话的差别相对较小。我们研究汉语方言，不仅是为了有效推广普通话，而且也是为了更好地了解汉语发展的历史和现代汉语自身的特点。从历史的角度来说，现代汉语方言都是古代汉语在不同地域流变的结果，所以方言往往保留了书面文字资料上看不到的古音、古义等十分宝贵的活的语言材料。现代汉语和汉语史的研究如果不联系汉语方言，有些问题恐怕是很难深入的。

附表　　　　　　　　**现代汉语七大方言语音主要特点表**

比较项目 / 方音特点 / 方言名称	声母方面		韵母方面		声调方面	其他特点
	有无浊塞音、浊塞擦音	有几组塞擦音、擦音	有无鼻音韵尾	有无入声韵尾	调类数目	
	b、d、g dz、dʐ、dʑ	tʂ、tʂʰ、ʂ ts、tsʰ、s tʃ、tʃʰ、ʃ	-m、-n、-ŋ	-p、-t、-k、-ʔ		
北方方言	没有	有 tʂ 组、ts 组	有-n、-ŋ 两个	只有少数地区有-ʔ	一般有4个，个别有3个、5个	西北方言有鼻化韵母
吴方言	都有	多数地区只有 ts 组	有-n、-ŋ 两个	只有-ʔ	有7个或8个	单元音韵母多，复元音韵母少
湘方言	日趋消失	有 tʂ 组、ts 组	有-n、-ŋ 两个	有入声，但无入声韵	有5个或6个	①x 和 u 相拼时念 f ②n 和 l 相混
赣方言	没有	只有 ts 组	有-n、-ŋ 两个	只有-t、-k	一般是6个	①有 l 无 n，但有 ŋ ②把北方话一部分念 t 的字念成 tʰ
客家方言	没有	只有 ts 组	有3个	有-p、-t、-k	一般有6个	①x 和 u 相拼时念 f ②没有 tɕ、tɕʰ、ɕ
闽方言	厦门、潮州有 b、g	只有 ts 组	有3个	有-p、-t、-k、或-ʔ	有7个或8个	①没有 f ②把北方念 ts、tsʰ 的一些字念成 t、tʰ

续表

比较项目 方音特点 方言名称	声母方面		韵母方面		声调方面	其他特点
	有无浊塞音、浊塞擦音	有几组塞擦音、擦音	有无鼻音韵尾	有无入声韵尾	调类数目	
	b、d、g dz、dʐ、dʑ	tʂ、tʂʰ、ʂ ts、tsʰ、s tʃ、tʃʰ、ʃ	-m、-n、-ŋ	-p、-t、-k、-ʔ		
粤方言	没有	只有 tʃ 组	有 3 个	有-p、-t、-k	一般有 9 个，个别有 10 个	①x 和 u 相拼时念 f ② 没有 tɕ、tɕʰ、ɕ

【思考与练习一】

一、什么是现代汉语？

二、什么是基础方言？为什么北方方言会成为现代汉民族共同语的基础方言？

三、什么是方言？现代汉语有哪些方言？各自的代表方言是什么？

第二节 现代汉语的特点

【目标要求】理解现代汉语相对于印欧语系诸语言（如英语）在语音、词汇、语法等方面的主要特点，理解现代汉语相对于古代汉语在语音、词汇、语法等方面的主要特点。

一种语言具有什么特点，要依据比较的对象来确定。我们这里所说的现代汉语的特点，主要是同印欧语系诸语言、古代汉语比较之后归纳出来的。

一、与印欧语系诸语言比较显示出来的特点

(一)语音方面

1. 没有复辅音。汉语音节中不存在两个辅音音素连用的情况，汉语中的 ng、zh、ch、sh 是用两个字母表示一个音素，不是复辅音。

2. 元音占优势。元音是汉语音节中必不可少的重要组成部分，少则一个，多则三个。

3. 音节整齐简洁。汉语音节大多是一个辅音在前，一个单元音或复元音在后，辅音在后的情况不多。音节结构整齐而简洁，音节之间的界限分明。

4. 有声调。汉语音节都有声调。声调不仅具有区别意义的作用，而且还可以使音节之间界限分明，并产生高低起伏、抑扬顿挫的音乐感。

(二)词汇方面

1. 单音节语素为主，双音节词占优势。汉语语素绝大多数是单音节的，一般来说，书面语中一个汉字通常就代表一个语素。多音节语素在现代汉语中较少，大多是音译外来语素。现代汉语中词以双音节为主。有人统计了1978 年版的《现代汉语词典》，发现收录的 5 万多个词中，双音节有 4 万多个，单音节词 2500 多个，其余为三音节或三音节以上的词。古代汉语中单音词较多，发展到现代汉语，逐渐趋向了双音化，主要表现为：古代汉语中的大多数单音节词，到了后来大多不能独立使用了，于是通过近义复合、添加词缀或冗余语素实现了双音化，如"皮肤、坟茔、木头、老师、深渊、脚趾、榆树、崤山"等。有些多音节词或短语通过缩减也成了双音节词，如"落花生——花生、外交部长——外长、彩色电视机——彩电"等。

2. 构词广泛运用词根复合法。汉语中的单音节语素绝大多数可以充当词根，并且构词能力较强，所以运用词根复合方式构成的合成词最多，如"给力、点赞、弱智"等。这与附加式合成词占绝对优势的印欧语(如英语)完全不同。附加式虽然也是现代汉语合成词的基本结构模式之一，但因为典型词缀数量不多、构词能力有限等原因，所以运用词根加词缀方式构成的合成词相对较少。

3. 同音语素数量多。例如"yá"这个音节表示了"牙、芽、崖、涯、伢、衙、睚"等不同的语素，"shì"这个音节表示了"是、市、试、式、事、适、

室"等不同的语素。这个特点使汉字能够长期适应于汉语。

4. 语音节奏规则在一定程度上影响语法结构的样式。现代汉语中，韵律节奏逐渐成为影响语法结构样式的重要因素之一。例如"预订房间、修理手表"，我们可以说"订房间、修手表"，但却不能说"*预订房、*修理表"，这是受汉语韵律规则制约的结果。这就是说，如果"双音节动词+双音节名词"这一组合是动词性的，则词化的节奏模式大多为"1+2"，如果变成"2+1"，则多数不合格。

5. 词和短语的界限相对模糊。由于汉字记录汉语不实行分词，所以"词"与比它高一级的语言单位——短语之间的界限有时不容易分清楚。即便是词与词之间的界限，也远不如印欧语系诸语言(如英语)清晰。例如"白菜"和"白纸"，形式上一样，但性质却不同：前者是词，后者是短语。又如"我买了一块儿巧克力面包"，如果没有专门的语法知识，单从文字记录语言的方式上看，很难判断出这句话里包含有几个词。

(三)语法方面

1. 汉语表示语法意义的手段以虚词和语序为主。与印欧语系诸语言不同，汉语不大通过词形变化来表示语法意义。这就是说，汉语中的词在任何语法环境中基本不改变词形，不像英语、俄语、德语、法语那样，名词有性、数、格的变化，动词有人称、数、式、态的变化。汉语中仅有的形态变化是重叠，如"个——个个、整齐——整整齐齐、考虑——考虑考虑"等。汉语表达语法意义主要通过虚词和语序。如"我的老师——我和老师"，"的"表示偏正关系，"和"表示并列关系，虚词不同，两个短语的意义也不同；"态度端正——端正态度"，语序不同，两个短语的意义也不同。

2. 词类与句法成分之间关系复杂。印欧语系诸语言(如英语)中词的句法功能相对单一，词类和句法成分之间存在较为严格的对应关系。以英语为例，动词与谓语对应，名词与主语、宾语对应，形容词与定语对应，副词与状语对应。但汉语中词的句法功能却是多方面的，词类与句法成分之间的对应关系错综复杂。例如，名词能充当主语、宾语、定语、谓语、状语等句法成分，动词、形容词同样也可以。所以，汉语中相同的词类序列可以表示不同的句法结构。

研究讨论 (联合结构)　　喜欢旅游 (动宾结构)

挖掘出来 (中补结构)　　出差回来 (连谓结构)

游泳技术（定中结构）　　　绕道回家（状中结构）

3. 词、短语和句子的结构原则基本一致。现代汉语中无论是语素构成复合词，还是词构成短语，甚至是某些短语加上句调构成句子，都有主谓、动宾、补充、偏正、联合五种基本的语法结构关系。例如，"地震"是主谓式复合词，"地面震动"是主谓短语，"地面震动了。"是动词性谓语句，属于主谓句的一种。而在印欧语系诸语言（如英语）里，句子和短语完全是对立的，即：句子中的动词必须是限定形式，它有反映时态、语态、人称、数等方面的形态变化；短语中如果有动词，只能是非限定形式；句子一定是主谓关系，短语则一定不是主谓关系。

4. 量词和语气词十分丰富。量词表示计量单位，现代汉语中数词与名词不能直接组合，中间必须得有量词，并且量词的使用也不是任意的，要受到语义和使用习惯的制约，比如"一线希望、一丝微笑、一首歌曲"等。印欧语系诸语言（如英语）中没有量词。以英语为例，有人把"three pieces of paper、a glass of water"中的"piece""glass"看作量词，这是不妥的，其实它们还是名词，不仅有单复数的变化，而且使用范围有限，只能与不可数名词组合，这是与汉语中量词不同的地方。现代汉语中有语气词，如"吗、吧、了、呢、啊"等，它们经常出现在句子的末尾，表示各种语气。用不同的语气词，句子的意思也有差别。印欧语系诸语言中没有语气词，句子的语气主要靠句调表示。

二、与古代汉语比较显示出来的特点

现代汉语虽然由古代汉语发展而来，但它们在语音、词汇、语法等方面还是存在不小的差异。需要说明的是，因为古代汉语时间跨度较长，其间变化较多，所以这里仅以先秦时期的上古汉语为例，让现代汉语与之进行比较，以此为参照来分析现代汉语的特点。

（一）语音方面

现代汉语语音系统明显简化了，主要表现为：上古汉语中的浊塞音、浊塞擦音、清鼻音声母消失，复辅音声母不复存在，辅音韵尾大大减少，入声消失。

上古汉语中的塞音、塞擦音也有送气和不送气之分，不仅如此，还有一套不送气的浊音，同时鼻音也分清浊。此外，还有[pl]、[gl]、[sk]等复辅音。后来在发展过程中，浊塞音、浊塞擦音都因清化而变为相应的清辅音，清鼻音、复辅音也消失了。上古汉语的辅音韵尾较多，有浊鼻音[m]、[n]、[ŋ]，清塞音[p]、[t]、[k]，浊塞音[b]、[d]、[g]，但发展到现代汉语，辅音韵尾只剩下了[n]和[ŋ]。上古汉语中，入声自成调类，但发展到现代汉语，入声消失，它分别归并到了阴平、阳平、上声和去声当中。

（二）词汇方面

汉语在发展的过程中，双音节化倾向越来越明显；词缀和类词缀有所增加，附加式合成词增多；一大批来自英语和日语的外来词进入了现代汉语词汇。

上古汉语中单音节词占优势，但发展到现代汉语，双音节化倾向越来越明显了。一些古代的单音节词已为双音节形式取代，如"目——眼睛、月——月亮、鼻——鼻子"；新产生的词也大多是双音节形式，除了少数是多音节的之外，几乎很少是单音节词，如"自驾游、过劳死、股民、盗版、休闲"等；还有一些多音节词或短语通过缩减成了双音节形式，如"空气调节器——空调、地下铁路——铁路、武装警察——武警"等。

上古汉语和现代汉语虽然都缺乏构词词缀，但两者相比，上古汉语中更少。在古代汉语向现代汉语的发展过程中，一些词根语素逐渐虚化成为词缀、类词缀。因此，现代汉语中，由词缀附加在词根上构成的附加式合成词也逐渐增多了，尽管仍没有占据主要地位。例如，现代汉语常见的词缀"老、子、头"等，以及正处于虚化过程中的类词缀"家、员、手、性、可、族"等都是由词根语素发展来的。

古代汉语中也有外来词，但与现代汉语中的情况明显不同。古代汉语中的外来词多来自西域、南洋、印度、中亚等国家或地区的语言，数量有限；而现代汉语的外来词则主要来自印欧语和日语，并且在数量上远远超过了古代汉语。

（三）语法方面

量词越来越多；介词、语气词系统基本上完全更换；代词系统明显简化；词类活用现象显著减少；先秦时期没有的动态助词在现代汉语中成了常用词类；动结式短语、被字句、把字句等成为重要的句法结构和常见句式；代词宾语在否定句、疑问句中的位置有了改变；句子结构趋于复杂，表意更加准确精密。

上古汉语中量词很少，所以数词通常是与名词直接组合而中间无须出现量词。发展到现代汉语，量词已越来越丰富，并且还出现了"人次、秒立方、架次"等复合量词。数词一般不能与名词直接组合，需要同量词构成数量短语之后再修饰名词。介词进一步发展和丰富。古代汉语中的介词，如"于、以、为、与"等，在口语中已很少使用了，现在常见的介词几乎都是先秦以后产生的，并且大多是由动词虚化而来。古代汉语中的语气词已被后来产生的语气词完全取代，如"也、焉、哉"等已换成了"的、了、吗、啊"。代词系统大为简化，以第二人称代词为例，古代汉语中有"汝、若、尔、而、乃"等，但到了现代汉语中却只有"你、您"。

上古汉语中词类活用现象十分常见，但发展到现代汉语，词类活用现象已大大减少，只是出于语言表达的需要，偶尔会把甲类词活用为乙类词。但是，现代汉语中却出现了更多的兼类词。

现代汉语中常用的动态助词"着、了、过"在先秦时期并不存在，宋元以来才出现并开始逐渐广泛使用，不带"得"和带"得"的动结式结构基本上也在这一时期定型，而上古汉语中动词很少带有结果补语。现代汉语中的"被"字句、"把"字句也是上古汉语中没有的句式，"被"字句在汉代以后出现，"把"字句则出现得更晚。

先秦时期，否定句中的代词宾语、疑问句中的疑问代词宾语都必须放在动词之前，这是上古汉语在语序方面的一个突出特点，而发展到了现代汉语，宾语都要放在动词之后。

现代汉语中不少书面语中使用的句子，复杂短语充当句法成分变得更加常见，句子的附加成分也明显增多，并且还经常出现多层定语、多层状语、多层补语，句子结构趋于复杂，所以意义表达更加准确精密。

【思考与练习二】

一、与英语相比，现代汉语在语音、词汇、语法方面有哪些特点？

二、与古代汉语相比，现代汉语在语音、词汇、语法方面有哪些特点？

第三节 现代汉语规范化

【目标要求】了解现代汉语规范化的必要性和重要意义，理解现代汉语规范化的内涵、标准和内容。

一、国家重视语言文字工作

我国历来重视语言文字工作。1949 年以来，不少国家领导人都对语言文字工作作过重要指示。早在 20 世纪 50 年代初，我国就成立了中国文字改革委员会，并于 1955 年召开了"全国文字改革会议"和"现代汉语规范问题学术会议"。会议确定了现代汉民族共同语——普通话的含义和标准，会后，国务院根据会议精神把"促进汉字改革、推广普通话、实现汉语规范化"作为语言文字工作的三大任务。

1956 年 1 月国务院通过《关于推广普通话的指示》，同时决定成立推广普通话工作委员会。为了适应社会发展，进一步加强语言文字工作，1985 年 12 月，国务院决定把中国文字改革委员会更名为国家语言文字委员会（简称"国家语委"），扩大了它的工作范围和行政职能。1986 年 1 月，国家教育委员会和国家语言文字工作委员会联合召开了全国语言文字工作会议，确定了新时期语言文字工作的重心，即：促进语言文字规范化、标准化，加强语言文字应用的管理。在与之配合的多项具体任务中，最主要的是继续大力推广和普及普通话；进一步推行《汉语拼音方案》；加强语言文字应用管理并制定相关的标准和法规。

1997 年 12 月，中央在北京召开了全国第二次语言文字工作会议，确定了新世纪语言文字工作的指导思想、奋斗目标和工作任务，以促进语言文字工作逐步走上科学化、规范化、制度化的轨道。

2000 年 10 月 31 日，根据我国《宪法》制定的《中华人民共和国国家通用语言文字法》，经第九届全国人民代表大会通过，并于 2001 年 1 月 1 日起开始实施。这是我国历史上第一部关于语言文字的专门法，它首次明确规定了普通话和规范汉字作为国家通用语言文字的法律地位，为加强语言文字应用的管理和促进语言文字的规范化、标准化提供了法律依据。同时，对全面提高国民素质、发展科学文化、提高经济和社会信息化水平、增进各地区各民族之间的交流和沟通、增强中华民族凝聚力均有重要意义。

国家通用语言文字法的颁布和实施，标志着中华人民共和国成立以来语言文字工作走上了法制化轨道，进入了一个全新的发展时期。此后，语言文字工作在规范化、标准化以及依法管理方面都取得了明显的效果。2011 年 10 月在纪念《国家通用语言文字法》颁布十周年时，教育部和国家语委进一步从国家战略的高度指出，语言文字是历史发展和社会进步的重要力量，要求语言文字工作迈上新的台阶：在全球化的背景下，从维护国家核心利益和社会安全出发，在全面提升国民语言文字能力的基础上，提升国家语言能力，以适应时代发展的新要求。"国家语言文字能力"是一个新概念，指的是国家处理内外各种事务所需要的语言能力，其中包括国家发展所需要的语言能力。提升国家语言能力，要求在大力推广和规范使用国家语言文字的同时，继续处理好方言和普通话的关系；处理好少数民族语言和国家通用语言的关系；处理好汉语和外语之间的关系，在加强母语教育和提升通用性最广泛的外语语种的使用能力之外，还要大力培养国家对外事务中所需要的其他语种的人才。在时代发展新要求的形势下，中国语言文字规范化、标准化及其应用和管理工作，将以提升公民和国家的语言能力为目标，为建设语言强国，传播中华文化，维护国家的利益和安全，以及引导社会生活和谐发展，构建和谐社会而做出贡献。

二、现代汉语规范化

现代汉民族共同语虽然已经发展到了比较成熟、完善的阶段，但还没有达到完全的统一。由于历史的原因，它在语音、词汇、语法等方面还存在一些分歧和混乱现象，这在一定程度上削弱了它作为交际工具的作用，对社会主义建设事业也是不利的，因此需要对现代汉语进行规范。

现代汉语规范化，主要是指根据汉语的历史发展规律，结合汉语的习惯用法，对普通话内部（包括语音、词汇、语法各个方面）存在的少数分歧和混乱现象进行研究，选择其中的一些读法或用法作为规范并加以推广，确定其中的另一些读法或用法是不规范的并加以舍弃，从而使汉语沿着健康和规范的道路向前发展，同时让人们在使用语言文字时有明确一致的标准。1955

15

年召开的"现代汉语规范问题学术会议",明确了现代汉民族共同语——普通话的标准是"以北京语音为标准音,以北方话为基础方言,以典范的现代白话文著作为语法规范"。

　　普通话语音是以北京语音为标准音,因此凡是不符合这个标准的,都是不规范的,但这是就整体来说的,不是说北京话中任何一个语音成分都是标准的,都属于普通话成分。在北京语音内部,由于各种各样原因,仍然存在着一些分歧,例如,北京话里的土音成分,把"不言语"读作"bù yuán yi",把"蝴蝶"读作"hú tiěr";某些儿化词如"侯宝林儿、地点儿、舒心儿、光景儿"等,某些轻声词如"烟囱、职业、措施"等,异读词如"比较(jiào/jiǎo)、沸腾(fèi/fú)、摄影(shè/niè)"等,这些都需要确立标准进行规范。

　　普通话词汇是以北方方言词汇为基础。普通话在北方方言的基础上形成,因此北方方言词汇是普通话词汇的主要来源。但这并不是说,所有的北方方言词汇都可以进入普通话,因为即便是在北方方言内部也存在不小的分歧,比如,普通话中"太阳",在北方方言区内部就对应有"老爷儿(北京、保定)、日头(沈阳、西安)、热头(合肥)"等多种说法。如何排除词汇中存在的分歧现象,是词汇规范化要做的重要工作。为了进一步丰富表达,普通话也要从其他方言、外族语言中吸收一些富有表现力的词汇成分,吸收的标准问题也是词汇规范化所要做的工作之一。

　　普通话语法以"典范的现代白话文著作"作为规范。"典范的现代白话文著作"是指流传范围广、影响力大、有广泛代表性的现代白话文作品。强调"现代白话文著作",目的是要与早期的白话文作品相区别,因为时代在变迁,语言在发展,早期的白话已有很多不合乎现代语法规范了。典范的现代白话文包括了现代著名作家的优秀白话文作品,国家正式的文件、报刊社论等。之所以这样规定,是因为典范的现代白话文著作的语言是经过加工、提炼的规范化的民族共同语形式,具有稳定性,它们可以把语法规范的标准巩固下来,便于人们遵循。另外要指出的是,把典范的现代白话文著作当成语法规范,是指它的一般的并具有普遍性的用例,个别特殊用例是不包括在内的。

　　一般来说,普通话语法应该排除方言语法、古代汉语语法和外族语言语法的影响。但是对于其中有生命力的、能够适应汉语内部发展规律的语法格式，我们应当予以肯定并把它们吸收进来。如吴方言中"穿穿看、吃吃看"等"VV看"格式，具有特殊的表达功能，已经被吸收到普通话中来了。"为……而奋斗、讨论并通过"等格式就是从古汉语吸收进来的，吸收进来之后，我们的语言表达更加准确精密，也更富有表现力了。

【思考与练习三】

　　一、"国家通用语言文字"具体是指什么？《中华人民共和国国家通用语言文字法》的颁布与实施，有什么重要意义？

　　二、什么是现代汉语规范化？现代汉语规范化的标准是什么？

第二章　语　　音

第一节　语 音 概 说

【目标要求】理解语音的内涵及性质，掌握音素、音节等语音单位，学会正确使用《汉语拼音方案》和国际音标等记音符号。

一、语音的性质

语音是语言的物质外壳，是由人的发音器官发出的、代表了一定意义的声音。语音同自然界的其他声音一样，都产生于物体的振动，具有物理属性；语音是由人类的发音器官协调作用发出来的，还具有生理属性；更重要的是，语音要表示一定的意义，什么样的语音形式表达什么样的意义，是使用该语言的全体社会成员约定俗成的，所以语音又具有社会属性。

（一）语音的物理性质

自然界中的各种声音都产生于物体的振动。物体的振动影响周围的空气或其他媒介，形成音波。音波传播到人的耳中，刺激听觉神经，人就能听到各种声音。一切声音都可以从音高、音强、音长和音色四个方面来认识，分析语音当然也不例外。

1. 音高

音高指的是声音的高低，它决定于发音体在一定时间里振动的次数。发音体单位时间里振动的次数叫"频率"。频率越高，声音就高，反之则低。物体发音有高低的区别，这与发音体自身的大小、长短、粗细、松紧、厚薄有直接的关系。一般来说，在同一时间里，凡大的、长的、粗的、松的、厚

18

的东西振动慢，频率低，声音低，反之则高。同一个人发出的声音有高有低，这是因为我们可以根据表达的需要自由地把声带拉紧或放松。

2. 音强

音强指的是声音的强弱，它与发音体振动幅度的大小有关。发音体振动的幅度叫"振幅"。振幅大，声音就强，反之则弱。人们发音时用力大，呼出的气流冲击发音器官的力量强，形成的音波振幅大，声音就强；用力小，呼出的气流冲击发音器官的力量弱，形成的音波振幅小，声音就弱。

3. 音长

音长指的是声音的长短，它决定于发音体振动时间的久暂。持续的时间长，声音就长，反之声音就短。例如，普通话里同一个叹词"啊"，表示应答时音长比较短，表示沉吟思索时则音长较长。

4. 音色

音色也叫音质，是声音的特色。音色的差别主要决定于物体振动所形成的音波波纹的曲折形式不同。音色是不同的声音之所以能够相互区别的最基本的特征，发音体、发音方法、发音时共鸣器形状不同会造成音色的差别。

(二)语音的生理性质

发音器官的活动部位或活动方式不同，会形成不同的语音，因此学习和分析语音，需要了解发音器官的构造以及在发音中的活动情况。

发音器官可以分为呼吸器官、发声器官、共鸣器官三大部分。

1. 呼吸器官

呼吸器官是一连串的管道，从口腔、鼻腔开始，经过咽头，通到喉头，再向下由气管、支气管到达肺脏。肺是呼吸器官的中心，它的呼吸作用形成的气流提供了产生语音的基本动力。

2. 发声器官——喉头和声带

喉头由甲状软骨、环状软骨和两块杓状软骨构成，下通气管，上接咽腔。声带位于喉头中间，是两片富有弹性的薄膜，它与软骨相连，通过软骨的自由活动来调节声带的松紧，从而发出高低不同的声音。声带之间的空隙构成声门。呼吸或发清辅音时，声带放松，声门打开，气流自由出入；发元音或浊辅音时，声带靠拢，声门关闭，气流从声门的窄缝中挤出来，振动声带，产生响亮的声音。

3. 共鸣器官——咽腔、口腔和鼻腔

咽腔在喉头之上，跟鼻腔、口腔相通，声波到达咽腔后可通过三种方式传送出去：第一种是软腭上升，挡住通往鼻腔的通道，气流从口腔出去，发出的是口音；第二种是软腭下降，口腔闭合，气流只能从鼻腔出去，发出的是鼻音；第三种是软腭居中且口腔又不闭合，气流可同时从口腔和鼻腔出去，发出的是鼻化音。

鼻腔是固定的空腔，口腔的形状可以自由变化。一些复杂的发音活动都发生在口腔里，因为这里集中了绝大部分可以活动的发音器官，包括唇、舌头、小舌和软腭。其中舌是最灵活的部分，它既可以跟上腭各个部分形成阻碍，也可以通过各种活动改变口腔的形状，从而发出不同音色的音来。口腔中还有一些发音器官是不能活动的，如牙齿、齿龈、硬腭等。鼻腔也是共鸣器，它的主要作用是使声音发生共鸣，从而发出不同的鼻音，当然这也少不了唇、舌、硬腭、软腭等发音器官来同时参与活动。

(三)语音的社会性质

社会属性是语音的本质属性。语言是一种社会现象，作为语言的物质外壳，语音也是一种社会现象。语音只有作为意义的载体才能在社会交际中发挥作用，意义不是个人决定的，而是由使用该语言的全体社会成员共同约定形成的。

语音的社会属性可以从语音的民族特征和地域特征两个方面来考察。语音的民族特征主要从不同语言的比较中显示出来。以汉语和英语为例，英语有齿间音[θ]，普通话则没有；英语和普通话里虽然都有送气音和不送气音，但在普通话里彼此对立，有区别意义的作用，而在英语里却没有区别意义的作用。语音的民族特征还表现在语音的组合方式上。比如，普通话中的l[l]只出现在音节的开头，而英语中的l[l]既可以出现在音节的开头，也可以出现在音节的末尾。各地方所使用的方言，其语音也有各自的社会特征。比如，"脏"(zāng)和"张"(zhāng)，普通话里声母不同：前者是舌尖前音，后者是舌尖后音；但在有些方言里要么都读成了舌尖前音声母，要么都读成了舌尖后音声母。

语音的社会属性是语音最重要的本质特征。忽视或否认语音的社会属性，就很难说清楚一些语音现象。比如，为什么有的语音听起来相差甚远却无须区别，而有的语音差别很小却必须分辨清楚？普通话中"啊(ā)、汤(tāng)、天(tiān)、胎(tāi)"的汉语拼音中都有 a 这个字母，可它们的实际音值并不相同，但为什么却可以用一个字母去表示呢？诸如此类的问题，只有从语音的社会属性方面去分析，才能得到正确而合理的解释。

二、语音单位

(一)音素

音素是从音色角度划分出来的最小的语音单位。

音素分为元音和辅音。气流从肺里出来振动声带，形成声波，通过在口腔不受阻碍形成的音叫元音，也叫母音。气流从肺里出来不一定振动声带，通过口腔受到一定阻碍形成的音叫辅音，又叫子音。元音和辅音的不同主要有以下四个方面：

1. 是否受到阻碍　发元音时，气流畅通无阻，不受任何阻碍；发辅音时，气流要受到发音部位不同程度的阻碍。这是元音和元音最主要的区别。

2. 是否均衡紧张　发元音时，发音器官的各部分保持均衡的紧张状态；发辅音时，发音成阻部位感到特别的紧张。

3. 气流的强弱　发元音时，气流不受阻碍，所以呼出的气流较弱；发辅音时，气流在口腔或咽头受到阻碍，所以呼出的气流较强。

4. 声带是否振动　发元音时，声带振动，声音响亮；发辅音时，声带不一定振动，所以声音一般不响亮。

(二)音节

音节是语音结构的基本单位，也是听觉上能够分辨出来的最小的语音片段。每发一个音节，发音器官的肌肉都都会明显地紧张一下。一个音节可以由一个音素或几个音素构成。

按照汉语音韵学传统的分析方法，一个音节可以分出声母、韵母、声调三个部分。

声母，位于音节前段，主要由辅音构成。例如，"走"(zǒu)这个音节里，辅音 z 是它的声母。有些音节，例如"爱"(ài)开头没有辅音，这样以元音开头的音节，习惯上称其声母为"零声母"。

韵母，位于音节后段，由元音或元音加辅音构成。例如"行"（háng）这个音节里，"ang"就是它的韵母。零声母音节"恩"（ēn），它的韵母是"en"。

声调，依附在声韵结构中具有区别意义作用的音高形式。例如，"马"（mǎ）读起来先降低然后再升上去，这种先降后升的贯穿整个音节的音高变化形式就是音节"mǎ"的声调。

（三）音位

音位是特定的语音系统中能够区别意义的最小的语音单位，它是根据语音的社会属性（辨义功能）划分出来的。社会属性是确立音位的重要依据。

某种语言（或方言）里总是有很多音素。比如，普通话"太（tài）、靠（kào）、前（qián）、啦（lā）"，这四个音节的韵腹分别是四个不同的音素，即：[a]、[ɑ]、[ɛ]、[A]，这四个音素互相替换，不会造成意义的差别，所以可以归为一个/a/音位。而有些音素，例如"b[p]"和"p[pʰ]"，却不能在相同的语音环境中自由互换，因为它们会造成意义的对立，所以就要归为不同的音位。

三、记音符号

研究语音必须学习记音符号，因为只有这样，才能把语音准确地记录下来以便于研究。过去用汉字和注音字母来记音，现在常用的是《汉语拼音方案》和国际音标。

（一）《汉语拼音方案》

《汉语拼音方案》是标记普通话语音系统的一套记音符号，由中国文字改革委员会研究制定，并于1958年2月11日第一届全国人民代表大会第五次会议正式批准实施。

《汉语拼音方案》包括字母表、声母表、韵母表、声调符号和隔音符号五个部分。

《汉语拼音方案》的用途主要是：一是汉字的注音工具，二是普通话的拼写工具。此外，还可以作为我国少数民族创造和改革文字的共同基础，用于译写人名、地名和科技语，可以用来编制索引、电报、旗语、工业产品代号、盲字及聋哑人的"汉语手指字母"等。

　　与过去的用汉字或注音字母来记音相比,《汉语拼音方案》有以下特点:(1)在字母形式上,采用国际通用的拉丁字母,方便人们学习和掌握,也有利于国际交流。(2)在标音方法上,采用音位标音法,既能比较准确地标记语音,又能清晰地反映普通话的语音系统。(3)在适用范围上,只能用来记录普通话语音,不能拼写方音和古音。

　　(二)国际音标

　　国际音标是1888年国际语音学会制定的一套国际通用的记音符号,后经多次修订补充,一直使用至今。它的制定原则是"一个符号一个音素,一个音素一个符号"。同其他记音符号相比,国际音标有以下特点:(1)符号和音素之间的关系固定,一音一符,一符一音,这样可以避免标音含混。(2)音标数量远远超过任何一种语言的拼音字母,所以可以细致记录世界各国语言和方言的语音。(3)音标的字形是以拉丁字母作为书写符号的基础,并用大写、草体、合体、倒排、变形、加符等办法加以补充,这样不仅书写方便,而且也易于人们掌握。(4)世界范围内通行,它是各国语音学家经常使用的记音符号。

　　使用国际音标记音时,需要加上方括号,以区别于其他记音符号。另外,可根据需要选择标音方法,因为它既可以用来标记音素(严式标音),也可以用来标记音位(宽式标音)。

【思考与练习一】

　　一、什么是语音?它同自然界的其他声音有何异同?

　　二、结合汉语,谈谈什么是音高、音强、音长、音色?并分析它们在汉语中的表现和作用?

　　三、解释术语。

　　　　(1)音素;(2)元音;(3)辅音;(4)音节

　　四、《汉语拼音方案》的作用有哪些?

　　五、国际音标在记音方面有哪些特点?

附录一 汉语拼音方案

(一)字母表

字母	Aa	Bb	Cc	Dd	Ee	Ff	Gg
名称	ㄚ	ㄅㄝ	ㄘㄝ	ㄉㄝ	ㄜ	ㄝㄈ	ㄍㄝ

	Hh	Ii	Jj	Kk	Ll	Mm	Nn
	ㄏㄚ	ㄧ	ㄐㄧㄝ	ㄎㄝ	ㄝㄌ	ㄝㄇ	ㄋㄝ

	Oo	Pp	Qq	Rr	Ss	Tt
	ㄛ	ㄆㄝ	ㄑㄧㄡ	ㄚㄦ	ㄝㄙ	ㄊㄝ

	Uu	Vv	Ww	Xx	Yy	Zz
	ㄨ	ㄞㄝ	ㄨㄚ	ㄒㄧ	ㄧㄚ	ㄗㄝ

注:V 只用来拼写外来语、少数民族语言和方言。

字母的手写体依照拉丁字母的一般书写习惯。

(二)声母表

b	p	m	f	d	t	n	l
ㄅ玻	ㄆ坡	ㄇ摸	ㄈ佛	ㄉ得	ㄊ特	ㄋ讷	ㄌ勒

g	k	h	j	q	x
ㄍ哥	ㄎ科	ㄏ喝	ㄐ基	ㄑ欺	ㄒ希

zh	ch	sh	r	z	c	s
ㄓ知	ㄔ蚩	ㄕ诗	ㄖ日	ㄗ资	ㄘ雌	ㄙ思

(三)韵母表

	i	u	ü
	ㄧ衣	ㄨ乌	ㄩ迂

a Y 啊	ia 丨Y 呀	ua ㄨY 蛙	
o ㄛ 喔		uo ㄨㄛ 窝	
e ㄜ 鹅	ie 丨ㄝ 耶		üe ㄩㄝ 约
ei ㄟ 诶		uei ㄨㄟ 威	
ao ㄠ 熬	iao 丨ㄠ 腰		
ou ㄡ 欧	iou 丨ㄡ 忧		
an ㄢ 安	ian 丨ㄢ 烟	uan ㄨㄢ 弯	üan ㄩㄢ 冤
en ㄣ 恩	in 丨ㄣ 因	uen ㄨㄣ 温	ün ㄩㄣ 晕
ang ㄤ 昂	iang 丨ㄤ 央	uang ㄨㄤ 汪	
eng ㄥ 亨的韵母	ing 丨ㄥ 英	ueng ㄨㄥ 翁	
ong (ㄨㄥ)轰的韵母	iong ㄩㄥ 雍		

(1)"知、蚩、诗、日、资、雌、思"等字的韵母用 i 字母表示。

(2)韵母ㄦ写成 er，用作韵尾的时候写成 r。

(3)韵母ㄝ单用的时候写成 ê。

(4)i 行的韵母，前面没有声母的时候，写成 yi(衣)，ya(呀)，ye(耶)，yao(腰)，you(忧)，yan(烟)，yin(因)，yang(央)，ying(英)，yong(雍)。u 行的韵母，前面没有声母的时候，写成 wu(乌)，wa(蛙)，wo(窝)，wai(歪)，wei(威)，wan(弯)，wen(温)，wang(汪)，weng(翁)。ü 行的韵母跟声母 j，q，x 拼的时候，写成 ju(居)，qu(区)，xu(虚)，ü 上两点也省

25

略；但是跟声母 l、n 拼的时候，仍然写成 lü(吕)，nü(女)。

(5)iou，uei，uen 前面加声母的时候，写成 iu，ui，un，例如 niu(牛)，gui(归)，lun(论)。

(6)在给汉字注音的时候，为了使拼音简短，ng 可以省作 ŋ。

(四)声调符号

阴平	阳平	上声	去声
-	´	ˇ	`

声调符号标在音节的主要母音上。轻声不标调。

(五)隔音符号

ɑ，o，e 开头的音节连接在其他音节后面的时候，如果音节的界限发生混淆，用隔音符号(')隔开，例如 pi'ɑo(皮袄)。

附录二 汉语拼音字母和国际音标对照表

拼音字母	国际音标	拼音字母	国际音标	拼音字母	国际音标
b	[p]	z	[ts]	iɑ	[iA]
p	[pʰ]	c	[tsʰ]	ie	[iɛ]
m	[m]	s	[s]	iɑo	[iɑu]
f	[f]	ɑ	[A]	iou	[iou]
v	[v]	o	[o]	iɑn	[iɛn]
d	[t]	e	[ɤ]	in	[in]
t	[tʰ]	ê	[ɛ]	iɑng	[iɑŋ]
n	[n]	i	[i]	ing	[iŋ]
l	[l]	-i(前)	[ɿ]	uɑ	[uA]
g	[k]	-i(后)	[ʅ]	uo	[uo]
k	[kʰ]	u	[u]	uɑi	[uai]
h	[x]	ü	[y]	uei	[uei]
ng	[ŋ]	er	[ɚ]	uɑn	[uan]

拼音字母	国际音标	拼音字母	国际音标	拼音字母	国际音标
j	[tɕ]	ɑi	[ai]	uen	[uən]
q	[tɕʰ]	ei	[ei]	uang	[uɑŋ]
x	[ɕ]	ɑo	[ɑu]	ueng	[uəŋ]
\	[ɳ]	ou	[ou]	ong	[uŋ]
zh	[tʂ]	ɑn	[an]	üe	[yɛ]
ch	[tʂʰ]	en	[ən]	üan	[yan]
sh	[ʂ]	ɑng	[ɑŋ]	ün	[yn]
r	[ʐ]	eng	[əŋ]	iong	[yŋ]

第二节　声　母

【目标要求】明确声母和辅音之间的关系，掌握普通话 21 个声母的发音部位分类和发音方法分类，会正确描述辅音声母的发音状况，并用来指导方言声母的辨证。

普通话里有 22 个辅音，其中 ng[ŋ] 只能充当韵尾，不能用作声母，所以普通话里辅音声母有 21 个，另外还有一类"零声母"，因此普通话中的声母有 22 个。

一、声母的分类

（一）辅音声母的分类

辅音的发音是由发音部位和发音方法共同决定的，所以辅音声母按其发音部位和发音方法可分出不同的类。

1. 辅音声母的发音部位类

发音时，气流受到阻碍的位置叫发音部位。按照发音部位，普通话中的辅音声母可分为七类：

(1)双唇音(b[p]、p[pʰ]、m[m]) 由上唇和下唇阻塞气流而形成。

(2)唇齿音(f[f]) 由上齿和下唇接近阻碍气流而形成。

(3)舌尖前音(z[ts]、c[tsʰ]、s[s]) 由舌尖抵住或接近上齿背阻碍气流而形成。

(4)舌尖中音(d[t]、t[tʰ]、n[n]、l[l]) 由舌尖抵住上齿龈阻碍气流而形成。

(5)舌尖后音(zh[tʂ]、ch[tʂʰ]、sh[ʂ]、r[ʐ]) 由舌尖抵住或接近硬腭前部阻碍气流而形成。

(6)舌面前音(j[tɕ]、q[tɕʰ]、x[ɕ]) 由舌面前部抵住或接近硬腭前部阻碍气流而形成。

(7)舌面后音(g[k]、k[kʰ]、h[x]) 由舌面后部(舌根)抵住或接近软腭阻碍气流而形成,又称"舌根音"。

2. 辅音声母的发音方法类

发音方法是指,发音时喉头、口腔和鼻腔节制气流的方式和状况。可以从阻碍的方式、声带是否振动、气流的强弱等三个方面来观察。

(1)根据形成阻碍和解除阻碍方式的不同,普通话辅音声母可分为塞音、擦音、塞擦音、鼻音、边音五类。

塞音(b[p]、p[pʰ]、d[t]、t[tʰ]、g[k]、k[kʰ]) 发音时,发音部位形成阻碍,软腭上升,堵塞鼻腔的通路,气流冲破阻碍,爆发成音。

擦音(f[f]、h[x]、s[s]、sh[ʂ]、x[ɕ]、r[ʐ]) 发音时,发音部位接近,留下窄缝,软腭上升,堵塞鼻腔的通路,气流从窄缝中挤出,摩擦成声。

塞擦音(j[tɕ]、q[tɕʰ]、zh[tʂ]、ch[tʂʰ]、z[ts]、c[tsʰ]) 发音时,发音部位先形成闭塞,软腭上升,堵塞鼻腔的通路,然后气流把阻碍部位冲开一条窄缝,从窄缝中挤出,摩擦成声。塞擦音的前一半是塞音,后一半是擦音,前后两半结合紧密,成为一个语音单位。

鼻音(m[m]、n[n]) 发音时,软腭下降,打开鼻腔通路,口腔中的发音部位完全闭合,气流振动声带,从鼻腔通过发音。

边音(l[l]) 发音时,舌尖与上齿龈接近形成阻碍,但舌头的两边仍留有空隙,同时软腭上升,阻碍鼻腔的通路,气流振动声带,从舌头的两边或一边通过。

（2）根据声带是否振动，普通话辅音声母可分为清音和浊音两类。

清音 发音时，声门打开，声带松弛不颤动，气流通过声腔时受到阻碍而产生的不规则振动的噪音，这就是清音。普通话中的清音声母有 17 个，即：b[p]、p[pʰ]、f[f]、d[t]、t[tʰ]、j[tɕ]、q[tɕʰ]、x[ɕ]、g[k]、k[kʰ]、h[x]、z[ts]、c[tsʰ]、s[s]、zh[tʂ]、ch[tʂʰ]、sh[ʂ]。

浊音 发音时，声门闭合，声带靠拢，气流冲出声门使声带颤动而产生的有规则振动的乐音，这就是浊音。普通话中的浊音声母有 4 个，即：m[m]、n[n]、l[l]、r[ʐ]。

（3）根据阻碍解除后呼出气流的强弱，普通话中的塞音、塞擦音可分为送气音和不送气音两类。

送气音 消除阻碍后声门仍开着一段时间，有较强的气流呼出，形成送气音。普通话中的送气音有 6 个，即：p[pʰ]、t[tʰ]、k[kʰ]、q[tɕʰ]、ch[tʂʰ]、c[tsʰ]6 个。

不送气音 消除阻碍后声门立即关闭，有较弱的气流呼出，形成不送气音。普通话中的不送气音有 6 个，即：b[p]、d[t]、g[k]、j[tɕ]、zh[tʂ]、z[ts]。

(二)零声母

普通话里的零声母音节在声母的位置上没有辅音的实体，它们其实就是韵母自成音节，而韵母又都是以元音开头，所以根据韵母开头元音发音的不同，可以把零声母音节分为四类：

第一类：i 韵母或有 i 开头的韵母自成音节，如：移(yí)、烟(yān)、羊(yáng)。

第二类：u 韵母或有 u 开头的韵母自成音节，如：屋(wū)、弯(wān)、王(wáng)。

第三类：ü 韵母或有 ü 开头的韵母自成音节，如：鱼(yú)、元(yuán)、云(yún)。

第四类：开头没有 ī、u、ü 的韵母自成音节，如：爱(ài)、恩(ēn)、饿(è)。

零声母音节是以元音开头的音节。零声母音节里虽然没有辅音声母，但如果在发音时仔细听辨，就会发现它们开头的元音都带有轻微的摩擦成分，具体情况如下：第一类如"yí、yān"，音节开头的音素可描述为近似于元音 i

[i]的摩擦音[j]，第二类如"wū、wān"，音节开头的音素可描述为近似于元音 u[u]的摩擦音[w]，第三类如"yú、yuán"，音节开头的音素可描述为近于元音 ü[y]的摩擦音[ɥ]，第四类如"ài、ēn"，念起来前头带有一个轻微的舌面浊擦音[ɣ]或喉塞音[ʔ]。这些带有轻微摩擦成分的音素，其音色既不同于元音，也不同于辅音，而是介于元音和辅音之间，语音学里称其为"半元音"。

零声母可以表示为"ø"，"ø"既不是汉语拼音字母，也不是国际音标，它只是代表零声母的惯用符号。零声母在分析音节结构时需要标注出来，而在注音时则无须标注出来。

二、辅音声母的发音

辅音声母的发音由发音部位和发音方法共同决定。综合辅音声母的发音方法和发音部位，可以对普通话中 21 个辅音声母的发音情况逐一进行描述。

b[p] 双唇、不送气、清、塞音 发音时，双唇闭合，软腭上升，堵塞鼻腔通路，声带不颤动，较弱的气流冲破双唇的阻碍，爆发成音。

p[pʰ] 双唇、送气、清、塞音 发音时，双唇闭合，软腭上升，堵塞鼻腔通路，声带不颤动，较强的气流冲破双唇的阻碍，爆发成音。

m[m] 双唇、浊、鼻音 发音时，双唇闭合，软腭下降，鼻腔畅通。气流振动声带，从鼻腔通过形成鼻音。

f[f] 唇齿、清、擦音 发音时，下唇接近上齿，形成窄缝，软腭上升，堵塞鼻腔通路，气流不振动声带，从唇齿间的窄缝中挤出来，摩擦成声。

d[t] 舌尖中、不送气、清、塞音 发音时，舌尖抵住上齿龈，软腭上升，堵塞鼻腔通路，声带不颤动，较弱的气流冲破阻碍，爆发成音。

t[tʰ] 舌尖中、送气、清、塞音 发音时，舌尖抵住上齿龈，软腭上升，堵塞鼻腔通路，声带不颤动，较强的气流冲破阻碍，爆发成音。

n[n] 舌尖中、浊、鼻音 发音时，舌尖抵住上齿龈，软腭下降，打开鼻腔通路，气流振动声带，从鼻腔通过发音。

l[l] 舌尖中、浊、边音 发音时，舌尖抵住上齿龈，软腭上升，堵塞鼻腔通路，气流振动声带，从舌头两边或一边通过。

z[ts] 舌尖前、不送气、清、塞擦音 发音时，舌尖抵住上齿背，软腭上升，堵塞鼻腔通路，声带不颤动，较弱的气流把舌尖与上齿背形成的阻碍冲开一道窄缝，并从中挤出，摩擦成声。

　　c[tsʰ]　舌尖前、送气、清、塞擦音　发音时，舌尖抵住上齿背，软腭上升，堵塞鼻腔通路，声带不颤动，较强的气流把舌尖与上齿背形成的阻碍冲开一道窄缝，并从中挤出，摩擦成声。

　　s[s]　舌尖前、清、擦音　发音时，舌尖抵住上齿背，形成窄缝，软腭上升，堵塞鼻腔通路，声带不颤动，气流从舌尖和上齿背形成的窄缝中擦出而成声。

　　zh[tʂ]　舌尖后、不送气、清、塞擦音　发音时，舌尖抵住硬腭前部，软腭上升，堵塞鼻腔通路，声带不颤动，较弱的气流把舌尖与硬腭前部形成的阻碍冲开一道窄缝，并从中挤出，摩擦成声。

　　ch[tʂʰ]　舌尖后、送气、清、塞擦音　发音时，舌尖抵住硬腭前部，软腭上升，堵塞鼻腔通路，声带不颤动，较强的气流把舌尖与硬腭前部形成的阻碍冲开一道窄缝，并从中挤出，摩擦成声。

　　sh[ʂ]　舌尖后、清、擦音　舌尖接近硬腭前部，形成窄缝，软腭上升，堵塞鼻腔通路，声带不颤动，气流从舌尖和硬腭前部形成的窄缝中挤出，摩擦成声。

　　r[ʐ]　舌尖后、浊、擦音　舌尖接近硬腭前部，形成窄缝，软腭上升，堵塞鼻腔通路，声带颤动，气流从舌尖和硬腭前部形成的窄缝中挤出，摩擦成声。

　　j[tɕ]　舌面前、不送气、清、塞擦音　发音时，舌面前部抵住硬腭前部，软腭上升，堵塞鼻腔通路，声带不颤动，较弱的气流把舌面前部与硬腭前部形成的阻碍冲开一道窄缝，并从中挤出，摩擦成声。

　　q[tɕʰ]　舌面前、送气、清、塞擦音　发音时，舌面前部抵住硬腭前部，软腭上升，堵塞鼻腔通路，声带不颤动，较强的气流把舌面前部与硬腭前部形成的阻碍冲开一道窄缝，并从中挤出，摩擦成声。

　　x[ɕ]　舌面前、清、擦音　发音时，舌面前部抵住硬腭前部，留出窄缝，软腭上升，堵塞鼻腔通路，声带不颤动，气流从舌面前部与硬腭前部形成的窄缝中挤出，摩擦成声。

　　g[k]　舌面后、不送气、清、塞音　发音时，舌面后部抵住软腭，软腭后部上升，堵塞鼻腔通路，声带不颤动，较弱的气流冲破阻碍，爆发

31

成声。

k[kʰ]　舌面后、送气、清、塞音　发音时，舌面后部抵住软腭，软腭后部上升，堵塞鼻腔通路，声带不颤动，较强的气流冲破阻碍，爆发成声。

h[x]　舌面后、清、擦音　发音时，舌面后部抵住软腭，软腭上升，堵塞鼻腔通路，声带不颤动，气流从舌面后部和软腭形成的窄缝中挤出，摩擦成声。

【思考与练习二】

一、普通话辅音声母按照发音部位可以分为哪些?

二、普通话辅音声母按照发音方法可以分为哪些?

三、根据所提供的发音部位和发音方法，写出相应的声母。

(1)双唇、送气、清、塞音(　　　　　　　　　)

(2)舌尖中、浊、鼻音(　　　　　　　　　)

(3)舌面前、清、擦音(　　　　　　　　　)

(4)舌面前、不送气、清、塞擦音(　　　　　　　　　)

(5)舌面后、清、擦音(　　　　　　　　　)

(6)唇齿、清、擦音(　　　　　　　　)

四、根据所提供的辅音声母，写出它们的发音部位和发音方法。

(1)k _____

(2)j _____

(3)b _____

(4)s _____

(5)ch _____

(6)x _____

五、分析下列各组声母的异同。

(1)b—p　　　(2)q—c　　　(3)m—n

(4)zh—z　　　(5)g—k　　　(6)f—x

六、有人认为，"零声母"中的"零"表示"没有"，所以"零声母"表示"没有声母"，这种看法对吗? 为什么?

第三节　韵　　母

【目标要求】明确韵母和元音之间的关系，掌握普通话中 39 个韵母的分类和发音，会分析韵母的结构，了解韵辙和押韵的相关知识。

普通话里有 39 个韵母。有些韵母由元音构成，有些韵母由元音带上鼻辅音构成。

一、韵母的分类

(一)按韵母内部结构分类

根据韵母内部结构成分的不同，普通话的韵母分为单元音韵母、复元音韵母和带鼻音韵母三类。

单元音韵母　简称单韵母，由一个元音构成，例如"ɑ[A]、o[o]、i[i]、e[ɣ]"等。

复元音韵母　简称复韵母，由两个或三个元音复合而成，例如"ɑo[ɑu]、ɑi[ai]、uɑi[uai]、iɑo[iɑu]"等。

带鼻音韵母　简称鼻韵母，由一个或两个元音带上鼻辅音韵尾构成，例如"ɑn[an]、eng[əŋ]、uɑng[uɑŋ]、iong[yŋ]"等。

(二)按韵母开头元音实际的发音口形分类

根据韵母开头元音实际的发音口形，普通话的韵母分为开口呼韵母、合口呼韵母、齐齿呼韵母、撮口呼韵母四类。

开口呼韵母　没有韵头，而韵腹又不是 i[i]、u[u]、ü[y]的韵母，例如"o[o]、ei[ei]、ɑn[an]"等。

合口呼韵母　韵头或韵腹是 u[u]的韵母，例如"u[u]、uo[uo]、uɑng[uɑŋ]"等。

齐齿呼韵母　韵头或韵腹是 i[i]的韵母，例如"i[i]、ie[iɛ]、ing[iŋ]"等。

撮口呼韵母　韵头或韵腹是 ü[y]的韵母，例如"ü[y]、üe[yɛ]、üɑn[yan]"等。

（三）按韵母韵尾的情况分类

根据韵尾的情况，普通话的韵母分为无韵尾韵母、元音韵尾韵母和鼻音韵尾韵母三类。

无韵尾韵母　没有韵尾的韵母，例如"ü[y]、iɑ[iA]、ie[iɛ]"等。

元音韵尾韵母　以元音作韵尾的韵母，例如"ei[ei]、iɑo[iɑu]、uɑi[uɑi]"等。

鼻音韵尾韵母　以鼻音 n[n]或 ng[ŋ]作韵尾的韵母，例如"en[en]、uɑng[uɑŋ]、iong[yŋ]"等。

二、韵母的结构

韵母的结构可分为韵头、韵腹、韵尾。

韵头是由 i、u、ü 三个高元音充当，出现在韵腹前面。它发音轻短模糊，只是表示韵母发音的起点。因为韵头介于声母和韵腹之间，所以也叫介音或介母。例如"jiɑ"（加）中的"i"，"zhuɑi"（拽）中的"u"，"xüě（雪）中的"ü"。

韵腹是韵母的主干，它在韵母中不可或缺，其发音最清晰响亮，所以又叫"主要元音"。ɑ、o、e、ê、i、u、ü、-i、er 等元音都可以充当韵腹。例如"zhuɑ"（抓）中的"ɑ"，"jù"（句）中的"ü"，"shuì"（税）中的"e"。

韵尾在韵腹的后面，由 n、ng、i、u 充当。它表示韵母滑动的最后方向，音值含混不清。例如"zhāng"（张）中的"ng"，"tiào"（跳）中的"u"，"tài"（态）中的"i"。

韵腹加韵尾或只有韵腹（没有韵尾）叫韵身或韵。韵文押韵的"韵"主要是指韵头后面的部分。

三、韵母的发音

下面按照韵母的结构类，依次分析普通话韵母的发音。

（一）元音的发音

元音的不同主要由口腔形状的不同造成。舌头的升降伸缩（舌位）、嘴唇的平展圆敛（唇形）都会影响到口腔的空间形状，因而就形成了不同音色的元音。

舌位是指发音时舌头在口腔里所处的位置，舌位的变化主要有抬高降低和伸前缩后两个方面。舌位的抬高降低会影响口腔的开闭(即开口度的大小);唇形是指嘴唇的形状,有拢圆和展开两种。下面就从舌位的高低、舌位的前后、唇形的圆展三个方面来观察元音的发音。

第一,舌位的高低。舌位的高低是指舌面与硬腭距离的大小。舌头的抬高或降低同口腔的开口度相关,舌位越高,舌面与硬腭的距离越小,开口度越小;舌位越低,舌面与硬腭的距离越大,开口度越大。根据元音发音时舌位的高低和开口度的大小,元音分为高元音(即闭元音,如 i、u、ü)、半高元音(即半闭元音,如 e、o)、半低元音(即半开元音,如 ê)、低元音(即开元音,如 ɑ)。

第二,舌位的前后。根据元音发音时舌位的前后,元音分为前元音(如 i、ü)、央元音(如 e[ə])、后元音(如 u、o)。

第三,唇形的圆展。根据元音发音时的唇形,元音分为圆唇元音(如 ü、o)、不圆唇元音(如 i、ɑ)。

(二)韵母的发音

1. 单韵母的发音

单韵母由一个元音构成,它在发音过程中舌位、唇形都没有变化。

普通话中有 10 个单韵母,分别是:a[A]、o[o]、e[γ]、ê[ɛ]、i[i]、u[u]、ü[y]、-i[ʅ]、-i[ʮ]、er[ɚ]。

根据其发音特点,单韵母可分为三类:

(1)舌面元音单韵母

舌面元音单韵母有 7 个,分别是:ɑ[A]、o[o]、e[γ]、ê[ɛ]、i[i]、u[u]、ü[y]。

把舌位的高低、舌位的前后、唇形的圆展三个方面综合起来,可以对普通话中七个舌面元音单韵母的发音状况进行描述。

ɑ[A]　舌面、央、低、不圆唇　发音时,口大开,舌位低,舌头居中,唇形不圆。

o[o]　舌面、后、半高、圆唇　发音时,口半闭,舌位半高,舌头后缩,双唇拢圆。

e[γ]　舌面、后、半高、不圆唇　发音时,口半闭,舌位半高,舌头后缩,双唇自然张开。

ê[ɛ]　舌面、前、半低、不圆唇　发音时,口半开,舌位半低,舌头前伸使舌尖抵住下齿背，唇形呈扁平状。

　　i[i]　舌面、前、高、不圆唇　发音时，口腔开合度很小，舌头前伸使舌尖抵住下齿背，唇形呈扁平状。

　　u[u]　舌面、后、高、圆唇　发音时，双唇拢圆，留一小孔，舌头后缩，使舌面后部接近软腭。

　　ü[y]　舌面、前、高、圆唇　发音时，口腔开合度很小，舌头前伸使舌尖抵住下齿背，双唇拢圆。

　　现把七个舌面单元音韵母的发音状况列成一个表，如表2-1所示。

表2-1　　　　　　　　　　　　舌面单元音韵母发音状况表

舌位的前后〈br〉舌位的高低	前		央	后	
	不圆唇	圆唇		不圆唇	圆唇
高	i[i]	ü[y]			u[u]
半高				e[ɤ]	o[o]
中					
半低	ê[ɛ]				
低			α[A]		

　　（2）舌尖元音单韵母

　　舌尖元音单韵母有2个，分别是：-i（前）[ɿ]、-i（后）[ʅ]。

　　-i[ɿ]　舌尖前、高、不圆唇　发音时，舌尖前伸接近上齿背，气流通过时不发生摩擦，嘴唇向两边展开。

　　-i[ʅ]　舌尖后、高、不圆唇　发音时，舌尖上翘接近硬腭前部，气流通过时不发生摩擦，嘴唇向两边展开。

　　舌尖单韵母-i[ɿ]和-i[ʅ]都不能自成音节，-i[ɿ]只出现在舌尖前音z[ts]、c[tsʰ]、s[s]的后面，-i[ʅ]只出现在舌尖后音zh[tʂ]、ch[tʂʰ]、sh[ʂ]、r[ʐ]后面。舌面单韵母i[i]不仅能自成音节，而且也从不出现在舌尖前音z[ts]、c[tsʰ]、s[s]和舌尖后音zh[tʂ]、ch[tʂʰ]、sh[ʂ]、r[ʐ]的后面。正是因为出现条件不同，所以《汉语拼音方案》中就用了一个字母i代表了"i[i]、-i[ʅ]、-i[ʅ]"三个不同的音素。

（3）卷舌元音单韵母

卷舌元音单韵母有 1 个，即：er[ɚ]。

er[ɚ]　卷舌、央、中、不圆唇　发音时，口腔略开，舌位居中，舌头稍向后缩，唇形不圆。也就是在发 e[ə]（央、半高、不圆唇元音）的同时，舌尖向硬腭卷起来。

《汉语拼音方案》规定，er 中的字母"r"不代表音素，只是表示卷舌动作的符号，所以 er 虽然用了两个字母来表示，但仍是一个单韵母。er 不与辅音声母相拼，只能构成零声母音节。

2. 复韵母的发音

复韵母是由两个或三个元音复合而成，它在发音过程中舌位和唇形都有变化。复韵母的发音要领是：从一个元音的发音状态向另外一个元音的发音状态过渡，在这个过程中，舌位的高低、口腔的开闭、唇形的圆展，都是在逐渐发生变动，中间会出现一连串的过渡音，同时气流不能中断，彼此之间没有明确的界限，发出的音是围绕一个中心形成的一个整体。

普通话中有 13 个复韵母，它们分别是：ɑi[ai]、ei[ei]、ɑo[au]、ou[ou]、iɑ[iA]、ie[ie]、uɑ[uA]、uo[uo]、üe[yɛ]、iɑo[iau]、iou[iou]、uɑi[uai]、uei[uei]。复韵母中有的是由两个元音复合而成，叫"二合元音韵母"，有的是由三个元音复合而成，叫"三合元音韵母"。

根据韵腹的位置，复韵母可分为三类：

（1）前响复韵母

前响复韵母是韵腹在前的韵母，共有 4 个，分别是：ɑi[ai]、ei[ei]、ɑo[au]、ou[ou]。发音时，前头的元音响亮清晰，后头的元音含混不清。

（2）中响复韵母

中响复韵母是指韵腹居中的韵母，共有 4 个，分别是：iɑo[iau]、iou[iou]、uɑi[uai]、uei[uei]。发音时，中间的元音清晰响亮，前头的元音轻短模糊，后头的元音含混不清。

（3）后响复韵母

后响复韵母是指韵腹在后的韵母，共有 5 个，分别是：iɑ[iA]、ie[iɛ]、uɑ[uA]、uo[uo]、üe[yɛ]。发音时，后头的元音清晰响亮，前头的元音轻短模糊。

3. 鼻韵母的发音

鼻韵母是由一个或两个元音带上鼻辅音韵尾构成的。鼻韵母的发音要点：第一，元音同后面的鼻辅音不是生硬地拼合在一起，而是由元音的发音状态向鼻辅音过渡，鼻音色彩逐渐增加，最后，发音部位闭塞，形成鼻辅音。第二，鼻辅音韵尾发音时，除阻阶段不发音，即发"唯闭音"。

普通话中有 16 个鼻韵母，分别是：an[an]、en[en]、in[in]、ün[yn]、ian[iɛn]、uan[uan]、üan[yan]、uen[uən]、ang[aŋ]、eng[əŋ]、ing[iŋ]、ong[uŋ]、iang[iaŋ]、uang[uaŋ]、ueng[uəŋ]、iong[yŋ]。

能作鼻辅音韵尾的辅音有两个，一个是舌尖鼻音 n[-n]，另一个是舌根鼻音 ng[-ŋ]。舌尖与舌根相对，所以舌尖鼻音也称为前鼻音，舌根鼻音也称后鼻音。

根据所带韵尾的不同，鼻韵母可分为两类：

(1)前鼻音韵母。带舌尖鼻音 n[-n]的韵母叫前鼻音韵母，共有 8 个，分别是：an[an]、en[en]、in[in]、ün[yn]、ian[iɛn]、uan[uan]、üan[yan]、uen[uən]。

an[an]、en[en]、in[in]、ün[yn]这 4 个韵母由一个元音带上韵尾 n[-n]构成。发音时，先发响亮的元音(韵腹)，紧接着软腭逐渐降下来，增加鼻音色彩，舌尖往上齿龈移动，最后抵住上齿龈发不除阻的n[-n]，整个韵母发音完毕才解除阻碍。

ian[iɛn]、uan[uan]、üan[yan]、uen[uən]这 4 个韵母由两个元音带上韵尾 n[-n]构成。发音时，从前面的轻而短的元音(韵头)滑到中间响亮清晰的主要元音(韵腹)，紧接着软腭逐渐降下来，鼻腔通路打开，舌尖往上齿龈移动，最后抵住上齿龈发不除阻的 n[-n]，整个韵母发音完毕才解除阻碍。

(2)后鼻音韵母。带舌根鼻音 ng[-ŋ]的韵母叫后鼻音韵母，共有 8 个，分别是：ang[aŋ]、eng[əŋ]、ing[yŋ]、ong[uŋ]、iang[iaŋ]、uang[uaŋ]、ueng[uəŋ]、iong[yŋ]。

ang[aŋ]、eng[əŋ]、ing[iŋ]、ong[uŋ]、iong[yŋ]是由一个元音带上韵尾 ng[-ŋ]构成。发音时，先发响亮的元音(韵腹)，紧接着软腭下降，鼻腔通路打开，舌根往软腭移动并抵住软腭，发不除阻的 ng[-ŋ]，整个韵母发音完毕后才解除阻碍。

iang[iaŋ]、uang[uaŋ]、ueng[uəŋ]是由两个元音带上 ng[-ŋ]构成。发音时,从前面的轻而短的元音(韵头)滑到中间响亮清晰的主要元音(韵腹),紧接着软腭逐渐降下来,鼻腔通路打开,舌根往软腭移动,最后抵住软腭发不除阻的 ng[-ŋ],整个韵母发音完毕才解除阻碍。

四、押韵和韵辙

押韵指的是韵文(诗、词、歌、赋、曲)中某些句子的末尾用上同"韵"的字。各句押韵的字叫韵脚或韵字。"韵"和"韵母"是不同的概念,不管韵头,只要韵腹和韵尾相同就是同"韵"。明清以来,北方民间戏曲把"韵"叫作"辙",所以"押韵"也叫"合辙"。

合辙押韵可以使韵文音调和谐悦耳,富有表现力,同时也易于吟诵。为了便于押韵,使人们在进行韵文创作的时候有所依据,就需要把同韵的、可以相押的字归纳在一起,建立若干个韵部。根据现代北京语音音系归纳的韵部,最常见的是十三辙和十八韵。"十三辙"是明清以来北方说唱文学用以押韵的韵部,每一辙都是用两个同韵的字来命名,如"发花辙""怀来辙""一七辙"等。此外,押儿化韵字时还有两道小辙儿,叫"小言前儿"和"小人辰儿"。"十八韵"是我国语言学者于 1941 年议定的为了方便新诗创作归纳的韵部,每个韵部是以一个代表字来命名,如"麻韵、波韵、歌韵"等。为了区别于《佩文诗韵》等旧韵书,载有"十八韵"的韵书定名为《中华新韵》。

"十三辙"和"十八韵"都是根据北京音系的韵母系统归纳出来的韵部,只是"十三辙"更宽泛一些,"十八韵"基本上是根据"韵腹和韵尾相同的才算是同韵"这一原则归纳出来的。"十三辙"中的大多数辙也符合这个原则,只有少数几个辙,如"一七辙、坡梭辙、中东辙"比较宽,其韵腹只是大体相近罢了。

下面把十三辙、十八韵和普通话韵母列成对照表。从表中可以清楚地看到,普通话韵母与十三辙、十八韵有着明晰的对应关系。

表 2-2 十三辙、十八韵与普通话韵母对照表

十三辙	十八韵	普通话韵母	例字
(一)发花	(1)麻	a、ia、ua	发、家、瓜

续表

十三辙	十八韵	普通话韵母	例字
(二)坡梭	(2)波	o、uo	坡、国
	(3)哥	e	额
(三)乜斜	(4)皆	ê、ie、üe	欸、斜、月
(四)姑苏	(10)模	u	书
(五)一七	(5)支	-i[ɿ]、-i[ʅ]	丝、只
	(6)儿	er	而
	(11)鱼	ü	鱼
	(7)齐	i	西
(六)怀来	(9)开	ai、uai	派、快
(七)灰堆	(8)微	ei、uei	非、回
(八)遥条	(13)豪	ao、iao	高、料
(九)油求	(12)侯	ou、iou	口、流
(十)言前	(14)寒	an、ian、uan、üan	半、先、转、圆
(十一)人辰	(15)痕	en、in、uen、ün	根、银、温、军
(十二)江阳	(16)唐	ang、iang、uang	方、响、狂
(十三)中东	(17)庚	eng、ing、ueng	风、应、翁
	(18)东	ong、iong	空、雄

【思考与练习三】

一、简述普通话韵母的分类。

二、舌面单韵母的发音应该从哪些方面进行分析？试举例说明。

三、根据所提供的发音条件，在括号里写出相应的单韵母。

(1)舌面、前、高、圆唇元音 （　　　）

(2)舌面、后、半高、不圆唇元音 （　　　）

(3)舌面、央、低、不圆唇元音 （　　　）

（4）舌面、前、半低、不圆唇元音　　（　　）

（5）舌面、后、高、圆唇元音　　　　（　　）

（6）卷舌、央、中、不圆唇元音　　　（　　）

（7）舌尖后、高、不圆唇元音　　　　（　　）

四、普通话中的复韵母有哪些？可分为哪几类？

五、普通话中的鼻韵母有哪些？可分为哪几类？

六、分析下列各字所代表音节韵母的结构。

撑伞　　风筝　　流水　　优秀　　论文　　汹涌

先生　　超越　　街道　　危险　　知识　　耳朵

七、将下列字所代表音节的韵母按"四呼"归类。

宁　　王　　这　　理　　写　　感　　凶　　共　　留　　浊

木　　老　　黑　　光　　于　　均　　做　　句　　穷　　价

第四节　声　　调

【目标要求】明确声调的内涵，掌握普通话声母的调值和调类，了解古今调类的发展演变情况和在诗词中的平仄搭配规律。

一、调值和调类

汉语音节中除了声母和韵母这两部分之外，还有一个非常重要的组成部分——声调。声调是贯穿整个音节高低升降的音高变化，具有区别意义的作用。例如，"山"（shān）和"陕"（shǎn）、"煤"（méi）和"妹"（mèi）。

下面从调值和调类两个方面分析普通话的声调。

（一）调值

调值是指音节高低升降曲直长短的变化形式，也就是声调的实际读法。

调值是由相对音高决定的。如前所述，音高的变化可以通过控制声带的松紧来实现。一般来说，女性的绝对音高比男性的更高，因为相比于男性，女性的声带更薄更细；即便是同一个人，在不同年龄阶段、不同情绪状态下，其绝对音高也是有差异的。让一个女性和一个男性分别念同一个音节"对"（duì），尽管女性和男性的绝对音高不同，但都能听出来是在念同一种声调——去声。也就是说，女性念"对"（duì）是从她音高的最高点降到了最

41

低点，男性也是从他音高的最高点降到了最低点。女性和男性音高的最高点和最低点尽管不同，但音高的变化形式相同。这种音高变化形式和升降幅度就是构成调值的"相对音高"。

　　要细致而准确地描写调值，一般采用赵元任创制的"五度标记法"（如图2-1所示）。五度标记法是用五度竖标来标记调值相对音高的一种方法。先画一条竖线作竖标，分成四格五点，分别用1、2、3、4、5表示最低、低、中、高、最高。再在比较线的左侧用横线、斜线、曲线等表示音高变化走势。这样表示既可以科学地反映出音高的变化形式和幅度，又不规定它的绝对值，便于理解和掌握。

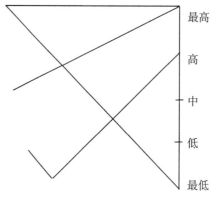

图 2-1　五度标记法

（二）调类

　　调类指声调的种类，它是按照声调的实际读法（调值）归纳出来的。调类实际上是把一种语言或方言里调值相同的字归纳在一起所建立的类。一般来说，有几种调值就有几个调类。例如：河北滦县话有11、213、55三种调值，所以就有三个调类；江苏南京话有31、13、22、44、5五种调值，所以就有五个调类；普通话里有55、35、214、51四种调值，所以就有四个调类，即阴平、阳平、上声和去声。

　　需要注意的是，调值是声调的实际读法，阴平、阳平等调类的名称不是由调值决定的。例如，普通话和济南话都有四个调类，调类名称都是阴平、阳平、上声、去声。但是，同是一个调类，调值却完全不同。如表2-3所示。

表 2-3 　　　　　　　　　　同一个调类的不同调值比较示例表

调类 例子	阴平 诗	阳平 时	上声 使	去声 事
北京话	55	35	214	51
济南话	213	42	55	21

二、普通话的声调

普通话里的全部字音分属四种调值，所以就从中归纳出了四个调类。

（一）阴平［第一声］

也称高平调。发音时声带保持均衡的紧张状态，听感上高而平，即由 5 度到 5 度，音高基本上没有变化。如"江、依、花、逼"的声调。

（二）阳平［第二声］

也称中升调。发音时声带由松变紧，听感上由中音升到最高音，即由 3 度升到 5 度。如"豪、奇、团、拔"的声调。

（三）上声［第三声］

也称降升调。发音时声带由紧变松再变紧，听感上由低音先降到最低音后再升到高音，即由 2 度降到 1 度再升到 4 度。如"党、法、好、取"的声调。

（四）去声［第四声］

也称全降调。发音时声带由紧而松，听感上由最高音降到最低音，即由 5 度升到 1 度。如"去、剩、化、到"的声调。

普通话四种基本声调的调型可以简单归纳为一平、二升、三曲、四降，这是对音高变化模式的概括性描述。调号即声调符号，它是由五度竖标法的图形简化而来。普通话声调标记如表 2-4。

表 2-4 　　　　　　　　　　普通话声调标记示例表

调类	阴平(第一声)	阳平(第二声)	上声(第三声)	去声(第四声)
调值	55	35	214	51
调型	高平调	中升调	降升调	全降调

调类	阴平(第一声)	阳平(第二声)	上声(第三声)	去声(第四声)
例字	千	锤	百	炼
调号标法	qiān	chuí	bǎi	liàn
调值标法	[tɕʰiɛn⁵⁵]	[tʂʰuei³⁵]	[pai²¹⁴]	[liɛn⁵¹]

三、古今调类和四声平仄

(一)古今调类比较

普通话的调类系统从中古汉语(魏、晋、南北朝、隋、唐、宋)调类系统演变而来。中古汉语有"平、上、去、入"四种调类，后来又以声母的清浊不同为条件发生了分化。凡是古清音声母字的声调属于阴调，古浊音声母字的声调属于阳调。这样一来，古四声实际上就分化演变为"阴平、阳平、阴上、阳上、阴去、阳去、阴入、阳入"八类。现代汉语很多方言的调类都是由中古的这八个调类在语言的历史演变中分化或合并形成的。为了便于说明古今调类的演变以及各方言之间调类的对应关系，方言的调类就都用这八类来称呼。

汉语语音从中古发展到现在，已经有了很大变化，虽然普通话也有四个调类，但与古代汉语调类系统已不是简单的对应关系，其中明显的变化主要有三个方面：

1. 平分阴阳

古平声字根据声母的清浊分为古清音声母平声字和古浊音声母平声字。普通话的阴平字大致与古清音声母平声字相当，普通话的阳平字大致与古浊音声母平声字相当。

2. 浊上归去

古阳上字又分为全浊声母阳上字和次浊声母阳上字。古清音声母上声字和古次浊声母上声字在普通话里都读作了上声，而古全浊声母上声字一律读作普通话的去声。

3. 入派三声

古入声这一调类在普通话里已经消失，因此，古入声字都分别归并到普通话的平、上、去三种调类里。具体来说，古清音声母入声字分别归入普通话的阴平、阳平、上声、去声；古浊音声母平声字分别归入普通话的阳平或去声，其中古全浊声母入声都读作普通话的阳平，古次浊声母入声都读作普通话的去声。

古调类同普通话调类的对应关系可以从表2-5中看出来。

表2-5　　　　　　　　　　古今调类比较表

古调类 ＼ 今调类			阴平	阳平	上声	去声	
平声	清声母		夫汤妻诗				
	浊声母	次浊		门难牛油			
		全浊		符糖齐时			
上声	清声母				府短酒纸 米老藕有		
	浊声母	次浊					
		全浊				妇稻旱似	
去声	清声母					富对去试 慢浪岸用 附盗汗寺	
	浊声母	次浊					
		全浊					
入声	清声母		哭桌出瞎	革国博节	谷铁北百	客阔必式	
	浊声母	次浊				木绿日叶	
		全浊		白敌学直			

(二)四声平仄

"平仄"是古代声调的两大类型，"平"指的是平声，"仄"指的是上声、去声和入声。平声听起来平直、高扬，开阔，音高不升不降，仄声听起来低沉、内敛、窄促，音高有升降曲直的变化。古代诗词中有规律地交替使用这两类声调，可以使音调抑扬顿挫、悦耳动听，从而体现出音乐旋律的美感。

我国古代诗词对平仄有严格的要求。一般来说，除了开头两句一般是上句句末用仄声，下句句末用平声，中间注意平仄相间，上句(单句)与下句(双句)相对的地方也尽量平仄相对。例如：

沉　舟　侧　畔　千　帆　过，
平　平　仄　仄　平　平　仄
病　树　前　头　万　木　春。
仄　仄　平　平　仄　仄　平

【思考与练习四】

一、什么是调值和调类？两者的关系是怎样的？

二、如何理解声调是由相对音高决定的？

三、指出下列各个汉字所代表音节的调值和调类。

　　安定团结　奋力前进　齐心协力　一衣带水

四、朗读下列一段文字，注意体会声调的不同。

　　石室石士施氏，嗜狮，誓食十狮。氏时时适市视狮，十时，适十狮适市。是时，适施氏适市。氏视十狮，情矢势，使十狮逝世。氏拾是十狮尸，适石室。石室湿，氏使侍拭石室。石室拭，氏始试食十狮尸。食时，始识是十狮尸实十石狮尸。试释是事。

第五节　音　　节

【目标要求】理解音节的内涵和普通话音节的结构特点，学会分析普通话音节的结构，在此基础上，掌握声韵拼合规律以及《汉语拼音方案》中音节的拼写规则。

　　音节是最小的语音结构单位，由一个或几个音素构成。音节也是人们听觉上能够自然感受到的最小的语音片段。一般情况下，书面语中的一个汉字就对应一个音节，但需要注意的是，"儿化韵"是例外，它是两个汉字对应一个音节。例如"混着青草味儿"，这是 6 个字代表 5 个音节，其中"味儿"是儿化韵，代表一个音节"wèir"。

一、普通话音节的结构

　　声母、韵母、声调是普通话音节的三个构成要素，但在不同的音节里，它们的具体组合模式并不相同(见表2-6)。

表2-6   **普通话音节结构类型表**

结构成分 例字	声母	韵母			声调	说 明
		韵头	韵腹	韵尾		
吴(wū)	零声母	无	u	无	阳平	无辅音声母、韵头、韵尾
挖(wā)	零声母	u	ɑ	无	阴平	无辅音声母、韵尾
爱(ài)	零声母	无	ɑ	i	去声	无辅音声母、韵头
游(yóu)	零声母	i	o	u	阳平	无辅音声母
允(yǔn)	零声母	无	ü	n	上声	无辅音声母、韵头
用(yòng)	零声母	无	ü	ng	去声	无辅音声母、韵头
梯(tī)	t	无	i	无	阴平	无韵头、韵尾
学(xué)	x	ü	ê	无	阳平	无韵尾
类(lèi)	l	无	e	i	去声	无韵头
鸟(niǎo)	n	i	ɑ	u	上声	五部俱全
存(cún)	c	u	e	n	阳平	五部俱全
庄(zhuāng)	zh	u	ɑ	ng	阴平	五部俱全
知(zhī)	zh	无	-i[ʅ]	无	阴平	无韵头、韵尾

从表里可以看出普通话音节结构有如下一些特点:

(1)一个音节最多可以由四个音素组成,分别充当辅音声母、韵头、韵腹、韵尾;最少由一个音素组成,充当韵腹。

(2)元音在音节中占优势。每个音节中总会有元音,少则一个,充当韵腹;多则三个,分别充当韵头、韵腹、韵尾。如果一个音节中只有一个音素,这个音素除个别情况外都是元音。

(3)音节中可以没有辅音。如果有辅音的话,辅音只出现在音节的开头或末尾;出现在音节开头充当辅音声母,出现在音节末尾充当辅音韵尾,并且仅限于n和ng。汉语音节中没有两个辅音相连的情形。

(4)汉音节可以没有辅音声母、韵头和韵尾,但不能没有韵腹和声调。

　　掌握普通话音节结构的特点，有助于我们正确地分析音节结构。分析普通话音节结构，具体步骤是：先用汉语拼音标音，其次找出音素（或音位）对应哪一个是辅音声母，哪一个是韵头，哪一个是韵腹，哪一个是韵尾，然后指出调类，在此基础上，比照"辅音声母+韵头+韵腹+韵尾"，看缺失什么，就在说明部分表述出来。

　　分析普通话音节结构，应注意以下几点：

　　（1）确定韵腹是分析音节结构的关键，因为根据韵腹可以推知音节的其他构成成分。一般来说，声调符号标在韵腹上。

　　（2）音节拼写时省写的要还原。

　　①韵母 iou、uei、uen 跟辅音声母相拼时，中间的韵腹必须省略，例如"jiù（旧）、guì（贵）、lùn（论）"，但在分析音节结构的时候，要把省略的部分先补出来，然后再进行分析。

　　②辅音声母 j、q、x 与撮口呼韵母相拼时，ü 上两点要省略，例如"jù（句）、quān（圈）、xún（旬）"，但在分析音节结构的时候，要先把省略的两点补上去，然后再进行分析。

　　③韵母 ie、üe 的韵腹是元音 ê[ɛ]。

　　（3）零声母音节的结构分析要注意 y 和 w 的问题。

　　①韵母"i、in、ing、u、ü、üe、üan、ün"构成零声母音节，按照音节拼写规则，需要前加 y 和 w，写成"yi、yin、ying、wu、yu、yue、yuan、yun"。但要注意的是，音节开头的 y 和 w 只是起隔音作用的字母，并不代表音素，所以在分析音节结构的时候，应先把 y 和 w 去掉，然后再进行分析。另外，撮口呼韵母"ü、üe、üan、ün"构成零声母音节，按照音节拼写规则，前加 y 的同时 ü 上两点应去掉，所以在分析音节结构的时候，注意要把省略的部分补出来。

　　②以 i 开头或者以 u 开头的韵母"ia、ie、iao、iou、ian、iang、ua、uo、uai、uei、uan、uen、uang、ueng"构成零声母音节，按照音节拼写规则，需要把音节开头 i、u 变成 y 和 w，写成"ya、ye、yao、you、yan、yang、wa、wo、wai、wei、wan、wen、wang、weng"。但要注意的是，音节开头的 y 和 w，不只是起隔音作用的字母，同时还代表元音 i、u，所以在分析音节结构的时候，应先把 y 还原成 i，w 还原成 u，然后再进行分析。

　　（4）"zī（资）、cí（词）、sī（司）"中的韵腹不是舌面、前、高、不圆唇元

音 i[i]，而是舌尖、前、高、不圆唇元音-i[ʅ]；"zhī(知)、chī(吃)、shī
(师)、rì(日)"中的韵腹不是舌面、前、高、不圆唇元音 i[i]，而是舌尖、
后、高、不圆唇元音-i[ʅ]。

(5)音节"ér"(儿)中的韵腹是"er"。

二、普通话声韵拼合规律

普通话里的声母和韵母的拼合有一定的规律性，掌握了这些规律，可以
有效避免拼音或拼写时出现错误。

普通话有 22 个声母(包括零声母)和 39 个韵母。如果不考虑声调的话，
这些声母与韵母组合可能构成的音节应该将近 800 个，但实际上普通话音节
却只有 400 多个。可见，声母与韵母之间拼合存在一定的限制，这种限制从
另外一个角度看，也恰恰体现声韵之间的拼合规律。

普通话声母和韵母的拼合情况可以用表 2-7 来说明：

表 2-7　　　　　　　　　普通话声母和韵母拼合简表

四呼　　　声母	开	齐	合	撮
b、p、m	+	+	仅限于 u	-
f	+	-	仅限于 u	-
d、t	+	+	+	-
n、l	+	+	+	+
g、k、h	+	-	+	-
j、q、x	-	+	-	+
zh、ch、sh、r	+	-	+	-
z、c、s	+	-	+	-
零声母	+	+	+	+

说明："+"表示某一类声母和某一类韵母能拼合，但并非是全部能拼合，存在着特
殊情况；"-"表示某一类声母与某一类韵母全部不能配合，概无例外。

根据表 2-7 中声母和韵母的拼合情况，可以归纳出声韵拼合的一些规律：

（1）b、p、m 能与开口呼、齐齿呼韵母拼合，与合口呼韵母拼合时只限于单韵母 u，不能与撮口呼韵母拼合。

（2）f 能与开口呼韵母拼合，不能与合口呼韵母拼合时仅限于单韵母 u。

（3）d、t 能与开口呼、齐齿呼、合口呼韵母拼合，不能与撮口呼韵母拼合。

（4）g、k、h、zh、ch、sh、r、z、c、s 能与开口呼、合口呼韵母拼合，不能与齐齿呼、撮口呼韵母拼合。

（5）j、q、x 能与齐齿呼、撮口呼韵母拼合，不能与开口呼、合口呼韵母拼合。

（6）n、l 和零声母能与开口呼、合口呼、齐齿呼、撮口呼四类韵母拼合。

从韵母出发，也可以总结出普通话声韵拼合的其他一些规律：

（1）"o"韵母只能与唇音声母"b、p、m、f"拼合，而"uo"韵母却不能同唇音声母拼合。

（2）"ong"韵母不能构成零声母音节，"ueng"韵母只构成零声母音节。

（3）"-i［ɿ］"韵母只能与声母"z、c、s"拼合，"-i［ʅ］"韵母只能与声母"zh、ch、sh、r"拼合，这两个韵母都不能构成零声母音节。

（4）"er"韵母不能与辅音声母拼合，只构成零声母音节。

三、音节的拼读和拼写

（一）音节的拼读

把声母、韵母、声调拼读起来构成一个音节，这就是拼音。音节拼读准确需要注意以下几个方面：

1. 声母要用本音

进行声母教学时，一般是在声母本音后面加一个元音，念它的呼读音。但在声母和韵母拼合构成音节时，要去掉这个加进去以便于呼读的元音，也就是使用它的本音。

2. 声母和韵母之间不要的停顿

声母和韵母之间如果有停顿，就会割裂音节。例如拼"gǔ"（古）时，如果 g 和 u 之间有了停顿，就会拼成"g(ē)-ǔ"（歌舞）；拼"gài"（盖）时，如果 g 和 ai 之间有了停顿，就会拼成"g(ē)-ài"（割爱）。

3. 要念准韵头

对于有韵头的音节来说，在拼音时注意要把韵头念准，有意识地张口慢一些，念得长一些，把韵头引出来。有些音节的韵头是圆唇元音，拼音时就要注意把嘴唇拢圆。念不准韵头，可能出现丢失韵头或者改变韵头的情况。例如拼"huàn"（换）时，如果丢掉了韵头 u，就会拼成"hàn"（汉）；拼"xué"（学）时，如果韵头念不准，就会拼成"xié"（鞋）。

在此基础上，还要掌握拼音的要领。拼音的要领可简单概括为"前音轻短后音重，两音相连猛一碰"。前音（声母）念得轻而短，就更容易接近于本音，后音（韵母）发音清晰响亮，当然应该念得重了。拼音时，发音器官先做好发声母本音的姿势，然后在发声母本音的同时把要与之相拼的韵母一起念出来。例如，拼"zhāng"（张）时，先让舌尖翘起与硬腭前部接触，做出发 zh 本音的姿势，在发 zh 本音的同时，气流冲破阻碍连同"ang"一起念出来。

不仅如此，掌握正确的拼音方法也十分重要。普通话中常用的是"两拼法"，即把声母和韵母直接拼合起来。例如：

zh + ong ——→zhòng   h + ang ——→háng

j + iang ——→jiāng   q + ia ——→qià

另外，还有是整体直接呼读法，即不经过声母和韵母的拼读过程而直接读出整个音节。这种方法要以熟悉普通话中 400 多个常见音节为基础。

(二)音节的拼写

1. 隔音字母 y、w

y、w 在普通话音节中的作用主要有两个：一是区分音节的界限，起隔音的作用。例如，"大衣"的汉语拼音形式如果写成"dài"，容易让人误解，但如果用上了隔音字母 y，写成"dàyi"，就避免了音节的界限发生混淆。二是表示半元音。在齐齿呼、撮口呼、合口呼韵母构成的零声母音节当中，高元音"[i]""[u]""[y]"的舌位稍抬高一点，同时带有擦音成分，语音学上一般用"半元音"来描述，用国际音标表示为"[j]""[w]""[ɥ]"。

隔音字母 y、w 的具体用法如下：

(1)齐齿呼韵母构成零声母音节时，音节要以 y 开头。具体来说有两种情况：

一种是如果 i 后面还有别的元音，则改 i 为 y。例如：

ia ——→yā（压）　　iong ——→yòng（用）　　iou ——→yǒu（有）

另一种是如果 i 后面没有别的元音，则 i 前加 y。如：

i ——→yī（衣）　　in ——→yīn（因）　　ing ——→yīng（应）

（2）撮口呼韵母构成零声母音节时，音节要以 y 开头。无论 ü 后面有没有别的元音，一律要在 ü 前面加上 y。加上 y 之后，ü 上两点省略。如：

ü ——→yú（鱼）　　　　　　ün ——→yún（云）

üan ——→yuǎn（远）　　　　üe ——→yùe（月）

（3）合口呼韵母构成零声母音节时，音节要以 w 开头。具体来说有两种情况：

一种是如果 u 后面还有别的元音，则改 u 为 w。如：

ua ——→wā（袜）　　uan ——→wán（完）　　uei ——→wěi（伟）

另一种是如果 i 后面没有别的元音，则 u 前加 w。如：

u ——→wū（乌）

2. 隔音符号"'"

以 a、o、e 开头的音节连接在其他音节后面的时候，为了避免音节的界限发生混淆，就需要使用隔音符号"'"。例如：

xī'ān（西安）　　pí'ǎo（皮袄）

《汉语拼音方案》规定，两个音节相连，只有当第二个音节的开头是 a、o、e 时，才需要使用隔音符号。如果第二个音节的开头是辅音时，则没有必要使用。例如"qìnǎo"（气恼）就不用写成 qì'nǎo（气恼）。由于辅音大多出现在汉语音节的开头充当声母，因此汉语拼音的连读习惯是辅音靠后不靠前，也就是说，一个辅音如果前后都有元音，那么这个辅音应当跟后面的元音连成音节；只有在辅音后面没有元音时，才跟前面的元音连成音节。例如"山冈"（shāngāng）中的"n"后面没有元音，因此"n"同前面的元音相连构成音节"shān"，而"g"则与"ang"构成音节"gāng"。

3. 省写

（1）ü 上两点的省写

撮口呼韵母跟 n、l 以外的声母拼合时，ü 上两点省写。例如：

j+ǔ ——→jǔ（举）　　q+ún ——→qún（裙）　　x+üān ——→xuān（宣）

为什么与 n、l 声母拼合时 ü 上两点不能省写呢？这是因为 n、l 既能与撮口呼韵母拼合，也能与合口呼韵母拼合，如果省写了，这些音节容易发生混淆。例如：

nǚ(女)—nǔ(努)　　　lǜ(绿)—lù(路)　　　lǘ(驴)—lú(炉)

撮口呼韵母构成零声母音节时，前加字母 y 的同时 ü 上两点也要省写。例如：

ü—yǔ(与)　　　ün—yún(云)　　　üan—yuǎn(远)

（2）韵母 iou、uei、uen 的省写

《汉语拼音方案》规定，韵母 iou、uei、uen 与辅音声母相拼时，主要元音要省写，写成 iu、ui、un。例如：

d+iou ——→diū(丢)　　　zh+uei ——→zhuī(追)

t+uen ——→tūn(吞)　　　c+uen ——→cūn(村)

《汉语拼音方案》之所以这样规定，是因为韵母 iou、uei、uen 跟辅音声母拼合之后，中间的元音 o 或 e 会变得不明显，实行省写，既能反映语音的实际情况，又能缩短拼写形式。

（3）ê 上"^"符号的省写

如前所述，元音 ê 除了构成单韵母 ê 之外，还可以与 i、ü 组合构成复韵母 ie、üe。因为 e[e]从来不会出现在元音 i、ü 的后面，所以 ê 与 i、ü 构成复韵母时"^"这个符号可以省写。但要注意的是，韵母 ê 构成零声母音节时，"^"符号不能省写，因为如果省写了，就会跟韵母 e 构成的零声母音节混淆。

4. 标调

（1）声调符号一般要标在音节的主要元音（即韵腹）上。例如：

zhāng(张)　　　bù(布)　　　xié(斜)

yīn(因)　　　é(额)　　　miǎo(秒)

（2）在 iu、ui 两个韵母中，声调符号规定标在后面的 u 或 i 上。例如：

xiū(修)　　　tuī(推)　　　qiú(求)　　　duì(对)

（3）调号恰好标在 i 上，i 上的点要省去。

xīn(新)　　　yìn(印)　　　guī(归)　　　jì(记)

为了方便记忆，有人根据汉语音节的标调法编出了标调口诀，即：a 母出现莫放过，没有 a 母找 e、o，iu、ui 两韵标在后，"i"上标调把点抹。

53

5. 音节连写

以词为单位，按词连写。用汉语拼音拼写时，同一个词的音节要连写，词与词之间一般分写，这是拼音书写形式与汉字书写形式的根本区别。例如：

rén(人)　　　fúróng(芙蓉)　　　túshūguǎn(图书馆)

(1)表示整体概念的双音节和三音节词要连写。

gāngtiě(钢铁)　　　qiūhǎitáng(秋海棠)

(2)四音节以上表示一个整体概念的名称，按词(或语节)分开写，不能按词(或语节)划分的，全都连写。

huánjìng bǎohù guīhuà(环境保护规划)　　　hóngshízìhuì(红十字会)

gǔshēngwùxuéjiā(古生物学家)

(3)词重叠形式的连写。

①单音节词重叠要连写，双音节词重叠要分写。例如：

rénrén(人人)　　　niánnián(年年)

yánjiū yánjiū(研究研究)　　　xuěbái xuěbái(雪白雪白)

②重叠并列即 AABB 式结构，当中加短横。例如：

láilai-wǎngwǎng(来来往往)　　　qīngqīng-chǔchǔ(清清楚楚)

(4)汉语人名、称呼的连写。

①汉语人名按姓和名分写，笔名、别名等按姓名写法处理。例如：

Lǐ Huá(李华)　　　Dōngfāng Shuò(东方朔)

②姓名和职务、称呼等分开写，职务、称呼等按姓名写法。例如：

Wáng bùzhǎng(王部长)　　　Zhào tóngzhì(赵同志)

③以"老、小、大、阿"等开头的称呼与姓氏要分写。例如：

Xiǎo Liú(小刘)　　A Sān(阿三)　　　Wú Lǎo(吴老)

④已经专名化的称呼要连写。例如：

Kǒngzǐ(孔子)　　Bāogōng(包公)　　　Mèngchángjūn(孟尝君)

(5)名词和后面的方位词要分写。

shān shàng(山上)　　　Yǒngdìng Hé shàng(永定河上)

(6)汉语地名的连写。

①地名中的专名和通名要分写。例如：

Běijīng Shì(北京市)　　　Héběi Shěng(河北省)

Yālù Jiāng(鸭绿江)　　　Tài Shān(泰山)

Dòngtíng Hú(洞庭湖)　　　Táiwān Hǎixiá(台湾海峡)

②专名和通名的附加成分,单音节的与其相关部分连写。例如:

Xīliáo Hé(西辽河)　　　Jǐngshān Hòujiē(景山后街)

Cháoyángménnèi Nánxiǎojiē(朝阳门内南小街)

③自然村镇名称和其他不需区分专名和通名的地名,各个音节要连写。例如:

Wángcūn(王村)　　　Jiǔxiānqiáo(酒仙桥)

Zhōukǒudiàn(周口店)　　　Sāntányìnyuè(三潭印月)

(7)单音节形容词和重叠的前加成分或后加成分要连写。

mēngmēngliàng(蒙蒙亮)　　　liàngtāngtāng(亮堂堂)

(8)代词的连写。

①形容词和后面的“些、一些、点儿、一点儿”要分写。例如:

dà xiē(大些)　　　dà yīxiē(大一些)

kuài diǎnr(快点儿)　　　kuài yīdiǎnr(快一点儿)

②指示代词“这、那”、疑问代词“哪”和名词或量词要分写。例如:

zhè rén(这人)　　　zhè zhī chuán(这只船)

③“这、那、哪”与“些、么、样、般、里、边、会儿、个”组合成词要连写。例如:

zhèxiē(这些)　　　nàyàng(那样)　　　nǎli(哪里)

zhèbiān(这边)　　　zhèhuìr(这会儿)　　　zhèmeyàng(这么样)

④“各、每、某、本、该、我、你”等和后面的名词或量词要分写。例如:

gè rén(各人)　　　měi nián(每年)　　　mǒu rén(某人)

běn shì(本市)　　　gāi kān(该刊)　　　wǒ xiào(我校)

(9)数词的连写。

①十一到九十九之间的整数要连写。例如:

shíyī(十一)　　　sānshísān(三十三)

②“百、千、万、亿”与前面的个位数要连写;“万、亿”与前面的十位以上的数要分写。例如:

jiǔyì líng qīwàn èrqiān sānbǎi wǔshíliù (九亿零七万二千三百五十六)

liùshísān yì qīqiān èrbǎi liùshíbā wàn sìqiān líng jiǔshíwǔ（六十三亿七千二百六十八万四千零九十五）

③表示序数的"第"与后面的数词中间，加短横。例如：

dì-yī（第一）　　　dì-sānhǎi wǔshíliù（第三百五十六）

dì-èrshíbā（第二十八）

（10）数词与量词要分写。例如：

liǎng gè rén（两个人）　　　wǔshísān réncì（五十三人次）

（11）助词的连写。

①表示约数的助词的"多、来、几"和数词、量词要分写；"十几、几十"连写。例如：

yībǎi duōgè（一百多个）　　　jǐ jiā rén（几家人）

shí lái wàn rén（十来万人）　　　jǐ tiān gōngfu（几天工夫）

②结构助词"的、地、得、之"与其他词要分写。例如：

Shāngdiàn li bǎimǎnle chī de，chuān de，yòng de.（商店里摆满了吃的、穿的、用的。）

③动词和动态助词"着、了、过"要连写。例如：

kànzhe（看着）　　　kànle（看了）　　　kànguo（看过）

（12）语气词、叹词跟其他词要分写。

Tā shì bù huì lái de.（他是不会来的。）

A！Zhēn měi！（啊！真美！）

（13）双音节拟声词连写，AABB 式重叠式连写，中间加短横。例如：

jiji-zhazha（叽叽喳喳）　　　honglong（轰隆）

Dàgōngjī wo-wo-tí.（大公鸡喔喔啼。）

（14）成语的连写。四言格式的成语如果可分为两个双音节来念，中间要加短横；如果不能按两个双音节来念的四言成语、熟语等，全部连写。例如：

àizēn-fēnmíng（爱憎分明）　　　àimònéngzhù（爱莫能助）

6. 音节大写

（1）专有名词的第一个字母要大写。例如：

Běijīng（北京）　　　Chángchéng（长城）　　　Qīngmíng（清明）

（2）由几个词组成的专有名词，每个词的第一个字母要大写。例如：

Guāngmíng Rìbào(光明日报)　　Hépíng Bīnguǎn(和平宾馆)

(3)专有名词和普通名词连写在一起的,第一个字母要大写;但已转化为普通名词的,第一个字母要小写。例如:

Zhōngguórén(中国人)　　Míngshǐ(明史)

guǎnggān(广柑)　　chuānxiōng(川芎)

(4)汉语人名中的姓和名的开头字母要大写;姓氏与职务、称呼组合时开头字母要大写;"小、大、老、阿"与姓氏组合开头字母要大写;已经专名化的称呼,开头字母要大写。例如:

Lǐ Bái(李白)　　Dǒng Cúnhuì(董存瑞)

Zhāng bùzhǎng(张部长)　　Zhào xiānsheng(赵先生)

Xiǎo Liú(小刘)　A Sān(阿三)　　Lǐ Lǎo(李老)

Mèngzǐ(孟子)　　Bāogōng(包公)　　Xìnlíngjūn(信陵君)

(5)地名中的专名和通名的开头字母要大写。例如:

shànhǎi Shì(上海市)　　Hénán Shěng(河南省)

Póyáng Hú(鄱阳湖)　　Huáng Shān(黄山)

【思考与练习五】

一、普通话音节结构的特点有哪些?

二、从声母角度看,普通话声韵配合的规律有哪些?

三、从韵母角度看,普通话声韵配合的规律有哪些?

四、分析下列各字所代表音节的结构,并指出其韵母是"四呼"中的哪一种。

幼　　高　　学　　全　　恩　　皱　　危

眼　　工　　外　　坏　　闯　　知　　而

群　　望　　翁　　句　　催　　江　　胸

五、下列各音节的拼写是错误的,根据声韵拼合规律,加以说明并改正。

jua(抓)　　shiao(小)　　xa(夏)　　do(多)

hiao(好)　　fong(风)　　puo(破)　　tueng(通)

ong(翁)　　zing(精)　　siong(送)　　giao(叫)

六、下列各词的汉语拼音不符合《汉语拼音方案》拼写规则，把它们改正过来。

用意 iòngì　　　无畏 úuèi　　　月夜 üeiè　　　对流 duèlióu

威武 uēiǔ　　　委员 uěiüán 论　文 luènuén　　　谚语 yiànǔ

疑案 fàn　　　堤岸 dīan　　　雪球 xǔeqióu　　　演员 iǎnǔan

规律 guēilù　　　谬误 miòuù　　　杨柳 iángliǔ　　　飞跃 fēiüè

七、下面专用名词、专用短语、文章标题的连写都有错误，请改正并说明理由。

（1）Zhāng　xiǎo　míng(张小明)

（2）Bǐng　jīng(北京)

（3）Bǐng　jīng　shī　fàn　dà　xué(北京师范大学)

（4）GuānYú　JiānQiáng　DǎngFēng　LiánZhèng　JiànShè　De YìJiàn(关于加强党风廉政建设的意见)

第六节　音　变

【目标要求】理解语流音变的内涵，掌握普通话中常见的语流音变现象及其规律，学会在口语表达中准确运用。

音变是指语音的变化，语音学上的音变有两种，一种是历时音变，即语音在历史发展过程中产生的变化；另一种是共时音变，是指在连续的语流中，由于音节之间、音素之间、声调之间相互影响而产生的变化，也叫语流音变。普通话的语流音变主要有变调、轻声、儿化和语气词"啊"的变读。

一、变调

在连续的语流中，有些音节的声调起了一定的变化；与单念时的调值不同，这就是变调。变调多是后一个音节的声调影响了前一个音节声调的结果。普通话中常见的变调有上声变调和"一、不"变调。

（一）上声变调

上声在单念、句中停顿及句尾时念本调，调值不变；在下列情况下，调值要变成 35 或 21。

1. 两个上声音节相连

两个上声音节相连，前一个上声变得近乎阳平，调值由 214 变为 35。例如：

水果　　美好　　了解　　演讲　　老贾　　选举

这里必须注意，如果前一个字是上声，后一个字是由上声变读来的轻声，那么前一个字就有两种不同的变调。有些变为"半上(21) + 轻声"。例如：

耳朵　　马虎　　椅子　　奶奶　　嫂嫂　　姐姐

有些变为"阳平(35) + 轻声"。例如：

小鬼　　老虎　　手里　　火里　　可以　　打扫

2. 上声音节在非上声(阴平、阳平、去声)音节之前

上声音节在非上声音节之前，要变读成半上，调值由 214 变为 21。例如：

在阴平前：首都　　北京　　统一　　女兵　　指挥　　老师
在阳平前：祖国　　海洋　　语言　　改良　　火柴　　考察
在去声前：解放　　土地　　巩固　　鼓励　　水库　　水运

3. 三个上声音节相连

三个上声音节相连，根据内部结构层次的不同，前面两个上声字有两种不同的调模式。

(1)内部结构是"2 + 1"式，前面两个上声都变成近于阳平，调值由 214 变为 35，读成"35 + 35 + 214"。例如：

手写体　　洗脸水　　管理法　　碾米厂

(2)内部结构是"1 + 2"式，第一个上声变成半上，调值由 214 变为 21，第二个变成近于阳平，调值由 214 变为 35，读成"21+ 35 + 214"。例如：

买保险　　小老虎　　很美满　　好领导

如果连着念的上声音节不止三个，要先根据内部结构的语法结构和语义紧密度划分出语义停顿，由语义停顿确定音节段，再根据上述规律进行变调。例如"我也买五百把小雨伞"划分为"我也买/五百把/小雨伞"，念成"35 + 35 + 214 / 35 + 35 + 214 / +21 + 35 + 214"。

(二)"一、不"变调

1."一"的变调

"一"在单念或在词句的末尾，读本调。例如：

　　第一　　二十一　　统一

(1)"一"在去声之前变成阳平，调值由 51 变为 35。例如：

　　　一架　　一个　　一样　　一件

(2)"一"在阴平、阳平、上声之前变成去声，调值由 55 变为 51。例如：

在阴平前：一天　　一根　　一杯　　一般

在阳平前：一头　　一条　　一年　　一直

在上声前：一碗　　一尺　　一本　　一笔

(3)"一"在单音节动词重叠形式中间读轻声。例如：

　　　想一想　　走一走　　看一看　　尝一尝

2．"不"的变调

"不"在单念和在词、句的末尾，以及阴平、阳平、上声之前都读本调。例如：

在阴平前：不高　　不多　　不吃

在阳平前：不同　　不详　　不成

在上声前：不止　　不管　　不想

(1)"不"在去声之前变成阳平，调值由 51 变为 35。例如：

　　　不去　　不对　　不是　　不愿　　不要　　不怕

(2)"不"在单音节动词、形容词构成的肯定否定联合结构中，可能补语的肯定式中读轻声。例如：

　　　看不清　　写不好　　美不美　　走不走

二、轻声

(一)什么是轻声

一般来说，普通话中的每一个音节都有声调。可是在某些词或句子里的音节会常常会失去原有的声调而念得又轻又短，这就是轻声。例如，"玻·璃、馒·头、说·说、风·筝"中第二个音节都读轻声，轻声一般用汉字前打黑点的方法来表示。

轻声不是一种独立的调类，而是一种音变现象。同普通话的四个调类相比，轻声有很大的不同，主要表现在：第一，声调主要取决于相对音高，轻声主要取决于音强和音长；第二，普通话声调的调值固定，轻声的调值不固定，它主要取决于前面音节的调类。另外，任何轻声音节都有对应的非轻声音节，也就是说轻声都有本调。

轻声音节的变化与语音的物理属性有直接关系，主要表现为：一是音长变短。用语图仪进行实验，结果表明比非轻声音节短一半；二是音强变弱，主要表现为读轻声音节时用力明显变小；三是音高变得不固定，这是受前面音节调类影响的结果。一般来说，上声字后面的轻声音节音高较高，阴平字、阳平字后面的轻声音节音高偏低，去声字后面的轻声音节音高最低。汉语拼音方案规定轻声不标调。采用五度标调符号来表示，具体情况如下：

阴平字后面的轻声音节读半低调，调值为 2，表示为[|²]，例如"跟头、天上、金的"。

阳平字后面的轻声音节读中调，调值为 3，表示为[|³]，例如"石头、桃子、银的"。

上声字后面的轻声音节读半高调，调值为 4，表示为[|⁴]，例如"里头、躺下、铁的"。

阴平字后面的轻声音节读低调，调值为 1，表示为[|¹]，例如"木头、坐下、镍的"。

四是音色有时也会有变化。轻声音节中的不送气清塞音和清塞擦音往往会浊化，例如"嘴巴"中的"巴"字，声母变成了浊塞音[b]；"鼻子"中的"子"，声母变成了浊塞擦音[dz]。轻声音节中的元音变得含混，往往向央元音靠近，有的变成了央元音[ə]。例如：

回来[xueilai³⁵]——→[xueilə³]　　棉花[miɛnxuA⁵⁵]——→[miɛnxuə³]

有些轻声音节的韵母甚至会脱落。例如：

豆腐［toufu¹]——→[touf¹]　　我们［uomən⁴]——→[uom⁴]

(二) 变读轻声的规律

普通话口语里的大多数轻声音节与词汇、语法因素有密切关系。具体来说，主要有以下几种情况：

(1)"吧、吗、呢、啊、了、的"等语气词读轻声。例如：

走吧　是吗　你啊　他呢　红了

(2)"的、地、得、们、着、了、过"等助词读轻声。例如：

他的书　慢慢地　写得不好　看着书　吃了饭　去过北京

同学们

(3)名词后缀"头、子、巴"读轻声。例如：

木头　　盘子　　尾巴

(4)量词"个"读轻声。例如：

三个孩子　　一个朋友

(5)表示方位的词或语素"上、下、边、外、里、面"读轻声。例如：

操场上　　地下　　池塘边　　窗外　　家里　　里面

(6)叠音单纯词、重叠式合成词、单音节动词重叠形式中后一个音节读轻声。例如：

姥姥　　蝈蝈　　星星　　宝宝　　走走　　看看

(7)动词、形容词后面表示趋向动词"来、去"有时读轻声。例如：

唱起来　　放下来　　热起来　　暗下去　　走进去

(8)"么"读轻声。例如：

什么　　多么　　这么　　那么

(9)数词"一"出现在重叠动词中间读轻声。例如：

说一说　　练一练　　看一看　　读一读

(10)单音节动词、形容词的肯定形式和否定形式构成的联合结构，可能补语的否定形式，其中的"不"读轻声。例如：

走不走　　好不好　　说不清　　拉不动

另外，还有一些双音节词，口语中第二个音节习惯上读作轻声，例如：

比方　别扭　长处　凑合　萝卜　玫瑰　搭理　大夫　打听

耽搁　队伍　裁缝　巴结　指甲　胳臂　葫芦　福气　利索

时候　先生　风筝　蘑菇　点心　称呼　唠叨　吩咐　动弹

(三)轻声的作用

(1)有些轻声音节具有区别意义的作用。例如：

①他的孙子学习很好。

②孙子是古代的一位军事家。

①和②中"孙子"都是名词，但词义不同：①句中的"孙子"是儿子的儿子，"子"是词缀，读轻声；②句中的"孙子"是人名，"子"是词根，读上声。又如：

老子(父亲；骄傲的人自称)——老子(古代道家学派的创始人)

瞎子(丧失视觉能力的人)——虾子(虾的卵)

包子(一种带馅儿的面食)——孢子(一种低等动植物的细胞)

(2)有些轻声音节具有区别词性的作用。例如：

③村民在后山挖了一条地道。

④她英语说得很地道。

③和④中"地道"的词性不同：③句中的"地道"是名词，"道"读去声。④句中的"地道"是形容词，"道"读轻声。又如：

大意(疏忽)——大意(主要的意思)

利害(剧烈、凶猛)——利害(利益和损害)

三、儿化

(一)什么是儿化

普通话里的元音"er"有两个作用：一是构成零声母音节，例如"女儿、婴儿、儿童、儿子"；二是同其他韵母结合，变更原来韵母的音色，构成"儿化韵"，例如"胡同儿、尖儿、捆儿"，其中的"儿"不是一个独立的音节，而是表示儿化韵。

"儿化"指的是一个音节中，韵母带上卷舌色彩的一种特殊音变现象。这种卷舌化了的韵母叫作"儿化韵"，与之相对的未发生儿化的韵母可以叫作"平舌韵"。普通话里的韵母除了ê、er以外都可以儿化。汉语拼音方案规定，在韵母之后加上一个字母r表示儿化。例如：

芽儿—yár   鸟儿—niǎor   车儿—chēr

(二)儿化音变的规律

儿化发音时因为舌头上翘，所以发音过程中并不是简单地在韵母后面加上卷舌动作，其中还包含了一系列的音变现象，诸如增音、脱落、更换、同化等。儿化的音变规律主要有以下几点：

(1)韵腹或韵尾是a、o、e、ê、u的韵母(包括a、ia、ua、o、uo、e、ie、üe、u、ao、iao、ou、iou)，儿化时韵母直接卷舌。例如：

哪儿：nǎr—[nAr]   花儿：huār—[xuAr]

车儿：chēr—[tʂʰɤr]   哨儿：shàor—[ʂaur]

鸟儿：niǎor—[niaur]

(2)韵尾是i或n的韵母(包括ai、uai、ei、uei、an、ian、uan、üan、

en、uen），儿化时韵尾脱落，主要元音(或稍有变化后)后卷舌。例如：

盖儿：gàr—[kɐr]　　馅儿：xiànr—[ɕiɐr]

准儿：zhǔr—[tʂuɚr]

韵母是 in、ün，儿化时韵尾脱落，并加上卷舌元音[ɚr]。例如：

裙儿：qún—[tɕʰyɚr]

(3)韵母-i[ɿ]、-i[ʅ]，儿化时韵母变为卷舌元音[ɚr]。例如：

词儿：cír—[tsʰɚr]　　事儿：shìr—[ʂɚr]

(4)韵尾是 ng 韵母(包括 ang、iang、uang、eng、ueng、ong)，儿化时韵尾脱落，韵腹变成鼻化元音并卷舌。例如：

方儿：fāngr—[fãr]　　凳儿：dèngr—[tə̃r]

空儿：kòngr—[kʰũr]

韵母是 ing、iong，儿化时韵尾脱落，再加上鼻化的[ə̃r]。例如：

瓶儿：píngr—[pʰiə̃r]

(5)韵母 i、ü，儿化时韵母后面加上卷舌元音[ɚr]。例如：

鸡儿：jīr—[tɕiɚr]　　曲儿：qǔr—[tɕʰyɚr]

(三)儿化的作用

儿化并非单纯的语音现象，它跟词汇、语法、修辞等都有密切的关系，具有区别词义、区别词性以及表示细小、喜爱等感情色彩的作用。

1. 儿化有时可以区别词义。例如：

头(脑袋)—头儿(领头的人或指事情的开端)

信(信件)—信儿(消息)

2. 儿化有时可以区别词性。例如：

盖(动词)—盖儿(名词)

捆(动词)—捆儿(量词)

尖(形容词)—尖儿(名词)

3. 儿化有时具有"指小表爱"的作用。

"儿"作为词缀，它是从本义为"婴儿、孩童"的词根语素"儿"虚化而来，所以儿化是表达小称的一种手段，由此衍生出亲切、喜爱、轻松等附加意义。例如：

车—车儿　　刀—刀儿　　人—人儿

这类"指小表爱"的儿化，前面不能加上修饰语"大"，而只能加上

"小"。例如：

　　大车—小车儿　　　大刀—小刀儿　　　大人—小人儿

　　普通话口语中，经常用这类儿化或称呼年轻人，如"小张儿、小王儿、小陈儿"；或称呼那些小巧的物件，如"铁丝儿、勺儿、针儿、棍儿"。

　　普通话中还有一些没有"指小表爱"功能的儿化，这类儿化没有"大、小"的限制，也不表示喜爱、亲切的附加意义。例如：

　　大院儿—小院儿　　　大个儿—小个儿　　　大圈儿—小圈儿

　　普通话中有一些儿化词，它们没有对应的非儿化形式，所以这类儿化既没有辨别词义和词性的作用，也谈不上表示什么附加意义，而是与构词有关。例如：

　　＊较真—较真儿　　　＊一会—一会儿

　　＊玩意—玩意儿　　　＊冰棍—冰棍儿

　　＊纳闷—纳闷儿　　　＊旮旯—旮旯儿

　　由词根语素和后缀"儿"合并为一个音节而产生的儿化音变，从构词角度来看，可以认为是一种构词音变。因为：(1)儿化可以使某个词产生新义而成为另一个词，如"眼—眼儿、白面—白面儿"；(2)儿化可以使某个不成词语素成为一个可以独立运用的词，如"味—味儿、馅—馅儿、辫—辫儿"；(3)儿化可以使某个词改变词性而成为另一个词，如"黄—黄儿、活—活儿、滚—滚儿"。

四、语气词"啊"的变读

　　用在词句末尾的语气词"啊"，由于受到前面一个音节末尾音素的影响，也常常发生音变现象。

　　(1)"啊"前面音节末尾的音素是 i 或 ü，"啊"变读为[iA]，写成"呀"。例如：

　　　　他是谁啊(shuǐ　ya)　　　去啊(qù　ya)

　　(2)"啊"前面音节末尾的音素是 u，"啊"变读为[uA]，写成"哇"。例如：

　　　　你在哪里住啊(zhù　wa)　　　很好啊(hǎo　wa)

　　(3)"啊"前面音节末尾的音素是 n，"啊"变读为[nA]，写成"哪"。例如：

快干啊(gàn na) 我的天哪(tiān na)

(4)"啊"前面音节末尾的音素是 ng,"啊"变读为[ŋA],写成"啊"。例如:

你快唱啊(chàng nga) 真好听啊(tīng nga)

(5)"啊"前面音节末尾的音素是﹣i[ʅ]或 er,"啊"变读为[ʐA],写成"啊"。例如:

多么好吃啊(chī ra) 小二啊(èr ra)

(6)"啊"前面音节末尾的音素是﹣i[ʅ],"啊"变读为[ʐA],写成"啊"。例如:

小心鱼刺啊(cì za)! 谁写的字啊(zì za)?

【思考与练习六】

一、什么是轻声?举例说明轻声在普通话中的作用。

二、什么是儿化?举例说明儿化在普通话中的作用。

三、语气词"啊"的变读规律有哪些?

四、下列各组词语中加点的字哪个应该读作轻声?

世上—上楼 屋里—公里 山头—看头
头发—发现 芝麻—麻将 豆腐—腐败

五、指出下列词语中上声字的变调情况。

导演 首长 考察 水库 解除 水运 火柴
本体 老板 底稿 很好 浅水 土产 品种
好产品 米老鼠 种马场
紫雨伞 李厂长 洗脸水

六、读下列词语,注意"一""不"的声调变化。

一发千钧 一尘不染 一穷二白 一鼓作气
一步登天 一笔勾销 一概而论 一心一德
一丝一毫 一衣带水 一清二白 一五一十
不遗余力 不闻不问 不厌其烦 不可言状
不可一世 不偏不倚 不约而同 不卑不亢
不屈不挠 不慌不忙 不言而喻 不由自主

第七节　音　　位

【目标要求】理解音位的内涵，了解音位的分类、归纳标准和归纳方法，掌握普通话里的元音音位、辅音音位以及调位。

一、音位概说

(一)音位及其归纳方法

音位是特定的语音系统中能够区别意义的最小的语音单位，是按照语音的社会属性划分出来的语音类别。比如，普通话"关上啊"，这三个汉字所代表音节的韵腹分别是[a]、[ɑ]、[A]，这三个音素随便互相替换，不会造成意义的对立，所以它们可以归纳为一个/a/音位。又如，普通话"大地"，这两个汉字所代表音节的韵腹是[A]和[i]，这两个音素不能相互替换，因为会造成意义的对立，所以就要归纳为/a/、/i/两个不同的音位。

音位和音素虽然都是最小的语音单位，但它们之间也有明显的不同，主要表现为：(1)划分角度不同。音素是根据语音的物理属性和生理属性划分出来的，音位是根据语音的社会属性划分出来的。(2)数量多少不同。一种语言或方言里的音素数量很多，甚至不计其数，而音位作为对音素进行归纳得到的语音类型单位，其数量相对有限，比音素要少得多。

归纳音位，通常是把一些音素放在相同的语音环境中进行替换比较，看它们是否能够区别意义。凡是能够区别意义的音素，就分别归纳成不同的音位，否则就归纳为一个音位。从辅音中归纳出来的音位叫"辅音音位"，从元音中归纳出来的音位叫"元音音位"，从声调中归纳出来的音位叫"声调音位"，简称"调位"。元音音位和辅音音位都是由音素构成，音素之间的差异是音质(音色)的差异。所以，由音素成分构成的音位可以称为"音质音位"，又因为音质音位总是出现在固定的音段上，所以也称"音段音位"。声调音位主要是由音高特征构成的，音高不是音质，所以属于"非音质音位"。因为非音质音位不受音段的局限，所以也称作"超音段音位"。

(二) 音位变体

一个音位中总是包含了一些发音条件相近的音素，这些音素就是该音位的"音位变体"。音位变体是音位的具体表现形式，音位是从音位变体中概括归纳出来的。音位和音位变体的关系是类别和成员的关系，也可以说是一般和个别的关系。

音位变体可分为条件变体和自由变体两类。

条件变体是指在一定条件下出现的音位变体。例如，/a/音位的四个变体[a]、[A]、[ɑ]、[ɛ]就属于条件变体见表2-8。

表 2-8 　　　　　　　　　　　　　/a/音位的变体

音位	条件变体	出现条件	举例
/a/	[a]	出现在韵尾[-i]或[-n]之前	[ai][an]
	[A]	出现在无韵尾的音节	[iA][uA]
	[ɑ]	出现在韵尾[-u]或[ŋ]之前	[ɑu][ɑŋ]
	[ɛ]	出现在韵头[i-]和韵尾[-n]之间	[iɛn]

条件变体是同属于一个音位的几个音素，它们各有自己的出现条件，从不在相同的语音环境中出现。自由变体是指没有环境限制，可以自由替换而不影响意义的音位变体。例如，北京话中"挖、歪、文、翁"这几个汉字所代表音节的韵头都有两种不同的念法：一种是双唇拢圆，略有摩擦，念作半元音[w]；另一种是上齿轻轻地接触下唇，略有摩擦，念作唇齿半元音[ʋ]。这两种不同的念法可以互相替换，不会影响意义，所以就属于同一音位的两个自由变体。

(三) 音位归纳的主要标准

语音的辨义功能、互补分布、音感差异是归纳音位的重要标准。

辨义功能是音位归纳最重要的一个标准。对于某种语言或方言而言，如果某些音素之间的语音差异会造成意义的对立，那么这些音素就要归纳为不同的音位。例如，普通话中，[y]和[i]可以造成意义的对立，所以应分别归入/y/和/i/两个音位；[p]和[pʰ]也可以造成意义的对立，所以应分别归入/p/和/pʰ/两个音位。

音素的发音状况可以用一系列语音特征来描述，其中有些语音特征会造成音位的对立。造成音位对立的这种语音特征叫"区别特征"。例如：

[y]：舌面、前、高、圆唇元音

[i]：舌面、前、高、不圆唇元音

[y]和[i]在普通话里分别归为两个不同的音位，其根本原因在于前者是圆唇元音，后者是不圆唇元音，所以圆唇与不圆唇的语音特征属于普通话里的"区别特征"。

[p]：双唇、不送气、清、塞音

[pʰ]：双唇、送气、清、塞音

[p]和[pʰ]在普通话里分别归为两个不同的音位，其根本原因在于前者是不送气音，后者是送气音，所以送气与不送气的语音特征是普通话里的"区别特征"。

"互补分布"指的是某种语言或方言中音位变体的分布状况。在某一种语言或方言中，某个音位的条件变体各有自己的分布条件，绝不出现在相同的语音环境中，它们的分布状况是互补的。例如，/a/的音位变体[a]、[A]、[ɑ]、[ɛ]就是处于互补分布当中。

凡是处于互补分布的音素，一般不会造成音位的对立，因而互补分布也是归纳音位的一个重要标准。但是，由于各种语言或方言中形成互补分布的原因和情况不完全一样，所以有些音素虽然处于互补分布中，但是当地人听起来差异过大，这样的几个音素也不应该归纳为同一个音位。例如，普通话中的[m]和[ŋ]，[m]只出现在音节的开头，充当辅音声母；[ŋ]只出现在音节的末尾，充当辅音韵尾。这两个音素虽然处于互补分布，但它们在北京人的听感中存在明显差异，所以分别归纳为/m/和/ŋ/两个音位。这就是说，在运用互补分布这个条件来归纳音位的时候，还应根据当地人的音感。因此，音感差异也是归纳音位的重要语音标准。

二、普通话音位

(一)普通话元音音位

普通话有 10 个元音音位,分别是: /a/、/o/、/ə/、/e/、/i/、/u/、/y/、/ɤ/、/ɿ/、/ɚ/。下面就对各个音位的变体进行简单介绍。

(1)/a/—主要的音位变体有[a][A][ɑ][ε]。

(2)/o/—主要的音位变体有[o]、[oᶜ](c 表示圆唇度略减)。如表 2-9 所示。

表 2-9 　　　　　　　　　　　　[o]的音位变体

音位变体	出现条件	例字
[o]	在单韵母中	波[po⁵⁵]
[oᶜ]	作复韵母的韵腹	说[ʂuoᶜ⁵⁵]

(3)/ə/—主要的音位变体有[ɤ]、[ə]。如表 2-10 所示。

表 2-10

音位变体	出现条件	例字
[ɤ]	在单韵母中	额[ɤ³⁵]、合[xɤ³⁵]
[ə]	作鼻韵母的韵腹	温[ʊən⁵⁵]、横[xəŋ³⁵]
	作轻声音节的韵腹	的[tə]

(4)/e/—主要的音位变体有[e]、[ε]。如表 2-11 所示。

表 2-11

音位变体	出现条件	例字
[e]	在韵尾[-i]前面	贝[pei⁵¹]、威[weɪ⁵⁵][ʊeɪ⁵⁵]
[ε]	作韵腹、无韵尾时	接[tɕiε⁵⁵]、绝[tɕyε³⁵]、欸[ε]

（5）/i/—主要的音位变体有[i]、[ɪ]、[j]。如表 2-12 所示。

表 2-12

音位变体	出现条件	例字
[i]	作辅音声母音节的韵头或韵腹	结[tɕiɛ³⁵]、型[ɕiŋ³⁵]
[ɪ]	作韵尾	开[kʰaɪ⁵⁵]、倍[peɪ⁵¹]
[j]	作韵头（零声母）	夜[jɛ⁵¹]、药[jɑʊ⁵¹]

（6）/u/——主要的音位变体有[u]、[ʊ]、[w]、[ʋ]。如表 2-13 所示。

表 2-13

音位变体	出现条件	例字
[u]	作韵腹	古[ku²¹⁴]、工[kuŋ⁵⁵] 父[fu⁵¹]
[ʊ]	作韵尾	好[xɑʊ²¹⁴]、后[xoʊ⁵¹]
[w]	作韵头（零声母）	万[wan⁵¹]、[ʋan⁵¹]
[ʋ]	作韵头（零声母）	为[weɪ⁵¹]、[ʋeɪ⁵¹]

（7）/y/—主要的音位变体有[y]、[ɥ]。如表 2-14 所示。

表 2-14

音位变体	出现条件	例字
[y]	作韵腹	趣[tɕʰy⁵¹]、裙[tɕʰyn³⁵]
[ɥ]	作韵头（零声母）	越[ɥɛ⁵¹]、远[ɥan²¹⁴]

（8）/ɣ/—主要的音位变体有[ɹ]。如表 2-15 所示。

表 2-15

音位变体	出现条件	例字
[ɿ]	在[ts、tsʰ、s]后作韵母	字[tsɿ⁵¹]、思[sɿ⁵⁵]

(9)/ʅ/——主要的音位变体有[ʅ]。如表 2-16 所示。

表 2-16

音位变体	出现条件	例字
[ʅ]	在[tʂ、tʂʰ、ʂ、ʐ]后作韵母	知[tʂʅ⁵⁵]、日[ʐʅ⁵¹]

(10)/ər/——主要的音位变体有[ər]、[ɐʴ]。如表 2-17 所示。

表 2-17

音位变体	出现条件	例字
[ər]	阴平、上声音节	儿[ər³⁵]、尔[ər²¹⁴]
[ɐʴ]	去声音节	二[ɐʴ⁵¹]、贰[ɐʴ⁵¹]

(二)普通话辅音音位

普通话有 22 个辅音音位,分别是:/p/、/pʰ/、/m/、/f/、/t/、/tʰ/、/n/、/l/、/tɕ/、/tɕʰ/、/ɕ/、/k/、/kʰ/、/x/、/ŋ/、/ts/、/tsʰ/、/s/、/tʂ/、/tʂʰ/、/ʂ/、/ʐ/。下面简单介绍一些常见的音位变体。

(1)不送气清塞音、清塞擦音在轻声音节中,由于读音弱化,同时受到后面元音的影响,有时会变成相应的浊音,即产生浊音化的音位变体。例如:

音位	音位变体	例字
/p/	[b]	尾巴[ba⁴]
/t/	[d]	他的[də²]

/k/	[ɡ]	五个[ɡə⁴]
/tʂ/	[dʐ]	看着[dʐə¹]
/ts/	[dz]	椅子[dzə⁴]
/tɕ/	[dʑ]	姐姐[dʑiɛ⁴]

（2）大多数辅音（[f]、[ŋ]除外）与圆唇元音[u]、[y]拼合时，双唇自然拢圆，即产生圆唇音色彩的音位变体。例如"怒[nu⁵¹]、苏[su⁵⁵]、具[ɕy⁵¹]"中辅音声母的实际音值用国际音标表示为"[nʷ]、[sʷ]、[ɕʷ]"。

（3）舌尖中音[t]、[tʰ]、[n]、[l]与齐齿呼韵母拼合时，舌面接近硬腭，即产生腭化音色彩的音位变体。例如"第[ti⁵¹]、你[ni²¹⁴]、李[li²¹⁴]"中辅音声母的实际音值用国际音标表示为"[tʲ]、[nʲ]、[lʲ]"。

（4）舌根音[k]、[kʰ]、[x]与[ei]韵母拼合时，由于[ei]韵母中[e]（舌面、前、半高、不圆唇元音）的影响，发音部位前移。例如"给[kei²¹⁴]、尅[kʰei⁵⁵]、黑[xei⁵⁵]"中辅音声母的实际音值用国际音标表示为"[k⁺]、[kʰ⁺]、[x⁺]"。

（5）鼻音/n/除了圆唇音色彩的音位变体、腭化音色彩的音位变体之外，还有一个变体，即充当韵尾的[-n]。例如"叹[tʰan⁵¹]、赶[kʰan²¹⁴]"中的[-n]持阻阶段发音，除阻阶段不发音，有人称之为"唯闭音"。

（6）鼻音/ŋ/有两个音位变体：一个是充当韵尾的[-ŋ]，持阻阶段发音，除阻阶段不发音，是"唯闭音"，例如"当[taŋ⁵⁵]、将[tɕiaŋ⁵⁵]"中的韵尾。另一个是音节开头的辅音[ŋ-]，有鼻音发音的成阻、持阻、除阻三个阶段，持阻、除阻阶段都发音，但只出现在语气词"啊"的开头，即：语气词"啊"同前面有韵尾[-ŋ]的音节连读时因为同化作用，所以常读成[ŋA]，例如"长啊[tʂʰaŋA³⁵]、羊啊[iaŋA³⁵]"。

（三）普通话声调音位

普通话有四个调位，用调值表示为/55/、/35/、/214/、/51/，也可以表示为/1/、/2/、/3/、/4/。表2-18简单介绍各个调位的音位变体。

表 2-18

调位	变体	出　现　条　件	举　例
/55/	[55]	无条件限制，"一"除外	统一　一同
	轻声：[2]、[3]、[4]、[1]	阴平变读为轻声：在阴平之后调值是2，在阳平之后调值是3，在上声之后调值是4，在去声之后调值是1	先生　头发、尾巴　丈夫
/35/	[35]	无条件限制	头目　刊头
	轻声：[2]、[3]、[4]、[1]	阳平变读为轻声：在阴平之后调值是2，在阳平之后调值是3，在上声之后调值是4，在去声之后调值是1	跟头　甜头　石头　木头
/214/	[214]	单念或词句末尾	美　彼此
	[35]	上声音节之前；由上声变读为轻声的音节前头	管理　捧起　等等
	[21]	非上声音节之前；由上声变读为轻声的音节前头	老师　海洋　解放　里头　耳朵
	轻声：[2]、[3]、[4]、[1]	上声变读为轻声：在阴平之后调值是2，在阳平之后调值是3，在上声之后调值是4，在去声之后调值是1	桌子　盘子　椅子　胖子
/51/	[51]	无条件限制，"不"在去声之前的情况除外	
	[53]	去声音节之前	试验
	轻声：[2]、[3]、[4]、[1]	去声变读为轻声：在阴平之后调值是2，在阳平之后调值是3，在上声之后调值是4，在去声之后调值是1	趴下　皇上　躺下　自在

【思考与练习七】

一、什么是音位？什么是音位变体？音位和音位变体的关系怎样？

二、什么是互补分布？什么是音感差异？两者作为音位归纳的标准，哪个更重要？为什么？

三、用汉语拼音和国际音标给"哥哥黑黑和姐姐慧慧学爷爷"注音，指出汉语拼音书写法中为什么只有 e 而没有 ê?

第八节　语　调

【目标要求】掌握说话或朗读中的停顿、重音、句调、语速等表达技巧，学会在语言表达中自由得体地运用。

语调又称"节律"或"韵律"，由音高、音长、音强等要素组合而成，它们不能独立存在，必须依附在一定的音质上，属于话语流中的超音段成分。也就是说，汉语利用语音的物理要素——音高、音长、音强、音色，通过不同的组合，构成了停延、轻重、长短、快慢、升降等基本的节律形式。这些节律形式在语流里按照一定的规则相互协调、交织套合，从而呈现出一种汉语特有的、和谐均衡的节奏感和韵律美。下面依次来谈谈停顿、重音、句调和语速。

一、停顿

停顿是说话或朗读时，段落之间、语句中间或后头出现的声音上的间歇。为什么要停顿？一是因为生理上换气的需要，二是为了凸显句子结构，使句子结构层次分明；三是充分表情达意的需要，让听话者有时间领会说话者所要表达的内容。语言表达中只有恰当地处理停顿，才会显得间歇有序，节奏自然，层次分明。

一句话停顿的位置不同，往往表达的意思也不一样。例如"我看见他笑了。"如果在"他"后面停顿，表示"我笑了"；如果在"他"前面停顿，表示"他笑了"。

一般说来，说话或朗读中的停顿，大多是出现在意群或节拍群的后面。意群是指词和词结合在一起构成的一个意义整体。意群可大可小，在较大的意群里，还可以按照意义关系和结构层次再划分出更小一些的意义整体，这叫作节拍群。

停顿可分为语法停顿和逻辑停顿。语法停顿是反映语法单位之间结构关

75

系的停顿。例如：

①据说/他已经从国外回来了。

②在逃去如飞的日子里，在千门万户的世界里的我/能做些什么呢？

例①中，"据说"是句子的特殊成分——插入语，它之后要停顿；例②中，主语"我"前面有复杂的定语，在较长的主语之后要停顿。

逻辑停顿是指为了突出某一事物，强调某一观点，表达某种感情，而在句中某些地方作适当的停顿。这种停顿没有明显的规律，它与说话者的表达意图有着密切的关系。例如：

③遵义会议//纠正了/第五次反"围剿"斗争中所犯的/"左"倾机会主义性质的/严重的/原则错误……（毛泽东《中国共产党在民族战争中的地位》）（注：句中单斜线表示短暂的停顿，双斜线表示稍长的停顿）

例③中，"遵义会议"后停顿，目的是突出这次会议的地位，强调它在我党历史上的伟大意义。

二、重音

词句中念得比较重，听起来特别清晰响亮的音叫作重音。重音的特点表现在增强声音强度、扩大音域和延续时间上。重音分为词重音和句重音。

（一）词重音

人们在念复音词每个音节的时候，并不是平均用力，有的音节会念得重一些，有的音节则要念得相对轻一些。一般来说，复音词中音节的轻重类型大致分为三个相对的等级：重音、中音和轻音。复音词的重音格式主要有以下几种：

1. 双音节词的重音格式

（1）包含有轻声音节的双音节词，第一个音节是重音，第二个音节是轻音，即为"重轻"格式。例如：

    利索　凑合　寒碜　态度　见识　念叨　欺负

（2）不包含轻声音节的双音节词，第一个音节是中音，第二个音节是重音，即为"中重"格式。例如：

    礼遇　心肠　完整　鲜艳　研究　请教　立冬

2. 三音节词的重音格式

（1）第二个音节读轻声的三音节词，第一个音节是中音，第二个音节是轻音，第三个音节是重音，即为"中轻重"格式。例如：

　　差不多　　糊涂虫　　豆腐花　　葡萄干　　玻璃瓶

　　(2)第三个音节读轻声的三音节词，第一个音节是中音，第二个音节是重音，第三个音节是轻音，即为"中重轻"格式。例如：

　　老太太　　胡萝卜　　老佛爷　　不由得　　小妖精

　　(3)后两个音节都读轻声的三音节词，第一个音节是重音，第二个音节、第三个音节均是轻音，即为"重轻轻"格式。例如：

　　朋友们　　姑娘家　　孩子们　　屋子里　　桌子上

　　(4)不包含轻声音节的三音节词，第一个音节、第二个音节都是中音，第三个音节是重音，即为"中中重"格式。例如：

　　西红柿　　星期天　　巧克力　　黑龙江　　毛泽东

　　(二)句重音

　　句重音有两种：一种是根据句子的结构特点，某些句法成分应该重读，叫语法重音；另一种是为了突出句意或强调特殊感情而重读某些词语，叫逻辑重音。

　　1. 语法重音

　　语法重音是句子内在结构规律的语音表现，是句重音的基础形式。语法重音主要有以下几种情况：

　　(1)谓语常常读重音。例如：

　　①今天清明节。

　　②东风来了，春天的脚步近了。

　　(2)表性状、程度的状语常常读重音。例如：

　　③他急匆匆地走进来。

　　④西湖的景色十分迷人。

　　(3)表示情态、程度的补语常常读重音。

　　⑤树叶儿绿得发亮，小草也青得逼你的眼。

　　⑥他高兴极了。

　　(4)表示疑问和指示的代词常常读重音。例如：

　　⑦总理啊总理，我们的好总理，你在哪里呀？在哪里？

　　⑧这本是新的，那本是旧的。

　　2. 逻辑重音

句子中那些具有突出语意或强调感情作用的词语常常需要重读。例如：

⑨这一整天，谁也没买过她一根火柴，谁也没给过她一个钱。

⑩哥哥嫂子待他很不好……那头牛跟他很亲。

逻辑重音体现的是句子的焦点，它往往没有固定的位置。句子中哪些词语需要处理为逻辑重音，主要依据说话人的语意重点和情感倾向来确定。同样一句话，由于逻辑重音不同，表达的意思也会不一样。例如：

⑪我知道你会跳舞。（别人不知道你会跳舞。）

⑫我知道你会跳舞。（你不要瞒着我了。）

⑬我知道你会跳舞。（别人会不会跳我不知道。）

⑭我知道你会跳舞。（你怎么说不会呢？）

⑮我知道你会跳舞。（会不会别的我不知道。）

在语言表达中，当逻辑重音和语法重音不一致时，语法重音应服从逻辑重音。也就是说，当句子中出现了逻辑重音，语法重音就应该消失。例如，"我二姐又要生孩子。"在这句话中，按照语法重音规律，"又要"应重读；但上下文语境是：老鼠为了偷吃猪油，不止一次地向猫撒谎说，"我大姐要生孩子……""我二姐又要生孩子……""我三姐也要生孩子……"按照句意，"我二姐"应处理为逻辑重音。既然句中"我二姐"处理为逻辑重音，所以"又要"就不能再看作语法重音了。当然，逻辑重音和语法重音正好重合的现象也是经常见到的。

三、句调

句调是句子声音高低升降的格式，是语句音高运动的模式。声调是一个音节（字）的音高形式，所以又叫"字调"。句调在句末音节上表现得特别明显，但它贯串在整个句子中，所以从属于超音段成分。字调依附在声韵结构上，形成了字音（汉语的音节）；句调依附在短语上，形成了句子。

句调和字调相互依存，彼此制约。字调虽然相对稳定，但必须随句调升降而上扬或下抑；句调要通过字调的升降变化来实现。句调和字调是全局与局部的关系，是大波浪和小波浪的关系。

1. 句调的形式

（1）升调

调子由平升高，句末明显上扬，常用来表示反问、疑问、惊异、号召等语气。例如：

①难道我是个外人？（反问）

②他是中学生吗？（疑问）

③这件事，是他办的？（惊异）

（2）降调

调子先平后降，句末明显下抑，常用来表示陈述、感叹、请求等语气。例如：

④祖国的河山多么壮丽！（感叹）

⑤老师，请再给我一次机会吧！（请求）

⑥我们一定要实现四个现代化。（陈述）

（3）平调

调子始终保持同样的高低，常用来表示严肃、冷淡、叙述等语气。例如：

⑦本人无可奉告。（冷淡）

⑧大伙儿都说张老头是个厚道人。（叙述）

⑨烈士们的英名和业绩将永垂不朽！（严肃）

（4）曲调

调子升高再降低，或降低后再升高，常用来表示含蓄、讽刺、夸张等语气。例如：

⑩你可"从来不会"做错事的呀！（讽刺）

⑪不要说这一点点东西，就是一辆货车我也能扛得起！（夸张）

2. 句调对字调的影响

（1）句调上升对字调的影响

如果字调也是上升的（包括降升），那么字调就升得更高。例如"他姓王？"

如果字调是平的，那么字调后部就稍稍上扬，变成近于平升调。例如"他姓张？"

如果字调是下降的，那么字调后部就稍稍上扬，变成近于降升调。例如"他姓赵？"

（2）字调下降对字调的影响

如果字调也是下降的（包括升降），那么字调就降得更低。例如"他姓孟"。

如果字调是平的，那么字调后部就稍稍下抑，变成近于平降调。例如"他姓高"。

如果字调是上升的(包括降升)，那么字调后部就稍稍下抑，变成近于升降调。例如"他姓牛"。

以上所说的是在一般情况下常见的几种变化。当说话人带有某种强烈的感情倾向时，还会出现临时性的特殊变化。比如说同是升调或同是降调的一句话，在悲哀时会比心平气和时更低，在激动兴奋或发怒生气时会更高一些。

四、语速

语速是指朗读或说话的快慢。单位时间内说出的音节越多，语速就越快，反之就越慢。语速在说话和朗读中对于情感的表达有重要作用。通常在激动、欢快的时候，语速相对快一些，而在痛快、悲伤的时候，语速则往往慢一些。对于抒情性的诗文，朗读中语速不宜过快，而对于慷慨激昂的文章、激情奔放的诗歌，语速则不宜过慢。另外，在同一篇作品中，语速要随情感的变化而变化，只有如此，才能表现出一定的起伏而不会显得呆板。

语速会受到表达因素的制约。一般来说，叙述快于解说，解说快于阐述。这是因为叙述的内容多为人物或事件的发展变化历程，易于理解；而阐述多为剖析事理，且有严密的逻辑性，语速过快就很难理清脉络。语速也会受到表达内容的影响。一般而言，庄重的、艰深的、费解的内容适宜慢速，而轻松的、浅显的、易解的内容则适宜快速。

【思考与练习八】

一、什么是语调？

二、分析下列句子的停顿位置，并体会不同的意义。

　　(1)我赞成他也赞成你怎么样

　　(2)已经取得文凭的和尚未取得文凭的同志

　　(3)下雨天留客天留客不留

（4）无鸡鸭也可

三、什么是逻辑重音？试举例说明。

四、标出下列句子的句调。

（1）盼望着，盼望着，东风来了，春天的脚步近了。

（2）我的母亲老了，她早已习惯听从她强壮的儿子；我的儿子还小，他还习惯听从他高大的父亲；妻子呢？在外面，她总是听我的。一霎时我感到我责任的重大。

五、句调和字调之间有什么关系？

第九节　语音的规范化

【目标要求】了解北京语音内部的分歧，掌握普通话语音规范化的内容和相关成果。

语音的规范化是指根据语音发展的规律来确立和推广标准音，主要包含了两方面的内容：一是确立正音标准，二是推广标准音。

一、确立标准音

普通话是以北京语音为标准，但由于各种原因，北京语音内部还存在一些分歧，这些分歧对学习和推广普通话不利。

北京语音内部的分歧主要有三种：一是北京口语里的一些土音成分。例如：

把"太好了"读成"tuī hǎo le"。

把"不言语"读成"bù yuán yi"。

把"蝴蝶"读成"hútiěr"。

把"我和他"读成"wǒ hán tā"。

这些土音成分缺乏普遍性，所以是不能进入普通话的。

二是北京话里的一些儿化和轻声现象。北京话里的儿化、轻声现象特别多，如果都要算作普通话成分，显然是没有必要的。因此，那些既不能区别词义、又不能区别词性，也没有习惯读法的轻声和儿化现象，是普通话语音规范化要着力解决的一个问题。一般来说，凡是有区别意义作用的，或是已经被普遍采用的轻声和儿化现象，可以吸收到普通话里来以丰富表达手段。那些没有区别意义作用的，或者本来就两可的要作为北京话的方言土语来看，不必吸收到普通话里来。

三是北京话里的异读词。异读是指某个汉字在同一个词中有两种或两种以上不同的读音，但意义并没有区别的现象。例如，北京话中的"混淆"，既可以读成"hùnxiáo"，也可以读成"hǔnxiáo"；"比较"既可以读成"bǐjiào"，也可以读成"bǐjiǎo"。

北京话里的异读词，从语音角度分析，主要有以下四类：

1. 声母不同的异读词

酵母（jiào—xiào）　　缔结（dì—tì）　　商埠（bù—fù）

包括（kuò—guò）　　步骤（zhòu—zòu）　　波浪（bō—pō）

2. 韵母不同的异读词

熟练（shú—shóu）　　琴弦（xián—xuán）　　娇嫩（nèn—nùn）

烙饼（lào—luò）　　拂晓（fú—fó）　　怯懦（qiè—què）

3. 声调不同的异读词

古迹（jì—jī）　　一会儿（huì—huǐ）　　质量（zhì—zhǐ）

卑鄙（bǐ—bì）　　侵犯（qīn—qǐn）　　号召（zhào—zhāo）

4. 声、韵、调中有两项不同或三项都不同的异读词

扫帚（zhǒu—zhù）　　巷道（hàng—xiàng）　　卡片（kǎ—qiǎ）

五更（gēng—jīng）　　摄影（shè—niè）　　沸腾（fèi—fú）

北京话里的异读词来源复杂，归纳起来，主要有以下几种：

1. 文白异读

有些异读是读书音（文读）和口语音（白读）的分歧造成的。例如"熟"，读书音"shú"和口语音"shóu"并存，形成异读。

2. 方音影响

有些异读是方言读音影响的结果。例如，北京话吸收吴方言词"揩油"，"揩"在吴方言中读"kā"，在北京话里读"kāi"，两音并存，造成异读。

3. 讹读影响

有些异读是误读造成的。错误的字音长期通行，习非成是，与正确的字音并存，造成异读。例如"畸形"中的"畸"，正确读音是"jī"，错误读音是"qí"，正误并存，形成异读。

4. 背离规律

有些异读是北京语音特殊发展的结果。例如"期望"中的"期"，按照语音发展规律，它应读阳平"qí"，但同时也存在不合乎语音发展规律的读音读音"qī"，按照语音发展规律的读音和背离语音发展规律的读音并存，形成异读。

为了解决异读词的问题，1956 年专门成立了审音委员会，拟定了异读词读音的审订原则：

第一，某个字的读音虽不合乎语音的一般发展规律但在北方方言里却普遍通行，这个读音就可以采用。例如，"危"读"wēi"，而不读"wéi"；"帆"读"fān"，而不读"fán"。

第二，审音要以词而不以字为对象。如果有异读的字在所有的词里有几种读法，那么就只举一两个词为例，其余的类推即可。例如，"波"一律读"bō"，不读"pō"；"复"一律读"fù"，不读"fú"。如果有的字只在某个词里异读而在别的词里没有异读，那么只需审订有异读的词即可。例如，只审订"装订"（dīng—dìng）这个词，不涉及"预订（dìng）、订（dìng）单"等词。有的字在不同的词里有不同的读音，审音也要以词为对象，分别对待，如"厦"在"大厦"中读"shà"，在"厦门"中读"xià"。

第三，四呼不同的异读字，原则上采用符合语音发展规律的那个读音。例如，"淋"读"lín"，而不读"lún""lún"。

第四，古代清声母的入声字在北京话里有异读的，如果其中有一个读阴平调，那么原则上就采用这个读阴平的字音。例如"息"读"xī"，不读"xí"；"击"读"jī"，不读"jí"。

根据以上原则，普通话审音委员会审订了北京话里常见异读词的读音，并于 1957 年到 1962 年分三次发表了《普通话异读词审音表初稿》（以下简称《初稿》），1963 年辑录成《普通话异读词三次审音总表初稿》。1985 年 12 月，根据《初稿》推行的实际情况，普通话审音委员会重新审订了《初稿》中一些词语的读音，经有关各部门审核通过后，以《普通话异读词审音表》的名称予以公布。对《初稿》中某些读音的改动以符合普通话语音发展规律为原则，以方便广大群众学习普通话为着眼点，采取约定俗成、承认现实的态度。异读词的审订对普通话语音的规范化起到了积极的作用，尽管某些审订原则的运用和具体字音的规范还存在不同意见，但这需要在进一步讨论的基础上统一认识，逐步解决。

目前，在教育部和国家语言文字工作委员会的领导下，已经成立了新的普通话审音委员会(2011年10月)并且启动了新世纪的普通话语音审定工作。

二、推广标准音

推广标准音是语音规范化另一个方面的工作，这要求我们应按照普通话的语音规范来发音。推广标准音对不同的对象应该有不同的要求。有些方言区的人学习普通话还有一定的难度，因此在一段时期内，要允许发音不太标准的"大众普通话"存在，同时要鼓励他们努力克服方音影响，积极主动地向标准的普通话靠拢。北京人或北京话说得比较好的人，应尽量符合标准，注意克服土音的影响。对影响面广、影响力大、示范性强的行业，如播音、教育、演艺等，必须对其从业人员的普通话语音作严格要求。1994年10月，国家语言文字工作委员会、国家教育委员会、广播电影电视部联合发布了《关于开展普通话水平测试工作的决定》，并颁布了普通话水平测试的等级标准。该测试的目的是评定受测人员普通话所达到的等级水平，其中在测试内容中，语音的规范标准程度占了很大比例，这无疑对推广标准音也是一个有力的促进。

【思考与练习九】

一、语音的规范化都包括了哪些内容？

二、给下列的各词中加点的字注音。

哺育	召集	悼念	混合	比较	框架
不妨	脊梁	从容	暂时	虽然	穴道
骨髓	亚洲	惩罚	夹道	供给	伪装
湖泊	提防	乘车	包庇	跳跃	憎恶

三、给下列各组词中加点的字注音。

着手—着凉	差别—参差	玩弄—弄堂
家畜—畜牧	宝藏—躲藏	发型—出发
传奇—传记	盛饭—盛情	占卜—占领
中间—间谍	角落—角逐	空虚—空缺

第三章 文　字

第一节　汉字概述

【目标要求】了解文字的内涵、分类，理解汉字的起源和作用，掌握汉字的特点。

一、文字概说

文字是记录语言的书写符号系统，是人类最重要的辅助性交际工具。因为文字是用来记录语言的，所以要联系语言来研究文字的性质。确定文字性质的标准，要看文字的基本单位记录的是什么样的语言单位。语言是一个层级体系，分为上下两层。下层是语音层，分为音素和音节两级。上层是音义结合的语言符号层，从小到大依次分为语素、词、短语、句子四级。世界上的文字根据其基本单位记录的语言单位，主要有三类：记录音素的是音素文字，例如英文；记录音节的是音节文字，例如日文里的假名；记录语素的是语素文字，例如汉字。音素文字和音节文字合起来叫表音文字。表音文字的基本单位是字母，语素文字的基本单位是字。

一种语言里的音素尽管很多，但音素文字的基本单位——字母数量相对有限，只有几十个。例如，英文字母有 26 个，德文字母有 27 个，俄文字母有 33 个。字母所代表的音素就是这个字母的音值。通过字母组合的形式可以把词的读音记录下来，就知道这几个字母记录的是哪个词。

语素文字的代表是汉字。汉字记录的语言单位是语素，语素是最小的语音语义的结合体，例如"谁、国、吗"这三个汉字就分别记录了汉语里"谁、国、吗"这三个语素。作为语素文字的汉字，它是用不同的字形表示不同的语素。汉字不仅能区分读音不同的语素，例如"来、族"，而且还能区分读音相同的语素，如"衣、依、医"。当然，也有少数汉字不表示语素，如"葡、萄、徘、徊"，要组合成"葡萄、徘徊"才能表示一个语素。这样的字在全部汉字中只占少数，所以不影响汉字是语素文字这一基本性质。

汉字表意的方式主要有四种：一是利用整体的象形符号，如"日、月、人"等；二是利用抽象符号，如"上、下、三"等；三是利用象形符号和抽象符号的组合，如"旦、刃、本"等；四是利用两个以上或两个以上象形符号的组合，如"休、森、从"等。

二、汉字的产生

汉字是世界上起源很早的文字之一。殷商时期的甲骨文，距今已有3000多年的历史了，从形体和造字法的角度来看，它已经是相当成熟的文字了。由此可以推测，汉字产生的时间应该更早。西安半坡遗址距今有五六千年，遗址出土的彩陶上有一些重复出现的有规则的简单符号，同一时期其他文化遗址的出土文物上也有类似的符号。这些符号与流传下来的早期汉字有一些相似的地方，所以它们很有可能是古汉字的前身。

我国历史上流传着"仓颉造字"的传说，这是把汉字的起源神秘化，显然是不正确的。实际上，文字是为了满足日益复杂的交际需要，在原始图画记事的基础上，人们在长期的生产生活实践中共同创造出来的。鲁迅先生说"文字在人民间萌芽"；"在社会里，仓颉也不止一个，有的在刀柄上刻一点图，有的在门户上画一些画，心心相印，口口相传，文字多起来了，史官采集在一起，便可以敷衍记事了。"①这种说法是可信的。萌芽时期的原始文字可能是零散的、不成系统地。经过整理之后，图形或符号就跟语言中的语素或词之间的对应关系固定下来了，并能代表语言来记事，这样文字就慢慢成熟起来了。如果确有仓颉其人，很可能他从事了汉字的整理和搜集工作。

三、汉字的特点

(一)汉字是形音义的统一体

拼音文字的字母只有形和音，没有义；汉字不但有形和音，而且还有

---

① 鲁迅. 且介亭杂文集·门外文谈[M]//鲁迅全集. 北京：人民文学出版社，2005：90，94.

义。用汉字来记录汉语语素，语素的音和义就变成了汉字的音和义。如"衣、依、医"，尽管读音相同，但意义却大不一样。汉字是表意性质的文字，它的形体可以负载意义信息，这是和拼音文字不同的地方。

(二)汉字是平面型方块体文字

汉字由笔画构成。笔画在构字时不是一个接一个地呈线性展开，而是在一个二维平面里按照一定的顺序和结构多向展开。这就是说，汉字或多或少的笔画总是分布在一个平面里。如"翼"字，有17画(包括重复的)，这些笔画是有秩序地分布在一个平面型的方框里。可见，从书写形式上看，汉字是平面型方块体文字，这是汉字从外观上呈现出来的最明显的特点之一。

方块体文字的特点为汉字构件的结合提供了很多区别的因素。除了构件的不同，构件的位置、置向、数量等也可以区别汉字，如"杳"与"杲"的区别是构件的位置，"比、从、北"的区别是构件的置向，"金""鑫"的区别是构件的数量。

(三)汉字数量多，结构复杂

汉字记录的是语素。一种语言的语素至少有几千个，有些甚至多达上万个，因此，语素文字的字数也多达几千甚至上万。如果再加上异体字，字数就会更多。现代汉语通用字是7000个，《中华字海》中所收的古今汉字总数高达86000多个。而记录音素文字的字母一般只有几十个，比汉字数量少很多。从形体上看，汉字是由笔画组成部件，再由部件组成整字。汉字的笔画有30多种，基础部件有500多个。由笔画组成部件、由部件组成整字的方式也是多种多样，这就使得汉字的结构要比音素文字的字母复杂得多。数量繁多，结构复杂，所以人们学习和使用汉字都有不少的困难。

(四)汉字有超时空性

汉字同它所记录的语言单位(即语素)的语音没有直接、固定的联系。它更适合记录语素的意义，因为汉语中语素意义的变化比语音的变化要慢很多，所以现代人阅读古代的典籍，稍加指点就容易读懂，这就是汉字的超时代性。不同方言区的人，如果不说普通话而使用各自的方言就难以沟通，但却可以利用书面语进行交流，这是因为方言间语素意义的差别较小，语音差别大，这就是汉字的超方言性。汉字的这种超时空特点，在客观上为维护民族团结和国家统一，保存和传播历代优秀文化都作出了巨大的贡献。

四、汉字的作用

汉字是世界上历史最悠久的一种独立的文字，它为汉民族保存了无比丰富的文化遗产，为维护民族团结、国家统一发挥了积极的作用。

现在，汉字是国家法定的通用文字。我国各少数民族为了参与国家大事，同汉族人民一起共同学习和使用汉字。汉字不但在历史上有着不可磨灭的功绩，而且在我国的社会主义建设事业中，也已经发挥并将继续发挥重要的作用。

汉字也曾被我们的邻国越南、朝鲜、韩国、日本借去，用以记录各自的民族语言，至今，日本还在使用着部分汉字。新加坡、马来西亚先后发布实施了同我国完全一致的《简化字总表》，把汉字作为他们国家正式使用的文字之一。因此，从这个意义上说，汉字对促进我国同这些国家的交往和文化交流也有重要作用。

【思考与练习一】

一、什么是文字？什么是汉字？

二、汉字有哪些特点？

三、怎样理解"汉字的超时空性"？

第二节　汉字的形体

【目标要求】了解汉字形体发展演变的历程，把握每种字体的特点，掌握现行汉字的形体。

汉字的形体是指汉字的外在形态和形体结构，包括汉字的字体和字形。汉字的字体是指汉字的各种体式，也就是汉字的书写形式，如金文、篆书、隶书等，它代表着汉字发展的不同历史阶段；汉字的字形是指汉字的形体结构，包括汉字的笔画、形体部件和结构方式。汉字自产生以来发展到现在，历经了几千年，或由于人们追求书写便利的要求，或由于书写工具的改变，或由于某种社会力量的促动等，这些因素都会影响到汉字形体发生变化。

一、现行汉字的前身

汉字在历史上出现过甲骨文、金文、篆书、隶书、楷书等主要字体和草书、行书等辅助性字体。甲骨文、金文、篆书被称为古文字，隶书及其以后的字体被称为今文字（见图 3-1）。

图 3-1　汉字的前身

（一）甲骨文

甲骨文是指通行于殷商时代刻在龟甲和兽骨上的文字。这种文字是 1899 年在河南省安阳市郊小屯村出土的，而此地曾是殷王朝的都城，通称殷墟，所以甲骨文也称殷墟文字。

甲骨文的主要特点是：

第一，具有浓厚的图画性质。例如：

🐅（虎）　　🐕（犬）　　🦌（鹿）　　🐦（鸟）

第二，笔形是瘦削的线条，拐弯处多是方笔，外形参差不齐，大小不一。

第三，字形不固定，异体字较多。许多字可以正写、反写，笔画繁简不一，偏旁位置灵活多变。例如：

牢：🐂🐂🐂　　龟：🐢🐢🐢　　车：🚗🚗🚗🚗🚗

第四，合文现象较为突出。例如：

祖乙：🔣　　　一牛：🔣　　　不雨：🔣

合文是把两个或两个以上的字合写在一起,只占一个字的位置。合文现象是早期汉字不规范的一种表现,它增加了人们识别汉字的难度。

(二)金文

金文是指西周时期铸刻在青铜器上的文字。因金文多见于钟鼎之物,所以又叫钟鼎文。

金文的主要特点是:

第一,笔画肥粗丰满,外形方正匀称(见表3-1)。

表3-1　　　　　　　　　　甲骨文与金文

文字	日	天	子	父	王
甲骨文	⊟	大	子	父	王
金文	⊙	大	子	父	王

第二,新产生的象形字逐渐减少,而形声字却大量增加。

第三,虽有合文,但数量大为减少,异体字仍较多。

金文由甲骨文演变而来,其演变的主要趋势是图画性大为减弱,笔势线条化、平直化。

(三)篆书

篆书包括大篆和小篆。大篆是春秋时代到战国初期秦国的文字,籀文和石鼓文是其典型代表。籀文传说是《史籀篇》里的字,《史籀篇》据说是周宣王时一个名叫籀的人所编写的用于蒙童识字的读本,不过早已失传;石鼓文因刻在鼓形的石头上而得名,内容是记述秦国国君游猎的情形。与金文相比,大篆的字形更整齐,笔画更均匀,有少量异体字。

小篆是秦始皇统一六国之后推行的标准字体,在大篆的基础上整理、简化而成,泰山刻石是其典型代表。小篆的主要特点是:

第一,笔画圆转简化,彻底线条化。《说文解字》:"篆,引书也。""引"表示"牵引拉长"之意。小篆的线条粗细均匀,均衡对称,字形均呈长圆态势。小篆使古文字的象形意味逐渐淡化而走向符号化。

第二,形声字大量增加。形声字在小篆中占绝对优势,已有的不少非形声字到了小篆阶段,也通过添加形符、声符或另造变成了形声字。如"囿":

（甲骨文）　　　（小篆）

第三，字形固定，异体字较少。

小篆是历史上第一次大规模的文字规范化运动，它统一了六国文字，促进了民族的团结和国家的统一。小篆是古文字阶段的最后环节，为古文字向今文字的发展奠定了坚实基础。

（四）隶书

隶书是由小篆省变简化而成的一种字体，分为秦隶和汉隶。

秦隶，又叫古隶，是秦代运用的隶书。秦代篆书和隶书并用，小篆是官方运用的标准字体，用于比较隆重的场合；秦隶是下级人员日常书写时所使用的辅助性字体。严格来说，秦隶还只是一种尚未成熟的隶书，在形体上，它与小篆很接近，只是把小篆的曲线条变成了直线，笔画由圆转变为方折。秦隶是从具有象形特点的古文字演变为不象形的今文字的转折点，在汉字发展史上具有划时代的意义。

汉隶，又称今隶，是汉代通行的字体。汉隶由秦隶发展而来，不过两者的区别还是很明显的，主要表现为：秦隶的笔形是平直方折的，汉隶的撇、捺和长横有波磔；秦隶残存着篆书的某些痕迹，汉隶就很少有篆书的痕迹了。

小篆变为隶书，是汉字字体演变史上一次最大、最深刻的变革，这次变革使汉字完全脱离了图画性而变成了纯粹的符号。从此之后，汉字的点、横、竖、撇、折等基本笔画形成，某些偏旁也开始简化合并。这样一来，汉字的方块形体基本定型，为楷书的产生奠定了基础。

（五）楷书

楷书，又名"真书"或"正书"，是由汉隶经过简省演变而成的一种字体。因其结构严谨，堪为楷模，所以称为"楷书"。楷书萌芽于东汉，从魏晋南北朝开始流行，在隋唐时期已完全成熟，是一直沿用至今的标准字体。

楷书同汉隶的结构基本相同，两者的主要区别是笔形不同，楷书彻底摆脱了隶书蚕头雁尾和波势挑法的笔法，形成了标准的笔画，因为这样更易于书写。横平竖直，笔画清晰，字体方正是楷书的突出特点。

（六）草书

草书是指从潦草书写的隶书发展起来的一种字体。它通过化繁为简，点画相连等方法，打破了汉字的方块型结构，使书写更为方便、快捷。

草书包括章草、今草、狂草。

章草在东汉章帝时盛行，是由古隶的草率写法发展而来。其特点是：保存了隶书的俯仰波势笔形，一字之内，许多笔画勾连不断，字形比隶书简单。如三国时期吴国书法家皇象的《急就章》。

今草产生于东汉末年，是从章草变化来的。其特点是：笔形是楷书化的草写，没有章草的波势，一字之内不但笔画勾连，而且上下字之间也往往牵连不断。如东晋书法家王羲之的《十七帖》。

狂草产生于唐代，是从今草发展而来。其特点是：笔画任意简省，笔势连绵回绕，狂放不羁，极难辨认，成为完全脱离实用的艺术创作。

(七) 行书

行书产生于东汉末年，是介于楷书和草书之间的一种字体。其特点是近于楷书但不拘泥，近于草书但不放纵，笔画连绵但各字独立。因为行书兼有楷书和草书的优点，所以直到今天，仍然是日常运用最为广泛的手写体。

从上述汉字形体演变的情况不难看出，汉字的形体主要是朝着简化易写的方向发展。这主要表现在四个方面：第一，从图画性的象形文字逐步变成不象形的书写符号；第二，笔形从类似绘画式的线条逐步变成横、竖、撇、点、折的笔画，书写更方便了；第三，许多字的结构和笔画都简化，如"书"，在小篆中本是形声字，从聿者声，现在变成了独体字，字形简化了很多；第四，甲骨文、金文中的异体形式繁多，小篆、隶书、楷书中的异体形式已经减少很多。需要说明的是，汉字形体演变过程中除了有简化现象之外，还存在繁化现象。例如"上、下、玉、肉"等字都比古文字的写法增加了笔画，主要原因是为了避免同相关字"二、王、月"等混淆。但是，这种繁化现象比较少。

三、现行汉字的形体

现代汉字的标准形体是楷书，主要的辅助字体是行书，在某些特殊场合(如签名、篆刻、书法创作等)也会用到草书、小篆、隶书等形体。电脑字库中的字体有更多，包括了一些艺术变体。

从成字手段上看，现行汉字可分为手写体和印刷体。

手写体主要用楷书和行书，它会因个人习惯和使用需求的不同而不同。

从书写工具上看，手写体可分为硬笔字和软笔字两类。硬笔主要包括钢笔、铅笔、圆珠笔等，软笔主要指毛笔。电脑的普及使汉字的手写机会逐步减少，导致人们手写汉字的能力有所下降，这应当引起全社会的注意。

现行汉字的印刷体仍以楷书作为标准字体，同时也会采用楷书的各种印刷变体。常见楷书的印刷变体有宋体、楷体、仿宋体和黑体等。

【思考与练习二】

一、汉字形体发展演变经过了哪些阶段？各个阶段的形体特点怎样？

二、为什么说汉字形体演变是朝着简化易写的方向发展的？

三、现行汉字中，印刷体和手写体主要使用哪些字体？

第三节 汉字的结构

【目标要求】了解汉字结构单位的分类、组合方式等；掌握汉字笔顺的基本规则和一些疑难易错字的书写笔顺；理解"六书"理论，学会判断常见汉字的造字方法。

汉字的结构可以从结构单位、笔顺、造字法三个方面去考察。

一、结构单位

现行汉字的基本单位有三级：一是笔画，二是部件，三是整字。部件由笔画构成的，所以笔画是构成汉字的最小单位，独体字、合体字都是由笔画构成的。部件又叫偏旁，是高一级的构字单位。合体字是由部件组合而成，独体字在组字时只能充当一个部件。

（一）笔画

笔画是构成汉字字形的各种形状的点和线，是汉字构形的最小结构单位。

1. 笔画的类型

依据笔势和走向，现代汉字的笔画有各种各样不同的形式。笔画的具体形状简称笔形。1965 年文化部、中国文字改革委员会发布的《印刷通用汉字字形表》和 1988 年国家语委、新闻出版署发布的《现代汉语通用字表》规定了汉字的五种基本笔形，即：横、竖、撇、点、折，又称"札"字法。其中前四种为单一笔形，后一种是折笔形，又称复合笔形。单一笔形相对简单，书写方向基本不变；复合笔形是两种或两种以上单一笔形的连接，书写方向有所变化。

"札"字法的笔形有主笔形、附笔形的区别。主笔形是一般的写法，附笔形是主笔形在不同位置或部件中出现的各种不同变形。例如，"横"是主笔形，"提"是附笔形；"竖"是主笔形，"竖钩"是附笔形；"点"是主笔形，"捺"是附笔形。

2. 笔画的组合方式

汉字由笔画组合而成。除"一、乙"等少量的一笔字外，绝大多数汉字都存在笔画的组合问题。笔画的组合有三种方式：

相离：笔画各自独立，互不相连。例如：二、三、八、川、小。

相接：笔画相互连接，但不交叉。例如：口、石、人、山、互。

相交：笔画互有交叉，不能分离。例如：十、九、丰、力、也。

绝大多数汉字是综合运用以上两种或三种方式构成的，如"干、田"用了相接、相交两种组合方式；如"唯、伪"用了相离、相接、相交三种组合方式。笔画相同，组合方式不同，就会形成不同的汉字。如"几"和"九"都是由"折"和"撇"两种笔画构成，但组合关系不同："几"是相接关系，"九"是相交关系；"八"和"人"都是由"撇"和"捺"两种笔画构成，但组合关系不同："八"是相离关系，"人"是相接关系。因此，掌握汉字笔画的组合方式对于正确识写汉字非常关键。

(二) 部件

部件是由笔画构成的具有组配汉字功能的构字单位。部件由笔画构成，多数部件由一画以上的笔画构成，少数部件由一画构成。一般来说，部件大于笔画而小于整字。

1. 部件的分类

现行汉字中的部件，按照不同的标准可以分为不同的类型。

根据现在能否独立成字，可以分为成字部件和非成字部件。可以独立成字的部件叫成字部件，例如"水"和"木"。成字部件可以和别的部件组合成字，例如，由"水"组合成"淼、泰"，由"木"组合成"村、材、柜、呆"。成字部件有固定的读音和意义。有些成字部件在与其他部件组成合体字的时候，其中某个笔形要做些调整，如"和、灯、坐"里的"禾、火、人"等部件。不能独立成字的部件叫非成字部件，例如"病、疾、痛、疲"里的"疒"，"花、草、荷、菊、萝"里的"艹"。为了便于称说，可以给非成字部件另起个名称，例如"氵"叫三点水，"宀"叫宝盖头。有些非成字部件在古代可以独立成字，例如"密、国"等字中的"宀、囗"。

根据笔画的多少，可以分为单笔部件和多笔部件。单笔部件只有一画，如"旦、丛"中的横，"旧、引"中的竖。多笔部件有两画或两画以上，如"岩"中的"山、石"。

根据能否再切分出更小的部件，可以分为基础部件和合成部件。基础部件不能被切分出更小的部件，所以又称单一部件，如"时"中的"日、寸"；合成部件能被切分出更小的部件，所以又称复合部件，例如"湖"，可切分出"氵"和"胡"，其中"胡"是合成部件，又切分出"古、月"。

根据部件拆分出来的先后层次，可以分为一层部件、二层部件、三层部件等。例如"绣"，"纟"和"秀"是一级层部件，"禾"和"乃"是二层部件。

2. 部件的拆分

把汉字拆分为部件叫汉字的部件拆分。汉字的部件拆分主要用于中文信息处理领域汉字编码的设计以及汉字教学。

汉字拆分的主要规则：

(1)相离的组合沿着分隔沟拆分。

只有一条分隔沟的，沿分隔沟拆分为两个部件。例如：

斯—其、斤　　兵—丘、八

圆—囗、员　　趟—走、尚

多于一条分隔沟的，先拆长的后拆短的。例如：

想—相、心　　相—木、目

垛—土、朵　　朵—几、木

几条分隔沟长度相等的，沿着分隔沟多分。例如：

鸿—氵、工、鸟　　掰—分、手

(2)相接的组合是否拆分要根据相接的是否紧密。

只有一两个接点的，表示相接的不十分紧密，从接点处拆分。例如：

古—十、口　　兄—口、儿

95

接点有多有少时，先拆接点少的，后拆接点多的。例如：

充—亠、允(有一个接点)

允—厶、儿(有两个接点)

有四个或四个以上接点的，表示相接紧密，所以不能拆分。例如"田、臣、用、隹"。

(3)相接的单笔画不拆分。

"厂"不能拆分为"一"和"丿"，

(4)相交的组合不拆分。

"东"不能拆分为"七"和"小"，"重"不能拆分为"千"和"里"。

(5)相离的几个单笔画组合在一起不拆分。

"二、儿、刁、小、心、氵"不能拆分。

(6)相离的单笔画和笔画组合，其中单笔画成为部件的要拆分。

旦—日、一　　乱—舌、乚

(7)有的部件包含着更小的部件，要逐层拆分

例如"礴"，一层部件是"石"和"薄"，一层部件"薄"可拆分出二层部件"艹"和"溥"，二层部件"溥"可拆分出三层部件"氵"和"尃"，三层部件可拆分出四层部件"甫"和"寸"。

同一个部件在汉字的不同位置，可能有不同的写法，这称为部件的变体。例如：

手—拿拳掌掣／打扑扔／拜掰／看

水—汞泉浆颖／汗汁泡汀／滕泰／益溢

心—志忘忍念／忆惧慎慑／恭慕忝

(三)整字

根据构成部件的多少，汉字可分为独体字和合体字。由一个基础部件构成的是独体字，如"人、儿、事、农、工、斤、布"；由两个或两个以上基础部件构成的是合体字，如"稳、跷、选、保、器"。合体字部件的组合方式主要有五类：

(1)左右组合：①左右结构：明、粘、猫

　　　　　　　②左中右结构：粥、街、辨、班、掰

(2)上下组合：①上下结构：岩、类、骂

　　　　　　　②上中下结构：器、葬、曼、率、哀、禀

（3）包围组合：①两面包围

    A. 上左包围：厅、庆、病、居、房、虎

    B. 上右包围：旬、司、氧、式、可

    C. 左下包围：远、赶、题、建、翘

    ②三面包围

    A. 上三包围：问、凤、同、网

    B. 下三包围：凶、函、幽、山

    C. 左三包围：区、医、匠、匠、臣

    ③四面包围：国、围、回、困、园

（4）框架组合：巫、坐、乘、噩、爽、乖

（5）品字组合：晶、森、矗、磊、淼

  绝大多数汉字属于左右组合和上下组合，包围组合的较少，框架组合、品字组合的更少。

  部首是字书中各部领头的部件或笔画，具有字形归类的作用。采用部首给汉字归类，始于东汉许慎的《说文解字》，它把 9353 个汉字归为 540 部。明代梅膺祚的《字汇》合并为 214 部，其后的《康熙字典》《辞源》《辞海》均为 214 部，《现代汉语词典》和《现代汉语规范词典》都是 201 部。

  归纳部首，可以从造字法着眼（如《康熙字典》），一般把同一形旁的字归为一部，包括变形部首在内，例如，"刀"部包括"刂"，"火"部包括"灬"，"犬"部包括"犭"。有的部首与实际字形不一致，例如"阝"，充当左边的部件的字在"阜"部，充当右边的部件的字在"邑"部，带"辶"的字在"辵"部。也可以从实际字形着眼（如新《辞海》），例如，"人"和"亻"分属两部，"氵"和"水"分属两部。同一形旁的字不一定归为一部，例如，同形旁"刀"的"劈、刊、辨"，分别属于"刀"部、"干"部、"辛"部。

  部首与部件并不是完全等同的概念。部首可以是部件，也可以是某些笔画。如果是合体字，那么其部首就由部件来充当，并且大多是表意的部件，但有时也会是表音的部件，例如"闻、问"的部首就是"门"；如果是独体字，那么其部首并不是部件，而是某些笔画，如"天"的部首是"一"，"九"的部首是"丿"。部首具有字形归类的作用，是为方便查检汉字而设立的；部件是具有组配汉字功能的构字单位。部件不一定都具有字形归类的作用，只有它作为部首的时候，才具有这样的作用。

二、笔顺

笔顺是写字时笔画的先后顺序。现代汉语通用字中，有少数是只有一笔的字，如"一、乙"等，称为"单笔字"，绝大多数是两笔或两笔以上的字，如"半、毋、乘"等，称为"多笔字"。人们书写多笔字，必然会遇到先写哪一笔后写哪一笔的问题。汉字的笔顺有一定的规则，按照正确的笔顺书写汉字，不仅便于点画衔接，提高书写效率，而且也容易把字写得清楚整齐，美观大方，更方便汉字的排序检索与信息处理。

汉字笔顺的基本规则是：

(1)先横后竖：十、丰

(2)先撇后捺：八、人

(3)从左到右：川、虾

(4)从上到下：三、笃

(5)从外到内：用、风

(6)先外到内后封口：国、回

(7)先中间后两边：小、水、办

汉字笔顺的补充规则有：

(1)下三包围结构，先内后外：凶、函、幽、凼

(2)左三包围结构，先上后内再竖折：区、医、臣

(3)左下包围结构，先内后外：造、近、建、延

(4)其他左下包围结构，先外后内：题、起、爬、勉

(5)上左包围结构，先外后内：厅、质、盾、库、房

(6)上右包围结构，先外后内：刀、司、旬、葡、虱、氧、

(7)点在上部或左上，先写点：衣、立、为

(8)点在右上或在字里，后写点：发、瓦、我、书、尤、龙

关于汉字的笔顺，在文化部、文改会 1965 年 1 月发布的《现代通用汉字字形表》和国家语委、新闻出版署 1988 年 3 月发布的《现代汉语通用字表》中已经有了具体的规定。为了进一步促进汉字笔顺的规范化，国家语委和新闻出版署 1997 年 4 月公布了《现代汉语通用字笔顺规范》，在发布的通知中指出："《现代汉语通用字笔顺规范》是在《现代汉语通用字表》的基础上形成的，将隐性的规范笔顺变成显性的，列出了三种形式的笔顺。同时，明确了

字表中难以根据字序推断出规范笔顺的'火、叉、凼、爽'等一些字的笔顺，调整了'敝、脊'两个字的笔顺。"

根据此规范，"敝、脊"两字的笔顺作了调整。"敝"字左边中间的竖不再是第三笔，而是第五笔；"脊"字的上边不再先写中间的"人"，而是先写两边的点、提、撇、点，后写中间的"人"。"车""牛"两字在作左偏旁时，笔顺有变化："车"字由横、折、横、竖改为横、折、竖、提；"牛"字由撇、横、横、竖改为撇、横、竖、提。

下面是一些笔顺容易出错的字：

"匕"：先写撇，后写竖弯钩。

"万"：先写横，再写横折钩，后写撇。

"义"：先写点，再写撇和捺。

"母"：最后三笔是点、横、点。

"及"：先写撇，再写横折折撇，后写捺。"及"和"乃"字形相近，但笔顺完全不同。

"火"：先写上面两笔，即点和撇，再写"人"字。

"讯"：右半部分是横斜钩（不是横折弯钩）、横、竖（不是撇）。

"凸"：先写左上的竖，接着短横和竖，然后写横折折折，最后写下边的长横。

"出"：先写竖折，然后写短竖，再写中间从上到下的长竖，最后写竖折和短竖。

"贯"：上边是先写竖折，然后再写横折，第三笔写里面的竖，最后写长横。

"重"：上面的撇和横写后，紧接着写日，再写竖，最后写下面两横（上短下长）。

"脊"：上边的笔顺是先写左边的点和提，再写右边的撇和点，最后写中间的人。

"敝"：左边先写上部的点、撇，接着写左下角的竖、横折钩，然后写中间的长竖，最后写里面的撇、点。

"爽"：先写横，再从左到右写四个"×"，最后写"人"。

"登"：右上角先写两撇，再写捺。

"噩"：横、竖写完之后，接着写上边的左右两个"口"，再写中间的横和横下面的两个"口"，最后写一长横。

三、造字法

(一)象形

象形是用描绘事物形状来表示字义的造字法。用这种方法造的字就是象形字。例如：

人(𝖎) 像人体的侧视形　　　首(𝖎)像人头侧视形

臣(𝖎)像竖目形　　　　　　自(𝖎)像鼻子形

又(𝖎)像右手形　　　　　　马(𝖎)像马的侧视形

牛(𝖎)像牛头形　　　　　　羊(𝖎)像羊头形

鹿(𝖎)像鹿侧视形　　　　　木(𝖎)像有枝干根梢的树形

古象形字有的像事物的整体轮廓，如"车""舟"；有的像事物的特征部分，如"牛"像牛角上弯，"羊"像羊角下弯；有的除了具体的事物外还有必要的附带部分，如"瓜"。大部分古代象形字从现行汉字已经看不出原物的样子了，如"牛、马、豕、雨、泉"等。后起字中也有少量的象形字，如"丫、凹、凸、伞"等。

象形字很少，因为复杂的事物难以象形，抽象的概念无形可象，但它却为创造指事字、会意字、形声字提供了条件。

(二)指事

指事就是用象征性符号或在象形字上加提示性符号来表示字义的造字法。用这种方法造的字就是指事字。

指事字可分为两种。一种是象征性符号构成的指事字。例如：

上(𝖎)：以弧线为基准，上面加短横表示"上"。

下(𝖎)：以弧线为基准，下面加短横表示"下"。

"一(一)、二(二)、三(三)、𝖎(五)"也是用纯粹的符号构成的指事字。

另一种是象形字上加提示符号构成的指事字。例如：

亦(𝖎)：在正面人形(大)的两腋下加两个点，表示人的腋窝所在。

寸(𝖎)："又"(表示"手")下用一条短横，表示中医所谓寸脉或寸口之所在。

本(𝖎)："木"下部加一点，表示树根所在。

末（末）："木"上部加一点，表示树梢所在。

现行的指事字基本上是从古代的指事字演变来的。有些古代的指事字，在现行汉字中还可以看成指事字，如"一、二、刃"等。有些古代的指事字到现在已看不出其指事的意图了，如"甘、朱、末"。又如"寸"，古文字原义为手的"又"字加一短横，表示寸口的所在，本是指事字，现在也很难看出来是指事字了。后起字中的指事字极少，例如"乒、刁、甩、卡"。

（三）会意

用两个或两个以上部件合成一个字，把这些部件的意义合成新字的意义，这种造字法叫会意。用这种方法造的字就是会意字。

会意字的构成部件叫"意符"，从意符会意的情况来看，可分为异体会意和同体会意。

异体会意的，例如：

休（休）：从人从木，人依靠着木，表示休息。

伐（伐）：从人从戈，以戈刃砍人的头，表示砍杀。

及（及）：从人从又（手），表示追上。

集（集）：从隹从木，表示鸟聚集于木。

采（采）：从手从木，表示采摘果实。

益（益）：从水从皿，表示水从器皿中流出来。

涉（涉）：从水从步，表示徒步过河。

同体会意的，例如：双人为"从"，双木为"林"，三木为"森"，三人为"众"等。

会意是把两个或两个以上的意符组合起来构成新字，因为组合部件、组合部件可以多种多样，所以相比于象形、指事，它的造字功能更强。因此一直到现在，不少后起字都用了会意造字法，例如"尕（小）、夵、拿、歪、尖、凼、杂、掰、搿、咩"等。

现行的会意字多数是从古代会意字演变而来的。古代的有些会意字，如"弄、祝、祭、集、香"等，由于字形的变化、字义的演变，从现行汉字已很难了解它们是如何会意的。有些古代的会意字如"繭、糶、筆"简化为"茧、籴、笔"，所会之意更清晰了。有些古代的会意字如"郵、竄"简化后变成了形声字"邮、窜"。有些古代的会意字如"轟、聶"简化成"轰、聂"，

101

称其为会意字很勉强。有些古代的会意字如"義、韋"简化成"义、韦"后变为独体字，显然已经不是会意字了。

（四）形声

由表示字义类属的部件和表示字音的部件组合构成新字，这种造字法叫形声。用这种方法造的字就是形声字。

表示字义的部件叫形旁（也称形符、意符），表示读音的部件叫声旁（也称声符、音符），例如"璧"，从玉辟声，"玉"是形旁，"辟"是声旁。形声字都是合体字。有些形声字存在省形或省声的情况。省形是把充当形旁的字省写了一部分，例如"亭，从高省，丁声"；省声是把充当声旁的字省写了一部分，例如"绳，从丝，蝇省声"。还有一种亦声字，是会意兼形声字，例如"警，戒也。从言，从敬，敬亦声"；"政，匡正也，从攵，从正，止亦声"。

形声字有表音成分，同语言的声音有一定的联系，比没有表音成分的象形字、指事字、会意字有一定的优越性。同一个形旁加上不同的声旁，可以造出意义有关而读音不同的一批形声字；同一个声旁，也可以加上不同的形旁，组成读音有关而意义不同的一批形声字。形声这种造字法，具有极高的能产性，所以汉字中的形声字最多。

现行汉字大部分是形声字。古代的形声字，有些简化后声旁表音更准确了，如"偿（償）、担（擔）、递（遞）、钟（鐘）"等。有些因为用简单符号代替声旁，写起来虽然简单了，但表音却不清楚了，如"鸡（雞）、欢（歡）、叹（嘆）、邓（鄧）"等。后起字绝大多数是形声字，如"痧、叨、瞅"等。

形声字的形旁和声旁组合的方式多种多样，主要有以下几种：

左形右声：江、冻、城、岭、秧、锋

右形左声：攻、颈、期、视、功、雌

上形下声：管、芳、崖、宇、景、爸

下形上声：架、忘、斧、贡、膏、婆

外形内声：固、阀、园、匾、府、衷

内形外声：闷、问、闻、舆、辩、瓣

另外，有些字形旁和声旁的位置比较特殊。有些是左上形，右下声，例如"厅、府、病、屠"。有些是左下形，右上声，例如"进、越、飓"。有些是右上形，左下声，如"翅、匙"。有些是形旁或声旁在一角，例如，"颖，从禾，顷声；徒，从辵土声"。

1. 形旁的作用和局限性

形旁的主要作用是表示字的意义类属，帮助了解和区别字的意义。例如，形旁是"示"的字都与祭祀有关，是"扌"的字都与手的动作行为有关，是"氵"的字都与"水"有关，是"疒"的字都与疾病有关。

形旁的表意功能有一定的局限性。首先，由于社会的发展，客观事物的变化，有些形旁的意义不好理解。例如"简"为什么从"竹"，"镜"为什么从"金"，如果不了解古代曾在竹简上写字，古人曾以铜为镜，那么就不能理解这些形旁的作用。其次，由于字义的演变和假借字的存在，形旁的意义有时也会变得不容易理解。如"骄"为什么从"马"，"缘"为什么从"纟"，如果不知道"骄"的本义表示"马大"，"缘"的本义表示"衣服的边饰"，那么这些字形旁的作用也难以理解。另外，由于字形变化或位置特殊，有些形旁不好辨认了，例如"恭"从心共声，"心"发生了变形。

2. 声旁的作用和局限性

声旁的主要作用是表示字的读音，大约有 1/4 形声字的读音同其声旁的读音完全相同，尽管大部分形声字的声旁不能有效提示该形声字的读音，但也有一定的规律，可以用于区别形似字。学习普通话有时会利用声旁类推法纠正方音。例如，有的方言 n、l 不分，具体来说，就是分不清哪些字的声母是 n，哪些字的声母是 l。解决这个问题，就要记住经常用作声旁且声母是 n 或 l 的代表字，在此基础上借助汉字声旁进行类推。有时候，声旁还有示源功能。示源功能是说声旁可以表明具有相同声旁的形声字同所记录的词之间具有音近义通的同源关系，例如"胫、径、颈、经、陉"等字因具有相同的声旁"巠"而都获得了"细长"之义。

声旁的表音作用有一定的局限性。首先，由于古今语音的演变，大约有 3/4 形声字的读音同其声旁的读音不完全相同。例如，"筹、畴、涛、焘、铸"等形声字的读音，同它们声旁"寿"的读音就不一样。有时候，同一声旁在不同的形声字中表示多种读音，这样就更不容易掌握。例如"勺"充当声旁的字有"芍、约、酌、趵、钓、的"等。其次，汉字字形在经历了隶变、楷化之后，有不少字的声旁变得不易辨认。例如"在，从土才声；贼，从戈则声"。省声字更不好辨认，例如"夜"，从夕亦省声，"珊"从玉，删省声。另外，有些声旁现在不单用，一般人不知道它的读音，如"宅、温、谬"等字的声旁。

学习形声字，可以利用形旁和声旁辨别一些形似字和同音字，避免写成别字。另外，学习汉字不应过分依赖形旁和声旁，如果遇到不会的字音或字义，应该多查检工具书，以免造成错误。

【思考与练习三】

一、什么是笔画？笔画的基本类型有哪些？笔画的组合方式有哪些？

二、什么是部件？部件的组合方式有哪些？

三、什么是部首？部首和部件有哪些区别？

四、什么是笔顺？笔顺的基本规则是什么？

五、汉字的造字法有哪些？试结合例子具体说明。

六、形声字的形旁有什么作用？有哪些局限性？

七、形声字的声旁有什么作用？有哪些局限性？

八、指出下列汉字的造字法。

涉　亦　马　鹿　益　江　牛

九、分析下列各组形旁相同的形声字，看它们的字义跟形旁有什么联系？

(1)赌睹堵　　(2)站沾玷　　(3)抠枢怄　　(4)喝渴谒

十、分析下列各组声旁相同的形声字，看它们的字音跟声旁有什么联系？

第四节　汉字的整理与标准化

【目标要求】了解文字改革的内容，掌握简化汉字、整体异体字和异形词、更改生僻地名用字、统一计量单位用字、研制《通用规范汉字表》等汉字整理的主要内容；掌握汉字定量、定形、定音、定序等方面有关理论和成果。

一、汉字改革问题

文字改革包括文字制度的变革和文字内部的简化、整理两个方面的内容。

汉字改革工作经历了很长的、不断发展变化的过程。从清末至中华人民共和国成立，有许多先驱者在实行拼音文字、汉字内部整理简化等方面提出了很多建议，为汉字改革进行了不懈的努力。中华人民共和国成立后，国家重视文字改革工作，不仅建立了主管文字改革的机构——中国文字改革委员会（简称"文改会"），而且还确定了文字改革的三项任务——简化汉字、推广普通话、制定和推行《汉语拼音方案》。几十年来，汉字改革工作在汉字简化、整理方面取得了显著成绩，为我国的建设事业做出了积极贡献。改革开放以来，我国有关文字改革的方针政策根据客观实际进行了调整。1985年12月，国务院将中国文字改革委员会改名为国家语言文字工作委员会（简称"国家语委"），重新明确了其工作范围和职责。1986年1月，中央批准国家教委和国家语委在北京联合召开了全国语言文字工作会议，制定了新时期语言文字工作的主要任务，即：研究和整理现行汉字，制定各项有关标准，研究汉字信息处理问题，促进汉字的规范化和标准化。

二、汉字的整理

汉字整理包括简化笔画、精简字数和其他方面的整理。汉字整理的最新成果是2013年6月国务院公布的《通用规范汉字表》。

（一）简化汉字

新中国建立后，为了推进社会主义文化事业的发展，国家相关部门积极推进汉字简化工作。新中国汉字简化工作的方针是"约定俗成，稳步前进"。1956年1月28日，国务院全体会议第23次会议通过了《关于公布〈汉字简化方案〉的决议》。1964年5月中国文字改革委员会公布了《简化字总表》，收录1956年国务院公布的《汉字简化方案》中的全部简化字。《简化字总表》分三个字表，第一表所收的是350个不作偏旁用的简化字，第二表所收的是132个可作偏旁用的简化字和14个简化偏旁，第三表所收的是应用第二表所列的简化字和简化偏旁类推出来的1754个简化字。1986年又对其中个别字进行了调整，重新公布了《简化字总表》，调整后的《简化字总表》共收简化字 2235 个。

《简化字总表》中所采用的简化方法是千百年来人民群众创造的，主要包括以下几种：

(1)类推简化。简化一个繁体字或繁体字的部件，可以类推简化一系列繁体字。类推简化可以使一些简化字和繁体字之间形成对应规律，是最有效的一种简化方法。例如：

长(長)：怅(悵)、张(張)、帐(帳)、账(賬)

贝(貝)：贱(賤)、贷(貸)、贬(貶)、贩(販)、货(貨)

(2)同音或异音代替。在意义不混淆的条件下，用形体简单的同音或异音字替代繁体字。例如：

同音替代：表(錶)　　丑(醜)　　秋(鞦)　　里(裏)

异音替代：斗(鬥)　　卷(捲)　　舍(捨)

(3)换用简单符号。用一个简单符号来代替繁体字中特别繁难的部分，这个简单符号没有表意或示音功能。例如：

仅(僅)　　汉(漢)劝(勸)　　区(區)　　赵(趙)

(4)以部分代替整体。选取繁体字中一个部件作为该繁字的简化形式垢目的。例如：

声(聲)　　开(開)　　枭(梟)　　亏(虧)　　医(醫)

(5)保留轮廓。省去繁体字中繁难的部分，只留下轮廓部分。例如：

夺(奪)　　伞(傘)　　齐(齊)　　齿(齒)　　龟(龜)

(6)草书楷化。草书多是一笔写成，笔画虽简单但却不清晰。把人民群众熟悉的草书字的笔形改为楷书的写法，可以达到简化笔画的目的。例如：

书(書)　　车(車)　　长(長)　　专(專)　　会(會)

(7)另造新字。有些繁体字不便简化就另造了新字。例如：
构成新的形声字：义(義)　　头(頭)　　万(萬)　　办(辦)　　韦(韋)

构成新的会意字：灶(竈)　　宝(寶)　　泪(淚)　　笔(筆)

构成新的独体字：优(優)　　惊(驚)　　窜(竄)　　响(響)

汉字简化取得了明显的效果。首先，减少了笔画数目。《简化字总表》里的 2235 个简化字，从简化前平均每字 16.1 画，减少到简化后平均每字 10.3 画。其次，减少了通用汉字的字数。用同音或异音代替这一方法简化汉字，如"后"代替"後"；两个繁体字共用一个简化字，如"臟、髒"合并用"脏"。另外，有些形声字改换了声旁，表音更准确，如用"态"代替"態"，"战"代替"戰"。有些字简化后更便于称说，如"灶(竈)"等。几十年来的实践证明，简化字方便了人们的读写，对汉字教学和计算机中文信息处理也产生了积极影响。

（二）整理异体字

汉字历史悠久，数量繁多，写法灵活多样，再加上我国幅员辽阔，地域差异大，所以在不同的时代和地域，都有可能用不同的汉字来记录语言中的同一个词。异体字是音同义同而形体不同的一组字。异体字增加人们学习和使用汉字的负担，也不利于工具书的编纂和汉字规范化，因此有必要进行整理。

1955年12月公布了《第一批异体字整理表》，这个表列出810组异体字，每组最少有2字，最多有6字，共有1865字。根据从简从俗原则，每组选定一种形体作为标准字予以保留，其他的作为异体形式淘汰。经过整理，1865个字中，共整出810个规范字和1055个异体字。这些异体字一般不在书报杂志等出版物中出现，但翻印古书或用作姓氏时除外。

整理异体字的主要原则是从俗和从简。从俗是指选用社会上使用较为普遍的字形，废除生僻的字形，例如，取"村"舍"邨"、取"奔"舍"犇"、取"冰"舍"氷"；从简是指选用笔画较少的字形，废除笔画繁多的字形，例如，取"采"舍"採"、取"挂"舍"掛"、取"哲"舍"喆"。整理异体字的方式主要有两种：一种是取舍法，即在一组异体字中，选取一个作为规范字，其余的作为不规范字加以淘汰；另一种是分化法，即从意义、用法等方面分化一组异体字，使它们都成为规范字。例如"粘"和"黏"本是一组异体字，现在意义和用法都发生了分化。

粘(zhān)：把一种东西胶合在另一种东西上。

黏(nián)：像胶水或糨糊所具有的能使一个物体附着在另一个物体上的性质。

（三）整理印刷体字形

汉字印刷体在整理以前，即使同一个字，字形也有差异，例如"别—别""黄—黄"等，这给人们的工作和学习带来了很多麻烦。为了适应社会发展的需要，特别是汉字信息处理的需要，1965年，文化部和文改会公布了

《印刷通用汉字字形表》，共收通用的印刷体字 6196 个。1988 年 3 月，国家语委和新闻出版署发布了《现代汉语通用字表》，收字 7000 个。这两个字表明确规定了每个字的字形标准，这样不但统一了印刷体字形，而且也消除了印刷体与手写楷体之间笔形的歧义，对于规范社会用字、方便汉字教学具有重要意义。

（四）改换生僻地名用字

从 1956 年到 1964 年，全国有 8 个省、自治区的 35 个地区和县更改了生僻的地名用字。例如"雩都县"改为"于都县"，"新淦县"改为"新干县"，"醴泉县"改为"礼泉县"，共精简生僻字 30 多个。

1987 年 3 月，国家语委、中国地名委员会、铁道部、交通部、国家海洋局、国家测绘局联合发布了《关于地名用字的若干规定》的通知，要求"地名的汉字字形，以 1965 年文化部和中国文字改革委员会联合发布的《印刷通用汉字字形表》为准"。

（五）统一计量单位名称用字

1977 年 7 月 20 日，文改会和国家标准计量局发布了《关于部分计量单位名称统一用字的通知》。《通知》要求，应采用"附表"中选用的计量单位译名用字，停止使用其他译名用字。例如，废除表示长度的"哩、呎、吋"，改用"英里、英尺、英寸"。

（六）整理异读词

对于北京话里的异读词，普通话审音委员会分别于 1957 年、1959 年、1962 年先后发表了《普通话异读词审音表初稿》，并于 1963 年辑录成《普通话异读词三次审音总表初稿》（以下简称《初稿》）。1985 年，国家语委、国家教委、广播电视部联合发布了《普通话异读词审音表》，这样一来，北京话里的异读词就有了规范化的标准。《普通话异读词审音表》采取了如下一些方法来对异读词进行审音：一是统一读音，如"呆"，取消"ái"音，统读"dāi"音；二是从俗从众改音，审定后的读音更方便人们学习，例如"啥"，取消"shà"音，改读为"shá"音；三是保留文白两种读音，例如"血"，文读"xuè"，白读"xiě"。

（七）研制《通用规范汉字表》

2001 年 4 月，教育部、国家语委启动了《规范汉字表》的研制工作，历经十余年终于完成。2013 年 6 月 5 日，国务院公布了《通用规范汉字表》，这个字表分为三个部分：一级字表为常用字表，收字 3500 个，主要满足基础教育和文化普及的基本用字需要；二级字表收字 3000 个，使用频率仅次于一级字表中所收的字；三级字表收字 1605 个，是姓氏人名、地名、科技术语和中小学语文教材文言文用字中未进入一级字表、二级字表的较为通用的字。该表共收通用规范汉字 8105 个，既能满足出版印刷、辞书编纂和信息处理等方面的一般用字需要，也能满足信息化时代与大众生活密切相关的专门领域的用字需要。

三、汉字的标准化

汉字标准化的主要内容是"四定"，即定量、定形、定音、定序。《通用规范汉字表》是最新的现代汉语通用字字量、字形和字序规范。

（一）定量

定量就是规定现代汉语用字的数量，主要包括常用字、通用字的数量。进行汉字定量研究，不仅方便人们对汉字的学习，而且也有利于现代化建设中电子计算机控制的电信传递、情报检索、打字印刷等汉字处理。

现代汉语常用字数量可参照国家语言文字工作委员会和国家教育委员会于 1988 年联合发布的《现代汉语常用字表》。选定常用字主要依据了以下四个原则：一是使用频率高，二是学科分布广，三是构词能力和构字能力强，四是日常生活中常用。这个表共收录常用汉字 3500 个，又分为两级：一级常用字 2500 字，二级次常用字 1000 字。2013 年《通用规范汉字表》的一级字表，是最新的"现代汉语常用字表"。

现代汉语的通用汉字数量在 6000 到 9000 之间。通用汉字的研究从 20 世纪 50 年代就开始了。1955 年，文改会编印了《通用字表（初稿）》，收字 5709 个。修订后于 1965 年公布了《印刷通用汉字字形表》，收字 6196 个，这是通用汉字研究的重要成果。2013 年《通用规范汉字表》收字 8105 个，是最新的"现代汉语通用字表"。

（二）定形

定形就是规定现代汉字的标准字形，做到一字一形。《第一批异体字整理表》《简化字总表》《印刷通用汉字字形表》《现代汉语通用字表》《通用规范汉字表》都是汉字定形工作的主要成果。除此之外，还有《第一批异形词整理表》。异形词指汉语中并存并用的同音（指声、韵、调相同）、同义（指理性意义、色彩意义和语法意义相同）而书写形式不同的一组词，例如"倒霉—倒楣、笔画—笔划"。异形词给语文教学、新闻出版等工作带来了很多困扰。整理异形词有利于促进现代汉语书面语使用的规范化，方便社会交际，对教育、新闻出版和国家信息化建设等也有重要意义。教育部、国家语委于 2001 年 12 月发布，2002 年 3 月 31 日起试行《第一批异形词整理表》。这个表根据"积极稳妥、循序渐进、区别对待、分批整理"的方针，对普通话书面语中常用的 338 组异形词进行整理，最后选定了每组异形词的推荐使用词形。异形词的整理完全符合社会需要并且非常及时，这是进一步加强语言文字规范的重要措施。

汉字定形的一个重要任务是进一步整理异体字。《第一批异体字整理表》中有些字处理得不够恰当，也应加以调整。

（三）定音

定音就是确定现代汉字的规范读音。1985 年公布的《普通话异读词审音表》是汉字定音工作的主要成果。

《普通话异读词审音》公布之后，有些读音引起了不同的意见。例如"荫"统读"yìn"，废除"yīn"，但是地名用字如黑龙江嘉荫县、人名用字如杨荫榆中的"荫"一般读"yīn"。又如，"胜"统读"shèng"，但是不少词典还另外读"shēng"，是一种有机化合物"肽"。这些问题都应该妥善解决。

现行汉字的定音工作还要继续进行。人名、地名的异读，要进一步审订。轻声词、儿化词在书面语中表示不出来，口语里也有一定的随意性，应该编写相应的词表。另外，一些多音多义字的读音也应审订。例如，"称"在字典中有三个读音：①chēng（称呼、称一称）；②chèn（相称）；③chèng（同"秤"）。《现代汉语通用字表》收"秤"，说明"秤"是通用汉字，所以应废除"称"的"chèng"这个读音，让"秤"来记录这个音义，"称"的读音就减少了。类似的多音多义字，也应采取妥善的方式进行审订。

（四）定序

定序就是确定现代汉字的规范排序。汉字定序对于工具书的编写、资料索引的编排、计算机字库的编制以及汉字信息处理等具有重要意义。

汉字排序有义序法、音序法和形序法。义序法是按字义分类来排列顺序，历史上的一些训诂专书如《尔雅》《释名》《方言》《小尔雅》《广雅》等都是采用这种方法。按意义排序很难有明确一致的标准，所以现在一般不用了，而是更多地采用音序法和形序法。

1. 音序法

音序法是根据字的读音来排列汉字的顺序。古代韵书采用的是音序法。汉语音节由声、韵、调组成，所以我国古代的一些工具书就就按照字的声、韵、调来编排字序。韵部顺序有的是先按平、上、去、入四声来分类，同一调类下再按韵部(以韵腹和韵尾为标准)分类，同韵部所含的各字再按声母的不同分别排列，如宋代陈彭年等修订的《广韵》，现存韵书大多按这种方法编排。有的是先分韵部，韵内分声调，声调内再按同声字分类编排，如元周德清的《中原音韵》。《汉语词典》《同音字典》《第一批异体字整理表》等都是按注音字母的顺序排列的。1958 年《汉语拼音方案》公布以后，《新华字典》《当代汉语词典》等都是按照汉语拼音字母的顺序来排列的。因为同音字较多，不得不辅以形序法(笔画数的多少和起笔的笔形)来解决同音字的排序问题。

音序法简明严谨，使用起来比较方便，但也有一定的局限性，即：必须要弄准所查检汉字的读音，如果遇到一些不会读的生僻字，使用音序法会有困难。

2. 形序法

形序法是按照字形来排列汉字的顺序，主要分为笔画序、部首序、字角号码序。形序法是汉字工具书独有的编排方法，它是根据汉字的形体结构来排列汉字，符合人们从形出发求音求义的查检要求。

(1)笔画序

笔画序是按汉字笔画数和笔形顺序来编排汉字。这种排列方法是按照笔画数由少到多排列。相同笔画数的字归为一类。笔画数相同的字，又按笔顺逐笔比较笔形确定顺序：首笔笔形相同的，再按第二笔的笔形顺序排列，依此类推。

关于笔形的排序，比较常用的是"札"字法(一丨丿、乛)。笔画数相同的字，起笔是"一"(横)的字在前，其次是起笔为"丨"(竖)的字，再次是起笔为"丿"(撇)的字，然后是起笔为"、"(点)的字，起笔为"乛"(折)的字排在最后。除此之外，还有两种排序方法：一种是"丙"字法，按笔顺取"丙"字的各笔排序，即：一丨乛丿、；另一种是"江天日月红"法，取"江天日月红"各字的首笔排序，即：、一丨丿一。

同是国家公布的按笔画数和笔形顺序排列的字表，却又不同的顺序。国家语委 1999 年 10 月 1 日发布、2000 年 1 月 1 日实施的《GB13000.1 字符集汉字字序(笔画序)规范》增加了三条规则：①增加了"主附笔形规则"：主笔形先于附笔形，例如：子孑、干于、夕久；折点数少的先于折点数多的，例如：刀乃、么凡；折点数相同的，按折笔起笔的笔形顺序定序，例如：久么；折点数、起笔形都相同，依折笔后的笔形顺序定序，例如：丸及。②增加了"笔画组合关系规则"：相离先于相接，相接先于相交，例如：八人、凡丸；另外有先短后长等定序法，例如：未末、土士。③增加"结构方式规则"：左右结构先于上下结构，上下结构先于包围结构、字形比例小的先于字形比例大的，例如：旼旻、旮旭。

笔画法简单易学，方便查找不知道读音又不好确定部首的字。但因为有些汉字结构复杂，笔画数不易确定，所以有时运用此法查检汉字就会费时费力。

（2）部首序

部首序是根据部首来编排汉字。这种方法先是对工具书中所收的汉字字形进行分析，归纳成若干部，然后再按照部首的笔画由少到多依次排列。《说文解字》《康熙字典》《中华大字典》《新华字典》《汉语大字典》《辞海》等都采用了此种方法。不过，这些工具书所确定部首的数置、归部的原则也不尽相同。东汉许慎的《说文解字》首创部首检字法，共分 540 部。《康熙字典》《中华大字典》分 214 部。《新华字典》的"部首检字表"分 189 部，《汉语大字典》和《汉语大词典》分 200 部。

为了统一部首，1983 年中国文字改革委员会、国家出版局发布了《统一汉字部首表》(征求意见表)，1998 年《语文建设》第 11 期又刊登了该表标准研制组的修订稿，共 201 个部首。教育部、国家语委 2009 年 1 月 12 日发布、2009 年 5 月 1 日实施的《汉字部首表》，其中主部首 201 个，如"门、刀、日"等；附属于主部首的附形部首 100 个，如"门"的繁体部首"門"，"刀"的变形部首"刂"，"日"的从属部首"曰"等。各主部首的序号为固定编号，附形部首的序号与主部首一致。《汉字部首表》明确规定："使用本部首表时，一般应以主部首为主。"但在特殊情况下也可以变通，例如，有些辞书可根据传统或实际需要，用繁体部首或变形部首、从属部首作为主部首；某些辞书可以同时采用主部首和收字较多的附形部首。该表的发布对辞书编篡、汉字信息处理、工具书检索等影响很大。今后应在此基础上，进一步做好部首统一工作。

3. 字角号码序

字角号码序是按字角确定的号码来编排汉字。最常用的是四角号码法，由王云五于 1925 年提出。四角号码法取每个字四个角的笔形，并分别以一个数码来代表。横笔用"1"表示，竖笔用"2"表示，点、捺用"3"表示，两笔交叉(十)用"4"表示；三笔交叉(丰、扌)用"5"表示；角(月、阝)用 7 表示；八(八、人)用 8 表示；小(小、忄)用"9"表示；点下有一横笔用"0"表示。这归纳成口诀是"横一垂二三点捺，叉四插五方框六，七角八八九是小，点下有横变零头"。每个字四个角的笔形按其位置左上、右上、左下、右下的顺序取号。为避免重复号码的字，每个字可再增加一个附角号码，靠近右下角(第四角)上方的一个笔形。如"端"先取左上角 0，其次取右上角 2，再取左下角 1，最后取右下角 2，再取一个靠近右下角上方的笔形 7，因此"端"的四角号码是 0212_7。四角号码法的优点是查字速度快，省时省力，特别适合查检那些既不知道其读者又不易确定其部首的字。但是，有些汉字的四角难以辨认笔形，所以使用时会有一定的困难。

总的来看，现在通行的音序法和形序法还有一些值得研究的问题，需要进一步标准化，努力做到每一个通用汉字都有一个固定的排列顺序。

【思考与练习四】

一、汉字的整理包括了哪些内容？

二、什么是异体字？整理异体字的主要原则是什么？

三、汉字简化的方法主要有哪些？试举例说明。

四、汉字的标准化主要包括了哪些内容？

第四章　词　　汇

第一节　词汇概说

【目标要求】 理解词汇的内涵，掌握词的构成单位、分类、结构类型以及固定短语的范围，了解词和短语之间的区别和联系。

一、词汇

词汇，又称语词，指一种语言中所有词和固定短语的总和，例如"现代汉语词汇、英语词汇、法语词汇"等；也可以指某个人所掌握的词和固定短语的总和，例如"鲁迅词汇、老舍词汇"；还可以指某部作品中所有词和固定短语的总和，例如"《子夜》的词汇、《在延安文艺座谈会上的讲话》的词汇"等。

词汇是语言的建筑材料。人们运用词汇单位按照有关语法规则和语义规则组合起来造出各种句子进行交际。词汇除了包括语言中成千上万的一个一个的词之外，还包括了由词组成的、性质和作用与词一样的词的等价物——固定短语，例如"枕边风、刻舟求剑、八仙过海——各显神通、北京大学、世界妇女大会"等。词汇是词和固定短语的集合体，词作为词汇成员之一，它与词汇之间是个体与集体的关系。

普通话词汇大体上以北方方言词汇为基础，同时适当吸收了其他方言中那些具有特殊表现力的词汇成分。不仅如此，随着国际交往的日益频繁，它也会不断吸收其他民族语言中的词汇成分来丰富自己。

二、词汇单位

现代汉语的词汇单位有两类：一类是词，另一类是固定短语。

（一）词

词是最小的能够独立运用的语言单位。"独立运用"包括三种情况：（1）能单说，即能独立成句；（2）虽不能单说，但却能充当句法成分；（3）既不能单说，也不能单独充当句法成分，但却可以表示一定的语法意义。例如"她又参加社团了"，其中的"她、参加、社团"都能够单说，也能单独充当句法成分；"又"不能单说，只能充当句法成分；"了"不能单说，也不能充当句法成分，只表示一定的语法意义。将句法结构中能单说、能充当句法成分的部分提取之后剩下来的也是词，这种确定词的方法叫剩余法。剩余法一般用于句法结构中虚词的判定。"最小"是说词不能扩展，即词内部一般不能插入别的造句成分。

1. 词的构成单位——语素

词由语素构成。语素是最小的有音有义的语言单位。例如，"人"表示是一个语素，其语音形式是"rén"，意义是"能够制造工具并使用工具进行劳动的高级动物"；"蝴蝶"也代表一个语素，其语音形式是"húdié"，意义是"一种昆虫的名称"。"人、蝴蝶"都是最小的音义结合体，不能从中分割出更小的有音有义的单位。

（1）语素的作用

语素的主要作用是构词。有些不仅可以单独成词，而且还可以与别的语素组合成词；有些只能与别的语素组合成词。例如：

人：人（单独构词）

　　人民　人生　工人　良人（与其他语素组合成词）

荣：荣光、荣誉、殊荣、荣耀、光荣（与其他语素组合成词）

除此之外，语素还可以构成语素组。语素组是语素和语素的组合，它同语素一样，也是构词的材料。例如"研究生、试验田、燕子矶"中的"研究、试验、燕子"就是语素组。

（2）确定语素的方法

确定语素可以使用替代法。用已知语素对某个双音节语言片段的各个构成成分进行同类替换，如果两端都可以被替换，且替换过程中意义基本保持不变，说明这个双音节的语言片段是由两个语素构成；如果只有一端可以被替换，说明是由一个语素构成。例如"驼绒"：

替换"驼"——→鸭绒　羽绒　鹅绒

　　替换"绒"──→驼色　　驼队　　驼峰

　　"驼绒"中的"驼"和"绒"在不改变意义的情况下，可以分别被语素"鸭、羽、鹅、色、队、峰"替代，得出结论："驼"和"绒"各是一个语素。

　　替代法是利用已知语素来确定语言片段是否包含语素的一种方法。使用替代法需要注意：一方面，一个双音节的或多音节的语言片段，在替换时必须是两个或多个成分同时都可以分别被替换，否则这种替换是不成立的。例如"蝴蝶"：

　　替换"蝴"──→粉蝶　　花蝶

　　替换"蝶"──→蝴✕　　蝴✕

　　"蝴蝶"中的"蝴"，虽然可以被其他语素替代，组成"粉蝶、花蝶"等，但"蝶"却不能被别的已知语素多的代替，因此，"蝴蝶"只是一个语素。或者换句话说，"蝴、蝶"都不是语素，只是一个没有意义的音节。但需要注意，"蝶"在"粉蝶、花蝶、彩蝶"中是一个语素。

　　另一方面，替换时必须保持语素意义基本一致。例如"马虎"，如果按照下面的方式进行替换便是错误的：

　　替换"马"──→老虎　　幼虎　　猛虎

　　替换"虎"──→马车　　马鞍　　马蹄

　　"马虎"中"马""虎"与"马车、马鞍、马蹄、老虎、幼虎、猛虎"中的"马""虎"的意义上没有丝毫关联。实际上，"马虎"中的"马"和"虎"都不能被别的语素替代，也就是说，"马虎"是一个语素。

　　使用替代法确定双音节的语言片段包含了两个语素，实际上隐含着一个前提，即：它的构成成分必须具有较强的与其他语素结合的能力。唯有如此，才可以被替换。汉语中也有一些语素不适合替换，例如"苹果、渤海、鲤鱼"中的"苹、渤、鲤"。这类语素因为构词能力有限──只能固定地同某个语素组合，所以在证明其语素身份时不能使用替代法，而只能使用"剩余法"。所谓"剩余法"，就是把一个词里面的可替换的语素提取之后，剩余的那部分虽然不能被替换，但也应该认定是一个语素，因为词是由语素构成的，这类语素我们称为不可替换语素或剩余语素。例如：

　　菠：菠菜　　牦：牦牛　　蕹：蕹菜

　　卡：卡车　　蝗：蝗虫　　啤：啤酒

　　既然语素是最小的音义结合体，那就意味着双音节、多音节语素不能拆开来理解。一旦拆开，要么不表示任何意义，例如"蜻蜓"中的"蜻"和"蜓"，"孑孓"中的"孑"和"孓"；要么表示毫无关联的另外的意义，例如"秋千"中的"秋"和"千"，"巧克力"中的"巧、克、力"。但需要注意的是，实际语言运用中还存在着音节语素化现象。例如，"骆驼"是一个双音节语素，也就是说，"骆驼"中的"骆"和"驼"各代表一个毫无意义的音节，但"驼峰、驼铃、驼背、驼队"中"驼"却是一个有音有义的语素。由此可见，音节语素化是指从本来不表义的音节，在有些语境中以部分代整体，从而获得语素资格的一种现象。其他的例子如：

巨蜥(蜥蜴)　　蛛网(蜘蛛)　　粉蝶(蝴蝶)

摩的(的士)　　名模(模特)　　工蚁(蚂蚁)

香菇(蘑菇)　　田螺(螺蛳)　　大巴(巴士)

百事可乐(可口可乐)　　迪(迪斯科)厅

现代汉语里的语素大多由古代汉语中的词演变而来。因为汉语的词是由单音节逐渐向双音节发展，所以古代的很多词(由成词语素构成)后来就变成了不成词语素，如"狐、虎、祖、言、语"等。现代汉语中，这些古代汉语中的成词语素大多出现在一些文言格式或熟语中，如"狐假虎威、数典忘祖、三言两语"等，而在更多时候，它们作为不成词语来参与构成合成词，如"白狐、老虎、典籍、名言、国语"。

(3)语素的分类

语素可以从不同的角度进行分类。

A. 单音节语素和复音节语素

根据音节的多少，可分为单音节语素和复音节语素。单音节语素是汉语语素的基本形式，具有较强的构词能力。例如：

脚　　学　　去　　我　　岁　　而　　头

儿　　习　　虎　　于　　美　　誉　　言

复音节语素包括双音节语素和多音节语素。汉语中的双音节语素主要有四类：

第一类是连绵语素，大多是从古代汉语传承下来的，根据读音又可以细分为三个小类：

双声：秋千　　蜘蛛　　吩咐　　犹豫　　玲珑　　枇杷

叠韵：橄榄　　玫瑰　　蜻蜓　　腼腆　　彷徨　　从容

非双声叠韵：蝙蝠　　妯娌　　囫囵　　牡丹　　逶迤

第二类是音译语素，是指从其他民族语言中借用过来的。例如：

沙发　　尼龙　　色拉　　雷达　　咖啡　　基因

罗汉　　佛陀　　菩萨　　喇嘛　　阿訇　　贝勒

格格　　戈壁　　哈达　　石榴　　箜篌　　苜蓿

第三类是拟声语素，是模拟自然界声音的。例如：

哎哟　　扑通　　滴答　　哗啦　　咯吱　　轰隆

第四类是叠音语素，是由两个相同音节重叠构成。例如：

孜孜　　潺潺　　瑟瑟　　猩猩　　姥姥　　蛐蛐　　铮铮

多音节语素基本上是音译的外来语素。例如：

巧克力　　白兰地　　婆罗门　　法西斯　　尼古丁

奥林匹克　　歇斯底里　　阿弥陀佛　　布尔什维克

双音节语素都可以独立成词，有些还能同别的语素组合成词，但多音节语素大多只能单独成词。例如：

蜘蛛网　　玫瑰红　　葡萄酒　　坦克车　　朦胧诗　　色拉油

歇斯底里　　布尔什维克

B. 成词语素和不成词语素

根据构词能力，可分为成词语素和不成词语素。能够独立成词的语素叫成词语素。例如：

猪　　最　　走　　从　　远　　我　　不　　而　　又

珊瑚　　杜鹃　　汉堡包　　苏维埃　　阿司匹林

成词语素不仅能独立成词，而且大多也能与别的语素组合成词，如"葡萄糖、橄榄油、色拉油"。不能单独成词的语素叫不成词语素。例如：

民　　习　　伟　　丰　　型　　羽　　固　　卫

不成词语素不能单独成词，只能与别的语素组合成词，如"民意、习武、伟岸、丰收、型号、羽毛、卫生"。

C. 定位语素和不定位语素

根据语素在组合成词时的位置，可分为定位语素和不定位语素。组合成词时位置不固定的语素叫不定位语素。例如：

习　　人　　山　　器　　动　　胆　　奋　　语

组合成词时位置固定，只前不后、只后不前或只能插在两个成分中间的语素叫定位语素。在与其他语素组合成词时位置总是在前的是前定位语素。例如：

    阿(阿妈、阿公、阿姨)　　　第(第一、第二)

    老(老师、老虎、老乡)　　　初(初一、初二)

在与其他语素组合成词时位置总是在后的是后定位语素。例如：

    子(桌子、盘子、鞭子)　　　头(馒头、木头、斧头)

中定位语素在与其他语素组合时位置总是在中间。例如：

    吃不消　　吃得消　　来得及　　来不及

D. 词根语素和词缀语素

根据语素在构词中的性质和地位，可分为词根语素和词缀语素。可以承担所构成词的全部或部分基本意义，位置一般是不固定的语素叫词根。例如：

    古　书　阐　寝　师　表　新　茂

不承担所构成词的意义，位置固定的语素叫词缀。例如：

    儿(花儿、鸟儿、鱼儿)　　　化(美化、丑化、绿化)

2. 词的分类

词可以从不同的角度进行分类。

(1)单音词和复音词

根据词的语音形式，可分为单音词和复音词。单音词都是由单音节成词语素构成。例如：

    天　人　鹅　很　个　吗　吃　和　高

复音词包括了双音节词和多音节词。双音节词在现代汉语占绝对优势，多音节词有些由两个或两个以上语素构成，有些是由一个多音节成词语素构成。例如：

    咖啡　　啤酒　　意识　　问题　　希望　　司机　　关闭

    色拉油　　太空服　　巧克力　　心理学家　　无后坐力炮

(2)单纯词和合成词

根据词内部构成语素的多少，可分为单纯词和合成词。由一个语素构成的词是单纯词。单音节的单纯词如"天、水、很、红、人"等，双音节的单纯词主要有四类：

A. 联绵词

联绵词指两个不同的音节连缀成义而不能拆开的词，包括双声联绵词、叠韵联绵词和非双声叠韵联绵词三个小类：

双声词　指两个音节声母相同的联绵词。例如：

恍惚	伶俐	崎岖	仓促	蜘蛛	参差
仿佛	吩咐	忐忑	琵琶	尴尬	秋千

叠韵词　指两个音节的"韵"相同的联绵词。例如：

彷徨	窈窕	灿烂	从容	逍遥	蹉跎
烂漫	蟑螂	叮咛	哆嗦	腼腆	崔嵬

非双声叠韵词　指两个音节声韵都不同的联绵词。例如：

蝴蝶	蝙蝠	芙蓉	铿锵	玛瑙	鸳鸯

B. 叠音词

叠音词由两个相同的音节重叠构成。例如：

狒狒	饽饽	姥姥	瑟瑟	潺潺	皑皑

C. 音译外来词

休克	尼龙	马达	浪漫	幽默	沙拉

拟声词也有一部分是双音节单纯词，如"乒乓、呼啦、扑通、哎呀、哈哈"等。

多音节单纯词都是音译的外来词，如"金达莱、蒙太奇、歇斯底里、布尔什维克"等，也有一些是拟声词，如"呼啦啦、咚咚锵、咕噜噜"等。

由两个或两个以上语素构成的词是合成词。现代汉语里的合成词大多是由两个语素构成，也有些是由三个或三个以上语素构成。例如：

意义	提高	盘子	试验田	洗脸水	考古学家

3. 词的结构类型

词是由语素构成的。如前所述，构词语素可分为：词根语素和词缀语素。词根语素包括不定位的不成词语素和成词语素，词缀语素包括定位的不成词语素。因此，从这个意义上讲，单纯词由一个词根语素（成词语素）构成，合成词由词根语素或词缀语素参与构成。

现代汉语中词根语素和词缀语素参与构成合成词有两种情况：一种是两个词根组合，另一种是词根和词缀组合。在第一种情况中，如果两个词根相同，就构成重叠式合成词；如果两个词根不同，就构成复合式合成词。在第二种情况中，词根和词缀组合，就构成附加式合成词。因此，合成词有重叠式、附加式、复合式三种构词方式。

（1）重叠式

由相同的词根重叠而成。例如：

姐姐　　宝宝　　星星　　刚刚　　渐渐　　常常　　仅仅

山山水水　　大大小小　　花花绿绿　　形形色色

（2）复合式

由不同的词根组合而成，是现代汉语中最主要、最能产的构词方式。从词根和词根之间的结构关系来看，主要有五种类型。

A. 联合型

由两个意义相近、相关或相反的词根平等地组合在一起构成。例如：

a组：朋友　　文字　　治理　　汇集　　周全　　完整

b组：骨肉　　领袖　　细软　　爪牙　　穿戴　　尺寸

c组：开关　　动静　　好歹　　始终　　反正　　方圆

a组是同义联合，两个词根的意义相近，可以互相说明；b组是类义联合，两个语素所指为同类事物；c组是反义联合，两个语素的意义相反。

从词义和语素义的关系来看，联合型复合词里有一个特殊小类——偏义复词，例如"国家、忘记、质量、睡觉、人物"等。两个词根组合成词后只有一个词根的意义起作用，另一个词根的意义消失，词义偏在一方。例如"忘记"，词义偏重在"忘"，"记"的意义失落。

B. 偏正型

语素之间是修饰和被修饰、限制和被限制的关系。例如：

a组：草帽　　热爱　　开水　　笔谈　　鲜红　　午休

b组：熊猫　　月球　　脸蛋　　雪花　　蜗牛　　脑海

a组是修饰限制性语素在前，被修饰被限制的语素在后；b组是被修饰被限制的语素在前，修饰限制性语素在后。

C. 补充型

后一个语素补充说明前一个语素，前后两个语素之间是被补充说明和补充说明的关系。例如：

a组：澄清　　说服　　击破　　提高　　展开　　看见

b组：纸张　　花朵　　书本　　车辆　　人口　　枪支

c组：撤回　　起来　　返回　　下去　　纳入　　倒下

　　a 组前一个语素表示动作行为，后一个语素表示动作行为的结果，两者有因果关系；b 组前一个语素表示事物，后一个语素表示事物的计量单位，后一个语素从计量单位方面补充说明前一个语素；c 组前一个语素表示动作行为，后一个语素表示趋向。

　　D. 动宾型

　　前一个语素表示动作行为，后一个语素表示行为动作支配的对象，前后两个语素之间是支配和被支配的关系。例如：

关心　　留意　　开幕　　举重　　失明　　司机

刺眼　　尽量　　悦耳　　披肩　　破产　　报名

　　E. 主谓型

　　前一个语素表示陈述的对象，后一个语素表示陈述，前后两个语素之间是陈述和被陈述的关系。例如：

年轻　　海啸　　心虚　　性急　　眼花　　国有

霜降　　民办　　兵变　　人为　　肉麻　　口红

　　现代汉语中虽然由两个语素构成的合成词占绝大多数，但也有三个或三个以上语素构成的合成词，例如"遮羞布、纸老虎、雨伞厂、飘飘然"等。这类合成词的内部结构关系不止一个层次，它们是按一定的方式逐层构造而成，可以说是一种"综合式"的合成词。例如，"研究生"是语素"研"和"究"先组合构成联合型语素组，然后再与语素"生"组合构成偏正型合成词；"碰碰车"由两个相同的语素"碰"先组合构成重叠式语素组，然后再与语素"车"组合构成偏正型合成词；"脑溢血"由语素"溢"和"血"先组合构成动宾式语素组，然后再与语素"脑"组合构成主谓型合成词。

　　(3)附加式

　　由词根和词缀构成。根据词根、词缀的位置关系，附加式合成词可分为两类。

　　A. 前加型(前缀+词根)

老-：老师　　老虎　　老鹰　　老鼠　　老王　　老李　　老三

　　　　老大　　老乡　　老财　　老婆

阿-：阿姨　　阿姐　　阿爸　　阿妈

第-：第一　　第十三　　第二百六十二

初-：初一　　初五　　初十

B. 后加型(词根+后缀)

-儿：鸟儿　　词儿　　扣儿　　盖儿　　滚儿　　个儿
　　　片儿　　粒儿　　亮儿　　眼儿　　捆儿

-子：村子　　稻子　　梯子　　胖子　　饺子　　乱子

-头：舌头　　石头　　馒头　　甜头　　念头　　想头

-然：欣然　　贸然　　猛然　　突然　　忽然　　毅然

-巴：嘴巴　　尾巴　　干巴　　结巴　　瘦巴　　掐巴

-于：在于　　基于　　出于　　敢于　　勇于　　处于

-化：美化　　丑化　　绿化　　现代化　　工业化

此外，现代汉语中还有叠音后缀，这种词缀有加强词根意义和感情色彩的作用。例如：

-乎乎：胖乎乎　　　圆乎乎　　　脏乎乎　　　烂乎乎　　　稠乎乎

-溜溜：稀溜溜　　　灰溜溜　　　瘦溜溜　　　顺溜溜　　　滑溜溜

-滋滋：美滋滋　　　甜滋滋　　　凉滋滋

-花花：白花花　　　油花花

-淋淋：汗淋淋　　　血淋淋

与典型的词缀相比，现代汉语中还有一些词缀多少还保留了一定的理性意义，所以被称为类词缀(或准词缀)。例如：

-者：笔者　　智者　　记者　　学者　　强者　　长者

-家：店家　　画家　　专家　　东家　　老人家　　姑娘家

-手：水手　　舵手　　打手　　猎手　　歌手　　鼓手

-员：党员　　会员　　职员　　演员　　教员

-夫：农夫　　船夫　　挑夫　　樵夫　　屠夫　　懦夫

-性：党性　　人民性　　艺术性　　斗争性

-气：神气　　娇气　　杀气　　书生气　　小家子气

-族：上班族　　追星族　　月光族　　啃老族　　打工族

-坛：体坛　　文坛　　歌坛　　羽坛　　乒坛

关于现代汉语中的词缀，有几点需注意：

第一，词缀是词根虚化的结果，而虚化是一个过程，所以词根的虚化程度不一：有些已经完全虚化，有些虚化得不够彻底，这就造成了典型词缀和准词缀(或类词缀)的差异。

　　第二，词缀在构词中具有一定的类化作用。例如"化"是动词词缀，"美、丑、绿"是形容词性语素，加上后缀"化"构成"美化、丑化、绿化"就成了动词。又如，"子、儿、性、头"是名词词缀，"于"是动词后缀。

　　第三，现代汉语中除了前缀和后缀之外，还有一些经常处于两个语素中间的不成词定位语素，我们称为中缀。例如：

　　里：傻里傻气　　土里土气　　糊里糊涂　　古里古怪

　　得：吃得消　　来得及　　对得起

　　不：吃不消　　来不及　　对不起

　　确定合成词的结构类型，需要了解构成语素的性质、作用以及整个合成词的意义。例如，"狐疑"是指"像狐狸那样多疑"，"狐"用作状语修饰"疑"，所以"狐疑"是偏正型而不是主谓型；"开水"中的"开"表示"沸腾的、烧开的"，"开"用作定语修饰"水"，所以"开水"是偏正型而不是动宾型；"风化"表示"风俗教化"这一意义时是联合型，表示"由于长期风吹日晒等原因，地壳表面受到破坏或发生变化"这一意义时是主谓型。

　　(二)固定短语

　　固定短语是词与词的固定组合，一般不能任意增减、改换其中的成分。与之相对的是临时短语，临时短语是词与词的临时组合，如"看电影、平凡而伟大、宁静的夜晚、我和他"等。临时短语一般称为"短语"，它不属于词汇而属于语法研究的范围。

　　固定短语包括专名和熟语两大类。专名绝大多数表示企事业单位的名称，如"中华人民共和国、中国人民大学、联合国世界卫生组织、熊猫电子集团公司"等。召集会议、举办活动，也可以用固定短语用作专名，如"世界妇女大会、奥林匹克运动会、世界少年网球锦标赛"等。临时短语一旦用于书名、篇名、杂志名、影视片名等就成了固定短语，如《鲁迅全集》《我的父亲母亲》《静静的白桦林》《语言研究》等。熟语是一些久经沿用基本定型的固定短语，主要包括成语、惯用语、歇后语和谚语等。

三、词和短语的关系

　　(一)词和短语的区别

　　汉语中语素构成复合词的规则与词构成短语的规则基本一致，所以由两个成词语素构成的复合词与两个单音词构成的短语在形式上容易混淆。例如，"马路"和"新书"都是双音节的偏正结构，但为什么前者是词，后者是短语？下面就从三个方面谈谈复合词和短语的区分问题。

（1）意义方面。词的意义是构成语素意义的融合而不是简单相加，例如"黑板"不是指"黑色的板"，而专指一种教具；"口红"不是指"嘴是红色的"，而是指涂在嘴唇上的使之红润的一种化妆品；"骨肉"不是指"骨头和肉"，而是比喻紧密相连，不可分割的关系。可见，在语素组合成词的过程中，构词语素的意义已经发生变化，所以，对于词的意义，我们不能只根据构词语素的意义进行表面化的简单理解。短语（临时短语）的意义具有可分析性，它是构成成分意义的简单加合，例如"手疼"表示"手部疼痛"，"白布"表示"白色的布"，"血肉"表示"血和肉"。

（2）语音形式方面。词的语音形式具有整体性，其内部不允许停顿，而短语的语音形式不具有整体性，其内部可以有停顿。例如，作为词，"东西"表示物件，"西"读轻声，"东"和"西"之间不可以停顿；作为短语，"东西"表示东边和西边，"西"不读轻声，"东"和"西"之间可以有停顿。

（3）语法功能方面。词是能够独立运用的最小的语言单位，由语素构成；短语虽然也能够独立运用，但却不是最小的，因为它里面包含有词。

除了上面谈到的，词和短语之间还有一个重要区别，即：复合词的各个成分之间结合很紧密，不能插进别的成分；而短语的构成成分之间结合得不紧密，可以进行适当扩展，插入一些成分。例如，"白菜"是词，所以不能扩展为"白色的菜"；"白纸"是短语，所以能扩展为"白色的纸"。因此，区分词和短语一般会使用扩展法。凡是不能扩展的是词，能扩展的则是短语。

如上所述，复合式合成词和短语之间有时会构成平行结构，要区分它们，除了把握以上几个方面之外，还需要注意以下几点：

第一，复合词的构成成分可能是不成词语素，也可能是成词语素。以双音节复合词为例，有下面几种情况：

a 组：鳜鱼　　石油　　伟大　　寒冷（不成词语素+成词语素）

b 组：电视　　人民　　大姨　　党员（成词语素+不成词语素）

c 组：驱逐　　浴室　　吝啬　　履历（不成词语素+不成词语素）

d 组：白菜　　铁路　　小米　　牛肉（成词语素+成词语素）

一般来说，构成成分里有不成词语素的格式 a 组、b 组、c 组都是复合词，不是短语。不过这是就不定位不成词语素来说的，如果是定位不成词语

125

素，整个格式也可能是短语，如"也好、买的"。如果构成成分都是成词语素，整个格式可能是短语，如"新书、白纸"等，也可能是复合词，如"白菜、马路、小米"等。

第二，后一个音节读轻声的是复合词，不读轻声的是短语。例如：

买·卖(复合词)——买卖(短语)

打·手(复合词)——打手(短语)

火·烧(复合词)——火烧(短语)

如果轻声音节表示定位语素，那么整个格式也有可能是短语，如"走吧、买的"。

第三，不能扩展的是复合词，能扩展的是短语。例如：

头疼(形容为难或讨厌；不能扩展；复合词)

头疼(头部疼痛；可以扩展为"头很疼"；短语)

大车(用马或骡子拉的车；不能扩展；复合词)

大车(车型、容积大的车；可以扩展为"打的车"；短语)

(二)词和短语的转化

词和短语之间有时也可以互相转化，主要表现为：

1. 短语转化为词

为称说简便，人们经常把形式较长的词或短语缩短简化，构成缩略语。可分为两类：

一类是简称。简称是相对于全称而言的，简称大多是选取了全称中有代表性的成分构成，主要有下列几种构成方式：

(1)取每一个词的前一个语素或后一个语素。例如：

公共关系→公关　　土地改革→土改　　知识青年→知青

(2)取前一个词的前一个语素和后一个词的后一个语素。例如：

空中小姐→空姐　　外交部长→外长　　扫除文盲→扫盲

(3)省略并列的几个词中相同的语素。例如：

中学、小学→中小学　　军属、烈属→军烈属

理科、工科→理工科　　陆军、海军、空军→海陆空军

(4)截取全称中最有区别性特征的成分。例如：

中国人民解放军→解放军　　中国南极长城站→长城站

清华大学→清华　　复旦大学→复旦

(5)包含外来词的名称只提取外来词的第一个音节。例如：

哈尔滨市→哈市　　　　　　　呼伦贝尔盟→呼盟

奥林匹克运动会→奥运会　　　加利福尼亚州→加州

(6)其他。例如：

中国人民政治协商会议→政协　　联合国安全理事会→安理会

农副产品集贸市场→农贸市场　　人民代表大会→人大

简称本来是全称的临时替代，因此在正式场合要使用全称。但有些简称经过长期使用，已经固化为词，所以全称反而很少使用了。例如"地铁(地下铁路)、空调(空气调节器)、超市(超级市场)"。

现代汉语中有不少字母形式的简称，如"GB(国家标准)""HSK(汉语水平考试)""RMB(人民币)"等。有些在字母式简称后面加上了汉语语素，如"IC 卡(integrated circuit card，集成电路卡)""CD 机(compact disc，激光唱盘)"等。

对短语进行缩略构成简称，应按照表达需要、表义明确、约定俗成的原则来进行。如果为图个人方便而任意生造，把"文化程度"缩略成"文程"、"战斗英雄"缩略成"战英"、"人造象牙"缩略成"人牙"等，容易让人产生误解或不知所云，从而造成语言交际混乱，这是不允许的。

另一类是数词略语。人们常常会选择那些习用的联合短语中的共同成分加上短语所包含的项数构成数词略语。例如：

百花齐放、百家争鸣→双百　　海军、陆军、空军→三军

包修、包换、包退→三包　　　瞿塘峡、巫峡、西陵峡→三峡

还有一些是联合短语中联合项共有的语义成分加上联合项数构成的。例如：

酸、辣、苦、咸、甜—五味

马、牛、羊、鸡、犬、豕—六畜

数词略语称说方便，所以比较容易取得词的资格，这时反而不能用全称来代替，如"三好学生、三峡工程"等，其中的数词略语"三好""三峡"不能还原为全称。数词略语容易使原来的具体内容落空，数字越大，内容架空的可能性也越大。"十八层地狱、五花八门"等熟语，人们大多只了解整体意

思，究竟其中的"十八层""五花""八门"具体表示什么，很多人不了解。即便是 20 世纪 50 年代的"三反五反"，60 年代的"四清""黑五类"，80 年代的"五讲四美三热爱"，它们的具体内容现在人们也很难说清楚了。

2. 词转化为短语

汉语中有一类比较特殊的动词，它们既可以像词一样——语素与语素紧密地结合在一起，又可以像短语一样——进行适当扩展，即两个构成语素之间能插进去一些别的成分，形成一个组合。这类词被称为离合词。在合用的情况下，看作词；在分离的情况下，看作短语。例如：

①我们昨天下午见面了。　　　我们昨天下午见了一面。
②领导要跟我谈话。　　　　　领导要跟我谈一次话。

从结构类型来看，离合词大多属于动宾型。例如：

帮忙	毕业	美容	生气	请客	送礼	跑步	散步	游泳
吃苦	洗澡	理发	着陆	理发	求婚	结婚	考试	打架
补课	旷课	拜年	遭罪	鞠躬	结亲	革命	站岗	伤心

由于离合词的两个语素之间的关系不够密切，动词性语素已经有了一个支配的对象，所以整个词就不能再带上宾语了。因此，这类词大多是不及物动词。例如：

③他毕业于北京大学。
④她现在已经很累了，你给她帮帮忙吧！

需要说明的是，把词拆开插进别的成分构成短语不是词的本质特点。也就是说，不是每一词都能拆开构成短语，唯有离合词可以这样。我们要反对任意把词割裂开来，例如，不能把"报道"说成"报了一次道"、"动员"说成"动了一次员"等。

【思考与练习一】

一、什么是词汇？什么是词？

二、什么是语素？语素可以从哪些角度进行分类？

三、下列语言单位哪些是词？哪些是短语？

　　　白纸　　白菜　　白马　　卖力　　骑车　　热心

　　夹克衫　　研究员　　洗干净　　吃完　　回执　　茶杯

四、下列汉字，哪些代表成词语素？哪些代表不成词语素？

　　粗　　走　　习　　最　　言　　门　　目
　　光　　鸡　　平　　虎　　者　　绩　　眉

五、下列加点的字哪些代表语素？哪些不代表语素？

　　蝴蝶——彩蝶　　　　马匹——马达
　　蜥蜴——巨蜥　　　　沙丘——沙发
　　攻克——克隆　　　　色彩——色拉

六、下列哪些是单纯词？哪些是合成词？如果是合成词，请指出构词类型。

　　剥削　　吩咐　　伶俐　　偏偏　　尼龙　　宝宝
　　戈壁　　卑微　　阿訇　　婆娑　　布谷　　玛瑙
　　对虾　　改良　　儒家　　面熟　　花束　　钳子
　　政变　　刷新　　色拉　　烂漫　　学问　　结晶
　　端正　　绑腿　　烧饼　　米粒　　蛐蛐　　乒乓
　　月食　　老乡　　冬至　　霜降　　粉饰　　白花花

七、指出下列句子中"人、火、白、雷、关、剪"的性质。

　　(1)有人来了　　　　(2)客人来了
　　(3)火车来了　　　　(4)墙刷得很白
　　(5)白菜好吃　　　　(6)打雷了
　　(7)关上雷达　　　　(8)地雷爆炸了
　　(9)开关坏了　　　　(10)用剪子剪布

八、分析下列句法结构中所包含的词和语素(用"＿＿"切分语素，用"/"切分词)

　　(1)学开摩托车
　　(2)把苹果皮儿扔进垃圾箱
　　(3)我有两哥哥
　　(4)我买了一条漂亮的裙子
　　(5)咳嗽释放的爆炸性空气的速度最高可达每小时96.56千米

九、写出下列缩略语的全称。

　　(1)人大　　(2)五官　　(3)七窍　　(4)八方

（5）世贸组织　　　（6）四大发明　　　（7）纪检委

第二节　词义的性质及构成

【目标要求】理解词义的内涵，掌握词义的性质和构成，学会在语言表达中正确使用词义。

一、什么是词义

词义是指词的语音形式所负载的意义内容。广义的词义不仅包括词汇意义，而且还包括语法意义；狭义的词义只包括词汇意义，这里所说的"词义"是指狭义的词义。

词作为一种符号，它可以指称各种各样的事物。不管是客观存在的还是人们头脑中想象出来的，只有语言交际需要，都可以用词来指称。词作为一种符号所表示的内容就是我们所说的词义。例如，"神仙"在现实世界里是没有的，但在人们的交际中会用到这个词，所以它就会在汉语中存在，表示"神话中有特殊能力，可以长生不老的人物"。

二、词义的性质

（一）概括性

一般来说，某个词所指称的都是整类的事物或现象。词义为了准确地反映这个词指称对象的范围，就需要舍弃指称对象具体的、个别的特征，而概括出对象共同的、本质的特征，这就是词义的概括性。例如尽管不同时代、地域的笔在样式、大小、颜色、品牌等方面不完全一样，但"笔"的词义具有概括性。《现代汉语词典》对"笔"的解释是"写字画图的工具"，这一解释不仅概括了各种笔的共性，而且也把笔与其他的事物区别开来。

专有名词的词义也具有概括性。例如"李白"，虽然指称对象是唐朝的一位诗人，却也概括了不同时期(童年、少年、青年、中年、晚年)的李白。虽然各个时期他的外貌、习惯有所不同，但总有一些共同的特征足以表明他是同一个李白，而这些共同的特征便是从不同时期概括出来的。

（二）模糊性

模糊性是指词义的界限不明确，这主要是由词义外延的不确定性造成的。例如"上午、中午、下午"之间界线就是不明确的。

词义的模糊性是事物之间连续性的反映，所以处在连续体中的一组词的意义常具有明显的模糊性，如"红—橙—黄、青年—中年—老年、热—温—凉"等。

（三）民族性

同一事物在不同的语言里用什么词来指称可以不同，词义概括对象的范围也可以不同，这体现了词义的民族性。例如，汉语中用"哥哥、弟弟、姐姐、妹妹"表示同一父母所生的子女，而英语中只用"brother"和"sister"两个词表示同一父母所生的子女。汉英对应词"雪"和"snow"，两者都可以表示"天空中飘落的白色晶体"这一意义，但汉语中的"雪"还可以表示"洗去、除去"之义，英语中的"snow"却不能，但它们都表示"下雪"之义。

词义的民族性不仅体现在理性意义上，而且还体现在附加色彩上。例如，英汉对应词"dog"和"狗"，概念意义相同，指"一种家畜"，但附加意义却不同：汉语中的"狗"有贬斥意味，这从"癞皮狗、哈巴狗、走狗、疯狗、狗腿子、狼心狗肺、人模狗样儿"等词或固定短语中可以看出来；英语中的"dog"有褒扬意味，这可以从"dogfight（激战）、a lucky dog（幸运儿）、work like a dog（拼命工作）"等词或短语中可以看出来。

三、词义的构成

词义包括理性意义和色彩意义。实词都有理性意义，此外，还可能有附着在理性意义上的色彩意义。

（一）理性意义

又称概念意义，是词义中同表达概念有关的意义部分。它是人们对词指称对象的区别性特征的概括反映。例如：

【发布】宣布（命令、指示、新闻等）。

【复杂】（事物的种类、头绪等）多而杂。

【筷子】用竹、木、金属等制的夹饭菜或其他东西的细长棍儿。

词典中对词的解释，主要是理性意义。理性意义的作用就在于给词所联系的事物划定一个范围，凡是该词所指的事物都包括在内，凡不是该词所指的事物都不包括在内。例如"铅笔"的理性意义就在于说明该词所指的是"用石墨或加颜料的黏土做笔芯的笔"，因此，钢笔、毛笔、圆珠笔都不在"铅笔"的所指范围之内。

有些词的理性意义又分为通俗意义和专门意义。通俗意义是人们对词所指对象的一般认识，专门意义是具备某些专门知识的人对词所指对象的特殊认识。例如，"圆"的通俗意义是"像太阳、车轮、脸盆等东西的形状"；而专门意义是"在平面上，一个动点以一个定点为中心，一定长为距离而运动一周的轨迹"。"水"的通俗意义是"无色的透明液体"；专门意义则是"分子由两个氢原子和一个氧原子组成的最简单的氢氧化合物，无色、无臭、无味的液体，在标准大气压下，零摄氏度凝固成冰，100 摄氏度沸腾成汽，4 摄氏度时密度最大，为 $1.0×10^3$ 千克每立方米"。

有些词只有通俗意义，例如"大、跑、杯子、床"等；还有些词则只有专门意义，例如"电荷、函数、原子"等。当然，也有一些词兼有这两种意义，例如"圆、水、物质"等。有些词通俗意义和专门意义的指称范围相同或大致相当，如"水、圆"等，但有些词通俗意义和专门意义的指称范围却有很大不同，如"物质"的通俗意义是"生活资料、生产资料、金钱等"，而其专门意义(哲学上的意义)则是"独立存在于人的意识之外的客观实在"。

（二）色彩意义

理性意义是词义中的主要部分。除了理性意义之外，有些词还有色彩意义，它依附于理性意义而存在，表达人或语境赋予词的特定感受。大致说来，色彩意义主要有三类：感情色彩、语体色彩、形象色彩。

1. 感情色彩

有些词表明对人或事物赞许、褒扬的感情，这样的词称为"褒义词"。例如：

烈士	劳模	康复	安慰	亲切	奉献
请教	渊博	忠诚	拼搏	结实	温柔

有些词表明对人或事物厌恶、贬斥的感情，这样的词称为"贬义词"。例如：

狡猾	武断	叛徒	鄙视	顽固	勾结
平庸	吹捧	巴结	粗笨	虚伪	刻薄

此外，也有些词既没有褒义色彩，也没有贬义色彩，这样的词称为"中性词"。例如：

河流	山脉	运动	花束	宇宙	结论

柳树　　教材　　游戏　　竞争　　社会　　集体

词的感情色彩有时会在词典的释义中予以说明。例如：

【滑溜】光滑(含喜爱意)。

【附和】(言语、行动)追随别人(多含贬义)。

【跟屁虫】指来跟在别人背后的人(含厌恶义)。

【告密】向有关部门告发旁人的私下言论或活动(多含贬义)。

有些中性词在特定语境里会临时产生或褒义或贬义的感情色彩。例如"水平、地方、朋友"在"有水平、是地方、够朋友"中，有令人满意或合乎标准的意思，被临时赋予了褒义色彩。又如"年轻、硬"在"他年轻了点儿、这种饼干有点硬"中，有不合乎要求的意思，被临时赋予了贬义色彩。

2. 语体色彩

有些词由于经常用于某种特定场合而形成某种风格色彩，这就是词的语体色彩，它反映的是词与交际场合之间的关系。

语体分为口语语体和书面语体。具有口语色彩的词通俗易懂，自然生动，一般来说，方言词具有明显的口语色彩。而具有书面语色彩的词则庄重典雅，严谨正式，一般来说，古语词具有浓厚的书面语色彩。

口语词汇：明儿　　闺女　　脑袋　　忙活　　撺掇　　害臊　　溜达

　　　　　牵拉　　麻利　　拉扯　　身子骨　　巴不得　　打盹儿

书面语词汇：机遇　　拜谒　　邂逅　　购置　　徜徉　　就寝　　眷恋

　　　　　　造访　　初始　　守恒　　呈报　　心潮　　斡旋　　推导

书面语语体又分为文艺语体、政论语体、科技语体、事务语体等类型，如"孩提、寂静、凉爽、皓月"用于文艺语体，"公民、专制、意识、国家"用于政论语体，"腹腔、月球、圆周、氨基酸"用于科技语体，"函告、特此、启事、兹有"用于事务语体。

3. 形象色彩

指称具体事物的词往往会给人一种形象感，这种形象感来自对该事物的形象的概括。具有形象色彩的词，有的侧重于形态方面的描述，例如"仙人掌、玉带桥、美人鱼、喇叭花、鹅卵石、冰糖、剑麻、瀑布、车流、花海"等；有的侧重于动态方面的描述，例如"垂柳、牵牛花、鲸吞、钻山豹、雀跃、上钩、碰碰船"等；有的侧重于颜色方面的描述，例如"绿洲、碧空、黄鹂、彩带、白鹭、墨菊、白桦"等；还有的侧重于声音的描述，例如"知了、布谷鸟、恰恰舞、乒乓球"等。

由于词义所指对象是大千世界中各种复杂的事物或现象，所以词义的容量十分复杂而细致。因此，我们上面对词义的构成分析是比较粗略的。特别值得注意的是，概念意义和色彩意义往往是作为一个整体来使用的。只顾及概念意义而忽略色彩意义，或只顾及色彩意义而忽略概念意义，都会导致用词的错误。只有深入领会词义的内涵及构成，才会使表达准确、鲜明、生动。

【思考与练习二】

一、什么是词义的概括性？专有名词的词义有概括性吗？试举例说明。

二、什么是词义的模糊性？

三、汉语中的姑妈、姨妈、舅妈、婶母、伯母等能否像在英语中那样同一个词 aunt 来称呼？试分析其中的原因。

四、指出下列词语的色彩意义。

商榷	疙瘩	邂逅	脑袋	英勇	发毛	伙计
搅和	演奏	云海	翠鸟	康复	热忱	失足
使坏	欺凌	瞻仰	杜撰	诞辰	肮脏	勾结

五、指出下列固定短语的感情色彩和语体色彩。

炒冷饭　　留一手　　走过场　　开绿灯

獐头鼠目　　马不停蹄　　高风亮节　　道貌岸然

六、下列各组词在色彩意义上有何不同？

（1）怀孕——有喜　　（2）蝶泳——游泳

（3）月亮——月球　　（4）果断——武断

七、下列加点词的色彩意义有无变化？

（1）你的车放得可真是地方。

（2）他穿这身衣服特别有派头。

（3）这人真有水平。

（4）这面和得有点软。

（5）他对这个问题有研究。

第三节 义项和义素

【目标要求】理解义项的内涵，掌握义项的分类，学会辨析多义词和同音词；理解义素的内涵，掌握义素分析的步骤及模式，了解义素分析的作用。

一、义项

(一)什么是义项

为了充分认识和有效掌握词义，编纂词典时总是把词的理性意义分解成若干个义项加以说明，有时也会指明其色彩意义，并用符号加以标记。例如：

【把戏】<口>①魔术杂耍等技艺。②手段、诡计。

【私图】个人的图谋；企图(含贬义)。

义项是对词的理性意义的分项说明。义项原是辞书学术语，这里用来表示相应的语义单位。有些词只有一个义项，例如：

【顿首】磕头(多用于书信)。

【打车】乘坐出租车。

有些词有两个或两个以上的义项。例如：

【够味儿】①味道足，让人满意。②功力达到相当高的水平；意味深长；耐人寻味。

【孤立】①同其他事物不相联系。②不能得到同情和援助。③使得不到同情和援助。

对于某一个词而言，其义项是从它所出现的全部语境中归纳出来的。如果某个词在所出现的语境中只表示一个意义，那么该词就有一个义项；如果表示两种或两种以上的意义，那么该词就有不止一个义项。例如：

①近些年来我国经济发展势头良好。
②经济工作是重中之重。
③商场打折时买东西既经济又实惠。
④写文章也要讲经济原则，尽量做到要言不烦。

例①、例②中的"经济"可解释为"社会物质生产和再生产活动"，可归纳为一个义项；例③、例④中的"经济"可解释为"用较少的代价获得较大的效果"，可归纳为另一个义项。所以"经济"有两个义项。

(二) 义项的分类

词的各个义项之间的地位并不平等，其中有一个义项表示最常用、最主要的意义，而其他义项都是由这个义项直接或间接地派生衍化而来。前者叫基本义，后者叫转义。基本义不同于本义，本义是通过字形反映出来的、文献中所记载的最初的意义。例如：

【脸】本义是两颊的上部。白居易《昭君怨》："眉销残黛脸销红"。

不少词的基本义和本义并不相同，例如"走"，本义是"跑"，基本义是"行走"；"天"，本义是"头顶"，基本义是"天空"。有些词的本义和基本义相同，如"土"的本义和基本义都表示"土壤、泥土"。

词的转义主要包括引申义和比喻义。引申义是指在基本义的基础上经过推演发展而产生的意义。引申义和基本义之间、引申义和引申义之间，总是存在着某种联系。

有的引申义直接从基本义发展而来。例如"锯"的基本义是"锯子"，从这个意义发展引申出"用锯子锯开"。"风声"的基本义是"刮风的声音"，从这个意义发展引申出"传播出来的消息"。

有的引申义则是从引申义再发展出来的。例如"代表"的基本义是"代替集体或个人办事或发表意见的人"，从这个意义发展出引申义"代替集体或个人办事或发表意见"，从这个引申义再发展出引申义"人或事物表示某种意义或象征某种概念"。

比喻义是词的比喻用法逐渐固定下来所形成的意义。比喻义大多是从基本义发展而来。例如"放羊"的基本义是"把羊赶到野外吃草"，从这个意义发展出比喻义"比喻不加管理，任其自由行动"。"独木桥"的基本义是"用一根木头搭成的桥"，从这个意义发展出比喻义"比喻艰难的途径"。

比喻义和基本义之间，总是存在着相似性的联系，例如，形状相似、部位相似、关系相似、作用相似、方式相似、结果相似、性质相似等。

我们要把词的比喻义和临时的比喻用法区分开。比喻义是词已经固定下来的意义，它可以离开语境而独立存在；词临时的比喻用法具有不确定性，它与语境的联系更密切。例如"困难是弹簧"里的"弹簧"就是临时的比喻用法，因为"弹簧"并没有"困难"这个转义。当然，两者之间也存在联系，因为词的比喻义大多是临时比喻用法固化的结果。

（三）单义词和多义词

只有一个义项的词叫单义词，它主要包括两类：一类是常见的事物的名称。例如：

菊花　　芒果　　野兔　　手表　　电扇　　茶几

另一类是科学术语和专有名称。例如：

辅音　　质子　　函数　　胸腔　　脉搏　　伏特

有两个或两个以上义项的词叫多义词。例如：

新潮　　摇篮　　近视　　结晶　　天才　　缩水

多义词的出现是语言发展的必然结果。随着社会的发展，新事物、新现象不断涌现，为满足日益增长的交际需要，人们不可能无限制地创造新词，所以就不可避免要用原来的一些词指称有关的事物或现象，这样就必然会造成词的多义现象。

多义词对语境有很强依赖性，在一定的语境中只能有一个义项适用。如果在同一个语境中有两个或两个以上的义项适用，那么就会产生歧义。例如"他走了两个小时了"里的"走"既可以理解为"离开"，也可以理解为"步行"。

（四）同音词

同音词是语音形式相同而意义之间没有联系的一组词。

1. 同音词的类型

一种是同音同形词。例如：

$\Big\{$ 大家$_1$ dàjiā（名词，著名的专家）

　　大家$_2$ dàjiā（代词，指一定范围内的所有人）

$\Big\{$ 别$_1$ bié（动词，别离）

　　别$_2$ bié（动词，绷住或卡住）

　　别$_3$ bié（副词，不要、不用）

另一种是同音异形词。例如：

$\Big\{$ 娇气 jiāoqì（意志脆弱、不能吃苦、习惯于享受的作风）

　　骄气 jiāoqì（骄傲自满的作风）

$\Big\{$ 无谓 wúwèi（没有意义；毫无价值）

　　无畏 wúwèi（没有畏惧；不知害怕）

2. 同音词产生的原因

第一，造词时语音形式偶然巧合。词是不同时代、不同地区的人们利用固有的语言材料共同创造出来的，人们在造词时只考虑需要，并不大会考虑与已有词的语音形式是否相同，这样就可能出现同音词。如"游船"和"油船"、"要点"和"药典"等。

第二，语音演变的结果。有些词在古代不是同音词，如"轻"和"清"（古代时声母不同）、"青"和"清"（古代时韵母不同），由于语音的发展变化，后来变成了同音词。

第三，多义词意义分化的结果。有些同音词原来是一个多义词，这个多义词衍生出不同的意义之后，随着社会的发展，意义之间的联系越来越薄弱而最终导致分化解体，但它的语音形式和书写形式却没有产生相应的变化，于是就变成了同音词。例如"刻"：

"刻"本义是指"用刀子在竹、木、金、玉石上雕刻花纹或文字"。古人计时用漏壶，在木板上刻九十九条标记，一刻就是十四分多一点，一天一百刻，后来改为十五分钟为一刻，一天九十六刻。所以"刻"由表动作义发展出了表时间义。现在人们已经不用漏壶计时了，因此表"雕刻"的"刻$_1$"与表示计时单位的"刻$_2$"之间的意义联系几乎不存在了，于是原本是多义词的"刻"就分化出"刻$_1$"和"刻$_2$"这组同音同形词。

又如"管"：

"管"本义是指"用竹管制成的乐器"，后来也表示"形状像管的东西"，古代的钥匙为管状，因此也称为"管"。后来"管"由表钥匙的意义发展出了表动作行为的意义"管理、负责"。现代汉语中因为"管"表示钥匙这个意义已不再使用了。表名物意义的管$_1$同表动作行为意义的管$_2$之间没有了明显的联系，于是就把它们当成了同音同形词。

第四，借用外来词的结果。汉语借用外来词，大多要对其进行汉化，这就使借词的语音形式同某些原有的汉语词的语音形式相同，因此造成了同音词。例如：

米$_1$（meter 的音译形式，长度单位）
米$_2$（稻米、大米）
听$_1$（tin 的音译形式，计量单位）
听$_2$（用耳朵接受声音）

3. 同音词和多义词的区别

多义词是一词多义，几个意义在现时平面上有联系。同音同形词与多义词的区别在于词所表示的意义之间在现时平面是否有联系。在现时平面意义之间有联系的是一词多义；意义之间毫无关联，或至少在现时平面没有联系的是同音词。例如：

①摘了一朵花。（种子植物的有性繁殖器官）
②我买了一盆花。（可供观赏的植物）
③这件衣服太花了。（颜色错杂）
④我的眼睛都看花了。（模糊不清）
⑤花钱如流水。（用掉、消费）

例①、例②、例③、例④中"花"的意义之间有联系：例②、例③、例④中"花"的意义都是由例①中的"种子植物的有性繁殖器官"这一基本义衍生出来的，所以例①、例②、例③、例④中的"花"是一个多义词，记作"花₁"；例⑤中的"花"表示"用掉、消费"，记作"花₂"。"花₁"与"花₂"语音形式相同，但意义上没有联系，所以它们是一组同音同形词。

4. 同音词的作用

同音词可以构成同音双关。例如，刘禹锡在《竹枝词》中的"东边日出西边雨，道是无晴还有晴"，就是利用同音词"晴"和"情"，委婉含蓄地表达出了恋人之间的感情。又如，毛泽东在《蝶恋花》中，也恰当地使用了同音双关的修辞手法，"我失骄杨君失柳，杨柳轻飏直上重霄九。"其中的"杨"是指作者的夫人杨开慧烈士，"柳"是指李淑一的丈夫柳直荀烈士。"杨柳"一词，表面上是写随风飘扬、直上九重云霄的杨花柳絮，实则是指两位烈士忠魂升天，永垂不朽。很显然，同音双关可以使表达内敛含蓄，寓意深长。

有时候，同音词在语言表达中会引起意义上的混淆，影响思想表达，甚至造成误解。针对这种情况，汉语中有一些补救的方法。比如，汉语在发展过程中，不少古代单音节词已经失去了独立性，在现代汉语中它们更多是以不成词语素的身份参与构成合成词，这在一定程度上可以减少同音现象带来的不便。例如"优、忧"组成双音节词"优秀、忧愁"就避免了同音现象。另外，现代汉语中有丰富的同义语素和同义词可以互相替换，这也可以有效避开同音现象。例如，把"期终"换成"期末"以区别于"期中"，把"遇见"换成"碰见"以区别于"预见"，把"食油"换成"食用油"以区别于"石油"。

二、义素

(一) 义素概念

义素是构成词义的最小意义单位，又叫词的语义成分或语义特征。义素是对义项进行分解而得到的比义项更低一级的语义单位。例如：

【灌木】矮小而丛生的木本植物。

【乔木】树干高大，主干和分枝有明显区别的木本植物。

"木本植物"是"灌木"和"乔木"的共同特征，"矮小而丛生"是"灌木"和"乔木"的区别性特征，用这些特征表示"灌木""乔木"的词义可得到：

{灌木}=[矮小][主干和分枝不明显][木本植物]

{乔木}=[高大][主干和分枝明显][木本植物]

采用二元对立表示义素成分，这两个词的意义可表示如下：

{灌木}=[+矮小][+丛生][+木本][+植物]

{乔木}=[-矮小][-丛生][+木本][+植物]

括号内的是区别特征，"+"表示有此特征，"-"表示无此特征。[木本][植物]对"灌木""乔木"来说是共同特征，但对草本植物或动物来说是区别特征，所以可以总称为区别特征。这些区别特征就是构成词义的最小单位，也就是义素。同一组词中的共同特征称为共同义素，区别特征称为区别义素。共同义素表明词义之间的联系，区别义素表明词义之间的区别。

(二) 义素分析

义素分析是指现代语义学中深入词义内部分析其构成成分的一种方法。把一组词放在一起进行对比分析，从中寻找出共同义素和区别义素，这种方法类似于音位学中分析音位区别性的方法。例如：

{哥哥}=[+血亲][+同胞][+年长][+男性]

{姐姐}=[+血亲][+同胞][+年长][-男性]

{弟弟}=[+血亲][+同胞][-年长][+男性]

{妹妹}=[+血亲][+同胞][-年长][-男性]

1. 义素分析的步骤

第一，明确分析的对象。义素分析总是在一些相关的词(同属一个语义场)中进行，因为只有相关的词才可以比较，才更容易选择适用的义素。例如，可以对"哥哥、姐姐、弟弟、妹妹"一组词进行义素分析，是因为它们同属于亲属语义场,词义之间有联系。

第二,对选定的分析对象进行词义之间的比较,找出其共同特征和区别特征。例如"男人、女人":

〔男人〕=［人］［男性］［成年］

〔女人〕=［人］［女性］［成年］

"成年、人"是共同义素,"男性、女性"是区别义素。但如果分析对象中加上"孩子",则"成年"这一义素就成为区别义素。例如:

〔男人〕=［人］［男性］［成年］

〔女人〕=［人］［女性］［成年］

〔孩子〕=［人］［男性］或［女性］［非成年］

区别义素是人们关注的重点,共同义素则是表明各词词义之间的联系,它们于全面认识词义有重要作用。有时候,如果旨在表明各词词义之间的区别,那么共同义素也可以不列出来。

第三,采用适当的方法描述义素。义素确定之后,还需要采取适当的方法进行表达。要对义素概括分类,两项对立的义素可以归并成一个,用"+"或"−"进行区分,义素要用"［ ］"标示,如"男性"表示为"［+男性］","女性"表示为"［−男性］";"成年"表示为"［+成年］","幼年"表示为"［−成年］"。义素表达完成之后,将所分析的一组词用义素表示出来。例如:

〔男人〕=［+人］［+男性］［+成年］

〔女人〕=［+人］［−男性］［+成年］

〔小孩〕=［+人］［±男性］［−成年］

2. 义素分析的主要模式

(1)名词的义素分析模式

名词的义素分析模式可简单概括为:

〔名词义项〕=［属性$_1$,属性$_2$,……属性$_n$,类属］

"属性"表示各个义项之间的区别性特征,即不同义项中相互对立的义素。表属性的义素可以是一个,也可以是多个;"类属"表示各个义项的共同特征,即共有的义素。表类属的义素一般情况下只有一个。表示类属的义素可以放在最后,也可以放在最前面,但不能插在表示属性的义素之间。例如:

〔靴子〕=［+衣着］［+脚穿］［+有筒］［+与地面直接接触］

〔鞋子〕=［+衣着］［+脚穿］［−有筒］［+与地面直接接触］

｛袜子｝＝［＋衣着］［＋脚穿］［＋有筒］［－与地面直接接触］

又如：

　　｛教师｝＝［＋学校成员］［＋在学校工作］［＋从事教研］

　　｛校工｝＝［＋学校成员］［＋在学校工作］［－从事教研］

　　｛学生｝＝［＋学校成员］［－在学校工作］［－从事教研］

　　（2）动词的义素分析模式

　　动词的义素分析模式可简单概括为：

　　｛动词义项｝＝［主体，方式，动作，客体，因果］

　　"主体"表示动作行为的主体（如人、动物、无生物）等，表示主体的义素只有一个；"方式"表示动作行为的凭借、时间、方位、工具、材料、情状、程度等各种限制性成分，表示方式的义素可以有多个；"动作"表示动作行为本身的类别，如"分开/结合""移动/静止""获得/失去""增加/减少"等；"客体"表示动作行为涉及的对象，与"主体"相对应，可以包括受事、与事、成果等；"因果"表示动作行为的目的、原因、结果等。

　　动词的义素分析模式中，一般来说，"主体、方式、动作"是每个动词都有的，而"客体、因果"则不是每个动词都有的。例如，表示婚嫁的"嫁、娶、入赘"可做如下分析：

　　｛嫁｝＝［－男人］［＋在男家］［＋与男人］［＋结合组成家庭］

　　｛娶｝＝［＋男人］［＋在男家］［－与男人］［＋结合组成家庭］

　　｛入赘｝＝［＋男人］［－在男家］［－与男人］［＋结合组成家庭］

又如：

　　｛走｝＝［＋腿部动作］［＋单脚离地］［＋位移］［－速度快］

　　｛跑｝＝［＋腿部动作］［＋单脚离地］［＋位移］［＋速度快］

　　｛跳｝＝［＋腿部动作］［－单脚离地］［－位移］［－速度快］

　　（3）形容词的义素分析模式

　　形容词的义素分析模式可简单概括为：

　　｛形容词义项｝＝［范围，方面，程度，性状］

　　"范围"表示属性或性状主体；"方面"表示属性或性状主体的重量、温度、颜色、质地等方面；"程度"表示属性特征的程度，一般用"十分、相当、比较"等程度副词来描述；"性状"表示属性特征的量，一般用"高、低、大、小、多、少"等来描述。

$\{凉\}=[物体][温度][比较][低]$

$\{冷\}=[物体][温度][相当][低]$

$\{热\}=[物体][温度][比较][高]$

$\{烫\}=[物体][温度][相当][高]$

作为现代语义学研究的重要成果之一，义素分析可以深入词义的微观结构，系统反映词义之间的区别与联系，能较好地说明语义的聚合关系和组合关系，为词义分析形式化、精确化提供了一种新的途径。但它也有一定的局限：一方面，义素的提取具有不确定性。人们在分析同一组词的时候，可能会因为分析目的不同而提取出来的义素不一样；即便是同一个词，会因为它处在不同的聚合中而提取出来的义素不一样。另一方面，义素分析缺乏普遍性。义素分析的对象目前只局限于名词、动词、形容词等有限词类中的某些成员，无法普及汉语中所有的词。

【思考与练习三】

一、什么是义项？什么是基本义？什么是转义？

二、什么是同音词？同音词产生的原因有哪些？

三、如何区分多义词和同音同形词？试举例说明。

四、下列哪些是单义词？哪些是多义词？

　　丝绸　汽油　滑坡　包装　跑　摇篮　消息　基调　打

五、分析下列词的义素结构。

　　(1) 自行车、卡车、公共汽车、电车

　　(2) 伯伯、叔叔、姑姑

六、"论"有下列义项，有些义项是作为词的意义，有些只能作为语素的意义，请分辨出来，并简单地谈谈分辨它们的标准。

　　①分析和说明事理：就事论事｜要论起这件事来，话可就长了。

　　②分析和说明事理的话或文章：社论｜舆论

　　③学说：唯物论

　　④说，看待：相提并论｜不能一概而论

　　⑤衡量；评定：论罪｜论功行赏

　　⑥按照某种单位或类别说：论件计酬｜买鸡蛋论斤还是论个儿

⑦姓：他姓论。

七、下列哪些是多义词？哪些是同音词？

(1)白

①像霜雪的颜色：这件衣服洗得真白。

②字音字形错误：这个人没什么文化，老是写白字。

(2)开张

①商店等设立后开始营业：这家饭店明日开张。

②经商的人每天第一次成交：刚卖了两斤苹果，今天算是开张了。

(3)怪

①奇怪：这事很怪。

②责备：这事不能怪他。

③觉得奇怪：你不要大惊小怪。

④很，非常：地上怪干净的。

(4)杜鹃

①一种鸟的名字，也叫子规：山上飞来一只杜鹃。

②一种植物的名字，也叫映山红：山上开满了杜鹃。

八、下面加点的词，使用的是基本义、引申义还是比喻义？

(1)我们村里打了一口很深的井。

(2)这项谈判因为种种原因搁浅了。

(3)黄河是中华民族的摇篮。

(4)小时候每天上学都要过一个竹排搭成的桥。

(5)字儿写得这么小，看得我眼都花了。

第四节 语 义 场

【目标要求】理解语义场的内涵和种类，了解同义词的性质和在语言表达中的作用，掌握同义词的辨析方法；了解反义词的性质和在语言表达中的作用，掌握反义词的分类。

一、语义场

(一)什么是语义场

语义场是语义的类聚，既有共同义素又有区别义素的一组词聚合在一起形成语义场。语义场是通过一组意义相关的词的对比，根据词义的共同语素和区别义素划分出来的。属于同一语义场的各个词有共同的义素，表明它们同属于一个语义场；又有一些不同的义素，表明词义之间的区别。例如，"凳子、椅子、沙发、转椅"等词可以构成一个语义场，"叔叔、姑妈、舅舅、姨妈"等词也可以构成一个语义场。

同一个词处于不同的语义场当中，其词义有可能不同，这是受同一语义场中其他成员制约的结果。例如：

"五行"语义场：金、木、水、火、土

"五金"语义场：金、银、铜、铁、锡

"五行"语义场中的"金"指金属，"五金"语义场中的"金"指"黄金"。

(二)语义场的特点

语义场具有层次性。事物的分类是有层次的，因而反映事物类别的语义场也是有层次的结构。例如："人"和"男人、女人"处于两个不同的层次，"人"属于上一层次，"男人、女人"属于下一层次。也就是说，"人"是上位词，"男人、女人"是下位词。上一层次称作"母场"，下一层次称作"子场"。在语义场的不同层次中，上一个层次中某个词的义素必然为下一个层次的各个词所具备，而下一个层次中的各个词也必然有自己的一些特殊的义素。

上位词必有下位词，下位词不一定有上位词，例如："父亲、母亲"，"儿子、女儿"，"老师、学生"等。需要说明的是，"父母"对于"父亲、母亲"这一语义场而言，是合称，不是上位词。

上位词和下位词是相对而言的。例如，"工人、农民、军人"中的"工人"相对于"人"来说是下位词，但相对于"木工、水工、电工"来说又成了上位词。当然，"人"对于"男人、女人"这一语义场来说是上位词，但对于"人、牛、马、老虎"这样一个动物语义场来说，它就成了下位词。

语义场具有系统性。语义场的系统性是指语义场中某一成员的意义会受到其他成员的影响，其突出表现是语义场成员词义的变化或数量的增减会导致语义场意义领域的重新分配，从而引起语义场中某一成员的词义发生变化。例如，行走语义场在上古时期的主要成员是"行、走、趋、奔、步"五个词，中古时期"步"的意义发生了变化，"趋"在口语中已不再使用，唐代以后，"奔"也逐渐退出口语，这些变化导致"走"的意义领域明显扩大，明代"行"由词变成了不成词语素，"走"于是就分担了"行"原来部分的意义和用法，而"走"原来表示的意义由新出现的"跑"来填补，最后形成了由"走、跑"两个常用词构成的行走语义场这一全新格局。

（三）语义场的种类

根据语义场中各个成员的相互关系，可以对语义场进行不同的分类。

1. 类属义场

类属义场的成员同属一个较大的类，也叫分类义场。例如"桌子、柜子、床"同属家具类，"锅、碗、瓢、盆"同属炊具类，"红、黄、绿、蓝、紫"同属颜色类。

2. 顺序义场

顺序义场的成员按照一定顺序排列。例如，学位语义场"学士、硕士、博士"，职称语义场"助教、讲师、副教授、教授"。有的顺序义场是封闭的，即语义场成员数量有限，例如"小学、中学、大学"，有的顺序义场是开放的，即语义场成员数量无限，例如"一、二、三、四……"有的顺序义场中的成员不能循环，例如军衔语义场"尉官、校官、将军、元帅"，有的顺序义场中的成员可以循环，例如"春、夏、秋、冬"。

3. 关系义场

关系义场一般由两个成员组成，这两个成员处于某种关系的两端，彼此之间互相对立、互相依存。例如"教师、学生"是因教育关系形成的语义场。其他的如"父母—子女""丈夫—妻子"，"哥哥、妹妹"，"师傅、徒弟"等。行为动作过程也可以看作一种关系，从而形成关系语义场。例如"买—卖""嫁—娶""来—去""输—赢"等。

4. 同义义场

意义相同或相近的词组成的是同义义场。例如"自行车—脚踏车""坚定—坚决""鼓动—煽动"等。

5. 反义义场

意义相反或相对的词组成的是反义义场。例如"热闹—清净""节约—浪费""分散—集中"等。

二、同义词

（一）同义词的分类

意义相同或相近的词构成同义义场。同义义场中的词互称同义词。例如：

　　惦记—惦念　　灾难—灾荒　　仙游—去世

　　有时候在语言交际中,彼此之间本来没有同义关系的词可能会因特定的语境而临时获得相同或相近的意义。例如:

　　①阿Q……从腰间伸出手来,满把是银的和铜的,在柜台上一扔,说:"现钱,打酒来!"(鲁迅《阿Q正传》)

例①子中"银的""铜的"表示"钱",它们与"钱"临时构成了同义关系。但它们并不是同义词,因为一旦离开了特定的语境,这种同义关系就不存在了。

　　根据在语言表达中能否自由替换,同义词可分为绝对同义词和相对同义词。

　　理性意义完全相同,表达中大多可以自由替换,称为绝对同义词(或等义词)。这类同义词比较少,它们的存在大多有特定的历史或语用原因。例如:

　　教师—教员　　　　水泥—洋灰

　　拦阻—阻拦　　　　感情—情感

　　番茄—西红柿　　　土豆—马铃薯

　　布拉吉—连衣裙　　维他命—维生素

　　理性意义存在细微差异,表达中不能随意替换,称为相对同义词(或近义词)。这类同义词大量存在,对丰富表达形式、增强语言的准确性等有积极作用。例如:

　　企图—打算　　优秀—优良　　惦记—惦念

　　爱护—爱惜—珍惜　　拉—拖—拽—扯

　　根据同义词构成成分的异同,可分为三类:

　　(1)语素完全相同的同义词。例如:

　　忌妒—妒忌　　粮食—食粮　　来往—往来

　　这类同义词称为同素逆序同义词,从结构类型来看,大多是联合型复合词。

　　(2)部分语素相同的同义词。例如:

　　完成—完毕　　掩盖—遮盖　　保护—保卫

　　这类同义词构成语素的特点给同义词辨析提供了方便。一般来说,相同的语素体现出了"同",不同的语素体现出了"异"。还有一种情况值得注意,即:单音词与由它发展而来的复音词之间也经常构成同义关系。例如:

隔—阻隔　　并—合并　　完—完毕

爱—喜爱　　忍—忍受　　云—云彩

古代汉语中的很多单音词后来都实现了复音化，如果古代的单音词在现代汉语中依然还当作词来用，那么它就与对应的复音词之间构成了同义关系。它们的差别主要表现在：单音词在意义上不如复音词显豁、具体，也没有复音词的特殊意味或较重的语气。

（3）语素完全不同的同义词。例如：

答应—允许　　干净—清洁　　观点—见解

颠覆—推翻　　谨慎—小心　　拂晓—黎明

这类同义词难以直接从语素上比较其异同，必须结合实际用例进行分析，或者借助词典，从释义中比较辨析。

（二）同义词的性质

第一，同义词指的是词义与词义之间的关系。例如：

老—迈（"年迈"中的"迈"）　　活—生（"生还"中的"还"）

"迈"表示"老、年龄大"，"生"表示"活着"都是语素义，不是词义，所以"老"和"迈"、"活"和"生"不能构成同义词。

第二，同义词指的是词的义项与义项之间的关系。例如：

①他这个人很骄傲。（骄傲—自满）

②我以我生在这样的祖国而骄傲。（骄傲—自豪）

①我们不能把时间都荒废了。（荒废—浪费）

②该种而没有耕种：土地都荒废了。（荒废—荒芜）

③你不能因为贪玩而荒废了学业。（荒废—荒疏）

单义词有一个义项，它只在这个义项上对应有同义词；多义词有多个义项，它在每个义项上都对应有同义词。

第三，记录同一个词的不同词形之间是同一关系，不是同义关系。例如：

繁琐—烦琐　　倒霉—倒楣　　笔画—笔划

第四，词与词的形态变化之间不是同义关系。例如：

干净—干干净净　　条—条条　　考虑—考虑考虑

（三）同义词的作用

（1）同义词可以满足不同语体和场合的需要，使语言表达精确、严密、得体。例如：

②公诉人经审判长许可后，可以讯问被告人，辩护人在审判人员审问被告后，亦可向被告人发问。

③冬季日短，又是雪天，夜色早已笼罩了全市镇，人们在灯下匆忙，但窗外很寂静，雪花落在积得厚厚的雪褥上面。听去似乎瑟瑟有声，使人更加感到沉寂。

④元旦刚过，敬爱的周总理与世长辞了。大风雪中的中国瞬间开放了亿万朵白花……七月盛夏，朱委员长不幸逝世……九月今秋，毛主席他老人家又无可挽回地离开了我们。

例②中"讯问、审问、发问"这一组同义词反映了提问人和被提问人之间不同的法律地位，表达准确严密。例③中"寂静"和"沉寂"都表示安静，但"寂静"描述了外部环境，"沉寂"展现了人物情绪，各得其所，恰到好处。例④中使用"与世长辞、逝世"这组具有书面语色彩的同义词，显得庄重严肃。

(2)同义词可以避免行文单调重复，使语言表达生动而富于变化。例如：

⑤社员门，伫立在田野上，瞩望你；工人们，肃立机器旁，呼唤你；千万名战士持枪站在哨位上，悼念你。

⑥单丝不成线，独木难成林。

(3)同义词连用可以增强语势，使语意表达充分完足。例如：

⑦你看那毛竹做成的扁担，多么坚韧，多么结实，再重的担子也挑得起。

例⑦中连用"坚韧"和"结实"这组同义词，语势得到了明显而有力的增强，同时又突出了语意。

(四)同义词的差别

准确把握同义词的异同，尤其是细微差别，对我们正确运用词语具有重要意义。同义词的差别主要表现在以下几个方面。

1. 理性意义不同

(1)意义的轻重程度不同。例如"爱好—嗜好"，两者都是指对某种事物有浓厚的兴趣，但"爱好"程度较轻，"嗜好"程度较重。"轻视—鄙视"，两者都是指看不起，"轻视"指一般地不重视、瞧不起，程度较轻；"鄙视"是非常瞧不起，程度较重。又如"优异—优秀、机密—绝密、努力—竭力、损

149

坏—毁坏、请求—恳求"这几组同义词，都是前者程度轻，后者程度重。

（2）意义的范围大小不同。例如"边疆—边境"，两者都指远离内地靠近国境的地区，但"边疆"是指靠近边界的领土（包括国与国接壤的边界），范围大；"边境"是指靠近边界（国界）的地方，范围小。"食物—食品"，两者都是供人食用的东西，但"食品"是经过加工的，"食物"可以是经过加工的，也可以是未经过加工的，所以"食物"的范围比"食品"大。"时代—时期、性质—品质、战争—战役、食粮—粮食"这几组同义词，都是前者范围大，后者范围小。

（3）意义的侧重点不同。例如"坚定—坚决"，"坚定"侧重"定"，表示不动摇；"坚决"侧重"决"，表示不犹豫。"解除—废除"，"解除"侧重"解"，表示去掉约束；"废除"侧重"废"，表示废止不用。"爱惜—爱护"，"爱惜"侧重"珍惜"，"爱护"侧重"保护"。"侵犯—侵凌—侵占"，"侵犯"侧重"犯"，表示进犯别国领土或损害别人的利益；"侵凌"侧重"凌"，即冒犯凌辱；"侵占"重在"占"，表示将别国的领土或别人的财物据为己有。"隐藏—隐瞒—蒙蔽"，"隐藏"重在"藏"，表示躲起来不让别人发现；"隐瞒"重在"瞒"，即蒙骗别人不说真相；"蒙蔽"重在"蔽"，表示掩盖起来不让别人发现。

（4）集体与个体不同。例如"信件—信"，两者所指为同一事物，但前一个是集合名词，后一个是个体名词。这种差别表现在语法功能上，前一个不能受个体量词修饰，只能受不定量词"些"修饰；后一个既可以受个体量词修饰，又能受不定量词"些"修饰。如不能说"五封信件"，只能说"一些信件"；可以说"五封信"，也可以说"一些信"。"词汇—词、船只—船、纸张—纸、书籍—书、树木—数"这几组同义词，前者都是集体名词，后者都是个体名词。

2. 色彩意义不同

（1）感情色彩不同。例如"果断—武断"，两者都表示做事情不犹豫，但"果断"是褒义词，"武断"是贬义词。"充满—充斥"，两者都表示多得到处都是，但"充满"是中性词，"充斥"是贬义词。"攻克—攻占"，两者都表示攻取，但"攻克"是褒义词，"攻占"是中性词。

（2）语体色彩不同。例如"狐疑—疑心"，两者都表示猜疑，但"狐疑"具有书面语色彩，"疑心"具有口语色彩。"父亲—爸爸、恐吓—吓唬、图圄—监狱、拜谒—拜见、诞辰—生日、静谧—安静、腹腔—腹部、兹—现在"这几组同义词，都是前者具有书面语色彩，后者具有口语色彩。

（3）形象色彩不同。例如"雀跃—高兴"，两者都表示欣喜兴奋，但"雀跃"有形象色彩，"高兴"没有形象色彩。"鲸吞—吞并、鱼贯—连贯、囊括—包罗、白皑皑—白、热乎乎—热"这几组同义词，都是前者有形象色彩，后者没有形象色彩。

3. 词性不同

如"深入—深刻"，两者都表示深入透彻，但"深入"兼属动词和形容词，"深刻"是形容词。"突然—猛然"，两者都表示动作变化很快、出人意料，但"突然"是形容词，"猛然"是副词。又如：

勇敢（形容词）—勇气（名词）

壮大（形容词、动词）—强大（形容词）

愿望（名词）—希望（名词、动词）

祸害（名词、动词）—祸患（名词）

4. 搭配对象不同

有些同义词在搭配对象范围方面有所不同。例如"交换—交流"，两者都指双方把自己的东西给对方，但"交换"与"礼物、意见、资料、产品"等搭配；"交流"则与"思想、经验、文化、物资"等搭配。也就是说，"交换"的搭配对象多是具体的，"交流"的搭配对象多是抽象的。又如"关心—关怀"，两者都指对人或物留心、挂念，但"关心"的对象范围很广，既可以是人，也可以是物，既可以是别人，也可以是自己，既可以对上，也可以对下；而"关怀"的对象范围较窄，一般是人，只能对别人，不能对自己，并且多用于上对下。再如"爱戴"和"爱护"都是指对人或物有很深的感情，但"爱戴"只用于下对上，而"爱护"则只用于上对下。又如：

充足—充分 "充足"的搭配对象大多是自然界或物质方面的东西，如"阳光、粮食、给养"等，而"充分"的搭配对象多是比较抽象的事物，如"理由、条件、精力、感情"等。

维持—保持 "维持"多与"生活""秩序""治安""现状"等词语搭配，而"保持"多与"清洁""记录""作风""习惯""性质""态度"等词语搭配。

侵犯—侵占 "侵犯"多与"主权""利益""领海""人权"等词语搭配，而"侵占"多与"土地""财产""领土""公款"等词语搭配。

发挥—发扬　"发挥"多与"作用""威力""力量""创造性"等词语搭配，而"发扬"多与"精神""作风""传统""民主"等词语搭配。

同义词之间的差别是多方面的，有时候会错综交织在一起，因此情况变得更加复杂。例如，"损害"和"危害"作为一组同义词，都有"使受到伤害"的意思，但它们在词义上既有轻重的不同，也有语法功的不同，还各有不同的搭配对象。因此我们在辨析同义词时，应进行多方面深入细致的观察、比较和分析。

三、反义词

(一)什么是反义词

反义词指意义相反或相对的一组词。例如：

成功—失败　　权利—义务　　国产—进口

迅速—迟缓　　行贿—受贿　　正确—错误

要注意的是，有些词彼此之间并不存在意义上的对立，但在特定的语境中对举使用，会构成临时反义词。例如：

①妥协还是抗战？腐败还是进步？(毛泽东《论持久战》)

②我们的痛疽，是它们的宝贝，那么，它们的敌人，当然是我们的朋友了。(鲁迅《南腔北调集·我们不再受骗了》)

例①中"妥协"和"抗战"、"腐败"和"进步"，例②中"痛疽"和"宝贝"，只是在特定的上下文中形成了反义关系。这种以一定的上下文为基础，离开了上下文反义关系就瓦解的一组词，并不是真正的反义词。

现代汉语中的反义词有相当一部分是复合词。有些复合词之间的反义关系由其中的一个语素体现。例如：

出口—进口　　善意—恶意　　悦耳—刺耳

重工业—轻工业　开幕式—闭幕式　有理数—无理数

当然，更多的复合词之间的反义关系是由全部构词材料来体现的。例如：

公开—秘密　　安全—危险　　团结—分裂

完整—残缺　　勇敢—怯弱　　轻巧—笨拙

(二)反义词的性质

第一，有些词反义词意义上的对立，往往就是客观世界中矛盾对立的反映。如"大—小、长—短、聪明—愚蠢"等。有些反义词在意义上并没有明显的对立，但因为在特定的社会文化中总是将它们对举使用，久而久之就构成了反义词。例如"红—白、手—脚、春—秋、天—地"等。

第二，反义词必须同属一个意义范畴。如"东""西"同属方位范畴，"方""圆"同属形状范畴；"粗糙"和"美观"不能构成反义词，是因为："粗糙"是指物体的表面不精细、不光滑，"美观"是指物体的样式好看、漂亮。因此可以认为，反义词既是彼此对立的，又是互相联系的。

第三，反义词不仅要求理性意义相反或相对，而且在其他方面也要尽量保持一致，包括词性、语体色彩、音节数目等。例如"聪明"和"傻子"不是反义词，是因为两者词性不同："聪明"是形容词，"傻子"是名词。"丈夫"和"老婆"不是反义词，是因为两者语体色彩不同："丈夫"具有书面语色彩，"老婆"具有口语色彩。"便宜"的反义词是"昂贵"，"贵"的反义词是"贱"，它们之间音节数目对称。

第四，反义词是指词义与词义、词与词之间的关系，词与短语之间即使意义上相反或相对，也不能构成反义词。例如"忠诚"和"不忠诚"、"批评"和"不批评"、"乱"和"井井有条"等都不是反义词，因为"不忠诚""不批评""井井有条"都是短语。

第五，多义词有多个义项，每个义项都可以有对应的反义词。也就是说，一个多义词会有几个不同的反义词。例如：

$\begin{cases} 门庭冷落。（冷落—热闹）\\ 他受到了冷落。（冷落—热情）\end{cases}$

$\begin{cases} 这种纸很薄。（薄—厚）\\ 待他的情分不薄。（薄—深厚）\\ 酒味很薄。（薄—浓）\\ 变薄地为肥田。（薄—肥沃）\end{cases}$

(三)反义词的类型

1. 互补反义词

又叫绝对反义词。这类反义词的两个词之间是一种"非词即彼"的关系，不存在中间状态的概念。也就是说，肯定 A 必否定 B，肯定 B 必否定 A；同时，否定 A 就必肯定 B，否定 B 就必肯定 A，两者中间不容许有非 A 非 B 的情况存在。例如：

生—死　　　动—静　　　有—无

正确—错误　　真实—虚假　　战争—和平

2. 极性反义词

又叫相对反义词。这类反义词表示某些事物或现象相互对立的两端，两个词之间存在中间状态的概念。也就是说，肯定 A，就否定 B，肯定 B 就否定 A，但否定 A 不一定就肯定 B，否定 B 也不一定就肯定 A，因为 A 和 B 之间还有 C、D、E 等情况存在的可能。例如：

白—黑　　　大—小　　　高—低

快乐—忧愁　　宽阔—狭窄　　朋友—敌人

互补反义词构成互补反义义场，极性反义词构成极性反义义场。反义义场的两种类型在特定情况下可以改变。一方面，互补反义义场可以当作极性反义义场来用。例如"男"和"女"，可以说成"不男不女"；"死"和"活"，可以说成"不死不活"。另一方面，极性反义义场可以当作互补反义义场来用。例如"进"和"退"，可以说成"（逆水行舟）不进则退"；"左"和"右"，可以说成"非左即右"。

（四）反义词的作用

（1）反义词在意义上的鲜明对比，使语言表达更加深刻有力，有助于更好地揭示事理和表达感情。例如：

③我曾经远离祖国几年。那些日子，我对祖国真的说不出有多么的怀念。这怀念是痛苦又是幸福。痛苦，是远离了祖国的同志，祖国的山川风物；幸福，是有这样伟大的祖国供我怀念。（黄药眠《祖国山川颂》）

④我相信，到那时，到处是活跃的创造，到处是日新月异的进步，欢歌将代替了悲叹，笑脸将代替了哭脸，富裕将代替了贫穷，康健将代替了疾病，智慧将代替了愚昧，友爱将代替了仇恨，生之快乐将代替了死之忧伤，明媚的花园将代替了暗淡的荒地。（方志敏《可爱的中国》）

例③中用"痛苦"和"幸福"这一组反义词，概括了作者远离祖国时的复杂心情，揭示了作者对祖国深沉真挚的感情。例④中连用了十组反义词，强烈地表达出了对旧社会的仇视和对新世界的向往，酣畅淋漓，气势磅礴。

（2）利用反义词可以构成对偶、仿词等辞格，有助于增强语言的表现力。例如：

⑤智者千虑，必有一失；愚者千虑，必有一得。

⑥读者会觉得这是一条"新闻"吧，其实却是一条"旧闻"。

(五)反义词的不平衡现象

反义词是成对(积极类的一方和消极类的一方)的，但这两个词之间的语义范围、使用频率并不完全相同，因此形成了反义词的不平衡现象。例如：

厚(积极类一方)—薄(消极类一方)

深(积极类一方)—浅(消极类一方)

远(积极类一方)—近(消极类一方)

节约(积极类一方)—浪费(消极类一方)

坚强(积极类一方)—软弱(消极类一方)

老实(积极类一方)—狡猾(消极类一方)

一般来说，积极类一方在语义上有时可以涵盖消极类一方。由性质形容词构成的一组反义词，两个词对"~不~"这个格式的反应不一样。如"厚—薄"，一般提问题说"厚不厚"。例如，问冰层，不知道是厚还是薄的情况下，我们一般会问"冰层厚不厚?"回答可以是："厚，有三尺厚。"也可以是："薄，只有两寸。"只有在设想或担心其薄时，才问"薄不薄?"回答时只能说："薄"或"不薄"。在"有多~"这样的格式中，一般情况下说"有多厚?"只有在已知是薄的情况下才说"有多薄?"在"有[数量]~"这样的格式中则只能用"厚"不能用"薄"，我们可以说"有三尺厚"，但不说"有两寸薄"。甚至在已知是薄的情况下，也可以说"薄，只有两寸厚。"

积极类一方的否定式和消极类一方的否定式在使用中频率也不一样。例如"老实—狡猾"，可以说"很老实、最老实"，也可以说"很狡猾、最狡猾"，但用"不"构成否定形式后使用频率就不同了。例如，我们经常说"很不老实、最不老实"，但却很少说"很不狡猾、最不狡猾"。为什么会这样呢？这是因为，虽然语义上积极类一方的肯定式等于消极类一方的否定式，积极类一方的否定式等于消极类一方的肯定式，但从语用角度来看，前者总是比后者更委婉得体。例如，我们可能已经知道了某个人很狡猾，但在语言表达中，我们更多地会说"这个人很不老实"，而不会直接说"这个人很狡猾"。

【思考与练习四】

一、什么是同义词？同义词的作用有哪些？

二、什么是反义词？反义词的作用有哪些？

三、辨析下列各组同义词。

铲除—拔除—根除　　帮助—赞助—援助

鼓励—怂恿　　纠正—改正　　夸大—夸张

商量—商榷　　战争—战役　　树木—树

场面—局面　　忽然—突然　　履行—执行

四、下列各组词是不是同义词？

(1)题材—体裁　　　　(2)粮食—大米

(3)活—生　　　　　　(4)倒霉—倒楣

(5)慌张—慌里慌张　　(6)个—个个

五、下面句子中哪些词用得不妥当？改正并说明理由。

(1)他带着繁重的思想包袱出席小组的讨论。

(2)那个新建的小公园是湖边。

(3)1936年10月19日，鲁迅先生——伟大的革命家、文学家的心脏跳动停顿了，但是他的声音，他的思想，却没有停顿。年轻一代接过他的笔，继续在革命的大道上前进。

(4)我筹划着争取明天把工作做完，免得受同志们的训斥。

(5)大家决心继续发挥艰苦朴素的作风，努力攻克难关，争夺更大的成就。

(6)运动员踏着强健的脚步，举着五彩缤纷的旗帜，穿过了主席台。

(7)他总爱表现自己，不顾场所，大谈自己的见闻，惹得大家都看不起他。

(8)边防战士在天寒地冻的北国边陲，日夜在国境线上巡视。

(9)王老师亲切地教育，使他终于承认了自己的错误。

(10)敌机驾驶员非常聪明，往云端里一钻就仓皇撤退了。

(11)我排队等候买电影票，但碰巧到我这里票就卖光了，我绝望地离开了售票处。

（12）为这事，妈妈还狠狠地说了一下我。

（13）这本上记录着他天天的日程。

（14）大娘，您今年几岁了？

（15）我们要充分地发挥主观能动性，制造条件，驱使事物向有利于改革的方面转化。

六、在下列各句括号中的同义词中选择恰当的一个，并说明理由。

（1）这是一个好地方，（天气、气候）宜人，物产丰富。

（2）这些人整天（聚、凑、厮混）在一起，不干什么正经事儿。

（3）老人很（慈善、善良、和善），对孩子从来不发脾气。

（4）他真有（运气、福气），买到了最后一张音乐会的票。

（5）这种仪器非常（精细、精致），操作的时候一定要谨慎。

七、指出下列各词的反义词，并指出所属类型。

| 分散 | 淡季 | 浑浊 | 平坦 | 全面 | 坚强 | 赞成 |
| 低廉 | 非法 | 繁荣 | 吝啬 | 消失 | 陈旧 | 结婚 |

第五节　现代汉语词汇的构成

【目标要求】理解基本词汇的内涵和特点，掌握一般词汇的构成，了解基本词汇和一般词汇之间的关系。

一、基本词汇和一般词汇

（一）基本词汇

现代汉语词汇中的成员，依据其性质和地位的不同，可分为基本词汇和一般词汇。

词汇体系中最主要的、最核心的部分就是基本词汇。作为基本词的集合体，基本词汇和语法共同构成语言的基础。基本词大多是反映人类对自然界、人类本身和社会生活的一些最基本的概念。例如：

表示自然界事物：天、地、雷、电、水、火、风、云、太阳；

表示生产和生活资料：米、菜、刀、锄头、车、船、房屋；

表示亲属关系：爸爸、妈妈、姐姐、丈夫、妻子、伯父、伯母；

表示人体器官：手、脚、头、牙、心、血、脑袋；

表示人或事物行为、变化：走、想、吃、来、去、消失、学习、贯彻、发展、喜欢；

表示人或事物的性质、状态：男、女、高、红、轻、美妙、勇敢、雪白；

表示方位、处所、时间：东、外面、去年、今天、以前、冬天；

表示指称或代替：他、你们、大家、自己、这、那、每、什么、哪里、谁、怎样；

表示数量：千、百、斤、个、次、顿；

表示程度、范围、关联、语气：很、都、和、把、因为、或者、但、了、吗、啊。

与一般词汇相比，基本词汇有三个特点：

1. 稳固性

基本词汇的稳固性是指基本词所表示的概念在语言交际中不可或缺，一直以来都在为不同时代的人们服务。例如"一、门、天、风、大、高、斗、左"等，它们远在三千多年前的甲骨文里就存在了，很显然，这些年代久远的基本词今后也将继续为人们所使用。

但需要注意的是，基本词汇虽具有稳固性，但并不意味着一成不变。随着社会的变化，基本词汇也会进行不断的调整。有些古代汉语中的基本词到了现代汉语中已经不是基本词了，它们就会退出基本词汇的行列而成为一般词汇。随着单音词向双音词发展，基本词汇中不少单音词也实现了双音化。例如：

目—眼睛　　日—太阳　　颌—下巴
眉—眉毛　　耳—耳朵　　齿—牙齿

2. 能产性

随着社会的发展，语言中必须不断增加新词以适应交际的需要。以基本词作为构词材料创造出来的新词，更便于理解和接受，因为基本词为人们熟知。所以从这个意义上说，基本词成为创造新词的基础，显示出很强的能产性。例如，用"水"构成的双音节词就有"水运、水货、水壶、水痘、开水、冰水、风水、淡水、海水、泪水、口水"等数百个。单音节基本词"心、天、人、火、电"作为构词语素构成的双音节词也在一百个以上。可见，基本词的构词能力很强。

当然，并不是所有的基本词都具有很强的构词能力，例如，代词"你、我、这、那"的构词能力就比较弱，表示程度、范围、关联、语气的基本词也几乎没有什么构词能力。

3. 全民常用性

基本词为全体社会成员所共同理解，流行地域广，使用频率高。基本词的使用不受阶级、行业、地域、性别、年龄、文化程度等方面的限制。人们可以因受文化程度的限制而不用某些古语词，可以因是"外行"而不用某些行业语，也可以因受地域限制而不用某些方言词，但却不能不用基本词。

上述特点是就基本词汇的整体来说的，也就是说，不是所有的基本词都同时具备这三个特点。我们尤其不能把能产性当作区别基本词和非基本词的唯一条件。由于汉语词汇的双音化趋势，更多的双音节复合词也成为基本词汇。一般来说，双音节复合词的构词能力远不如单音节词。因此，如果片面地强调能产性，就会把许多双音节基本词排除在基本词汇之外。

基本词汇的这三个特点之间相辅相成。一方面，基本词汇具有全民常用性，为全体社会成员所共同使用，因而就不容易轻易变动，自然就具有稳固性；人们也愿意用它来构造新词，这就促进了基本词汇的能产性。另一方面，因为具有能产性，所以人们会经常不断地使用，这必然促进了它的全民性，又进一步加强了它的稳固性。

(二) 一般词汇

基本词汇以外的都属于一般词汇。人们要指称更多的事物，表达更细微的感情，仅仅使用基本词汇是不够的，还需要用到大量的一般词汇。一般词汇作为一个总称，其单独的个体，可以称为一般词。基本词汇和一般词汇是核心与外围的关系。

一般词汇具有很强的灵活性，是经常变动的。随着社会的发展变化，语言中会产生大量新词，有一些旧词也逐渐退隐，这些变化经常都发生在一般词汇内部。从数量上看，一般词汇比基本词汇多得多，所以它们不会被全体社会成员全部掌握，因此缺乏全民常用性。人们总是在生活、工作中习惯性地掌握一些与自己的环境和素养密切相关的一般词，因而形成了个人用词上的特点和风格。

一般词汇和基本词汇之间相互依存、相互渗透。基本词汇是构成新词的基础，语言中不断地利用它创造新词，这极大地充实了一般词汇。一般词汇中的某些成员，随着社会的发展会逐渐具备基本词的性质而成为基本词汇的一员，这样，基本词汇就得以不断发展壮大。例如，"党"在古代属于一般词，到了现代，因为产生了新的意义(特指"中国共产党")，所以全面常用性凸显，随之构词能力也大大增强，如"党报、党员、党纪、党籍、党委、党课、党旗、党校、党费、党务、党风、党性、党史、党证、党中央、党支部、党小组、政党、建党、退党、入党、叛党"等都是由"党"充当构词语素创造出来的。所以，现代汉语中"党"就成为一个基本词。基本词汇中的某些成员，随着社会的发展也会逐渐退出基本词汇的行列而成为一般词汇的一员。例如，"君"在古代是一个基本词，具有较强的能产性，如"君王、君侯、君主、君国、君子、暴君、储君、帝君、国君、昏君、清君侧、春申君、平原君"等，但随着时代的变迁，其使用频率大大降低，构词能力也显著下降，所以"君"转化为一般词。

现代汉语一般词汇主要包括了古语词、方言词、外来词、行业语、隐语等。

二、古语词、方言词、外来词

(一)古语词

古语词是从古代汉语中吸收来的词。古语词作为古代汉语词汇中的一部分，因其具有特殊的语体色彩和表达风格，所以被普通话吸收进来。

表示历史上的事物或现象的古语词，一般叫历史词。它主要有以下几类：

表示古代器物：鼎　阙　戢　殿　祭坛

表示古代典章制度：门阀　科举　礼部　九品　进士

表示古代官职名：宰相　尚书　太尉　司马　御史　巡抚

表示古代人名或神名：蚩尤　尧　舜　禹　轩辕　精卫　女娲　共工

表示古国名、古行政区划名：赤县神州　夜郎　会稽　兰陵

历史词的作用主要有三个方面：

第一，用于叙述历史事物或现象。例如：

①鼎里的水却一平如镜，上面浮则一层油，照出许多人的脸孔：王后，王妃，武士，老臣，侏儒，太监……又过了不少工夫，才看见仪仗，什么旌

旗，木棍，戈戟，弓弩，黄钺之类……(鲁迅《铸剑》)

第二，用于某些外交场合。有些历史词所指称的事物或现象虽然在本民族的现实生活中已经消失，但在外民族的现实生活中还依然存在，因此有些外交场合会用到历史词，例如"大臣、亲王、公主、殿下、王妃、陛下"等。

第三，用于追求特定的表达效果。例如：

②中国的小皇帝们是充满希望的一代，又是十分危险的一代。

③自以为是老子天下第一，'钦差大臣'满天飞。

有些历史词还用在一些熟语当中，如"宰相肚里能撑船""秀才遇到兵——有理说不清""拿鸡毛当令箭"等。

文言词所指称的事物或现象虽然还存在于本民族的现实生活中，但因其具有浓重的书面语色彩，所以大多数情况下，它们会被一些通俗、常用的词所替代。下列各组前者为文言词，后者为同义代换词：

案牍—公文　　　败北—失败　　　悉数—全部

顿首—磕头　　　布衣—百姓　　　笑靥—笑脸

而已—罢了　　　皆—都　　　　　亦—也

文言词主要分为两类，一类是文言实词，如"苗裔、孳乳、笑靥、囹圄、玷污、亵渎、聆听、败北、拜谒"等。另一类是文言虚词，如"毋、俱、尚、颇、之、乎、甚、哉、矣、犹、而已、方才"等。

文言词的作用主要有三个方面：

第一，使表达简洁凝练。例如：

④这次文代会闭幕时……我在茶会上与叶圣陶同志幸会。叶老须眉皓齿，满头霜雪，而精神矍铄。

例④中用了"须、眉、矍铄"等文言词，表达简洁凝练，富有节奏感。

第二，使表达庄重典雅。例如：

⑤它是站在海岸遥望海中已经看得见桅杆尖头了的一只航船，它是立于高山之巅远看东方已见光芒四射喷薄欲出的一轮朝日，它是躁动于母腹中的快要成熟了的一个婴儿。(毛泽东《星星之火，可以燎原》)

例⑤中用了"立、于、之、巅、喷薄、朝日"等文言词，营造了一种庄重严肃的气氛。

第三，产生幽默讽刺的表达效果。例如：

⑥孔乙己着了慌，伸开五指将碟子罩住，弯腰下去说道："不多了，我

已经不多了。"直起身又看一看豆,自己摇头说:"不多不多! 多乎哉! 不多也。"

例⑥中的文言虚词"乎、哉、也"本应出现在庄重、典雅的场合,这里用于生动刻画孔乙己性格特征的同时,也产生了诙谐讽刺的表达效果。

(二)方言词

广义的方言词是指各地方言中所使用的词。例如,普通话中的"太阳",北京土话叫"老爷儿",湖北某些方言叫"日亮",河北话称为"日头",还有的方言称为"日头爷、太爷、阳婆"等。又如,普通话中的"下雨",上海话、广州话、厦门话叫"落雨",福州话叫"坠雨",客家话叫"落水"。

狭义的方言词是指从方言中吸收进普通话的词。例如,普通话中来自吴方言的"垃圾""尴尬",来自湘方言的"过细""过硬",来自南方一些地区的"晓得""名堂"等。这些方言词有其特殊的意义或表达作用,但普通话中又没有与之作用相当的词,所以就被吸收进来。

在语言运用中,为了体现地方特色,突出人物个性,可以适当使用方言词来增强表现力。例如:

⑦你如果也想忽悠中国消费者一把,你就会明白"哀莫大于心死"这句话的真谛,人们期望破灭,你必将万劫不复!

例⑦中的东北方言词"忽悠",表示"能言善谈、设圈套、蒙骗、煽动、戏弄"等意义,用在这里收到了言简意赅、生动形象的表达效果。

(三)外来词

外来词是从外族语言中吸收进来的词,也叫借词。例如"琉璃、喇嘛、沙发、坦克、啤酒"等。外来词一般要含有译音的成分。表示外来事物或概念的词,例如"青霉素、电话"等,它们是利用汉语语素,按照汉语的造词方式创制出来的,因其在语音形式上与外族语言中的词没有对应的痕迹,所以不属于外来词,而称为"意译词"。

现代汉语吸收外来词,一般不是简单地照搬,而是要在语音、语法、语义等方面进行改造,使之适应现代汉语系统。语音上,外族语言中的词被借入汉语中之后,首先需要按照汉语的方式分割成一个个首尾不相连续的音节,并带上抑扬顿挫的声调。例如,"sofa(英)——沙发(shā fā)""coffee(英)——咖啡(kāi fēi)""logic(英)——逻辑(luó jí)",等等。语法上,外族语言中的词被借入到汉语之后,会舍弃与该词有关的性、数、格、体、态、时等方面的形态变化，不仅如此，必要时还要带上汉语特有的量词和助词。例如，英语词"mango"，有单、复数的变化，汉语外来词"芒果"，就没有单、复数的形态变化了。语义上，外族语言中的词被借入汉语之后，往往会受到汉语词义系统的影响而产生新的意义和用法。例如，英语词"jacket"是指"短上衣、坎肩儿"，汉语外来词"夹克"是指"一种长短只到腰部，下口束紧的短外衣"，因为汉语词汇中已经有了表达"坎肩儿"这一概念的词，所以"夹克"的词义就与"jacket"的不一样了。又如，英语词"cement"表示"一种粉末状的建筑材料、胶合剂""胶合""巩固、加强"等意义，而汉语外来词"水门汀"只表示其中的第一个意义。

根据外来词的吸收方式和内部构造，汉语外来词主要有以下几类：

1. 音译

照着外语词的读音用汉语音同或音近的字对译过来，这样词叫音译词。例如：

咖啡(coffee 英)　　　　　　引擎(engine 英)

布尔什维克(Большевик 俄)　　布拉吉(платье 俄)

2. 半音译半意译

把外语词分成前后两部分，音译一部分，意译一部分，两部分合成一个汉语词。例如：

马克思主义(Marxism 英)　　　苹果派(applepie 英)

摩托车(motorcycle 英)　　　　霓虹灯(neon lamp 英)

3. 音译加汉语附注性语素

音译形式之外附加语义注释性语素。有些是"音译+附注"型。例如：

沙丁鱼("沙丁"是英 sardine 的音译，"鱼"是附注性语素)

卡车("卡"是英 car 的音译，"车"是附注性语素)

有些是"附注+音译"型。例如：

酒吧("吧"是 bar 的音译，"酒"是附注性语素)

车胎("胎"是 tyre 的音译，"车"是附注性语素)

4. 借形

直接借用外语词的文字书写形式。借形主要有两种情况：一种是字母式，即书写形式中包含外文字母(主要是拉丁字母)或完全使用外文字母的外来词，它不是音译而是原形借词，这是汉语外来词的一种新形式。例如：

MBA(Master of Business Adminstration 的简称，工商管理硕士)

MTV(Music Television 的简称，音乐电视)

AA 制(Algebraic Average 的简称，按人头平均分担费用)

另一种是借用了日语中的汉字词，例如"经济、改良、引渡、取缔、人气"等。日语借词的书写形式与汉语词一样，所以不懂日语的人很难意识到这些词是借来的。同借形借义借音的字母式外来词相比，日语借词是借形借义但不借音。

三、行业语、隐语

(一)行业语

行业语是特定学科或行业中应用的专有词语，包括科学术语和行业专用语。

1. 科学术语

科学术语是表达特定学科领域专门概念的词语，是人们在自然科学、社会科学各个不同领域中专门使用的词语，它对于发展科学文化事业具有十分重要的意义。例如：

化学术语：氧化　饱和　元素　化合　电解

医学术语：注射　理疗　血型　脱水　输血　脑溢血

数学术语：倍数　分数　函数　约分　开方　微积分

哲学术语：辩证法　形而上学　悖论　解构　证伪

语言学术语：声调　音素　主语　音变　句型　词汇

物理学术语：量子　纳米　原子能　摩擦力　电阻

经济学术语：信贷　利息　结账　核算　货币　商品

天文学术语：行星、恒星、光年、回归线

科学术语主要特征是：(1)专业性。科学术语表达某个学科专业中的特定概念。(2)科学性。科学术语有严密准确的定义。(3)系统性。在某一特定专业学科领域内，科学术语之间既相互联系，又相互区别。(4)国际性。科学术语国际通用，不会带有民族文化内涵。(5)开放性。随着科学的发展，科学术语会不断增加。

2. 行业专用语

行业专用语是指社会上各行各业应用的词语。例如：

工业用语：模具　电镀　锻造　焊接　热处理　冷加工

教育用语：上课　课时　教案　教材　授课

农业用语：保墒　调茬　嫁接　密植　疏株　温床

商业用语：促销　脱销　滞销　拍卖　盘点　清仓

军事用语：阵地　突袭　埋伏　登陆　运动战　游击战

外交用语：国书　照会　豁免　最惠国

行业专用语的意义具有单一性，即每个词总有一个特定的意义。但随着社会的发展，某些行业专用语会在某些语境中使用而获得新的意义。例如，在"锻造一支富有进取心的科研队伍"中，"锻造"不是表示"用锤击、加压的方法对金属材料进行加工"，而是表示"锻炼、培养"。

（二）隐语

隐语是个别社会集团或秘密组织内部人懂得并使用的特殊用语。它一般是用赋予现有普通话词语以特殊的含义这种办法构成的。例如：

①当哈红与丁芳刚向花丛里走去时，蓦然广播响了，声音又大又清楚："现在广播找人：北方经济开发总公司的荣同志，哈尔滨来的郝师傅找你，请速回，速回！"（《纪实精华·贼王》）

例①中加点部分是窃贼团伙使用的隐语。"荣同志"是窃贼的统称，"郝师傅"是窃贼们对公安人员的统称。

有些隐语是用字谜办法创造的。例如，旧社会的商贩为了防止局外人知道行市，就创造隐语代替通用数字，把"一"叫"平头"，"二"叫"空工"，"三"叫"横川"，"四"叫"侧目"，"五"叫"缺丑"，"六"叫"断大"，"七"叫"皂底"，"八"叫"分头"，"九"叫"未丸"，"十"叫"田心"。

【思考与练习五】

一、什么是基本词汇？它的主要特点是什么？

二、什么是一般词汇？它主要包括了哪些？

三、什么是方言词？普通话为什么要吸收方言词？

四、什么是古语词？古语词有什么作用？

五、在下列各句括号中的方言词中选择通用的一个，并划上横线。

　　（1）地里的（玉米、玉蜀黍、苞米）都已经熟了。

　　（2）（午饭、晌午饭、晌饭）他已经在学校吃过了。

（3）（前天、前个儿、前儿日）他从北京出差回来了。

（4）刚出生的（小鸡、鸡崽儿、鸡娃）毛茸茸的，样子非常可爱。

（5）他总是骑着（单车、自行车、脚踏车）去上班。

（6）新来的这个小姑娘挺（勤快、骨力、伶落）的，干活儿一点儿都不偷懒。

（7）过去因为家里穷，用不起电，爸爸就在昏暗的（煤油、洋油、火油）灯下看书学习。

（8）稻田里的（青蛙、田鸡、蛤蟆）一到晚上，就呱呱地叫个不停。

（9）这种牌子的（肥皂、洋碱、胰子），去污能力特别强。

（10）剧烈运动后不宜吃（冰棍儿、棒冰、冰棒），因为在从事剧烈运动之后，身体的血液循环加速，体温会升高，如果进食冰冷的东西，血管收缩，容易造成肠胃刺激。

六、下列哪些是外来词？如果是，请分析其类型。

海洛因 电话 麦克风 收音机 联合式收割机 欧佩克

卡介苗 摩托车 马克思主义 SOS 景气 保龄球

DNA 布拉吉 俱乐部 基因 克隆 坦克 可口可乐

第六节 熟 语

【目标要求】了解熟语的构成，掌握成语和惯用语的特征、歇后语的类型，学会正确使用熟语。

熟语是人们常用的定型化了固定短语，是一种特殊的词汇单位，主要包括成语、惯用语、歇后语、谚语。

一、成语

成语是人们长期相沿习用、意义完整、结构凝固、具有书面语色彩的固定短语。例如：

精卫填海	四面楚歌	刻舟求剑	满城风雨
才疏学浅	天花乱坠	一衣带水	暗箭伤人
逃之夭夭	引狼入室	好逸恶劳	兢兢业业

欲速则不达　　　坐山观虎斗　　　五十步笑百步　　　此一时彼一时

项庄舞剑，意在沛公　　　以小人之心，度君子之腹

只许此官放火，不许百姓点灯

　　现代汉语中的成语绝大多数是历史的产物。一方面，成语主要来源于古代的神话寓言、历史故事、诗文语句；另一方面，成语中保留了一些古代的语音、语法、语义现象。例如，"何罪之有"中的宾语前置，"否极泰来"中"否"读"pǐ"，"走马观花"中的"走"表示"跑"的意义。但也有少数成语是中华人民共和国成立之后才产生的，如"百花齐放、快马加鞭、求同存异、糖衣炮弹、文山会海、对号入座"等。

　　(一)成语的特征

　　1. 意义的整体性

　　成语的意义并非其构成成分意义的简单相加，而是在其构成成分的意义的基础上进一步概括出来的整体意义。成语的实际含义是隐含在表面意义之后的，表面意义只是实际含义借以表现的手段。

　　2. 结构的凝固性

　　成语的构成成分和结构形式是固定的，不能任意变动词序或抽换、增减其中的成分。

　　3. 风格的典雅性

　　大多数成语来自古代的文献典故，所以它往往精炼地概括了一个神话、一则寓言、一段历史故事的内容，言简意赅，内涵丰富，这使得其语体风格庄重典雅，具有明显的书面语色彩。

　　(二)成语的来源

　　1. 神话寓言

　　源自神话寓言的成语，大多见于先秦古籍。例如：

精卫填海(《山海经·北山经》)　　　愚公移山(《列子·汤问》)

守株待兔(《韩非子·五蠹》)　　　刻舟求剑(《吕氏春秋·察今》)

天花乱坠(《高僧传》)　　　鹬蚌相争(《战国策·燕策》)

　　2. 历史故事

　　源自历史故事的成语，大多是对其故事情节概括的结果。例如：

完璧归赵(《史记·廉颇蔺相如列传》)　　洛阳纸贵(《晋书·左思传》)

投笔从戎(《后汉书·班超传》)　　　四面楚歌(《史记·项羽本纪》)

卧薪尝胆(《史记·越王勾践世家》)　　　望梅止渴(《世说新语·假谲》)

3. 诗文语句

源自诗文语句的成语，有些是从诗文语句中直接截取形成的，例如"老骥伏枥"出自曹操《步出夏门行》"老骥伏枥，志在千里。烈士暮年，专心不已"。有些是采撷诗文语句中的词语组成，例如"唯唯诺诺"出自《韩非子·八奸》："此人主未命而唯唯，未使而诺诺"。有些是在原文的基础上增减成分形成的，例如"短兵相接"出自屈原《国殇》："操吴戈兮被犀甲，车错毂兮短兵接"，在原文"短兵接"的基础上增加了"相"。其他的又如：

发号施令(《尚书·冏命》)　　　　　舍生取义(《孟子·告子上》)
短兵相接(《楚辞·九歌·国殇》)　　学而不厌 (《论语·述而》)
物换星移(王勃《滕王阁序》)　　　一视同仁(韩愈《原人》)
亦步亦趋(《庄子·田子方》)　　　　一鼓作气(《左传·庄公十年》)

4. 口头俗语

"狼子野心、众志成城、千夫所指"等来自古代俚语，"一干二净、半斤八两、千方百计、三长两短、指手画脚"等都来自后世口语。

汉语中的大多数成语源自中国本土历史文化，但也有一些成语另有来源，其中不少与佛经翻译、佛教文化有关，例如"大千世界、在劫难逃、现身说法、五体投地、衣钵相传、一尘不染"等。也有少数源自西方的成语，如"象牙之塔、火中取栗"等。

成语作为一种特殊的固定短语，具有稳定性，但也并不是一成不变的。有些意义变了，例如"明目张胆"，古代用它来形容不畏权势、敢说敢为、有胆略有气概，含褒义；但现在，"明目张胆"的感情色彩完全变了，用来指公开地、大胆地干坏事，含贬义。有些更换了构成成分，例如"揠苗助长"现在改为"拔苗助长"，"每下愈况"现在改为"每况愈下"。

(三) 成语的构造

现代汉语中的成语以四字格为主。四字格成语的基本结构类型主要有以下几种：

(1)联合型：天翻地覆　烟消云散　兴高采烈　风平浪静　苦尽甘来
　　　　　　深谋远虑　前思后想　丰功伟绩　血雨腥风　老奸巨猾
　　　　　　发号施令　推心置腹　营私舞弊　惩前毖后　避重就轻
(2)偏正型：孜孜不倦　纸上谈兵　巍然屹立　中流砥柱　世外桃源

(3)动宾型：包罗万象　蛊惑人心　颠倒黑白　顾全大局　成人之美
(4)主谓型：完璧归赵　茅塞顿开　心花怒放　叶公好龙　风雨如晦
(5)中补型：毁于一旦　问道于盲　逍遥法外　溢于言表　危在旦夕
(6)连谓型：负荆请罪　见风使舵　杀鸡取卵　掩耳盗铃　临渊羡鱼
(7)兼语型：请君入瓮　引人入胜　指鹿为马　调虎离山　呼之欲出
(8)重叠型：兢兢业业　浑浑噩噩　影影绰绰　卿卿我我　唯唯诺诺

(四)成语的运用

成语言简意赅，使用得当，可以使表达形象生动、和谐流畅。例如，欢度春节之际，人们经常用"万象更新"这个成语，因为它对于增强表达效果有积极意义。这个成含义丰富：既指自然界万物生机萌发的气象，又指人世间除旧布新、一派兴旺的情景。

运用成语，需要注意以下几点：

第一，弄清楚成语的实际含义。例如"夜不闭户"的实际含义是形容社会安定、秩序良好。"狗急跳墙"的实际含义是比喻走投无路时不顾一切地行动。对那些源自历史故事的成语，例如"破釜沉舟""纸上谈兵"等，一定要知道整个故事情节，因为这样有助于准确地理解它们的含义。有些成语带有感情色彩，例如"深思熟虑"与"处心积虑"，"再接再厉"与"变本加厉"，"侃侃而谈"与"夸夸其谈"等，前者含有褒义，后者含有贬义，运用时要注意辨别它们之间的细微差异。

第二，成语的结构具有凝固性，运用时一般不能随意变换和增减其中的成分。例如，将"一地鸡毛"改为"一地鹅毛"是不妥的。当然，在特定语境中，出于修辞的目的，成语也可以灵活运用，例如"急流勇退"活用为"急流勇进"，这是改换词语，反义仿造，属于仿词辞格；"光明磊落"扩展为"既光明又磊落"，这是增加词语，古为今用。

第三，成语中有其确定的字形和读音，须分辨清楚，不能写错读错。例如，不能把"提纲挈领"中的"提"写成"题"，不能把"徇私舞弊"中的"徇"写成"殉"；不能把"一曝十寒"中的"曝"读成"bào"，不能把"三缄其口"中的"缄"读成"xián"。

二、惯用语

惯用语是结构比较定型、意义有所引申、具有浓郁口语色彩的固定短

169

语。例如：

墙头草 枕边风 老油条 铁公鸡 地头蛇 铁饭碗 绊脚石

走后门 碰钉子 炒鱿鱼 磨洋工 唱反调 吃老本 吃错药

耍把戏 开绿灯 亮黄牌 戴高帽 唱双簧 和稀泥 吃小灶

唱对台戏 唱空城计 吃大锅饭 吃闭门羹 吃定心丸

吃哑巴亏 打马虎眼 打退堂鼓 捅马蜂窝 卖狗皮膏药

八九不离十 摸老虎屁股 快刀斩乱麻

生米煮成熟饭 井水不犯河水 八竿子打不着

不管三七二十一 死马当作活马医 胡子眉毛一把抓

睁一只眼闭一只眼

惯用语的特点主要有以下几个方面：

(1) 从形式上看，惯用语三字格居多，并且大多为动宾结构。例如"打算盘、打游击、放空炮、敲边鼓、穿小鞋"等。

(2) 从意义上看，惯用语的意义不是字面上显示的意义，而是在字面意义基础上产生的整体性意义。例如"唱对台戏"比喻采取与对方相反的行动来与对方竞争或反对、搞垮对方；"八竿子打不着"比喻两者关系疏远或毫无关联。

(3) 从定型性上看，惯用语的定型性较弱，这主要表现在它可以根据表达需要进行有限的扩展。例如：

碰钉子——碰了一个大钉子　　打交道——打了几次交道

开倒车——开历史的倒车　　　磨洋工——磨了三天的洋工

(4) 从语体风格上看，惯用语具有生动形象、通俗易懂的表达效果，因此具有较强的口语色彩。

三、歇后语

歇后语是由近似于谜底和谜面两部分组成的带有隐语性质的固定短语。

前一部分说出某种事物或现象，像谜语里的"谜面"，后一部分对前面的事物或现象作出富有机巧性的说明，像"谜底"，是真意所在。前后两部分之间有间歇，间歇之后的内容常常不说出来，让人猜想它的含义，所以叫歇后语。

根据后一部分的特点，歇后语可以分为喻义类和谐音类。

（一）喻义类歇后语

这类歇后语的前一部分是一个比喻，后一部分是对前一部分的解释。有些解释部分的意义是它的字面意义。例如：

飞蛾扑火—自取灭亡　　芝麻开花—节节高

泥菩萨过江—自身难保　　猫哭耗子—假慈悲

有些解释部分的意义是它的转义。例如：

大路上的电线杆—靠边站(失去权力)

快刀切豆腐—两面光(两面讨好)

（二）谐音类歇后语

这类歇后语的前一部分是个比喻，后一部分利用谐音双关的词语构成言在此意在彼的形式，表明本意。例如：

上鞋不用锥子—针(真)好　　纸糊的琵琶—弹(谈)不得

老虎拉碾子—谁赶(敢)　　腊月里的萝卜—冻(动)了心

梁山的军师—吴(无)用

歇后语多是人民群众口头创造的，具有通俗易懂、生动形象、幽默风趣、口语色彩浓厚等特点。说话或写文章时若能恰当使用，会给读者留下鲜明深刻的印象。

四、谚语

谚语是指在民间多年流传、形象通俗而又含义深刻的语句。谚语的内容或是对自然或社会生活规律的概括总结，或是对客观对象性质、特点的描述，或是对事理的概括性解说。

（一）谚语的特点

(1)谚语可以是一个单句，也可以是一个复句。

吃水不忘挖井人。(单句)

看菜吃饭，量体裁衣。(联合复句)

谚语可以单独运用，有时也用"俗话说、老话说、常言说、古话说"之类的形式引出。

(2)大多数谚语通俗易懂，具有浓厚的口语色彩，但也有少数是通过书面流传至今，所以有一定的文言色彩。例如：

物以类聚，人以群分。

君子一言，驷马难追。

近朱者赤，近墨者黑。

(3)谚语大多是人们生产、生活经验的总结，具有一定的哲理性，也有不少是表述山川地理、风土人情的。

(二)谚语的类型

农事谚语：深栽茄子浅栽葱。

秋后不深耕，来年虫子生。

夏至不栽，东倒西歪。

谷雨前后，种瓜点豆。

气象谚语：燕子高飞晴天告，燕子低飞雨天报。

立夏东风摇，麦子水中捞。

朝霞不出门，晚霞行千里。

讽颂谚语：一任清知府，十万雪花银。

黑心做财主，杀心做皇帝。

牛不知角弯，马不知脸长。

规诫谚语：拳不离手，曲不离口。

没有金刚钻，别揽瓷器活儿。

世上无难事，只怕有心人。

刀不磨要生锈，人不学要落后。

常在河边走，哪有不湿鞋。

为人不做亏心事，半夜敲门心不惊。

生活常识谚语：饭后百步走，活到九十九。

伤筋动骨一百天。

病从口入，寒从脚起。

冬吃萝卜夏吃姜，不劳医生开药方。

病来如山倒，病去如抽丝。

风土谚语：湖广熟，天下足。

早穿棉袄午穿纱，围着火炉吃西瓜。

东北有三宝：人参、貂皮、乌拉草。

南方的才子北方的将，陕西的黄土埋皇上。

谚语是人民群众集体智慧的结晶。它口语性强，句式整齐，语言简练，结构上也较为定型。说话或写文章时恰当运用谚语，可以增强语言的表现力，从而收到生动形象、活泼风趣的效果。

【思考与练习六】

一、什么是熟语？

二、什么是成语？成语有哪些特征？

三、什么是惯用语？它与成语的区别是什么？

四、什么是歇后语？歇后语有哪些类型？

五、解释下列成语。

扬汤止沸　功败垂成　不刊之论　文过饰非

沐猴而冠　披沙拣金　管窥蠡测　投鼠忌器

六、指出下列成语的结构类型。

相逢狭路　招兵买马　别具匠心　呆若木鸡

郁郁寡欢　囿于成见　骨肉相连　风声鹤唳

七、为下列惯用语找到对应的成语。

(1) 吃水不忘挖井人——（　　　）

(2) 众人拾柴火焰高——（　　　）

(3) 这山望着那山高——（　　　）

(4) 打开天窗说亮话——（　　　）

(5) 鸡蛋里头挑骨头——（　　　）

(6) 赶鸭子上架——（　　　）

(7) 此地无银三百两——（　　　）

第七节　词汇的发展变化和词汇的规范化

【目标要求】掌握词汇发展变化的主要表现，理解词汇规范化的内容和原则，了解古语词、外来词、方言词的规范内容。

一、词汇的发展变化

随着社会的发展、时代的变迁、观念的改变，词汇也在不断发展变化。

词汇的发展变化主要有三种情况，即：新词的产生，旧词的退隐和复出，词义的演变。

（一）新词的产生

新词是随着社会的发展创造出来的词。新事物的不断涌现，新认识、新观念的不断形成，都会促使新词产生，以满足交际的需要。

新词的产生主要通过以下两种方式：

（1）利用汉语的固有语素和构词方式创造新词，这样产生的新词大多是复合式的。例如：

视频 主页 快递 下载 点击 保鲜 理顺 代购

宅男 蜗居 上市 融资 激活 刷新 绑定 网络

也有一些是由定位语素参与构成的附加式合成词。例如：

化：量化 净化 类化 全球化

奴：房奴 孩奴 车奴 卡奴

圈：娱乐圈 影视圈 演艺圈 文化圈

零：零增长 零失误 零接触 零污染 零损耗

超：超豪华 超静音 超节能 超洁净 超一流

可：可读性 可塑性 可视性 可行性 可比性

（2）利用缩略法创造新词。例如：

高铁（高速铁路） 房改（住房改革）

非典（非典型肺炎） 超市（超级市场）

（二）旧词的退隐和复出

社会的发展，人们认识的改变，交际需求等原因，使得指称旧事物、旧观念的词使用范围缩小，使用频率降低，甚至逐渐在语言生活中消失。例如：

老鸨 长工 丫鬟 厨子 元宝 巡捕 戏子 邮差 伙夫

赛因斯 水门汀 德律风 布拉吉 盘尼西林 童养媳

随着社会的发展和人们观念的变化，为了满足交际的需要，曾经一度退出语言生活的一些词会重新出现，再次活跃在人们的语言交际中，这就是旧词的复出。例如：

大户 彩票 股份 当铺 倒闭 股票 艺人 老板 太太

股东 破产 拍卖 乡长 夫人 经纪人 夜总会 交易所

(三)词义的演变

社会生活的发展，人认识的改变，以及语言内部因素相互作用等原因，会导致词义处于不断变化之中。

词义的演变有以下四种类型：

1. 词义深化

词义深化是指词的某个意义在外延不变的情况下，其内涵发生了由简单到复杂，由肤浅到深刻，由不正确到正确的变化和发展。例如：

"牛"从《说文解字》到《康熙字典》的解释都是"大牲也"。这个解释只说明了牛的外貌特征，现在的解释是：体大，头上有角，能耕田拉车的反刍类哺乳动物。这个解释从外貌、功用、生理等方面说明了牛的特征，显然更深刻、更准确。

"土"《说文解字》的解释是"地之吐生物者也"。这个解释只说明了土的功用特征。现在的解释是：地球表面的一层疏松的物质，由各种颗粒状矿物质、有机物质、水分、空气、微生物组成，能生长植物。这个解释从构成、功用两个方面说明了土的特征，显然更深入、更全面。

2. 词义扩大

词义所指称对象的范围发生了由小到大的变化。例如：

"堡垒"由原来指称"在冲要地点为防守而筑造的坚固建筑物"，现扩大到指称"不容易攻破的事物或思想顽固的人"。

"健康"由原来指称"(人体)生理机能正常、没有缺陷或疾病"，现扩大到指称"事物情况正常，没有缺陷"。

3. 词义缩小

词义所指称对象的范围发生了由大到小的变化。例如：

"勾当"原义是指"办事、事情"，现在只表示"事情"，且仅指坏事。

"批判"原义是指"评论优点、指出错误"，现在只表示"分析、批评错误"。

4. 词义转移

表示甲类对象的词转用指称与之有关的乙类对象。例如：

"爱人"原义是指"恋爱中的女性一方"，现转指"夫妻中的任何一方"。

"检讨"原义是指"讨论研究"，现转指"严格地自我批评，对自己的思想、工作、生活等深入检查和总结"。

词义的转移，除了上面提到的理性意义的转移之外，还包括了感情色彩的转移。有些是褒义转化为贬义，例如，"爪牙"，原义是指鸟兽的用于攻击的爪子和牙齿，后引申为武臣，现在指坏人的党羽和走狗。有些是贬义转化褒义，例如"强人"，原义是指强盗，现在指坚强能干的人。

二、词汇的规范化

词汇规范化是现代汉语规范化的组成部分。词汇系统发展变化快，容易出现分歧；词汇同语音、文字的关系密切，语音和文字的规范一般都要考虑词汇的因素。因此，词汇的规范也是现代汉语规范化中最重要最复杂的工作之一。词汇规范化主要涉及以下内容：一是维护词语的既有规范；二是对词汇系统内历史传承下来的异形词和异序词进行整理；三是对吸收的古语词、外来词、方言词进来的成分进行规范。

维护词语的既有规范，简单来说，就是避免用错已有的词语或生造词语，它涉及词汇的很多方面，词义误解误用、同义词选用不当、熟语误用等是词汇规范化的重点。

吸收古语词、外来词、方言词是丰富现代汉语词汇的重要渠道，但在吸收过程中难免会出现一些问题，这就需要做好规范化工作。一般来说，规范时需要遵照三个原则：一是必要性，要考虑某个词在普通话词汇中有无存在的必要；二是普遍性，要选择社会上普遍使用的；三是明确性，选用意义明确、易于为人们理解和接受的。

（一）古语词的规范

吸收古语词是丰富现代汉语词汇的一个重要途径。要注意吸收那些有表现力或适应特殊场合需要的古语词，例如"逝世、哀悼、景仰、状元"等。一定要避免吸收那些丧失了生命力的古语词，如"宴飨（古代帝王宴饮群臣）、巉岩（高峻的岩石）、魑魅（传说中山林中害人的妖怪）"等，否则会令人费解或使语言风格显得不伦不类。例如：

①刚来广州上学的时候，常常在梦中回到我的桑梓。

②昨天小组会上，大家对小王进行了严厉的批评，没料到他竟衔泣起来了。

例①中的"桑梓"令人费解，应改为"家乡"。例②中"衔泣"表示"强忍着不使泪水流出来"，用在句中不仅显得生硬，而且风格上也很不协调，改用"哭"就顺畅多了。

（二）外来词的规范

吸收外来词对丰富民族语言词汇，增强语言表达能力有积极作用。但要注意以下三点：

一是吸收外来词，应尽量采用意译方式。除了人名、地名、国名以及不用音译就无法准确表达原外来概念的之外，其他的应尽量采用意译，因为意译更接近民族习惯，便于理解和记忆。例如，用"维生素"，不用"维他命"；用"话筒"，不用"麦克风"；用"联合式收割机"，不用"康拜因"。但需要注意的是，有些词音译形式和意译形式并存，例如"克隆—无性繁殖""伊妹儿—电子邮件""欧佩克—亚太经合组织""卡通—漫画"等。这两种形式在使用中逐渐产生了意义和用法上的分化，到底选用哪种形式，要根据表达的需要，得体准确是重要的参考依据。

二是音译词应尽量音义兼顾。例如"休克、香槟、黑客、基因、保龄球、可口可乐"等，它们符合汉民族具象思维的特点，因此更易于接受。

三是统一外来词的汉字书写形式。采用通用式，淘汰其他形式。例如，用"托拉斯"，不用"托拉思"；用"高尔基"，不用"戈里基"；用"镭射"，不用"莱塞"。

（三）方言词的规范

普通话词汇是以北方方言词汇为基础发展起来的，但远比北方方言词汇丰富，这是因为它同时也吸收了其他方言区的词汇。但要注意的是，并不是所有的北方方言词汇都能进入到普通话。指称同一事物的几个词同属北方方言词汇，但到底哪一个能成为普通话词汇，这涉及规范问题。例如，北方方言区内，指称同一对象的"蚜虫、蚊虫、蜜虫、油虫、旱虫"等词并存，普通话到底要吸收哪一个？考虑到普遍性和明确性，"蚜虫"更为合适。

方言词的规范也要注意到这样一个事实，即：有些方言词因为具有特殊的表现力或使用范围，例如"耗子、名堂、娃娃、搞、唠嗑"等，它们对增强语言的表现力有积极作用，所以会进入到普通话词汇。要避免吸收那些意义不明确，容易引起误解的方言词。例如：

白相（溜达、玩儿；吴方言词）　　　拍拖（谈恋爱；粤方言词）

姐婆（外婆；客家方言词）　　　　　公爷（爷爷；赣方言词）

对方言词加以规范，并不是绝对反对使用未被普通话吸收的方言词。文学作品中为了刻画人物，描绘环境，在人物对话中适当使用方言词是完全可以的。方言词用得好，既可以发挥它们特定的表达作用，又可以为丰富普通话词汇提供可以吸收的素材，但要避免毫无必要地滥用方言词。

【思考与练习七】

一、词汇的发展变化主要表现在哪些方面？

二、指出下列词义演变的类型。

(1)【包装】原指用纸、盒等把商品包裹起来，也指包裹商品的东西。现在又指"企业、演员的形象塑造""人的装束打扮、企业宣传"。

(2)【丈夫】原指"成年男子、大丈夫"，现在指女方的配偶。

(3)【热烈】原指权势很盛，现在指情绪兴奋、激动。

(4)【汤】原指热水，如"固若金汤"，现在指烹调菜肴的汁水。

(5)【烈士】原指"刚烈之士"，现在指"为正义事业而献身的人"。

(6)【去】原指离开某人某地，现在指到目的地。

(7)【蒸发】原指"液体表面缓慢地转化成气体"，现在又指"(人或物)不明原因的突然消失"。

(8)【电】《说文解字》的解释是"阴阳激越"。《康熙字典》的解释是"盖阴阳暴格纷争，激射；有火生焉，其光为电，其声为雷"。而现在，《现代汉语词典》的解释是"有电荷存在和电荷变化的现象，它是一种很重要的能源，广泛用在生产和生活各个方面，如发光、发热、产生动力等。"

(9)【江】原指"长江"，现在泛指一切江河。

(10)【结婚】原指"结亲、通婚"，并不是仅仅指男女双方结为夫妻。现在指男女双方当事人本人的行为、关系。

三、从词汇规范化的角度，辨识下列各组词哪一个可以吸收进普通话？

(1)玉米—珍珠粟—苞米—棒子 　　　　　　　（　　　）

(2)的士高—迪斯科—的士够格 　　　　　　　（　　　）

(3)激光—镭射—莱泽 　　　　　　　　　　　（　　　）

(4)厨子—厨师—伙夫 　　　　　　　　　　　（　　　）

(5)火柴—洋火 　　　　　　　　　　　　　　（　　　）

(6)的确良—的确凉—的良—涤确良 　　　　　（　　　）

（7）盘尼西林—青霉素　　　　　　　　　（　　）

（8）斯大林—史太林　　　　　　　　　　　（　　）

（9）巧克力—朱古力—巧格力　　　　　　　（　　）

（10）仆人—老妈子　　　　　　　　　　　（　　）

第五章 语　　法

第一节　语　法　概　说

【目标要求】理解语法和语法体系的含义，认识语法的性质，掌握四级语法单位，学会辨识句法结构里的句法成分。

一、语法和语法体系

(一)什么是语法

语法是语言三要素之一。语音是语言的物质外壳，词汇是语言的建筑材料，语法是语言的结构规则。我们理解一个句子，不但要知道每个词所表示的意义，而且还要懂得词和词之间的结构关系。例如，"新鲜"和"空气"这两个词组合在一起，既可以构成"新鲜空气"，也可以构成"空气新鲜"，这两个短语的意义不同。这种意义的不同不是词义引起的，而是词与词之间不同的结构关系造成的。

语法所反映的是语言单位(语素、词、短语、句子)之间的各种关系，它是以语言结构为概括对象。那么，究竟什么是语法呢？大家都知道，语素怎样组合成词，词怎样组合成短语，短语或词怎样构成句子，其中都存在一定的规律。简单来说，语法就是词、短语、句子等语言单位的结构规律。

语法这个术语有两个含义，一个是指语法结构规律，即客观存在的语法事实；另一个是指以语法结构规律为研究对象的科学，即语法学者对客观语法事实的概括和说明，带有一定的主观性。例如"他没学过语法，但他所说出的每一个句子都合乎语法"，这句话中，前一个"语法"指语法学，后一个"语法"指语法结构规律。

（二）语法研究的内容

西方传统语法学把语法分为词法和句法。词法学研究词的分类、词的构成和形态变化；句法学研究句子的结构、分类等。与语法有关的语义、语用问题几乎不涉及。

近些年来，语法研究中跟句法相关的语义与语用研究越来越受到我国语法学者的重视，于是他们提出了语法应涵盖句法、语义、语用三个平面的观点。句法方面包括西方传统语法学中的词法和句法；语义方面研究隐藏在句法结构里的语义成分、语义指向、语义特征等；语用方面研究说话的语境和句子的语调、语气及句子的变化等。把句法、语义、语用区分开来又结合起来研究，不仅可以使语法研究更深入、细致、全面，而且也会增强对语法规律的解释力。

（三）语法体系

语法体系有两个含义，一个是指语法系统，即客观存在的语法事实、语法规律的系统。也就是说，语法是各种规则交织成的整体，是自成系统的。另一个是指语法学说系统，即语法学者根据自己的观点在研究语法事实时所用的分析方法、分类术语等的系统。当两者对举的时候，我们称前者是语法体系，后者是语法学体系。平常所谓的语法分歧，指的是人们对语法事实的不同认识，也就是语法学分歧。例如"他的弟弟做完了作业。"这个句子，中心词分析法认为"弟弟"是主语，而层次分析法则认为"他的弟弟"是主语。

语法体系和语法学体系之间关系尽管很密切，但也存在明显不同。语法体系是客观存在的，是人类思维长期抽象化的成果。语法体系的发展变化有自己的内部规律，人们只能按照它的内部规律推动它的发展，而不能背离它的内部规律去改变它的面貌。语法学体系是语法学者对客观存在的语法体系的描写，它是个人或少数人科学研究的成果。语法学者在研究的过程中，搜集材料的范围、观察问题的角度、分析问题的方法等都不可能完全一样，所以对同一语法体系自然会有不同的认识。因此，我们可以认为，客观的语法体系只有一个，但描写它的语法学体系却不止一个。

二、语法的性质

（一）抽象性

语法是从许多具体的语法单位里抽象出其中共同的组合方式、类型及如何表达语义的规则，所以它是抽象的，具有高度的统摄性。

对于某一种语言而言，其词汇成员数量巨大，具体的句子更是无穷无尽，但语法格式和结构规律却是相当有限的。人们根据有限的语法规则和语法格式就可以类推出各式各样的句子，表示无限多样的意思，从而使复杂的语言交际成为可能。例如，汉语里"说、学习、考虑"等动词，可以说成"说说、学习学习、考虑考虑"，从中能抽象出一条词形变化的规律：有些动词用重叠的方式来表示动作少量或者短时。又如，汉语里"态度端正、今天星期一、作业完成了"等短语，尽管它们的意思各异，但结构都可以概括为"主语+谓语"。

（二）稳固性

任何事物在历史的长河中都在不断地发展变化，语法也不例外。与语音、词汇比较起来，语法的变化要缓慢得多，这是因为它是一个由各种抽象规则交织成的有紧密联系的系统，如果废弃旧的规则而不断换用新的，语言交际就难以进行。例如，语序是汉语重要的语法手段之一，主语在谓语前面，修饰语在中心语前面，古今都是如此。但语法的稳固性是相对的，因为语言在发展的过程中，总是不免会出现一些变化，尽管这些变化都很缓慢。例如，古代汉语里名词和名词性短语可以直接用作谓语（如"陈涉者，阳城人也。"），后来逐渐变为"是"字句（如"他是上海人。"）。但即使到了现在，汉语中还有不用判断动词的情况存在（如"老舍，北京人"）。新的语法规则也是逐渐产生出来的，例如："我，作为一个语言工作者，有责任促进汉语规范化。""中国现在不是，将来也不做超级大国。""语言学要发展，其根本动因必须而且只能从汉语内部去找。"其中"作为……""现在不……将来也不……""必须而且只能"的说法，是在"五四"以后才慢慢在书面语中使用开来的。

（三）民族性

每种语言都有自己的语法系统，彼此有同有异，"异"往往就体现出民族性。例如，俄语用形态变化表示词类充当何种句法成分，所以语序就比较自由；而汉语缺乏形态变化，所以词类充当何种句法成分主要靠语序来体现。

从语序角度来看，不同民族语言表达同一种意思，虽然同样都重视语序，但情况也不一样。例如，汉语说"我写字"，藏语说"我字写"；汉语说"两把椅子"，傣语说"椅子两把"。词的组合手段在不同语言里也有差异。汉语的"两把椅子"是数量短语与名词组合，也就是说，名词和数词之间要用相应的量词；英语的"two chairs"是名词和数词直接组合，其间不用量词。但数词在前，名词在后这种语序却是汉英两种语言共有的。因此，语法研究要关注不同语言的共性和个性，不能因为存在共性而忽略了语法的民族特点。

三、语法单位和句法成分

（一）语法单位

语法是语言中小的音义结合体组合成大的音义结合体所遵循的规则。语言中的音义结合体有大有小，为了语法研究的需要，我们有必要根据大小不等的语言成分的性质，设立若干单位。一般来说，语法单位可分为四级：语素、词、短语、句子。

1. 语素

语素是语言中最小的音义结合体。

语素的特点是不能再被分割为更小的音义结合体。语素的作用主要有两个：一是构词，或者单独构词，或者相互结合共同构词；二是构成包含在合成词内部的"语素组"。例如，"形声字"里的"形声"、"林阴道"里的"林阴"、"切割机"里的"切割"、"研究生"里的"研究"等都是语素组。

2. 词

词是语言中最小的能独立运用的音义结合体。

词有两个特点：一是能独立运用；二是不能再被分割为更小的能独立运用的单位。词的作用主要有两个：一是构成短语，二是有些能单独成句。

3. 短语

短语是由词和词按一定的语法规则和语义规则组合起来的而又没有句调，并且能够独立运用的音义结合体。

短语的特点是能被分割出更小的能独立运用的音义结合体。短语的作用主要有两个：一是构成复杂短语，二是有些能单独成句。

4. 句子

句子是指前后有较大停顿、伴有一定句调、表示相对完整意义的音义结合体。

句子末尾都有一个较大的停顿，书面语中用句号、问号或感叹号来表示。句子有两个特点：第一，有句调，前后停顿可看作是一个完整句调的起点和终点；第二，能表示相对完整的意义，在交际中是一个基本的表述单位。句子的作用是构成语段。

（二）句法成分

句法成分是句法结构的组成成分。它是按照句法结构内部组成单位之间的语法结构关系确定的。句法结构指的是由词逐层组装成的短语或句子里的词类序列。下面对主语、谓语、动语、宾语、定语、状语、补语、中心语等八种句法成分进行简要的说明。

主语是被陈述的对象，谓语是陈述主语的，两者之间是陈述关系。例如：

①他的态度‖十分谦虚。

②我们‖已经完成了这个月的生产任务。

③经他手办的案子‖多得数不清。

双竖线左边是主语，右边是谓语。动语在前，表示动作行为，是支配、涉及后面的宾语的成分，宾语表示人、物或事情，是动作所支配、所涉及的对象。如例②的"完成了"是动语，"这个月的生产任务"是宾语。需要说明的是，"动语"是为了贯彻句法成分对句法成分这一原则而拟定的名称。一些教材或论著里用"动词"这一名称来称呼与宾语相依存的成分，这样做不仅是为了少用新术语，而且也是因为跟宾语相对的成分主要由动词充当的缘故。

主语或谓语等成分内部经常是由修饰语和中心语组成的偏正短语。修饰语是描写或限制中心语的，位于中心语之前。因为整个偏正短语的功能有名词性的和谓词（动词、形容词）性的两种，所以修饰语可以分为定语和状语。定语是名词性短语里中心语前面的修饰语，状语是谓语（动词、形容词）性短语里中心语前面的修饰语。如例①"他的态度"是名词性短语，其中名词"态度"是被修饰成分，是中心语，"他"是修饰成分，是定语；"十分谦虚"是形容词短语，其中形容词"谦虚"是被修饰成分，是中心语，"十分"是修饰成分，是状语。

谓语有时由中心语和补语组成的中补短语充当，整个短语的功能是动词性或形容词性的。所以可以这样认为，补语是动词、形容词性短语里中心语后面的补充成分。如例③的"数不清"是动词性短语，动词"数"是中心语，"不清"是补语。

为了从整体上认识单句的基本框架，快捷而准确地找到句子的主干，确定全句的核心，我们可以用特定符号直接在单句上面标记相应的句法成分，并标出全句的核心(见表5-1)。这种方法基于句法成分都是成对共现这一前提，所以标出其中一个句法成分，那么就意味着与之配对的成分不标自明。例如，标出了主语，表示与主语配对的谓语的符号就可以不标；标出了宾语，表示与宾语配对的动语的符号就可以不标；标出了状语，表示与状语配对的中心语的符号就可以不标；标出了定语，表示与定语配对的中心语的符号就可以不标；标出了补语，表示与补语配对的中心语的符号就可以不标。用这种"成分符号减半法"可以避免符号的重叠，直接显示出核心动词和它的前后成分的位置。例如：

④(大)师傅[已经]做<好>(可口的)饭菜了。

⑤(老)市长拿<起>毛笔[在铺开的宣纸上]题写了(几个)大字。

⑥奶奶告诉我了(一个)(天大)的秘密。

⑦你现在的成绩，说实话，[很难]拿<到>奖学金。

表 5-1　　　　　　　　　句法成分标注符号

句法成分	句法成分	成对发生的关系	举例
主语	谓语	陈述关系(主谓关系)	他吃了
动语	宾语	支配或关涉关系(动宾关系)	收麦子
定语 (　　)	中心语	修饰限制关系(定中关系)	(语法)作业
状语 〔　　〕	中心语	修饰限制关系(状中关系)	〔都〕走了
中心语	补语 〈　　〉	补充说明关系(中补关系)	洗<干净>了

【思考与练习一】

一、什么是语法？什么是语法体系？

二、汉语语法研究中的语法单位有哪些？它们之间的关系如何？

三、请以"不怕辣""辣不怕""怕不辣"为例，说明汉语语序变化的特点。

四、用成分符号减半法分析下列句法结构中的句法成分。

(1)我们试制成功了新产品。

(2)同学们都已经参观过北京历史博物馆了。

(3)大家高兴地跳起来。

(4)小李昨天借走了阅览室的杂志。

(5)妹妹新买了一件呢子大衣。

第二节　词类概说

【目标要求】理解汉语词类划分的主要依据，掌握现代汉语词类体系，了解实词和虚词的主要区别。

一、词类划分的依据

词类是指词的语法分类进行词类划分的目的在于说明句子的结构和各种词的用法。词的语法功能是汉语词类划分的主要依据，意义和形态也可以作为重要的参考依据。

词的语法功能主要有两层含义：一方面指的是词充当句法成分的能力，表现为能不能充当句法成分和充当什么句法成分。能充当句法成分的是实词，不能充当句法成分的是虚词。汉语里大多数实词能单独充当句法成分，例如"学习、太阳、努力、东方、升、红、起来"等，可以组合构成"学习努力、东方升起来了红太阳"等结构，只是不同实词充当了不同的句法成分。另一方面指的是词的组合能力。词的组合能力分为两种不同的情况：就实词而言，是指实词与其他实词的组合能力，包括：这一类实词能不能跟另外一类实词组合，通过什么方式组合，组合后发生什么关系等。例如，名词"桌子"能前加数量短语"一张"，但却不能跟副词"不、很"组合。就虚词而言，是指虚词依附于实词或短语的能力，包括：虚词依附于哪一类实词或短语，表示什么语法意义等。例如"地"在偏正短语里表示修饰和被修饰的关系，"啊"在祈使句的末尾用来舒缓语气。

词的意义是指语法上同类的词的概括意义或意义类别。一般来说，语法上同类的词具有相同的概括意义或意义类别。名词表示人或物的名称，动词表示动作、行为等，形容词表示性质、状态等。例如"白菜、桌子、羊、衣服"等词的词汇意义各不相同，但却都表示"具体事物"这一相同的概括意义。

词的形态可分为两种：一种是构形形态，例如，重叠是汉语中形容词常见的一种形态变化，表示程度的加深或适中，"红"可重叠为"红红"，"干净"可重叠为"干干净净"。另一种是指构词形态，例如，"儿"是汉语中常见的一个构词词缀，"亮"是形容词，通过后加词缀"儿"构成"亮儿"这个名词。"亮"通过后加词缀"儿"构成另一个词汇意义完全不同的新词"亮儿"，这就是构成新词的形态变化。

词类是根据词的语法功能分出来的类，因此同类的词必须具有共同的语法功能，不同类的词必须具有相互区别的语法功能。同类的词之间有共性，并不是说同类的词的语法功能完全相同。例如，名词可以受数量短语修饰，这对大多数名词来说是适用的，但时间名词"过去、刚才、现在"等却不是如此。因为同类的词有不同的个性，所以大类下面还可以再分出不同的小类。不同类的词之间有相互区分的个性，也不是说不同类的词之间就毫无共同点。因为不同类的词之间有某些共性，所以可以把不同的词类归并为一个更大的类。例如，动词和形容词经常充当谓语，因此归并起来称为"谓词"；名词、数词、量词经常充当主语和宾语，因此归并起来称为"体词"。

二、现代汉语词类体系

词类是一个有层次的系统。现代汉语词类的第一层次分为"实词"和"虚词"两大类。能充当句法成分的词是实词。实词内部根据充当句法成分的能力和与其他实词或短语的组合能力分出了十个小类：名词、动词、形容词、区别词、数词、量词、副词、代词、拟声词、叹词。一般来说，实词既有词汇意义，也有语法意义。不能充当句法成分的词是虚词。虚词内部根据依附于其他实词或短语的能力分出了四个小类：介词、连词、助词、语气词。一般来说，虚词没有词汇意义，只有语法意义。

实词和虚词的不同除了表现为能否充当句法成分之外，还有以下几个不同点：

第一，能否单独成句。绝大部分实词能单独成句，而虚词都不能单独成句。

第二，是否定位。除了副词，大多数实词在跟其他词组合时所处的位置是不固定的，可以在前，也可以在后。而虚词与其他词组合时位置却是固定的，有的是只能在前，例如"对于、为了、虽然、即使"等；有的只能在后，例如"了、吗、吧"等。

第三，能否互相组合。实词之间可以相互组合，例如"一位老师、远大志向、没有来"等。虚词只能依附于实词或短语，虚词与虚词不能组合。

第四，是否开放。实词是一个开放的类，其成员难以穷尽地列举出来；而虚词则相对封闭，每一类的成员几乎都可以一一列举出来。

第五，使用频率的高低。汉语中虚词尽管比较少，但使用频率却很高，因为虚词是汉语中一种重要的语法手段。在很多情况下，如果没有虚词而只有实词，是很难组合起来构成句子的。相比之下，实词的使用频率不及虚词高。

【思考与练习二】

一、简述汉语词类划分的标准。

二、实词和虚词有哪些不同？

第三节　实　　词

【目标要求】理解各类实词的主要语法特点，掌握某些特殊词类的重要用法，学会在语言表达中正确运用各类实词。

一、名词

（一）名词的意义和种类

名词主要是指称人或事物，也可以表示时间、处所和方位。名词主要分为以下几类：

1. 一般名词

表示人或事物，可分为专有名词和普通名词。专有名词如"鲁迅、毛泽东、武汉、黄河"等。普通名词分为四个小类：

（1）个体名词。个体名词一般都有适用的个体量词与之搭配，例如"学生（一位学生）、铅笔（一支铅笔）、椅子（一把椅子）、飞机（一架飞机）、原子（一个原子）"等。

（2）集合名词。集合名词表示由多个同类事物组成的一类或一组事物的名称。集合名词前面不能出现个体量词，但可以出现集合量词"对、双、群、帮、堆、批"和不定量词"些"。例如"手套（一双手套）、信件（一些信件）、物品（一点物品）、马匹（这些马匹）"等。

（3）物质名词。物质名词没有适用的个体量词，但能受某些数量短语的修饰。例如"水（一公斤水、一桶水）、土（两车土、一吨土）、阳光（一缕阳光）、空气（一立方米空气）"等。

（4）抽象名词。抽象名词表示的事物不是具体有形的实体，它前面可以出现的量词比较少，只有"种、类、点、些"等。例如"信念（一种信念）、文化（一种文化）、素质（一种素质）、欲望（一些欲望）、甜头（一点甜头）"等。

2. 时间名词

时间名词表示时间，例如"冬天、早晨、今年、星期一、现在"等。

3. 处所名词

处所名词表示处所，例如"周围、郊区、里屋、亚洲、中国、上海"等。

4. 方位名词

方位名词表示方向、位置，例如"前、后、左、右、以外、以东"等。

（二）名词的主要语法特点

（1）名词前面一般能用表示物量的数量短语修饰，例如"一架飞机、一些纸张"；也可以前加介词组成介词结构，如"关于和平、对于这个问题"。

个体名词可以受个体量词的修饰，例如"一头牛、一盆水、一盘牛肉"等。集合名词不受个体量词的修饰，但可以受集合量词的修饰，例如"一副手套""一伙歹徒"等。有些集合名词还能受"些、点"等不定量词修饰，例如"一些船舶、一些枪支、一些纸张"等。抽象名词没有具体的形状，一般只能用表示类别的"种、类"来修饰，例如"一种情感、一类看法"等。专有名词表示独一无二的人或事物，一般也不受数量短语的修饰，但有时为了强调，例如"中国出了一个毛泽东"；或进行比较，例如"三个臭皮匠，一个诸葛亮"；或用于比况，例如"一个李公朴倒下去了，千千万万个李公朴站起来了"；或表示特例，例如"我们绝不允许搞两个中国"，这些情况下专有名词都可以受个体量词修饰。时间名词和处所名词充当状语时一般不受量词修饰，但用作主语、宾语时可以受量词修饰，例如"一个晴朗的早晨、一个好玩的地方"等。

（2）名词经常充当主语和宾语，例如"猫吃鱼"；多数能作定语，例如"柳树梢头"。

（3）名词没有重叠这种形态变化。亲属称谓名词以及其他少数词，例如"妈妈、星星、潺潺"等，这些是构词重叠，不是构形重叠。

（三）名词的特殊小类

时间名词、处所名词除了充当主语、宾语和定语之外，还经常用作状语，表示动作发生的时间和处所，如"他今天去北京了""我在图书馆看书"。

方位词表示方向、位置。单纯方位词有"上、下、前、后、东、西、南、北、左、右、里、外、内、中、旁"。单纯方位词前面加"以"或"之"就构成了合成方位词，例如"以前、以后、以内、以外"和"之前、之后、之上、之下、之内、之外"等。方位词有定位性，总放在其他词之后构成方位短语，表示空间位置，例如"椅子上""教室里"等。少数方位词，如"前、后、之前、以后、以内"等，经常放在一些词语后面构成方位短语表示时间，例如"晚饭之后、出发之前、三天之内"等。

二、动词

（一）动词的意义和种类

动词表示动作、行为、心理活动或存现等。

主要有以下几类：

动作行为动词：跑、学习、批评、保护

心理活动动词：喜欢、厌恶、羡慕、渴望

存在、变化、消失动词：有、发生、演变、生长、死亡、消失

判断动词：是

能愿动词：能、会、愿意、应该、要

趋向动词：来、去、上、下、出来、回去、起来、下去

形式动词：进行、予以、加以、致以

(二)动词的主要语法特点

(1)动词经常用作谓语或谓语中心，例如"他已经来了、我喜欢插花"。

(2)动词能受"不"修饰，多数不能受程度副词修饰，但表示心理活动的动词和部分能愿动词却可以与程度副词组合，例如"十分羡慕、很厌恶、特别愿意、最应该"。

(3)多数动词后面可以带上"着、了、过"表示动态。

(4)有些动作动词可以重叠，表示"动量小、时量短"。单音节动词的重叠形式是"AA式"，如"想—想想""看—看看"等；双音节动词的重叠形式是"ABAB式"，如"研究—研究研究、讨论—讨论讨论"等；有些动宾式合成词的重叠形式是"AAB式"，如"散步—散散步、睡觉—睡睡觉、洗澡—洗洗澡"等。

(5)多数动词能带上宾语。有些动词既能带名词性宾语，也能带谓词性宾语，例如"看、听、喜欢、考虑、研究"等；有些动词只能带动词、形容词或谓词性短语、小句类宾语，例如"打算、开始、主张、觉得、认为"等；有些动词不能带宾语，例如"生长、胜利、失败、工作、生活、着想"等。

(三)动词的特殊小类

1."是"

判断动词"是"经常放在主语和宾语中间，表示多种意义。

(1)表示事物等于什么或属于什么。例如：

①朱自清是《荷塘月色》的作者。

②我们都是炎黄子孙。

(2)表示事物的特征、质料、情况。例如：

③这孩子是单眼皮儿。

④这戒指是纯金的。

⑤那时国民党是飞机大炮，我们是小米加步枪。

(3)表示事物的存在。例如：

⑥山下是一片茂密的竹林。

(4)表示比况。例如：

⑦长征是宣言书，长征是宣传队，长征是播种机。

2.“有”

动词“有”的主要意义表示有三种：一是表示“存在”，二是表示“领有”，三是表示“具有”。

（1）表示存在

表示这种意义的“有”构成的句子，其基本结构是“处所词/时间词+有+（修饰限制语）+名词性词语”。其中的处所词、时间词通常是确指的、已知的；存在的人或事物通常是不确指的，名词性词语前面常有数量结构修饰。

⑧山上有一座庙。

⑨唐代有一位著名的诗人叫李白。

（2）表示领有

表示这种意义的“有”构成的句子，其基本结构是“名词性词语+有+（修饰限制语）+名词性词语”。用作主语的名词性词语多是有生命的，或是单位、组织类名词。这种句子可以表示曾经拥有或拥有的情况发生了变化，所以“有”后面可以出现“了”和“过”。例如：

⑩他曾经有过一个幸福的家庭。

⑪我们公司有很多员工。

⑫她又有男朋友了。

（3）表示具有

a.“有”还可以表示某种新情况出现，这时它后面会出现表示变化意义的“了”，并且它的宾语常常是表示发展、改变类的动词。例如：

⑬最近，他的汉语有了明显的进步。

⑭这几年，人们的物质文化水平又有了很大的改善。

3. 能愿动词

能愿动词又叫助动词，用在动词、形容词前面，表示对行为或状况可能性、必要性和人主观意愿的评议。

表可能的，例如“能、能够、会、可能、可以、可”等。

表必要的，例如“要、应、应该、应当”等。

表意愿的，例如“肯、敢、要、愿、愿意”等。

能愿动词的主要用法是充当状语，也可以用作谓语，这是与副词用法不同的地方。例如：

⑮今天会下雪。

⑯你愿意吗？

能愿动词不能用在名词前面，不能重叠，不能带动态助词"着、了、过"，不能带数量补语，这是它与一般动词用法不同的地方。

4. 趋向动词

趋向动词表示动作的趋向，有单音节的，例如"来、去、上、进、出、过、起"等，也有双音节的，例如"上来、下来、出去、过来、进去、开去"等。

趋向动词既可以单独用作谓语或谓语中心，也可以用在动词或形容词之后充当补语。例如：

⑰太阳已经出来了。

⑱他推开门走进去。

三、形容词

(一)形容词的意义和种类

形容词表示性质、状态等。主要有以下两类：

性质形容词：大、小、红、苦、甜、结实、简洁、积极、优秀、聪明、认真

状态形容词：雪白、火热、慢腾腾、亮晶晶、黑不溜秋、马里马虎

(二)形容词的主要语法特点

(1)形容词经常充当谓语或谓语中心语，例如"他很高、身材苗条"。多数能够直接修饰名词用作定语，例如"清新的空气"、雪白的墙壁"等。但需要注意的是，形容词"多"不能直接修饰名词，它需要与程度副词"很"一起构成短语再修饰名词，并且一般不加"的"，例如"很多学校、很多孩子"等。少数形容词还能够直接修饰动词，充当状语，例如"慢走、老实交代、认真考虑"等。一部分形容词也可以作补语，例如"下大了、洗破了"等。形容词不能带宾语。但有些形容词兼属动词，在用作动词时能带上宾语，例如"繁荣经济、端正态度"等。

(2)一部分性质形容词能受程度副词修饰，例如"很结实、非常厚"等。性质形容词的重叠式和状态形容词，或是因为表示情态，或是因为本身带有程度的意义，所以不能再受程度副词修饰。

(3)有些性质形容词可以重叠，表示性状程度的加深或适中。一般来

说，性质形容词的重叠形式用作谓语或定语时，表示性状程度的适中；用作状语或补语时，表示性状程度的加深。例如"她高高的个子／她个子高高的、他把手举得高高的"。

单音节形容词的重叠形式是 AA 式，例如"大—大大（的）"；双音节形容词的重叠形式是 AABB 式，例如"清楚—清清楚楚"。少数双音节性质形容词有 A 里 AB 式，但仅限于部分含有贬义的形容词。例如"马虎—马里马虎、小气—小里小气"等。"A 里 AB 式"这种重叠式含有厌恶、轻蔑的意味，所以能进行这种重叠的形容词很少，常见的有"慌张、流气、娇气、古怪、拉杂、邋遢"等。

有些性质形容词可后加叠音词缀构成状态形容词，例如"红—红彤彤、湿—湿淋淋、黑—黑不溜秋、脏—脏不拉叽、可怜—可怜巴巴"等。

状态形容词表示某种情态或较深的程度，所以不能前加程度副词也不能重叠。我们见到的"雪白雪白（的）、蜡黄蜡黄（的）"等形式，可以认为是词的反复，而不是构形重叠。

有些双音节性质形容词重叠不仅有"AABB 式"，还会有"ABAB 式"，这种情况下具有使动意义，所以应看作是动词用法。例如：

亲热—亲热亲热　　清净—清净清净　　高兴—高兴高兴
漂亮—漂亮漂亮　　痛快—痛快痛快　　干净—干净干净

四、区别词

（一）区别词的意义

区别词表示人或事物的属性，有分类的作用。属性往往是对立的，因此区别词往往是成对或成系列的。例如：

男—女　　　　　　雌—雄
中式—西式　　　　民用—军用
大型—中型—小型　高档—中档—低档

（二）区别词的主要语法特点

（1）区别词能直接修饰名词，充当定语，例如"慢性肺炎、彩色电视"。区别词一般不能单独作主语和宾语，但在某些语境中，被区别词直接修饰的名词可以不出现，结果就会出现区别词直接充当主语、宾语的情形。如"中号小了一点，还是要一件大号吧"。

（2）区别词多数能带"的"形成"的"字短语。例如"大号的、中式的、金的"等。

（3）区别词不能前加"不"，只能前加"非"，例如"非民营企业""非军工产品"等。

需要说明的是，区别词区分的是事物的本质属性之一，因此修饰名词用作定语时不用"的"连接中心语。例如：

立体电影　私立大学　国有企业　机密文件　袖珍词典

五、数词

（一）数词的意义和种类

数词表示数目和次序，分为基数词和序数词。

1. 基数词

基数词表示数目的多少，可分为个位数（一、二、三、四、五、六、七、八、九）和十位数（十、百、千、万、亿），两者可以组成复合数词。如果个位数在十位数之前，两者是相乘的关系，例如"三十 = 10 × 3"；反之，十位数在个位数之后，两者是相加的关系，例如"十三 = 10 + 3"。"三百 = 3 × 100、三百三十三 = 3 × 100 + 3 × 10 + 3"等。

基数词可以构成倍数、分数、概数。

（1）倍数　由基数词加"倍"组成，例如"三倍""十倍"等，有时也用"百分之百"的格式，例如"三倍"就是"百分之三百"。但有一些例外，例如"年方二八"中的"二八"是倍数关系，表示"十六岁"。要注意"翻番"和"加倍"的用法不同。例如"翻一番"等于"加一倍"，但"翻两番"就不等于"加两倍"，而是"增加三倍"，因为"翻番"是以累计乘二的方式增加的。另外，倍数只能用于数目的增加，不能用于数目的减少。

（2）分数　用"×成""×分之×"等固定格式表示，例如"三成"就是"百分之三十"或"十分之三"。分数既可以用于数目的增加，也可以用于数目的减少，例如"增加两成、增加 5%、节约 10%"等。

（3）概数　有时表示数字并不需要十分准确，这就会用到概数。汉语中概数的表示法主要有以下两种：

第一，在数词或数量短语后加概数助词。

概数助词常见的有"来、多、把、前后、左右、上下、以上、以下、开外"等。

A."来"和"多"

"来"表示接近前面的那个数，"多"表示多于前面的那个数。例如：

50来人(表示的数大约在49、50、51、52之间)

50多人(表示的数大约在53以上到59以内)

"来"和"多"的用法主要有两种：一是"来"和"多"用于1到10以内，出现在表示连续量的量词之后，其基本结构是"数词+量词+来/多+名词"。例如：

一块来钱　　二斤来重　　三尺多布　　一个多小时

二是用于"0"结尾的任何数的后面，其基本结构是"数词+来/多+量词+(名词)"。例如：

十来个人　　100来人　　50多次　　五千多棵数

需要注意的是，当数词为"10"时，"来/多"既可以出现在量词前，也可以出现在量词后。例如：

十斤多肉/十斤来肉(表示"十斤二三两"或"十斤七八两"，不足"十一斤")

十多斤肉/十来斤肉(表示"十一二斤"或"十七八斤"，不足"二十斤")

B. 把

"把"只能用在位数词"百、千、万"和个别量词之后，结构中不用系数词"一"，但表示的数目是"一"。例如：

百把人(一百来人)　　　个把月(一个来月)

个把人(一两个人)　　　块把钱(一块来钱或一两块钱)

C. 左右/上下/前后

这三个概数表示接近于某数，可以比某数略少或略多。

"左右"可用于表示年龄、重量、时间。例如：

13岁左右　　一斤左右　　五个小时左右　　四点左右

但需要注意的是，"左右"与表示时点的词语组合时，只用于数量词后，不用于名词后。例如"＊元旦左右、＊国庆节左右"等。

"上下"主要用于表示年龄、重量、温度等方面。例如：

三十岁上下　　37度上下　　65公斤上下

"前后"只用于表示时间，表示的大概时间是时点性的，且该时点不限于数字。例如：

三点半前后　　二十号前后　　元旦前后

D.“几”和“两”

“几”本来是疑问代词，用来询问数目，通常是“九”以内的数。但有时也用来表示不确定的数目，通常表示比较小的概数。例如：

几个孩子　　几位朋友　　几张纸

“两”本来是数词“2”，但有时也可以表示比较小的不确定数目。例如“这两天，我有点儿不舒服。”

第二，基数词连用，主要有以下两种情况：

①相邻的两个基数词连用。例如：

三四斤　　一两个　　七八条　　十二三个　　一两万台

“九”和“十”、“十”和“十一”不能连用，这是因为“十”既表位又表数，会造成混乱。

相连的两个数字一般是从小到大排列，而从小到大的排列仅限于“三两（个）”，含“少”的意义，例如“我三两天就回来。”

②不相连的两个数词连用。

这种情况仅限于“三五”和“百八十”。例如：

三五天　　百八十人

“二”和“两”的用法不同，主要表现在：首先，“两”只能在“百、千、万”的前面，而“二”可以出现在“十、百、千、万”的前面，也可以在“十”的后面。其次，成对的东西，用“两”不用“二”。例如“两袖清风、两耳不闻窗外事”等。最后，“二”也可以表示序数，但“两”只表示基数。比如“二胎≠两胎”“二层楼≠两层楼”“二次世界大战≠两次世界大战”。

当然，“二”和“两”也有通用的一面：除了“两两油”不能说之外，凡是与度量衡量词连用，“二”或“两”都可以，例如“两尺布”和“二尺布”、“两斤油”和“二斤油”。

2. 序数词

序数词表示次序。一般是基数词前加词缀“第、老、初”构成。但需要注意的是，“初”后面的数词不超过“十”，“老”后面一般不超过“九”。另外，序数还有两种特殊的表示方法：一种是用传统的天干、地支来表示；另一种是借用阿拉伯数字、罗马数字，或者是直接使用 26 个拉丁字母来表示。

除此之外，"冠、亚、季、殿、孟、伯、仲、叔"等也可以表示次序，其中的"殿"既可以表示第四，还可以表示入选、入围的最后一名，"孟、仲、季"多同表示季节的词连用，如"孟春、仲夏、季冬"等。

（二）数词的主要语法特点

（1）数词可以充当主语、宾语、谓语、定语、状语等句法成分，但仅限于一些数学计算、文言格式或成语中。例如"三加二等于五、年方二八、一泻千里、一心一意"等。

（2）数词经常跟量词组合构成数量短语。例如"一碗水、一把拉住、跑两趟"等。

数量短语修饰名词，一般应该放在名词前面，但在下列情况下数量短语通常会放在名词后面。

第一，被修饰的名词比较复杂，例如"大小房间一百多间"。

第二，量词比较复杂，例如"每天出动飞机二十架次"。

第三，数词比较复杂，例如"每年消耗原材料三百吨至五百吨不等"。

此外，记账或者列举的时候，数量短语也要放在名词的后面，例如"韭菜三斤、猪肉一斤"。

六、量词

（一）量词的意义和种类

量词又称物量词表示计量单位，分为名量词和动量词。

1. 名量词

名量词又称物量词，表示人或事物的计量单位，例如"张、艘、匹、朵、根"。名量词可分为专用名量词和借用名量词。专用名量词包括了以下几类：

（1）个体量词。个体量词用于计量表示个体的人或事物，例如"个、把、条、张、位、件、匹、架、台、根"等。这类量词与名词的搭配跟人们对相关事物的形状、属性等方面的认识有关，因此搭配既有习惯性又有选择性。

（2）集合量词。集合量词用于计量由两个或两个以上个体组成的人或事物，例如"对、双、副、批、群、套、伙"等。

（3）度量词。度量词表示度量衡的计算单位，例如"丈、尺、寸、厘米、毫米、斗、升、磅、吨、亩、元、角、分、平方米、立方米"等。

(4)不定量词。不定量词用于计量表示不确定量的人或物，例如"些、点儿"等。只能与数词"一"组合，例如"一些、一点儿"等，数词"一"也可以不出现，例如"来了些人、买点儿苹果"等。"些"表示的数量比"点儿"多。"些"前可以加"好"表示数量多，例如"他有好些书。"

借用名量词有些是借用名词，例如"一桶水、一车人、一碗饭"；有些是借用动词，例如"一挑水、一捆柴、一堆土、一担泥"。

2. 动量词

动量词表示动作行为的次数，例如"看三回、跑一趟"。动量词可分为专用动量词和借用动量词。常见的专用动量词如"次、回、下、趟、遍、番、场、顿"等。下面简单讲讲这些常见专用动量词的主要用法。

(1)"次"表示反复动作的量，可以不顾及其完整性和时间性。例如：

　　去过三次　　来了一次　　看过几次

(2)"遍"用于计量由开始到结束的完整动作过程。例如：

　　《红楼梦》我读过好几遍　　这部电影看过两遍

(3)"下"多用于计量一次性动作，时间短，动作强度也相对轻，不受次数的限制，所以带有轻松、缓和的语气，数词仅限于"一"。例如：

　　钟摆了几下　　商量一下　　休息一下

(4)"趟"用于计量有来有往的或运行的动作，大多跟用脚走或用车船等运行有关，与之搭配的大多是"来、去、走、跑、送、进、搬、运"等移动类动词。例如：

　　去了三趟　　送了两趟　　搬了一趟

(5)"顿"既可以表示一次吃饭过程的量，主要用于"吃、喝"类动词；又可以指一定量的斥骂，主要用于"打、骂、斥责、批评"类动词。例如：

　　美美地吃了一顿　　被老师批评了一顿　　发了一顿脾气

(6)"阵"既可以用于计量延续不很长一段时间的动作，一般读作"阵儿"；也用于阵发的或骤发的、历经时间不长的动作。例如：

　　玩儿了一阵儿　　挂了一阵大风　　下了一阵大雨

(7)"场"用于有场次或有场地的文娱、体育、报告、会议等活动。例如：

　　打了三场球　　做了两场报告　　表演了两场

(8)"番"用于计量有反复过程的动作，一般该动作涉及的事情表现为不容易的、经过努力的，所以"番"突显有一定时间的过程。例如：

　　研究了一番　　考察了一番　　劝说了一番

借用动量词大都是借用名词，例如"踢了一脚、砍了三刀、打了几枪"等。

近些年来又出现了复合量词，它由两个不同的量词复合而成。主要有两类：一类是相乘复合，如"架次、人次、吨公里、秒立方"等；另一类是选择复合，如"件套、台件、篇本"等。

量词在使用中应注意：一方面，有些量词兼属不同的小类，表示不同的意思。例如"把"和"副"，既可以是个体量词，例如"一把小提琴、一副笑脸"，也可以是集合量词，例如"一把胡子、一副手套"。有些既是名量词又是动量词，例如"刮了一阵风——瞎忙一阵""幸福的三口之家——狠狠地咬了一口"。另一方面，量词与名词的搭配既有习惯性又有选择性。尽管不同量词之间存在语义差异，但有些量词与名词的搭配可以认为是搭配习惯在起作用，例如"一头牛、一匹马、一口猪"；有些量词与名词的搭配又体现出语义上的选择性。例如：表点状物的名词可以选"点、粒、颗、滴"，表线状物的名词可以选"线、丝、条"，表面状物的可以选"片、面、幅、方"。又如，"笔"可以选"杆、支、盒"，"井"可以选"口、眼、座"，"花"可以选"朵、束、簇"。

（二）量词的主要语法特点

（1）量词经常与数词或代词组合构成量词短语，充当补语、定语或状语等句法成分，例如"跑两趟、一位教授、一把拉住、这袋水果"等。

（2）单音节量词大多能重叠，例如"个个、条条、顿顿、点点"等；量词重叠式能充当定语、状语、主语、谓语等句法成分，但不充当补语和宾语。例如：

①我们厂的小伙子，个个都是好样的。（主语，表示"每一"）

②天气突变，挂起了阵阵狂风。（定语，表示"多"）

③代代相传。（状语，表示"逐一"）

④歌声阵阵。（谓语，表示"多"）

⑤这几年粮食年年都是大丰收。（状语，表示"每一"）

数量短语也可以重叠，其形式是"一 A 一 A"式或"一 AA"式。数量短语重叠之后，其意义和用法会发生改变。重叠形式表示众数或多，具有描写性，用作修饰语时都位于中心语之前。例如：

⑥这种产品要一件一件地验收。(状语，表示"逐一"，描写动作的方式或表示量多)

⑦水中一个一个闪亮的波纹，像许多只眼睛注视着我。(定语，表示"多"，重在描写。)

⑧我们招来的这批新学员，一个(一)个基础都不错。(主语，表示"多")

数量短语中的数词和量词之间一般不能插进去其他成分，但出于表意的需要，有时也能插入一些成分，主要有下面几种情况：

(1)个体量词后的名词表示的事物能再切分，可插入"大、小"这两个形容词。例如：

一大块地　　两小片牛肉　　三大张纸

(2)有些超过"二"的集合量词也可以接受"大、小"等词的修饰。例如：

一大群人　　一小批货　　一长排椅子

(3)借用器皿类名词的量词，可以受"大、小"修饰，但如果"一"表示"满、遍"意义，就不能再受这类形容词修饰了。例如：

三大碗酒　　一满杯水　　一小包衣服

七、副词

(一)副词的意义和种类

副词是实词中比较特殊的一类。现代汉语中副词数量虽不多，但其中不少成员的意义和用法复杂，且使用频率高，所以在汉语词类系统中具有比较重要的地位。

从意义上看，副词主要有以下几类：

(1)表示程度：很、最、极、挺、太、非常、格外、分外、更、更加、越、越发、有点儿、稍、稍微、略微、几乎、过于、尤其

(2)表示范围：都、总、全、共、总共、统统、只、仅仅、单、净、光、一齐、一概、一律、单单、就

(3)表示时间、频率：仍旧、已经、早已、已、曾、曾经、刚、才、刚刚、正、在、正在、将、将要、就、就要、马上、立刻、顿时、终于、常、常常、时常、时时、往往、渐渐、早晚、从来、一向、向来、从来、总是、

始终、赶紧、仍然、还是、屡次、依然、重新、还、再、再三、偶尔

（4）表示肯定、否定：必、必须、必定、准、的确、不、没有、没、未、别、莫、勿、不必、不用

（5）表示情态、方式：大肆、肆意、故意、互相、特意、仍然、猛然、忽然、公然、连忙、赶紧、悄悄、大力、稳步、单独、亲自、分别、偷偷、逐步、逐渐、单独、暗暗

（6）表示语气：难道、究竟、偏偏、索性、简直、就、也许、难怪、大约、幸而、幸亏、反倒、反正、果然、居然、竟然、何尝、何必、明明、恰恰、未免、不妨、只好

（7）表示处所：到处、处处

（8）表示关联：便、也、又、却、再、就

（二）常见副词的用法

同属于一个小类的副词，用法不一定都相同。例如，"都"和"只"表示范围，但"都"表示总括全部，一般是总括它前面的词语，而"只"表示限制，限制它后面词语的范围。例如"他们都只完成了其中的一项任务。"这句话中的"都"指向的对象是"他们"，而"只"指向的对象是"一项任务"。某个副词兼属不同的小类，其意义和用法就比较复杂。例如"就"，"冬天很快就到了"，表示事情短时间内即将发生；"他五岁就上了小学"，表示事情在说话人看来发生的时间早；"学了就用"，表示后一件事紧接着前一件事情发生，相当于"立刻"；"他不让我去，我就要去"，表示跟前一情况相反的做法，带有一种故意的语气，相当于"偏"；"教室里就一个学生"，表示范围，相当于"只"。

（1）有一些副词的后面必须跟上否定形式。例如：

①他从来上课不迟到。

②我决不允许你们欺负他。

③这件事老师根本没提过。

（2）"差点儿"在表示主观上不希望发生某件事情时，动词的肯定形式和否定形式意义相同。例如：

④路太滑，他差点儿摔倒了。（肯定式；没摔倒）

　路太滑，他差点儿没摔倒。（否定式；没摔倒）

"差点儿"在表示主观上希望发生某件事情时，动词的肯定形式和否定

形式意义不同。

⑤他差点儿考上大学。(肯定式;没考上)

他差点儿没考上大学。(否定式;考上了)

(3)"有点儿"含有消极情态,通常只修饰消极意义的词语。

A."有点儿"常常与贬义词组合。例如:

有点儿马虎　　有点儿矫情　　有点儿懒

＊有点儿勤奋　　＊有点儿仔细　　＊有点儿上进

B."有点儿"与褒义词组合时,一般用其否定式。例如:

有点儿不舒服　　有点儿不划算

如果是肯定式,通常已赋予了该词语消极的意味,表达否定的意义。例如:

有点儿便宜了(不想要便宜的)

有点儿热情了(热情得过度了,不太合适)

C."大、小、远、近"等可测量性形容词,本身无所谓褒贬,但如果与"有点儿"配合,就带有不如意的色彩。例如:

有点儿大(不符合尺寸要求,希望小一点儿)

有点儿重(不符合重量要求,希望轻一点儿)

(4)"稍微/稍稍"可以与表示微量的"一点儿/一些/一下"或动词重叠式配合使用,也可以与表示微量的"有点儿"共现。例如:

⑥我想稍微休息一下。

⑦给汤里稍微加点儿盐。

⑧这双鞋稍稍大了一点儿。——这双鞋稍稍有点儿大。

需要注意的是,表假设意义时的否定式不用与数量词"一些儿、一点儿"配合使用。例如:

⑨在冰上,稍微不小心就会摔倒。

⑩在那种情况下,稍微不注意就可能会出错。

(5)"一向"可以修饰动词,表示从过去到现在一直如此,动词大多是表示心理活动或习惯性活动的。例如"一向希望、一向主张、一向爱运动、一向穿休闲服"等,而不说"＊一向教书、＊一向当司机"。

(6)"万分"表示程度,一般与表示心理、情感的动词或形容词搭配,例如"万分后悔、万分痛苦、万分满意、万分感动"等。

(7)"极度"表示程度，常与表示感觉的形容词或动词搭配，例如"极度劳累、极度紧张、极度兴奋、极度恐慌"等。

(8)"一再"表示重复，主要是表示述说类的行为一次又一次重复，例如"一再追问、一再诉说、一再叮嘱、一再吟诵、一再表示"等。

(9)"一连"要求动词的后面必须出现数量短语。例如：

一连几天没睡好觉——＊一连没睡好觉

一连唱了三首歌——＊一连唱了歌

一连写了几个小时——＊一连写

(10)"不禁"后面要求跟上动词性短语，不能是光杆动词。例如：

不禁想起了往事——＊不禁想

不禁笑了起来——＊不禁笑

不禁暗暗流泪——＊不禁流泪

(11)"再"表示持续意义时，要求动词必须是重叠形式或带上数量补语。例如：

再复习复习——＊再复习　　再休息一会儿——＊再休息

(三)副词的主要语法特点

(1)副词大多能用作状语，例如"他已经回去了""她幸亏来了"。个别程度副词"很、极"还可以用作补语，例如"好得很""美极了"。

(2)副词大多不能单独成句，只有"不、没有、也许、当然、马上、一定"等少数副词在省略句中可以单说。

⑪你什么时候回来？马上。

⑫你去北京吗？不。

⑬你今天回来参加毕业典礼吗？一定。

(3)部分副词兼有关联作用。

独用的：说了又说　　写完再走　　这样更好　　不去也行
合用的：又白又胖　　越忙越乱　　既聪明又可爱　　非去不可
与连词配合使用的：不但……还　　只有……才　　既然……就
　　　　　　　　　　除非……才　　如果……就　　即使……也

(四)常用副词用法对比

1."不"和"没(有)"

"不"和"没(有)"都表示否定，但用法不同：

(1)"没(有)"否定已然的动作，"不"否定未然的动作。例如：

⑭昨天他没(有)完成英语作业。

⑮明天王亮不去校外参观实习基地。

(2)"不"表示对一种主观决定或认定的否定，所以"是、姓、像、属于、认识、知道"等表示断定类的动词可以受它修饰；"没(有)"是在客观立场上叙述，表示对过去或到现在为止某动作、现象或状态发生、完成的否定。例如：

⑯我不认识你说的那位同学。

⑰昨天下午我没(有)去图书馆，跟朋友去看电影了。

2."才$_1$"和"就"

"才$_1$"表示说话人认为动作行为实现得晚、慢；"就"表示说话人认为动作行为实现得早、快。例如：

⑱八点才上课，你怎么七点就来了？

⑲我排了半天队才买到，你怎么一会儿就买到了？

需要说明的是，"才$_1$"在句中要放在表数量的词的前面。

3."才$_2$"和"都"

"才$_2$"表示时间早、年龄小、数量少等；"都"表示时间晚、年龄大、数量多等。例如：

⑳才五点，怎么就起床了？

㉑都夜里两点了，快睡吧！

㉒你看人家的孩子，才十六岁就上大学了，你都十八了，还在读高一。

需要说明的是，"才$_2$"在句中要放在表数量的词的后面。

4."很"和"太"

(1)"很"和"太"都是表示程度高的副词，"很"一般都是来说明客观情况，"太"多用来表示说话人的主观评价：要么表示说话人认为程度超过了可接受的、合适的度，所以多用在不如意的事情上；要么用感叹的语气表达说话人的想法、感情，强调程度很高。例如：

㉓武汉的夏天很热。

㉔这件衣服太大了，穿着不合适。

㉕西湖的风景太美了，让人流连忘返。

(2)"太"和"很"都可以修饰形容词构成状中短语，用作谓语时表示描述或评价，但"太"与形容词组合而成的结构不大用作定语、状语等修饰成分，而"很"与形容词组合而成的结构则可以用作定语、状语。例如：

㉖姐姐买了一件很漂亮的呢子大衣。

㉗小狗很兴奋地朝主人跑过去。

少数情况下，表程度过分的"太"与形容词构成的短语可用作定语。例如：

㉘太苦的咖啡我不太喜欢。

5."更"和"最"

"更"和"最"都含有比较的意味。"更"表示比原有的程度或情况又进了一层，因为程度发生了变化，所以句尾常常可以带上"了"；"最"表示在一定范围内的比较，其中某个超过其他，因为是在一定范围内比较，所以句中常有表比较范围内的词语。例如：

㉙我儿子比以前更懂事了。

㉚在所有的朋友中，我和张晓霞的关系最好。

6."又"和"再"

"又"和"再"都有重复的意义，即此前同样的动作或性状已经出现过，但具体用法不同，主要有以下三点：

(1)"又"表示的动作、状态已完成或显现，动词后常接表示完成实现等语法意义的"了"或其他成分，主要用于客观叙述；"再"主要表示主观意愿或要求，所以动作、状态多是未完成的，动词后面一般不出现"了"。例如：

㉛作业忘家了，他在学校不得已又写了一遍。

㉜我想再去医院看看孩子。

(2)"再"可以用于祈使句、假设句；"又"不可以。例如：

㉝我今天有点儿忙，你过两天再来吧！

㉞你要是再这么不讲理，我就不客气了。

(3)"又"和"再"都可以与能愿动词配合使用，但位置不同："又"放在能愿动词之前，"再"放在能愿动词之后。例如：

㉟腿好了之后，他又能活蹦乱跳了。

㊱你能再帮帮他吗？

7."又"和"也"

“又”主要表示添加，即同一主体某动作、行为、性状累加出现；“也”主要表示相同，即不同主体出现相同的动作行为、性状。例如：

㊲李明上周去北京出了几天差，今天又去了。

㊳李明去北京出差了，王强也去了。

（五）副词与其他词类的区分

1. 副词与形容词的区分

形容词和副词虽然都可以用作状语，但它们之间明显不同：副词只能用作状语，形容词除了用作状语之外，还可以用作定语、谓语。例如“突然”和“忽然”：

㊴突然下起了大雨。（状语）/忽然下起了大雨。（状语）

㊵这个消息太突然了。（谓语）/＊这个消息太忽然了。（“突然”能用作谓语；“忽然”不能用作谓语）

由此可见，“突然”是形容词，“忽然”是副词。

有些同音词，例如“白、怪、老、净、直、挺、光、快”等，修饰名词时是形容词，修饰动词、形容词时是副词。例如：

读白字（错误；形容词）—白跑一回（徒劳无功地；副词）

怪事（古怪；形容词）—怪好看的（很，表程度；副词）

老房子（时间长、破旧；形容词）—老迟到（总是；副词）

净水（干净；形容词）—裤腿上净是泥（全，表范围；副词）

2. 副词“没有”和动词“没有”

“没有”表示“不存在、不具有”时是动词，它是动词“有”的否定形式，例如“有钱—没有钱”“桌子上有书—桌子上没有书”。动词“没有”否定事物存在或对事物的领有。

“没有”作为副词，用在动词、形容词前面，表示对曾经发生过的动作行为或曾经具有过的性质、状态的否定。例如：

㊶我从来没有见过这样令人激动的场面。 （副词）

㊷冬天到了，树上光秃秃的，没有一片树叶。（动词）

3. 时间副词和时间名词的区分

时间副词：刚刚、曾经、正在、即将、终于、预先

时间名词：刚才、过去、现在、将来、最后、最先

时间副词和时间名词都可以用作状语，区别在于：时间副词只能用作状

语，时间名词除了用作状语之外，还可以充当定语、主语或宾语等句法成分。例如：

㊸他曾经去过巴黎。(状语)——　＊曾经的事情就别提了。

㊹他过去到过巴黎。(状语)——　过去的事情就别提了。(定语)

由此可见，“曾经”只能用作状语，是时间副词；“过去”既能用作状语，又能用作定语，所以是时间名词。

八、代词

(一)代词的意义和种类

代词具有代替、指示的作用。

根据代词指称和替代的对象，它分为人称代词、疑问代词、指示代词三类。

代词与它所代替的语言单位的语法功能大致相当，也就是说，所代替的语言单位充当什么句法成分，代词就充当什么句法成分。因此，从句法功能角度，代词可分为代名词、代谓词、代副词、代数词四类。代名词，它的功能同名词大致相当，包括四种：A. 一般代名词，包括人称代词、疑问代词、指示代词；B. 处所代词；C. 时间代词；D. 数量代词。代谓词，它的功能同谓词大致相当，例如“怎么、这样、那样”。代副词，它的功能同副词大致相当，例如“这么、那么”。代数词，它的功能同数词大致相当，例如“几、多少”。

(二)代词的用法

1. 人称代词的用法

代替人或事物名称的叫人称代词，主要包括：

第一人称：我　　我们　　咱　　咱们

第二人称：你　　您　　你们　　您们

第三人称：他　　她　　它　　他们　　它们　　她们　　别人　　人家

其他人称代词：自己　　自个儿　　大家　　大伙儿　　彼此

第一人称代词指说话人一方。“我们”和“咱们”都表示第一人称复数，但用法不同。“咱们”多用于口语，包括说话人和听话人双方，称为包括式用法；“我们”只包括说话人一方，排除听话人一方，称为排除式用法。但有时候"我们"也可用于包括式。

第二人称代词"你、你们"指听话人一方。敬称形式用"您"，如果用于不止一人的场合，书面语中可以出现"您们"的说法，但在口语中一般用"您几位"。

第三人称代词指听说双方以外的第三方，还可以称代事物，书面语中称代男性用"他"，称代女性用"她"，称代事物用"它"。如果指称对象有男有女，要用"他们"，与"她们"对举时，"他们"专指男性。另外，"她"除指称女性外，还可以用来指称祖国、国旗、民族等，表示敬爱之情。例如：

①离开祖国多年，我多想早日回到她的怀抱。

反身代词"自己、自个儿"，是指某人自身，说话人为了突出所指人或明确是谁的自身，所以它们前面常有被代指的代词或名词。例如：

②他们不是小孩子，自己会处理好这些事情的。

③你这样下去，最终只会害了自己。

④我自个儿知道，不用你多说。

"人家"可以泛指或不确指第三人称，也可以确指第一、第三人称。例如：

⑤我们要学习人家的长处，克服自己的短处。（泛指第三人称）

⑥你看人家王师傅，多勤快呀！（确指第三人称）

⑦人家都快急死了，你怎么电话也不打一个。（确指第一人称）

"人家"用于确指第一人称时，多为女性，口气中略带不满，有点儿撒娇的意味。

"别人"表示所指人以外的人。例如：

⑧要学会换位思考，站在别人的立场上考虑问题。（指自己以外的人）

⑨别人都走了，只有小王还在教室里继续学习。（指小王以外的人）

"大家"用于指代说话范围以内的所有人。例如：

⑩大家都回去好好准备吧！

⑪你们大家都发发言嘛。

人称代词如"我""你"等有时并不确指某一个人，这是人称代词的虚指用法。例如：

⑫支部会上你一言我一语，大伙儿发言十分踊跃。

⑬大家你看我，我看你，谁也不知道该怎么办。

需要注意的是，人称代词修饰亲属称谓名词可以不加"的"，口语中也多用"单音节+单音节"形式。例如：

我爸爸　　你爷爷　　咱爸　　你姐

指称单位、集体、机构、国家等名称的名词，常常用复数代词作定语，并且可以不出现"的"。例如：

你们公司　　我们班　　他们单位　　你们国家

"你公司、我公司"在对举条件下可以使用。

有时为了使表达更简洁，人们会把"代词+名词"缩减为双音节形式，这种用法中不出现"的"，多用于第一人称和书面语体（对举除外）。例如：

我们学校—我校　　我们国家—我国　　我们团—我团

2. 指示代词的用法

指称或区别人、事物情况的叫指示代词。例如：

这　　那　　每　　各　　某　　另

其他　　这里　　那里　　这儿　　那儿　　这样　　那样　　这么　　那么

这会儿　　那会儿　　这么样　　那么样

"这"和"那"相对，"这"表示近指，"那"表示远指。例如：

⑭这件衣服不合适你。

⑮那把椅子你搬走吧。

"这时"和"那时"表示时间的远近。"这时"可指现在或当时的时间，"那时"可指过去的时间，所以回忆过去，通常要用"那时"。例如：

⑯这时，一个人连忙站起来。

⑰我是去年才来这儿的，那时我对这儿很陌生。

汉语中有些动词如"来、去、回、到、上、在"等和介词"从、在、到"等后面常接处所宾语。如果宾语不是处所词，而是人称代词或表人、表物的名词，通常需要后接"这里、这儿、那里、那儿"或方位词，构成处所短语。例如：

⑱一会儿我想去老师那儿一趟。

⑲这些行李先放到沙发那儿。

"这"和"那"与数量词或数量名结构连用时，有确指的作用。例如：

⑳写了几个字（"字"是任意的）

　写了那几个字（"字"是确指的，前文提到的）

名词带上限定语定语并需要确指时，必须前加"这"或"那"。例如：

朝他笑的人(泛指)　　朝他笑的那个人(确指)

镇上的饭店(泛指)　　镇上政府边那家饭店(确指)

有时"这、那"对举使用，不确指任何事物，这是虚指用法。例如：

㉑咱不图他这，也不图他那，就图他这个实诚。

"每""各""某""另"等指示代词各有不同的意义。"每""各"是分指，指全体中的任何一个个体，"每"侧重个体相同一面，"各"侧重于不同一面。例如"每人都有两只手。""各人有各人的难处。""某"是不定指。"另"是旁指，指称所说范围之外的。例如：

㉒早晨，我们一行五人前往驻军某部采访。

㉓两个人出去只回来了一个，另一个人说是去见朋友了。

"其他"是旁指，指特定范围以外不能确定的人或事物。需要注意的是，"其他"中的"他"不是一个人称代词，而是一个指示代词。汉语里"他"用于指代的用法很常见，例如"他乡遇故知。""不能随便将赈灾捐款挪为他用。"

3. 疑问代词的用法

表示疑问的代词叫疑问代词。例如：

谁　　什么　　哪　　哪儿　　哪里　　多会儿　　几　　多少

怎样　　怎么　　怎么样　　多少

疑问代词经常出现在疑问句中。例如：

㉔你刚才去哪儿了？(有疑而问，特指问)

㉕他怎么会不知道呢？(无疑而问，反问)

疑问代词"哪"表示疑问，不确指，要求在所指代的人或事物中选定。"哪里、哪里"有时不表示询问处所，而用于表示否定，在别人夸奖自己时用它比用"不"显得更委婉。

疑问代词有时也可以不表疑问，主要有任指、不确指、虚指三种用法。

(1)表示任指

疑问代词表示任指时用句号结句。句中的疑问代词指称任何一个人、任何一件事或任何一种方式等，表示在所说的范围之内没有例外。例如：

㉖谁也听不懂他说的话。(任何一个人)

㉗我哪儿都不想去。(任何一个地方)

㉘无论什么意见，大家都可以提。(任何一种意见)

一般情况下，表示任指的代词后面经常出现"都、也"等副词，表示周遍性。

（2）表示不确指

疑问代词表示不确指时用句号结句。句中的疑问代词指不确定的某个人、某个事物或某种方式等。通常用两个相同的疑问代词前后呼应，前一个疑问代词指代实际存在的或想要的东西，后一个疑问代词指代前一个代词所代的对象。例如：

㉙谁想去谁就报名。

㉚大家想怎么干就怎么干。

㉛你喜欢哪个，就可以拿走哪个。

㉜他想去哪儿就去哪儿。

（3）表示虚指

疑问代词表示虚指时用句号结句。句中疑问代词表示不知道、说不出来或不便说明的某人、某物、某个处所、时间或方式等。例如：

㉝这个人我好像在哪儿见过。

㉞你什么时候回来，咱们老同学一起聚聚吧！

㉟这辆自行车不知怎么就坏了。

㊱李红明天过生日，咱们买点什么礼物送给她吧！

九、拟声词

拟声词是模拟自然界声音的词，例如"哗啦、叮当、轰隆隆、叽叽喳喳、叽里咕噜"等。

拟声词可以充当定语、状语、谓语、补语等句法成分，也可以用作独立语，有时还可以单独成句。例如：

①河水哗哗地流着。（状语）

②街上非常寂静，只有铁铺里发出单调的当当的声音。（定语）

③开花的时节，满野的蜜蜂嘤嘤嗡嗡，忙得忘记了早晚。（谓语）

④等我回来的时候，他早已回来睡得呼呼的了。（补语）

⑤吮，门被一脚踹开了。（独立语）

⑥轰隆隆，轰隆隆。外面传来了一阵又一阵的炮声。（单独成句）

十、叹词

叹词是表示感叹、呼唤、应答的词，例如"唉、啊、哼、哦、喂、嗯"等。

叹词可以充当定语、状语、谓语等句法成分，也可以用作独立语，有时还可以单独成句。例如：

①电话那头儿有人一直在"喂、喂"地叫着。（状语）

②他扬着浓浓的眉毛，咧着嘴巴"哼"了一声。（谓语）

③一大半人的嘴巴不自觉地张开，时不时还发出"啧！啧！"的赞叹声。（定语）

④啊，多可爱的小生灵！（独立语）

⑤他回来了吗？嗯。（单独成句）

叹词"啊"在不同的语境中，可以通过不同的语调表达不同的意义。例如：

⑥啊，是小李呀。（微微一惊，"啊"句调低降）

⑦啊，张老师要调走了？（大吃一惊，"啊"句调高扬、短促）

⑧啊，原来是这样子啊。（恍然大悟，句调低降、舒缓，声音较长）

⑨啊，就这样吧。（表示应允，句调低降，声音短促）

十一、实词的误用

（一）名词、动词、形容词的误用

1. 名词误用为动词或形容词。

①他一连睡眠了好几天。

②球队获得了冠军，队员们都感到十分荣誉。

2. 动词误用为名词或形容词。

③他散布种种捏造，妄图破坏我们的友谊。

④这是一个多么感动的场面呀！

3. 形容词误用为动词。

⑤老一辈科学家身上充沛着可贵的工作热情。

（二）数词、量词的误用

1. 数词的误用。

⑥上学期他有二门功课考得不及格。

⑦他们俩个都不喜欢在外面吃饭。

⑧电视机的价格一降再降，有的甚至下降了三倍。

⑨王耀堂厂长的表率作用激发了全厂工人的劳动热情，产量一下子提高到百分之二十。

2. 量词的误用。

⑩他那身汗渍的劳动布单帽的半新的家做黄布褂子都早已湿透了。

数量短语后加"以上、以下、以前、以后"的，有一个划界问题。例如：

⑪工厂通知，今天下午 30 岁以下的人去街上执勤，30 岁以上的人仍在厂里上班。

⑫2000 年以前进校的和 2000 年以后进校的教职工采取不同的住房分配政策。

(三)副词的误用

1. 不明词义，该用甲副词而用了乙副词。

⑬新来的经理同老经理一样，更体贴职工。

2. 否定副词的误用。

⑭进场施工，要防止不发生事故。

⑮谁也不会否认，地球不是绕着太阳转的。

⑯谁说这种病不是不能治的，你就放心吧。

3. 形容词误用为副词。

⑰他在工作中犯这么大的错误不是偶尔的。

(五)代词的误用

代词误用主要包括指代不明、代词用错和远近指不当。

⑱那位瘦瘦的女看守说来也奇怪，她似乎很听这个女人的话，她支使她，不论什么事她差不多都能瞒过其他警卫和看守照着去办。

⑲因为汇集的论文都是有关汉语和壮语的，该书取名为《汉壮语调查与研究》。

⑳在首都机场，她告诉我们，很小的时候，她就酷爱滑冰，后来进了哈尔滨少年队，这里有她的启蒙老师。

十二、实词小结

(一)词的兼类

词的兼类是指某个词经常具备两类或两类以上词的主要语法功能。例如

"丰富"是形动兼类词,作为形容词,它可以前加程度副词,如"很丰富、非常丰富";作为动词,可以后跟宾语,如"丰富业余生活"。

兼类词必须满足两个条件:一是具备两类或两类以上词的语法特点,分属不同的功能范畴;二是语法功能不同,但词汇意义密切相关。例如:

①我们今天选了人大代表,他们要代表大家去北京开会。

②已经给你带来了很多麻烦,不好意思,这次又要麻烦你了。

要注意把兼类词与同音同形词区分开。同音同形词是语音相同、书写形式相同,但词汇意义在现时平面上没有联系的一组词。例如:

把校徽别上去吧!
别回去了,你看天都黑了。

桌子上放着一盆净水。
地上净是水。

常见的兼类词主要有以下几类;

(1)兼属动词、名词

病 锈 锁 刺 建议 决定 领导 工作 代表

指示 通知 总结 警告 计划 抗议 设计 启发 希望

误会 主编

(2)兼属名词、形容词

沙 科学 标准 经济 道德 困难 理想 内行

精神 典型

(3)兼属形容词、动词:

破 忙 错 少 多 弯 省 松 对 差

热闹 丰富 明确 端正 明白 努力 坦白 公开 统一 壮大

(4)兼属区别词、副词

共同 自动 定期 非法 全力 公然

(5)兼属形容词、动词、名词

麻烦 方便 便宜

(二)词类活用

词类活用是指在特定条件下,为了表达上的需要,临时把甲类词用作乙类词。例如:

③我的长相很中国,中国五千年的沧桑和苦难都写在我的脸上。

④他唯一的孩子也在战场上光荣了。

例③中名词"中国"临时用作形容词，例④中形容词"光荣"临时用作动词。名词适用可以使表达言简意赅、生动形象、别致新颖。但要注意的是，它要同时满足两个条件：一是词的语法功能的转变是临时的，二是不同语法功能的词在词汇意义方面存在联系。

【思考与练习三】

一、将下面句子中的词划分开，并指出其中实词的小类。

(1)你们在想要攀登科学顶峰之前，务必把科学的初步知识研究透彻，还没有充分领会前面的东西时，就决不要动手搞以后的事情。

(2)在旧社会，多少从事科学文化事业的人们，向往着国家昌盛，民族复兴，科学文化繁荣。但是，在那黑暗的岁月里，哪里有科学的地位，哪里又有科学家的出路啊！

(3)秋天的后半夜，月亮下去了，太阳还没有出来，只剩下一片乌蓝的天；除了夜游的东西，什么都睡着了。

(4)窗外，雨声淅沥，雷声不断，雨点打在白玉台阶上，梧桐树叶上，分外地响。风声缓一阵，紧一阵，时常把雨点吹过画廊，敲在窗上，又把殿角的铁马吹得叮叮咚咚。

(5)春分刚刚过去，清明即将到来。……这是科学的春天！让我们张开双臂，热烈地拥抱这个春天吧！

二、指出下列各组词的词性。

(1)热爱　　可爱　　　　(2)勇气　　勇敢
(3)任性　　索性　　　　(4)坚决　　决心
(5)过去　　刚刚　　　　(6)初级　　高级
(7)进步　　进展　　　　(8)见效　　效法
(9)充裕　　充满　　　　(10)青年　　年轻

三、指出下列各句中加点词的词性。

(1)我们应该立刻开始这项工作。

(2)对于这件事情的来龙去脉，想必大家都很清楚。

(3)他刚刚离开，一个人回学校了。

(4)我们每一个人都非常渴望成功。

(5)三十岁和三十岁以上的老师都可以享受休假。

(6)旧上海有很多西式的洋房。

(7)谁有事情都可以找他帮忙。

(8)她没有出去工作，整天在家带孩子。

(9)情况会一天天好起来的。

(10)他说完就走了，连一口水都没来得及喝。

四、结合下面的例句，分析"能"和"会"的用法。

(1)a. 我能弹钢琴。

　　b. 我会弹钢琴。

(2)a. 他真能说。

　　b. 他很会说。

(3)a. 他游泳水平很高，一次能游 2000 米。

　　b. ＊他游泳水平很高，一次会游 2000 米。

(4)a. 他的腿好了，能游泳了。

　　b. ＊他的腿好了，会游泳了。

(5)a. 我的腿受伤了，不能游泳了。

　　b. 我不会游泳。

五、用"能"和"会"填空，并分析它们的用法。

(1)天色这么晚了，他＿＿来吗？　　　　　　　　　　（　　　）

(2)她那么喜欢跳舞，今晚的晚会，她肯定＿＿来的。　（　　　）

(3)火车再有半个小时就要开了，我＿＿赶上这趟车吗？（　　　）

(4)＿＿到北京语言大学去学汉语，马丁感到非常高兴。（　　　）

(5)你去找他吧，他很热心助人，＿＿帮你这个忙的。　（　　　）

(6)你去找他吧，他认识不少人，＿＿帮你这个忙。　　（　　　）

(7)只要是我喜欢的东西，再贵我也＿＿买。　　　　　（　　　）

六、改正下列句子中的错误，并说明理由。

　　(1)一连几天他都没睡好觉，这事儿忙完之后，他一连睡眠了十二个小时。

　　(2)陶渊明在《桃花源记》中，理想了一个和平、宁静、没有任何矛盾斗争的极乐世界。

（3）上学期他有二门功课不及格。

（4）因为下雨，他们俩口今晚都没出去散步。

（6）小张干活很卖力，厂里没有一个不说他劳动不积极的。

（7）消费旺季过去了，空调的价格一降再降，有的甚至下降了两倍。

（8）赵家坡建起了一座蓄水近十万多立方米的水库。

（9）实行新的管理制度以来，产品的优质率由过去的百分之八十提高了百分之九十。

（10）从延安路到胜利桥有六七里，胜利桥到红旗路有七八里，这段距离并不远。

（11）对这些人的处罚，不能完全一律。

（12）在该书出版之际，我要特别感谢我的导师，因为他给予了我很多的帮助。

（13）我国的文言散文，受孕于先秦诸子的历史散文和哲理散文，胚胎于两汉的历史经传，因而一开始就具有密切联系实际、忠实反映现实的现实主义精神。

（14）他家的对面是一幢小山。

七、请看例句：

（1）这是搞科学研究，不是下孩儿过家家。

（2）姑妈是回去了，姐姐没有骗你。

这两个句子中"是"的性质是否一样？试加以论证说明。

第四节　虚　词

【目标要求】掌握各类虚词的主要用法，学会在语言表达中正确运用虚词。

虚词包括介词、连词、助词、语气词四类。

虚词有一些共同的特点，即：一是依附于各类实词或短语，表示一定的语法意义；二是既不能独立成句，也不能充当句法成分；三是不能重叠；四是数量有限；五是使用频率高；六是内部成员个性突出；七是没有具体明确的词汇意义。

虚词是汉语中重要的语法手段之一。句法结构中所用虚词不同，所表示的意义也不一样，例如"我和他都去北京。""我下周和他去北京"。前一句中的"和"是连词，后一句中的"和"是介词。

下面分别介绍各类虚词的主要用法。

一、介词

(一)介词的意义和种类

介词主要起标记作用，依附在一定的实词或短语前面，共同构成介词短语，修饰、补充谓词性成分，标明与动作、性状有关的时间、处所、方式、原因、目的、施事、受事、对象等。

介词主要有以下几类：

表示时间、处所、方向：从 自从 自 打 到 在 由 向 于 至 趁 当 当着 沿着 顺着

表示依据、方式、方法、工具、比较：按 按照 遵照 依照 根据 根据 凭 靠 本着 用 通过 以 比

表示原因、目的：因 因为 由于 为 为了 为着

表示施事、受事：被 给 叫 让 归 由 把 将

表示关涉对象：对 对于 关于 跟 同 给 和 替 向 除了

(二)介词的主要语法特点

(1)介词主要附着在名词、代词、名词性词语或谓词性词语的前面构成介词短语，可以充当状语、定语、补语等句法成分。例如：

①我们准备从上海出发去日本。

②我做了一份关于人力资源的报告。

③台上发言的教授来自北京大学。

④趁他不注意，我把他的玩具给藏了起来。

(2)介词不能单独用作句法成分，后面不能带上"着、了、过"等动态助词。极少数情况下，介词短语用作补语时，出于表达动作情态的需要，"了"可用于介词的后面。例如：

⑤小孙子高兴地喊着，扑向了爷爷。

⑥他惊讶地一屁股坐在了椅子上。

需要说明的是，介词"朝着、随着、顺着、沿着、为了、除了"中的

"了"和"着"是双音节介词的一部分，不是动态助词。

(三)介词和动词的区分

现代汉语的介词大部分是由古代汉语中的动词虚化而来，有一部分动词完全虚化成为介词，还有一部分动词处在虚化过程中，兼有介词和动词两种词性。具体来说有以下三种情况：

(1)完全虚化，成为专用介词，例如"被、从、沿、趁、除了"等。

(2)动词和介词虽然同音，但意义区别明显，例如"把、给、打、问、跟、当"等。

$\begin{cases} A\ 把着大门不让进。(动词) \\ B\ 把门打开。(介词) \end{cases}$

$\begin{cases} A\ 你别打小孩儿。(动词) \\ B\ 打昨天起就一直不停地下雨。(介词) \end{cases}$

(3)动词跟介词同音同形，意义难以区分，例如"在、到、替、靠、往、向、朝、比、通过、按照、为了"等。

$\begin{cases} A\ 他在北京。(动词) \\ B\ 他在北京工作。(介词) \end{cases}$

$\begin{cases} A\ 两个人可以比一下。(动词) \\ B\ 你比他高三公分。(介词) \end{cases}$

介词和动词的区分，可以从两方面入手：一方面，根据意义，比如说上面提到的第二种情况；另一方面，在具体语境中看"是能否单独用作谓语或谓语中心语，能否加动态助词或者重叠"，如果能，就是动词，反之则是介词。例如：

$\begin{cases} A\ 他用斧头砍树。(介词) \\ B\ 他用过斧头。(动词) \end{cases}$

$\begin{cases} A\ 通过这件事，大家的环保意识明显提高了。(介词) \\ B\ 大会通过了这项决议。(动词) \end{cases}$

$\begin{cases} A\ 他给我买了一张票。(介词) \\ B\ 妈妈给我十元钱。(动词) \end{cases}$

(四)常见介词的用法

1. 对于、对

"对于"和"对"都是用来标记或介引动作的对象或与动作有关的人或事

物，大多数情况下可以通用。例如：

⑦把余钱存入银行，对于/对国家和个人都有好处。

一般来说，能用"对于"的地方也能用"对"，但是能用"对"的地方不一定能用"对于"。区别在于：当"对"表示"向"和"对待"这两种意思时，只能用"对"，不能用"对于"。例如：

⑧你没有对我说实话。——＊你没有对于我说实话。

⑨他对老师很有礼貌。——＊他对于老师很有礼貌。

使用"对于""对"，一个常见的错误是主客体颠倒。例如：

⑩＊那段史无前例的动乱岁月，对于这些老三界知青是很熟悉的。

⑪＊那段史无前例的动乱岁月，对这些老三界知青是很熟悉的。

例⑩可改为"这些老三界知青，对那段史无前例的动乱岁月是很熟悉的。"例⑪有两种改法，一种是改为"这些老三届知青对于那段史无前例的动乱岁月，是很熟悉的。"另一种是在"知青"后面加上"来说"，这时"对于/对……来说"是插入语。

2. 关于、对于

"关于"主要用来引介相关事物，表示范围或提示。"关于"和"对于"有时可以互换。例如：

⑫关于/对于这个问题，我没什么意见。

它们之间的区别主要在于："关于"偏重范围，"对于"偏重对象。细分起来有三点：

(1)表示关联涉及的对象用"关于"，表示对待对象的用"对于"。例如：

⑬关于这个问题，可以参考下列资料。

⑭对于青年学生，要引导他们向前看。

(2)"关于"组成介词短语，要放在主语之前。"对于"组成的介词短语，放在主语前后都可以。例如：

⑮关于这个问题，我很感兴趣。——＊我关于这个问题很感兴趣。

对于这个问题，我很感兴趣。——我对于这个问题很感兴趣。

(3)"关于"组成的介词短语是一个自由的可以单用的语言单位，因此常常用作标题；而"对于"组成的介词短语是一个黏着的不可单用的语言单位，作为句首状语，其后面必须有后续成分。例如：

⑯关于健全党政联席会议制度的若干方法。

⑰对于这样的形势，我们一定要有充分的思想准备。

3. 在

"在"经常与方位词"上、中、下"等构成的方位短语组成介词短语，表示动作行为的处所、条件或范围等。

"在……上"主要表示方面、空间范围、条件等，有时也表示以一种较低的条件为基础向上提升。例如：

⑱在对待学习这个问题上，我们首先要有一个端正的态度。

⑲科学技术是一种在历史上起推动作用的革命力量。

⑳在大量实验的基础上，他又进行了理论的总结。

"在……中"主要表示环境、范围、过程等。例如：

㉑青年人要在艰苦中奋斗，在奋斗中创业，在创业中成长。

㉒这几位专家在学科建设中作出了巨大的贡献。

"在……下"表示前提条件，常与"领导、鼓励、指导、帮助、劝说、启发"等词一起使用。

㉓在大家的帮助下，他很快适应了这里的生活。

㉔在父母的鼓励下，她终于鼓足勇气走上了舞台。

"在……上""在……下"中间多是名词或名词性短语，一般不能是谓词性词语。例如：

㉕在不减少插秧丛数的情况下，有可能做到周围套养红萍，争取大幅度提高红萍产量，为解决肥料问题闯出一条新的路子。

"在……中"可以插入动词或动词性短语，表示动作行为正在进行。其中"在"是表示时间的副词，相当于"正在"，不要误认为是介词。例如：

㉖大坝正在建设中。

4. 由于、由

"由于"是介词，表示原因；"由"也是介词，表示"从(由北京出发)"或"被、让(由群众选举产生、由他去)"，当然也可以表示原因(由感冒引起的肺炎)。当表示原因时，两者可以通用。

5. 自、自从

(1)"自"表示时间、空间的起点，多数表示延续至今或贯穿过程的始终，所以多与"起、以来、以后"等配合使用。例如：

　　　自18岁起　　　自海外归来　　　自远而近

（2）"自"书面语色彩浓厚，有时会单音节词形成较固定的组合。例如：

　　自幼习武　　自小酷爱舞蹈　　自始至终没哭一声

（3）"自"与"发、来、产、摘、引"等动词配合使用，表示来源或处所。例如：

㉗这些与会代表来自全国各地。

㉘这种茶叶产自台湾。

"自从"只表示时间，表示从过去某个时间开始，即发生事件的时间，该事件往往一直延续或影响到之后的某时或现在说话时，所以句中常用"再也、一直"等配合。此外，"自从"引导的事件产生的多是不良影响，所以句子大多表示否定或不如意。例如：

㉙爷爷自从去年冬天生病后，就再也没有出过门。

㉚自从知道那件事后，她心里一直不痛快。

7. 跟、给

"跟"和"给"可以引进动作的对象，有时可以互换使用，但用法上也有不同。例如：

㉛他给/跟我使了一个眼色。

㉜把你的想法给/跟大家仔细说一下。

（1）"跟"引进动作的协同、随从或相关者，它参与的介词短语只能出现在动词前。例如：

㉝我跟班主任商量商量再说吧。

㉞来，跟我一起坐车去吧！

㉟这篇调研报告的内容跟地区产业协同发展问题有关。

（2）"给"引进接受者或受益者、受害者，它参与构成的介词短语既可以出现在动词前，也可以出现在动词后。例如：

㊱你去给小李打个电话吧！

㊲他给我订了一份快餐。

6. 按照、根据

（1）"按照"引进的是理性的标准、依据，即精神、决定、文件等，遵循并采取相应的做法。例如：

㊳按照上级文件精神，我们只能这样做。

㊴按照上级领导的决定，从这个月起，我们市准备实行单双号限行。

⑩按照当地的风俗，女子出嫁三天后需要回门儿。

"根据"所引进的标准、依据通常是上级或地位高的人制定的，采取相应做法的一方通常是下级或地位低的人，对标准、依据服从、遵从、不走样地照做。

需要说明的是，"按照"不能与单音节词搭配使用。例如：

按照要求做　　　按照合同的规定处理

(2)"根据"是通过数量、程度、事实、材料等得出判断或作出决定，一般多与"意见、要求、调查、经验、预报、分析"等搭配。例如：

⑪根据大家的意见，我们最终决定选王明当支部书记。

⑫根据人口调查统计，个别城市人口数量略有下降。

二、连词

(一)连词的意义和种类

连词是连接词、短语、分句、句子的虚词，表示并列、选择、递进、转折、条件、因果等关系。

根据连接对象的不同，连词主要分为三类：

(1)连接词或短语的，例如"和、跟、同、与、并、及"等。

(2)连接句子或分句的，例如"因为、所以、虽然、但是、如果、只要、那么、否则"等，这类连词常配对使用，也可以单用。

(3)既可以连接词或短语，也可以连接句子的，例如"而、或者、并且"等。

(二)常见连词的用法

1. 和、跟、同、与

"和、跟、同、与、及、以及"等都表示联合关系，主要用来连接名词性词语人们习惯称其为"和"类连词。这些连词的风格色彩和用法略有不同，"跟"有北方口语色彩，"同"有南方口语色彩，"与、及、以及"有书面语色彩。需要指出的是，"及、以及"虽然也连接并列成分，但表达的意思上有主次之别。

"和"并不限于连接名词和名词性短语，也可以连接动词和形容词等谓词性成分。但需要注意的是，"和"连接谓词性成分用作谓语时，对于动词来说，一般要有共同的宾语或状语；对于形容词来说，一般要有共同的状

语。例如：

①我们要积极宣传和贯彻党的教育方针。

②这项工作的意义十分伟大和深远。

并且，"和"连接谓词性成分所构成的联合短语多用作主语、宾语、定语等句法成分。例如：

③聪明和勤奋是每一个成功人士的重要品质。

④教育成功的秘诀在于理解和尊重。

⑤老师应该重点培养学生的阅读和写作能力。

2. 及、以及

"及"只能连接名词性词语，"以及"还可以连接动词性词语，不过这样的联合结构一般不用作谓语，而是用作主语、宾语。大多数情况下，这两个词所连接的并列成分常常在意思上可以分出主次，次要的、从属的放在后面。例如：

⑥封建主总是力图通过军事、政治、法律等暴力手段以及温情脉脉的宗法关系来控制劳动人民。

与连词"和"表达两者的对等地位不同，"及、以及"更强调前者，连接的后者通常是作为前者的对等参照或补充。

3. 而、而且

"而"只能连接动词、形容词等谓词性成分，可以表示并列、转折、承接等关系。例如：

勤劳而朴实　　简短而有力　　肥而不腻

少而精　　取而代之　　战而胜之

此外，"而"经常跟"为、因"等配合构成一些固定结构。例如：

⑦为祖国语言的纯洁和健康而斗争。（"为……而……"格式表示动作的目的）

⑧因作品产生极大的社会效益而获得大奖。（"因……而……"格式是前表原因，后表结果）

⑨＊为人民而服务。（当"为"后面跟上动作行为的对象时，就不能用上"而"）

"而"有时还用在主语和谓语之间，实际上是关联了两个命题，表示转折关系。例如：

⑩当官而不为民做主，不如回家卖红薯。

⑪民族解放战争而不依靠广大人民群众，毫无疑问是不能取得胜利的。

"而且"只能连接谓词性词语，表示并列或递进关系，此时可与"而"自由替换。此外，"而且"还可以连接分句。例如：

⑫他的脸黑而且瘦。

⑬这种布料质地柔软而且光滑。

⑭这次展出的年画，数量多，而且题材新颖、形式风格多样。

4. 并、并且

"并、并且"连接动词及动词性短语，表示递进关系。例如：

继承并发展　　坚决拥护并且认真执行

⑮他不但嘴上这么说，并且行动上也是这么做。

5. 或者、还是

"或者"和"还是"都表示选择，用在"无论、不管"一类词的后面，两者可以互换。

⑯不管你或者/还是我，都不能忘了那些曾经帮助过我们的人。

"还是"用于疑问句，"还是"用于陈述句。例如：

⑰大学毕业之后，你是参加工作还是继续深造？

⑱你或者他，去一个人就行。

6. 因为、由于

"因为"和"由于"都可以表示原因，但两者不同："因为"引导的分句可以在前，也可以在后，"由于"引导的分句只能在前。例如：

⑲因为生病了，他没去单位上班。—他没去单位上班，因为生病了。

⑳由于生病了，他没去单位上班。—*他没去单位上班，由于生病了。

(三)连词和介词的区分

有些连词跟介词同形，它们存在划界问题，例如"和、跟、同、由于、因、因为"等。

{A 我和王老师明天都去北京出差。(连词)

{B 我明天和王老师去北京出差。(介词)

连词"和"与介词"和"的区分方法有：(1)省略法。连词"和"可以省略或改用顿号；介词"和"不能省略或改用顿号。(2)互换位置法。连词"和"所连接的两个成分是并列关系，一般可以互换位置而句子的基本意思不变；

介词"和"前后的两个名词性成分没有直接的语法关系，更不能互换位置。

（3）插入成分法。连词"和"前面不能出现状语，介词"和"前面可以出现状语。

> A 由于他不愿意来帮忙，我们只好自己做了。（连词）
> B 由于种种原因，我们只好自己做了。　　（介词）

连词"由于"与介词"由于"的区别在于其后所连接成分的性质不同：如果连接的是分句，是连词；如果连接的是名词性成分，是介词。

三、助词

（一）助词的意义和种类

助词的作用是附着在实词、短语或句子上表示结构关系或动态等语法意义。

助词主要有以下几类：

（1）结构助词：的　地　得

（2）动态助词：着　了　过

（3）尝试助词：看

（4）时间助词：的　来着

（5）概数助词：来　把　多　左右　上下

（6）比况助词：似的　一样　般　一般

（7）其他助词：所　给　连　的话　们

助词大多是附着在某些词语的后面或前面，凡是后附助词（如"的、着、了、看"等）都读轻声，前附助词（如"所、给、连"等）则不读轻声。

（二）助词的主要用法

1. 结构助词

结构助词主要表示附加成分和中心语之间的结构关系。口语表达中读"de"，书面语中习惯写成三个字：的（定语后面）、地（状语后面）、得（补语前面）。

书面语中有时会沿用古汉语中的结构助词"之"，双音节定语修饰单音节中心语时经常用到，例如"光荣之家、宋元之际、生命之光、幸福之门"等。

"的"可以附着在动词、名词、形容词、区别词及某些短语的后面构成

"的"字短语,例如"木头的、买的、红的、大型的、中国制造的、这家饭店的"。"的"字短语泛指某类人或物,具有概括性,多用在口语中,其主要的语法功能是用作主语和宾语,有时也用作谓语。

2. 动态助词

动态指的是动作或性状在变化过程中的情况,是处在哪一点或哪一段上。动态助词主要表示事件在过去、现在或者将来的情貌。

(1)着

"着"用在动词后面,表示动作在进行或状态在持续。例如:

①外面正下着雨。(动态)

②墙上挂着一幅画。(静态)

(2)了

"了"用在动词、形容词后面,表示动作或性状的实现。例如:

③同学们下了课就连忙赶去图书馆。

④一个月下来,他整整瘦了一圈儿。

"了"作为动态助词,其基本语法意义是表示"完成",它的用法可归纳为以下几点:

第一,当动作行为发生在过去,"了"用在肯定句中,当动词后面带有宾语时,它在句子中有两个位置,即句子末尾或句中动词的后面。

⑤昨天我去故宫了。

昨天我去了故宫。

需要注意的是,当动词后面带宾语时,若宾语受数量短语修饰,则"了"要放在动词之后宾语之前。例如:

⑥我昨天买了一项帽子。

*我昨天买一项帽子了。

第二,当动词后不带宾语时,句尾位置与动词之后的位置重叠,"了"既可视为处于句子末尾,也可视作处于动词之后。例如:

⑦他去年下岗了。

⑧我爷爷 2003 年去世了。

第三,"了"表示过去已经完成的动作,但并不是所有发生在过去的动作都能用"了"。具体情况如下:

A. 当句子中有"每次、天天、常常、一直"等词时,即使是动作行为发生在过去，也不能用表"完成"的"了"。例如：

⑨上个学期，他每次考试都考第一名。

⑩小时候，妈妈常常给我讲故事。

B. 如果几个动作连续发生，虽然每个动作都已经完成，但不能在表示每个动作的动词之后都加上"了"，而只在最后一个动词后加"了"。例如：

⑪他推开门，走过去，和大家打了个招呼。

⑫他翻开书，端端正正地在第一页上写了两个字。

C. 两个动作行为 V1 和 V2 都不是发生在过去，但 V1 作为 V2 的时间参照，表示 V1 发生之后 V2 才发生，这时可以在 V1 后用"了"，表示 V1 完成之后 V2 发生。例如：

⑬明天我下了课就给你打电话。

⑭他每天做完了作业才看电视。

当然，在时间上有先后顺序的这两件事情也有可能是发生在过去的。例如：

⑮昨天我洗了澡就睡觉了。

⑯他到了北京就遇到了一位老朋友。

第一个"了"是明确两个动作在时间上的先后关系，第二个"了"表示 V2 这一动作发生在过去。

（3）过

"过"用在动词、形容词之后，表示动作行为或状态曾经发生或存在。例如：

⑰我们游览过故宫。

⑱我们也年轻过。

另外应该注意"过"和"了"的不同。例如：

⑲他当过领导。（现在不是领导，着眼点是过去）

⑳他当了领导。（现在是领导，着眼点是现在）

3. 尝试助词

助词"看"用在动词重叠形式或者包含有数量补语的中补结构后面表尝试，念轻声。例如：

等等看　吃吃看　叫一声看　先做几天看

4. 时间助词

时间助词主要有"的"和"来着"。

（1）的

时间助词"的"用在动宾短语的中间，表示过去发生的事情。例如：

㉑李华是前天离开的学校。

㉒我坐飞机去的上海。

㉓你在哪里念的中学？

这类句子强调动作的处所、施事、时间、方式等，被强调的对象前往往可以加上"是"。

（2）来着

时间助词"来着"用在句末，表示不久前发生过的事，多用在口语中，接近于英语的现在完成体。例如：

㉔这些天你忙什么来着？

㉕我上午去商店买东西来着。

"的"和"来着"虽然都可以表示过去发生的事件，但它们之间有着明显的不同："的"偏重强调动作的时间、处所、方式、施事等，例如"我前天进的城""我在北京读的大学""依据学校规定作的处理""老王发的言"。而"来着"则偏重突出动作行为本身，例如"我七点钟吃早饭来着"，用"来着"只是肯定"吃早饭"这一动作。

5. 概数助词

"来、把、开外、左右、上下、前后"等经常附着在数词或数量短语的后面，表示概数。例如：

三十来岁　　百把人　　六十岁开外

四十岁上下十个月左右五点前后

"前后、左右、上下"等虽然都表示概数，但用法有一些不同："前后"只用于时间，不用于年龄、距离、重量，例如"八点前后、＊二十岁前后、＊两斤前后"。"上下"多见于成十的数词之后，可用于年龄和重量，但不用于时间，例如"三十岁上下、九十斤上下、＊十二点上下"。"左右"可用于时间、重量、距离、年龄，例如"八点左右、两个月左右、一百斤左右、两公里左右、三十岁左右"。

6. 比况助词

比况助词附着在名词性、动词性、形容词性词语的后面构成比况短语，表示比喻。例如：

花一样的年龄　　雷鸣般的掌声　　花园似的学校

淋得落汤鸡一般　　堆得小山似的

7. 其他助词

"所"是从古汉语沿用下来的助词，用在及物动词前面构成名词性短语，例如"所见、所闻"。"所"也经常跟"为"配合使用，组成"为……所"格式，例如"为广大群众所喜闻乐见、已为实践所证明"。

"给"用作助词时，经常附着在动词前面，口语色彩较浓厚。例如：

㉖那本新买的图画书被我妹妹给撕破了。

㉗我把房间都给收拾好了。

助词"给"既能用于主动句，也能用于被动句，都可以删去而不影响句子的基本意思。

"连"用在名词性、动词性、形容词性短语前面，与"也、都、还"相呼应，构成"连……都/也……"格式，表示强调，隐含有"甚而至于"的意思，这种助词"连"删去后不会影响句子的基本意思。例如：

㉘连三岁的小孩儿都知道这个道理。

例㉘表示道理简单，三岁的孩子都懂，这里隐含了一个比较句，即"你怎么就不懂呢。""连"后面的名词性成分，是对比强调的部分，隐含对比的意思。

"的话"表示假设，既可以同"如果、假若、假如"等表假设的连词配合使用，也可以单用。例如：

㉙如果下雨的话，运动会就往后顺延一周。

㉚找不到他的话，这本书托他姐姐转交也行。

"们"表示群体复数，因此不与确数连用，例如"＊十个学生们""＊一千名职工们"是不能说的。表示抽象的某类人时，尽管表示复数，但也不能加"们"，例如"教师是人类灵魂的工程师"。另外，"们"还可以用在指人的专有名词之后，表示"之类、之流"的意思。例如：

㉛一切恶滩险水，都不在现代的李冰们的眼里。

㉜新时代的诸葛亮们，希望在现代化的建设中能更充分发挥你们的聪明才智。

四、语气词

(一)语气词的意义和种类

语气词常用在句末表示语气，也可用在句中主语、状语后头表示停顿。

我们平时说话，每句话会都带有一定的语气。句子表达语气的手段主要有四种：语气词、语调、语气副词(如"难道、究竟")、句法格式(如"V 不 V""是……还是")，其中语调不可或缺，它常常与其他手段配合使用。

根据表示语气的不同，语气词可分为四类：

(1)表示陈述语气的：的　了　吧　呢　啊　嘛　呗　罢了(而已)　也罢　也好　啦

(2)表示疑问语气的：吗(么)　呢　吧　啊

(3)表示祈使语气的：吧　了　啊

(4)表示感叹语气的：啊

语气词的语法特征主要表现在两个方面：一是附着性强，只能附着在句末或句中某些词的后面。二是语气词常跟语调一起共同表达语气。

语气词有时会影响到能否成句。一般说来，词或短语加上语调后就成为句子，但是有时还需要加上语气词才可以成为句子。例如：

①他打完球了。——＊他打完球。

②春天了。——＊春天。

(二)常用语气词的用法

1. 啊

"啊"可用在陈述句、疑问句、祈使句和感叹句中，主要作用是舒缓语气，增加感情色彩。

"啊"用在陈述句句末，有强调、提醒、申明等作用。例如：

③谁不想出去逛逛，就是没那闲工夫啊。

④逢年过节慰问转业军人可是咱街道委员会的老传统啊。

"啊"用在疑问句句末，有舒缓语气的作用，但在不同小类的疑问句中，其作用强弱并不相同。例如：

⑤明天你也去北京啊？

⑥我们谁去打扫教室啊？

⑦他们明天到底来不来啊？

"啊"用于祈使句句末,使句子所要表达的请求、命令、劝告语气略微舒缓一些。例如:

⑧你也去看看啊。

⑨快走啊,要不就迟到了。

"啊"用于感叹句句末,作用在于强化句子所表达的感情。例如:

⑩西湖的风景多美啊!

⑪这儿有一张漫画啊!

2. 吧

"吧"主要用于疑问句和祈使句,表示猜度或商量口气。

"吧"用在疑问句句末,表示疑信之间,有猜度的意味,希望对方给予证实。例如:

⑫你是中国人吧?

⑬天晴了吧?

"吧"用在祈使句句末,可以使请求、命令、劝告、催促等语气略为舒缓一些,有商量的意味。例如:

⑭给我开开门吧!

⑮快点去写作业吧!

3. 吗

"吗"的作用是表示疑问,只用在是非问句中。例如:

⑯你已经准备好了吗?

⑰他会改变主意吗?

4. 呢

"呢"用于陈述句和疑问句,主要作用是指明事实不容置疑,略有夸张的意味。

"呢"能用在特指问句、选择问句、正反问句中,但不能用在是非问句中。"呢"在疑问句中并不表示疑问,其主要作用是表示深究的语气。例如:

⑱谁是那位不速之客呢?

⑲派小张好呢?还是派小王好呢?

"呢"用于陈述句句末,表示一种不容置疑的肯定语气。例如:

⑳我其实没什么,你才辛苦呢!

5. 的

"的"表示陈述语气，主要作用是加强对事实的确定和未来的推断，表示事情本来如此，它经常和表示强调的副词"是"配合使用。例如：

㉑我昨天问过李先生，那种情况是不可能出现的。

㉒我们是永远不会忘记你的。

语气词"的"和结构助词"的"有时容易混淆。试比较：

㉓他是卖菜的。（结构助词）

㉔这本书是新买的。（结构助词）

㉕他那样回答是可以的。（语气词）

㉖他是会来的。（语气词）

区分结构助词"的"和语气词"的"可以从以下两个方面进行：一方面，看"的"后面能否添加相应的名词。能添加的是结构助词"的"，不能添加的是语气词"的"。例㉓中"的"后面能添加名词变为"卖菜的（人）"，例㉔中"的"后面能添加名词变为"新买的（书）"，所以句中的"的"是结构助词；例㉕和例㉖中"的"后面不能添加名词，所以句中的"的"是语气词，因为语气词附着于句尾。另一方面，看删去"是、的"之后，句子基本意思是否有变化。如果变了，"的"是结构助词，否则就是语气词。例㉓、例㉔中删去"是"和"的"，句子基本意思变了，所以"的"是结构助词；例㉕、例㉖中删去"是、的"，句子基本意思没变，所以"的"是语气词。另外，还可以用改为否定句的办法来判定"的"的性质。一般来说，判断动词"是"与结构助词"的"配合使用，副词"是"与语气词"的"配合使用。如果否定副词"不"出现在"是"的前面，说明"是"是判断动词，与之同现的"的"是结构助词；如果否定副词"不"出现在"是"的后面，说明"是"是副词，与之同现的"的"是语气词。

6. 了

"了"用于陈述句句末，表示新情况的出现，同时也有成句煞尾的作用。例如：

㉗小红今年十六岁了。

㉘下雨了，回屋去吧。

㉙不刮风了，可以走了。

语气词"了"和动态助词"了"同形，要注意分辨。一般来说，可以从两个方面进行区分。一方面，语气词"了"总是附着于句尾，而动态助词"了"则出现在句中。例如"他已经学了三门外语了。"前一个"了"就是动态助词，后一个"了"是语气词。另一方面，有时动态助词"了"和语气词"了"在句末会同时出现。根据同音删除的原则，所以出现在句末的"了"兼有动态助词和语气词双重作用。例如"自行车他已经骑走了。""西山的枫叶红了。"句末的"了"放在动词、形容词后面，既表示动作或性状的实现，也表示变化。

二、虚词的误用

(一)介词的误用

1. 对、对于

"对于""对"都可以标记动作的对象或与动作有关的人或事物，在很多情况下可以通用。"对、对于"的误用主要有以下两点：

第一，该用"对"却用了"对于"。例如：

① * 我们做任何工作，都要对于人民负责。

第二，主客体的位置颠倒。例如：

② * 这种不文明、不礼貌的行为，对于具有文化教养的人是不能容忍的。

2. 关于

"关于"引进关涉的事物，有表明话题的作用，它与名词性成分构成的介词结构有提示性，必须放在主语之前。例如：

③ * 我关于美学，所知有限。

3. 给

介词"给"和"跟"的用法有相通的一面，都能表示"对、向"等意义，例如"他给我说起过这件事儿"和"他跟我说起过这件事儿"的意思是一样的。但两者也有不相通的一面；"给"还可以表示与介词"为、替、被、让"等相当的意义，"跟"还可以表示与介词"和、同"等相当的意义。当"给"和"跟"在不相通的意义上混用时，就会出现错误。例如：

④ * 老王家正给老李家打官司呢！

根据句意，例④中的"给"应改成"跟"。

4. "于"

"于"是个古语词，现代汉语中主要用来构成介词结构充当补语、状语等句法成分。除了表示"在、比、向"等意义之外，它还表示"到(达于极点)、从(认识开始于经验)、对于(于我们适用的东西)"等意义。在使用中最容易犯的毛病是某些动词后不能带"于"却带了"于"。

⑤＊一开始的粗心和懈怠，最后导致于彻底的失败。

⑥＊北京大学吸引了来自于100多个国家的留学生。

(二)连词的误用

1. 和

运用"和"连接并列成分时，要注意分清层次，否则容易造成层次不清。例如：

⑦＊在日本访问的中国法律工作者代表团、中国歌舞团和中国五金进出口公司和中国矿产公司代表团，今天乘船启程回国。

如果并列的成分不止两项，习惯上只用一个"和"，并且要放在最后两项之间，例如"工人、农民和知识分子"。如果并列的几项是可以分组的，就让"和"与顿号连用来表明分组并列的关系，例如"工厂、商店和农场、牧场"。

2. 及其

"及"是连词，"其"是代词，"及其"表示"和他(们)的"。下面句子中"及其"应改为"以及"：

⑧＊不久，我和妈妈及其几个小伙伴也被关进了监狱。

3. 或(或者)

"或(或者)"跟"和"容易相混，"或"表示选择，或甲或乙，多项选一；"和"表示联合，两项或几项兼有。例如：

⑨＊奶皮子是内蒙古自治区呼伦贝尔盟或锡林郭勒盟牧区的名产。

事实上，奶皮子既是内蒙古自治区呼伦贝尔盟又是锡林郭勒盟牧区的名产，其间不是"或甲或乙"的选择关系，句中的"或"应该改为"和"。

4. 还是

"还是"和"或者"容易混淆。在"无论、不管"一类词后，两者可以互换；"还是"用于疑问句，"或者"不能。例如：

⑩＊你到现在还没决定是学文科或者理科？

5. 而

"而"可以与介词"因"连用，共同构成"因……而……"格式，该格式前表原因，后表结果，例如"因作品产生了极大的社会效益而获大奖"。"而"在连接动作表示结果时，要注意跟"因、由于"等介词的搭配，否则就会造成因果关系不明。例如：

⑪＊他害怕坏人报复而见死不救，被开除出党。

很显然，要在"害怕"前面加上"因"，这样表意才清楚。

(三)助词的误用

1. 的、地、得

结构助词"的、地、得"分别是定语、状语、补语的标志。为了增强表达的准确性，书面语中必须分清楚它们的用法。

⑫＊这件事办的不错。

⑬＊经常的学习是很有必要的。

⑭＊我们对这个问题进行了深入地讨论。

例⑫中的"的"应改为"得"，因为"办"和"不错"之间是中补关系。例⑬中的"的"应改为"地"，因为"经常"用作状语修饰"学习"。例⑭中的"地"应改为"的"，因为"进行"是形式动词，它必须后跟以谓词为中心的定中结构作宾语。

2. 着

"着"表示动作行为正在进行或状态一直持续。下面句子中"着"的使用有误。

⑮＊这一事实充分显示着在他面前没有克服不了的困难。

⑯＊总统也希望着朝野早日通过对话协商，共谋解决问题的途径。

⑰＊这一切说明着学校对学生是多么的关心啊！

例⑮中的"显示"本身可以表示持续进行，所以不能再用"着"。例⑯中的"希望"本身含有持续的意思，所以不能再用"着"。例⑰中的"说明"是补充式复合词，本身已含有结束的意思，所以不能再用"着"。

3. 了

"了"表示动作行为的完成或状态的实现，使用时注意不要与句中的其他词发生语义矛盾。

⑱＊现在全社会正在掀起了一个"学雷锋、树新风"的高潮。

⑲＊连用的词语在内容上不能重复，否则，将会犯了画蛇添足的毛病。

例⑱中的"了"与"正在"意思矛盾，应删去其中的一个。例⑲中"了"表示动作的完成，"将会"表示对未来结果的预测，两者语义矛盾，应删去"了"。

【思考与练习四】

一、与实词相比，虚词有哪些特点？

二、将下面句子中的词划分开，并指出其中虚词的小类。

　　(1)年岁逐增，渐渐挣脱外在的限制与束缚，开始懂得为自己活，照自己的方式做一些自己喜欢的事，不在乎别人的批评意见，不在乎别人的诋毁流言，只在乎那一分随心所欲的舒坦自然。偶尔，也能够纵容自己放浪一下，并且有一种恶作剧的窃喜。

　　(2)一个晴朗的早晨，天空碧蓝碧蓝的，不沾一丝云彩，一股带着清凉和花香的微风，轻轻地吹拂着。早起的飞燕掠过小白杨树的头顶，找食儿去了。多嘴的小麻雀刚睁开眼睛，就吵吵嚷嚷地讨论早饭该吃些什么。牵牛花、向日葵的花瓣沾满了露水，给刚刚升起的太阳照耀得闪闪发光，颜色变得格外鲜艳了。一只花喜鹊从村子里飞来，她还没站稳脚跟，就对小白杨树们说："喂！小白杨树，村子里的人们就要来修大路啦。"

三、指出下面各组句子中加点词的词性。

　　(1)你别打小孩儿。(　　　)

　　　　打明天起，就该轮到你值班了。(　　　)

　　(2)真理总在少数人的手里。(　　　)

　　　　他在教室看书。(　　　)

　　　　外面在下雨。(　　　)

　　(3)大会通过了有关决议。(　　　)

　　　　通过这件事，大家的认识都提高了。(　　　)

　　(4)你别拿我开玩笑了。(　　　)

　　　　他手里拿着一本新书。(　　　)

　　(5)我们要比干劲，比速度，比质量。(　　　)

他比我大一岁。(　　　)

(6)我吃了饭就过去。(　　　)

　　他近来越来越容易闹脾气了。(　　　)

(7)翻过那座山就到了。(　　　)

　　我吃过早饭就去学校了。(　　　)

(8)我来替你,你快回去吧!(　　　)

　　我已经替你向班长请过假了。(　　　)

(9)他给了我好几本书。(　　　)

　　从同学那儿借来的书被弟弟给撕破了。(　　　)

(10)他是不会开心的。(　　　)

　　　我的家具都是新买的。(　　　)

　　四、"和""跟""同""与"兼属连词和介词。下列句子中的"和""跟""同""与",哪些是连词?哪些是介词?

　　(1)我们要和他讲清楚有关的操作程序。(　　　)

　　(2)上次回来仓促,没来得及跟你细谈,这次我们可以找时间好好聊聊了。(　　　)

　　(3)赵武灵王发布"胡服骑射"的命令,实质上就是同最顽固的传统习惯和保守思想宣战。(　　　)

　　(4)我国政府领导人民同不法分子和犯罪分子进行了长期的斗争,终于获得了胜利。(　　　)

　　(5)我与家里人已经商量过了,毕业后准备自己创业。(　　　)

　　五、下列句子中哪些地方能用"和"?哪些地方不能用"和"?

　　(1)他们的品质是那样的纯洁(而、和)高尚。

　　(2)我们继承了革命的优良传统(并、和)发扬了它。

　　(3)对于这项决议,我们一定要坚决拥护(并、和)认真执行。

　　(4)我们要继承(并、和)发扬革命的优良传统。

　　(5)我国根据平等、互利、互相尊重主权(和、并)领土完整的原则同其他国家建立(和、与)发展外交关系。

　　六、在下面的句子里的空格处填上适当的结构助词,并说明理由。

　　(1)问题彻底____解决了。

（2）彻底____解决问题不是一件容易____事情。

（3）我认为这个问题应该彻底____解决。

（4）问题解决____不彻底。

七、分析下列句子中"的"的词性。

（1）这本书是昨天从书店买的。

（2）情况会一天天好起来的。

（3）关于文学方面的书，我们学校图书馆收藏的就有十几万册。

（4）昨天我是去过办公室的。

（5）他妹妹是在城里读的中学。

八、改正下列病句，并说明理由。

（1）这个地方的变化，对我们是再熟悉不过的。

（2）对于航模小组的成员，因为分散在各个班级，所以集中起来开会很不容易。

（3）有了水肥，有了良种，如果还按照过去宽行大垄的种植方法，增产的潜力还是不大的。

（4）只要我们沿着正确的前进方向，任何困难都是可以克服的。

（5）在听了他们的经验介绍以后，对我受到了很大启发。

（6）在改善学生生活上，我们学校采取了一些可行性措施。

（7）在碰到许多具体问题上，大家的意见并不完全相同。

（8）记录数字，必须准确无误，任意扩大和缩小数字，都会使生产受到损失。

（9）本校职工或学生出入校门必须凭工作证和学生证。

（10）胡萝卜有许多优点，它适应性强，病虫害少和便于贮运。

（11）预计在今年 12 月份之前，将有五十多万千瓦左右的发电设备陆续投入生产。

（12）他给了我大约三万把块钱。

（13）他深知过华人进入美国一旦触犯美国法规，除文化背景语言不通外，再加上财力不足，打起官司来必败无疑。

（14）通过个人坚持不懈的奋斗，他终于拥有着属于自己的新生活。

（15）他已经住十天医院。

第五节　短　　语

【目标要求】了解短语的分类，理解短语的结构类和功能类，掌握短语结构分析的方法，学会分化和消除短语歧义。

一、短语的内涵和分类

（一）什么是短语

又叫词组，是词与词依靠一定的语法手段组合起来的、在语义上和语法上能够搭配而又没有句调的一种语言单位。它是大于词而又不成句的语法单位。例如：

学生和家长	伟大的祖国	大力支持	小说《骆驼祥子》
改革开放好	会上发言	走过去开门	让他出去

语序和虚词是词构成短语的重要语法手段。词与词直接组合构成短语需要依靠语序，语序不同，短语意义也不一样，例如"意义重大——重大意义"。词与词依靠虚词构成短语，例如"猎人和狗——猎人的狗"，虚词不同，短语意义也不一样。

短语和词都是造句的单位，但由于短语是由两个或两个以上的词构成，所以在这个意义上，它是比词高一级的造句单位。许多短语在一定的语境中，只要加上适当的语调和句末停顿，就能构成句子。例如：

①让他出去！

②改革开放好。

大多数情况下，短语和词一样参与造句，在句子中充当一定的句法成分。因此从这个角度看，短语是造句的备用单位。也就是说，它与词一样，也不能独立进行交际，是一种静态的语言单位。

（二）短语的分类

短语可以从多种角度去观察，从而分出不同的类别。

（1）根据短语内部词与词之间的结构关系，可分出主谓短语、偏正短语、动宾短语、中补短语、联合短语、连谓短语、兼语短语、同位短语、量词短语、方位短语、介词短语、助词短语等。

（2）根据短语充当句法成分的能力，可分为名词性短语和谓词性短语两类。语法功能相当于名词的是名词性短语，语法功能相当于谓词的是谓词性短语，通常是以动词、形容词为中心。例如：

我和他　　　大家的朋友　　卖手机的　　　　蔡元培校长

作风正派　　来帮助他　　　火一样灼热　　　住得舒服

(3)根据短语的成句能力，可分为自由短语和不自由短语两类。加句调能成句的是自由短语，例如：

今天重阳节　　请朋友吃饭　　雄伟的建筑　　初级口语教材

加上句调也不能独立成句的是不自由短语，又叫黏着短语。例如：

狐狸的狡猾　　计算的精确　　希望的破灭　　成功的喜悦

(4)根据短语结构层次的多少，可分为简单短语(一层短语)和复杂短语(多层短语)两类。简单短语是词与词在一个层次上组合形成的，复杂短语是词与词在两个或两个以上的层次上组合形成的。例如：

工厂、企业、学校和医院　　语法教材　　喜欢下棋

教师和学生的宿舍　　在上海玩得很高兴　　新买的白衬衣

(5)根据短语表示的意义是否单一，可分为单义短语和多义短语两类。单义短语表示一种意义，多义短语表示两种或两种以上的意义。例如：

今天阴天　　清澈的溪水　　　热烈地欢迎　　　好得很

鲁迅的书　　一个工人的建议　　我们三个一组　　写得好

二、短语的结构类

(一)主谓短语

由主语和谓语两个直接成分组成。主语是谓语陈述的对象，谓语是陈述主语的，两者是陈述与被陈述的关系。例如：

态度端正　　　风景秀丽　　他累得要命

春节过去了　　思想解放　　大家考虑考虑

明天国庆节　　今天阴天　　她高高的个子

(二)动宾短语

由动语和宾语两个直接成分组成。前一部分是动语，主要由动词或动词性短语充当；后一部分是宾语，是动语支配或关涉的对象，两者之间是支配和被支配的关系。例如：

关心集体　　冲出亚马逊　　游览名胜古迹　　写了一篇文章

（三）偏正短语

由修饰语和中心语两个直接成分组成，前一部分是修饰语，后一部分是中心语，两者之间是修饰和被修饰的关系。根据修饰成分性质的不同，又分为两种：

1. 定中短语

由定语和中心语两个直接成分组成。定语是修饰成分，其语法意义是限制或描写中心语，中心语是定中短语的结构核心和语义核心。例如：

文学院的老师　　崭新的书包　　金项链　　桌子上的花瓶

定中短语的中心语一般都是名词性的，但有时也可以是动词或形容词。例如：

经济的发展　　商人的狡猾　　他们的估计　　凄然的笑

这种特殊的定中短语，其中心语多是双音节的谓词性词语，定语和中心语之间一般都有结构助词"的"。这种定中短语属于不自由短语，只能用作主语和宾语，并且多出现在书面语中。

2. 状中短语

由状语和中心语两个直接部分组成，状语是修饰成分，其语法意义是限制或描写中心语，中心语是状中短语的结构核心和语义核心。例如：

应该提倡　　已经完成　　辩正地分析　　刚刚回来

很好看　　多么壮观　　异常震惊　　这么大

状中短语的中心语一般是动词或形容词，但有时也可以是名词、数量短语、数量名短语。例如：

将近三十户　　就一个人　　已经冬天了　　净石头

（四）中补短语

由中心语和补语两个直接成分组成，补语是补充说明中心语的，位于中心语的后面，两者之间是补充与被补充的关系。中补短语中的中心语都是动词或形容词。例如：

飞出去　　看清楚　　出生在上海　　读了一遍

高兴极了　　冷得直哆嗦　　美得惊人　　累得两腿发软

（五）联合短语

由语法地位平等的两项或几项组成，其间是联合关系，可细分为并列、递进、选择等逻辑关系。有时联合项与联合项之间会用上"和、而、并且、又、或者、还是"等连词。例如：

水果和蔬菜　　文学艺术　　　　今年或明年　　英语或者日语

辱骂和恐吓　　讨论并且通过　　普及提高　　　参观并访问

伟大而质朴　　美观实用　　　　团结、紧张、严肃、活泼

也有前后各项词性不同的联合短语，如"勤快、和善、有毅力"（形容词·形容词·动宾短语）。

联合短语中的联合项可以是两项，也可以是三项或者更多。

（六）连谓短语

由两个或两个以上的谓词或谓词性短语连用，它们之间没有联合、偏正、动宾、中补、主谓等结构关系，没有语音停顿或关联词语，也没有复句中分句之间的逻辑关系，这样构成的短语是连谓短语。一般来说，连谓短语中前后谓词主要有以下几种语义关系：

（1）两个谓词表示先后发生的动作行为。例如：

吃完饭散步　　上车买票　　摸着石头过河　　下班回家

（2）前一个谓词表示后一个谓词所表示动作行为的方式。例如：

过冬不穿棉衣　　眯着眼睛笑　　坐地铁去上班　　低头沉思往事

（3）后一个谓词表示前一个谓词所表动作行为的目的。例如：

出去接人　　出来散心　　上山采药　　去上海开会

（4）后一个谓词所表性状是前一谓词所表动作行为的结果。例如：

听了很高兴　　看着心烦　　想起来难过

（5）两个谓词从正反方面说明一件事，互相补充、互相说明。例如：

关在屋里不出来　　站着一动不动　　闭着嘴一句话也不说

（6）前一个谓词是动词"有/没有"，两个谓词之间有条件和动作行为的关系。例如：

有能力完成　　有资格申请　　没有条件上学　　有机会出去

有责任抚养　　有可能出国　　没有钱吃饭　　　有义务完成

除此之外，像"去北京去了一个月、看手机看得眼疼、看书看累了、喝酒喝醉了"也属于连谓短语。

（七）兼语短语

前一个动词的宾语兼作后一个谓词的主语，即动宾短语和主谓短语套叠，合二为一，形成有宾语兼主语双重身份的一个"兼语"。直接包含有兼

语的短语叫兼语短语。例如：

　　请他来　　称老王为球迷　　有人不赞成　　祝你健康

　　从语义上看，兼语短语中的兼语动词主要有以下几类：

　　(1)"使令"义动词，如"请、使、叫、让、派、催、逼、求、托、命令、吩咐、动员、促使、组织、鼓励、发动、号召、培养"等。例如：

　　请他参加　　允许他经商　　鼓励他多参加课外活动

　　(2)表示赞许、责怪或心理活动的及物动词，如"称赞、表扬、夸、骂、爱、恨、嫌弃、喜欢、感谢、埋怨、佩服、斥责、厌恶"等。例如：

　　埋怨我做事太拖拉　　责备小张迟到了　　感谢你帮助了我

　　(3)"称谓、认定"义动词，如"称呼、称、拜、叫、认"等；"选聘"义动词，如"选聘、推选、选、追认、封"等，这两类动词构成的兼语短语中后一个动词经常是"为、做、当"等。例如：

　　选他当班长　　封他一个司令　　称他为大哥

　　(4)动词"有、轮"。例如：

　　有人出国　　有个村庄叫赵庄　　轮到你值夜班

　　(八)同位短语

　　一般由两项组成，前项和后项的词语不同，但所指是同一人或事物。前后两项从不同角度指称同一对象，语法地位相同，故名同位短语。又因前后两项有互相说明的复指关系，所以又叫复指短语。例如：

　　首都北京　　校长蔡元培　　我们大家　　南泥湾那里

　　你们几位　　春秋两季节　　武汉、上海等大城市

　　《子夜》的作者茅盾　　物理学家杨振宁教授　　游泳这种运动

　　同位短语和联合短语相似，但也有一些不同，主要表现为：(1)同位短语的前后两项是异名同物，用不同的词表示同一人或事物，联合短语的前后项是异名异物；(2)同位短语中间不能插入虚词，但联合短语可以；(3)同位短语都是名词性的，联合短语既有名词性的，也有谓词性的。

　　(九)方位短语

　　由方位名词直接附在名词性或动词性词语的后面组成，主要表示处所、范围或时间。例如：

　　屋子里　　西湖边　　考试前　　午饭前　　宽大的前额下

　　操场以南　　邮局以东　　喝酒以后　　下课以后

星期一之前　　高楼与平房之间　　打完球之后　　天亮之前

方位短语经常与介词一起构成介词短语，例如"在桌子上、在田野里"等。另外，需要注意的是，方位词"上、中、下"表示范围时，重在说明某一方面或某一界限，也常和介词组成介词短语，例如"在扩散过程中、在小农经济的眼光里、在政策的保护下"等。

（十）量词短语

由数词或指示代词加上量词组成。数词和量词组成数量短语，指示代词或疑问代词和量词组成指量短语，两者统称为量词短语。例如：

两封(信)　　一脚(踢去)　　(跑)三趟　　(白菜)一斤

(最好的)一个　　这件(特别合适)　　哪件(好)

（十一）介词短语

由介词附着在名词或名词性短语前面组成。介词短语常修饰谓语用作状语，用来表示与动作行为有关的工具、方式、因果、施事、受事、对象等。例如：

①用大碗(盛汤)　　　　　(表示动作所凭借的工具)

②比他(高得多)　　　　　(表示性状的比较)

③为人民(服务)　　　　　(表示动作的目的)

④向英雄(学习)　　　　　(表示动作的关涉对象)

⑤对网络(不感兴趣)　　　(表示动作有关的事物)

⑥被别人(拿走了)　　　　(表示动作的发出者)

少数也可以用作补语。例如：

⑦从胜利走向胜利　　　　(表示动作的处所、方向)

有一些还能用作定语，这时一定要在后面加上结构助词"的"。例如：

⑧关于精卫填海(的神话)　(表示有关的事物)

⑨对曹操(的评价)　　　　(表示动作的对象)

⑩朝南(的大门)　　　　　(表示方位)

（十二）助词短语

由助词附着在某些词或短语上构成，主要包括"的"字短语、比况短语、"所"字短语等。

1."的"字短语

由名词或名词性短语、动词或动词性短语、形容词、区别词加上"的"

构成。例如：

塑料的　　参观的　　昂贵的　　大型的　　他们的

又大又甜的　　刚做好的　　最贵的　　质量上乘的

"的"短语在功能上相当于名词，经常用作主语和宾语，有时也用作谓语，但不能用作状语、定语和补语。

2. 比况短语

由名词性或动词性词语后附比况助词"似的、一般、一样、般"构成，表示比喻或比较。比况短语可以充当定语、状语、谓语、补语等句法成分。例如：

(雷鸣般的)掌声　　[死一般的]寂静　　要下雨似的

[木头似的]站着　　淋得<落汤鸡似的>　　[触电一样]哆嗦了一下

3. "所"字短语

由助词"所"附着在及物动词前面构成。例如：

所想　　所说　　所需要　　所认识

"所"字短语指称动作支配或关涉的对象，是名词性短语，所以经常用作主语和宾语。

三、短语的功能类

短语和词一样，也可以充当句法成分。根据短语能充当什么样的句法成分，能和什么样的成分组合，与哪一类词的语法功能相当，可分为名词性短语和谓词性短语。

(一)名词性短语

名词性短语经常充当主语、宾语，语法功能与名词相当。具体来说，主要包括以下几类：

(1)中心语是名词的定中短语，例如"高大的建筑、新买的钢琴、木头房子"等。

(2)中心语是谓词的定中短语，例如"你的到来、会议的召开、狐狸的狡猾"等。

(3)中心语是名词的状中短语，例如"就两个、净沙子、已经大姑娘了"等。

(4)联合项是体词的联合短语，例如"我和他们、一个或两个、河流和山脉"等。

(5)同位短语，例如"我的同学张明、中国的首都北京、跳水这项运动"等。

(6)谓语是名词或名词性短语的主谓短语，例如"今天星期天、一打十二个、明天元旦"等。

(7)"的"字短语和"所"字短语，例如"红的、中式的、做饭的、所见"等。

(二)谓词性短语

谓词性短语经常充当谓语或谓语中心语，有时也用作主语和宾语，语法功能与谓词(动词和形容词)相当。具体来说，主要包括以下几类：

(1)动宾短语，例如"增加收入、有东西、收割庄稼、讨厌学习"等。

(2)中补短语，例如"下得大、去过两次、红得发紫、走得脚都肿了"等。

(3)连谓短语，例如"上山采药、说着笑起来、来祝贺"等。

(4)兼语短语，例如"叫他来、劝他出国、使我非常着急、请他写一篇报道"等。

(5)联合项是动词或形容词的联合短语，例如"讨论并通过、又高又大、调查研究"等。

(6)以动词、形容词为中心语的状中短语，例如"非常满意、十分热烈、紧张地劳动"等。

(7)谓语是动词或形容词的主谓短语，例如"我们唱歌、学习努力、意志坚强"等。

(8)比况短语，例如"木头似的、大海一样、雷鸣般"等。

此外还有一类短语，其特点是：既不像名词性短语那样经常充当主语和宾语，也不能像谓词性短语那样经常充当谓语，而是只能充当修饰成分——定语或状语，因为定语和状语是附加在中心语的前面，所以这类短语被称为加词性短语，介词短语就属于这类短语。

四、短语的结构分析

(一)直接成分分析法

分析短语的结构，可以采用直接成分分析法。例如，短语"Poor John

ran away"的两个直接成分是"poor John"和"ran away"，这两个直接成分都是复合形式，所以可以进行再次切分："ran away"切分出两个直接成分"ran"和"away"；"poor John"切分出两个直接成分是"poor"和"John"。很显然，直接成分是直接位于结构单位层面之下的成分，处于最后一个层次上的直接成分是最终成分。对于词而言，结构分析得到的最终成分是语素；对于句子和短语而言，结构分析得到的最终成分是词。因此，直接成分分析法可以这样定义，即：对于一个句法结构而言，我们先分析出它的直接成分，如果这些直接成分是短语，可以再把这些直接成分依次切分，得到各自的直接成分，层层切分，直至得到最终成分为止。运用这种方法分析，应尽量切分出两个直接组成成分，即一分为二，所以又叫"二分法"。遇到不能二分的连谓短语和多于两项的联合短语，就只能多分。这种分析方法能直观反映出句法结构的内部组合层次，因而又称为"层次分析法"。

运用层次分析法分析句法结构，实际上包含了两方面的内容：一是切分，二是定性。切分是解决一个句法结构中包含了哪些直接组成成分的问题，即：一个句法结构应该在哪儿切分。以"他刚来"为例，是在"他"和"刚"之间切分，在"刚"和"来"之间切分，还是在"他"和"刚来"之间切分，这就是切分问题。定性是解决切分后所得的直接组成成分之间在句法上是什么关系的问题，即：给依次切分出来的直接成分确定成分名称。以"他刚来"为例，"他"和"刚来"之间是什么语法结构关系，"刚"和"来"之间是什么语法结构关系，这就是定性问题。

运用直接成分分析法，切分是关键。该如何正确地切分呢？一般来说，需要满足以下三个原则：

第一，结构原则。从结构上看，依次切分得到的两个直接成分应该是一个语法单位——词或短语。例如"一件花衬衣"，如果切分为"一件花"和"衬衣"两个直接成分就不行，因为前一个"一件花"没有意义，因此切分不能成立，正确的切分应该是：一件 ｜ 花衬衣。

第二，功能原则。从功能上看，切分出来的两个直接成分之间一定存在某种语法结构关系。例如"新买的手表"，切分出"新买"和"手表"，这两个直接成分是定中关系，"新买"切分出"新"和"买"，这两个直接成分是状中关系。

第三，意义原则。从意义上看，切分出来的直接成分按照语法规则组合起来表示的意义与被切分的整个语言单位的意义要一致。例如"毒害儿童的黄色读物"，如果切分为"毒害"和"儿童的黄色读物"两个直接成分就不行，因为违背了意义原则。正确的切分应该是：毒害儿童的 ｜ 黄色读物

在切分顺序上，既可以采用从小到大的顺序，也可以采用从大到小的顺序。例如：

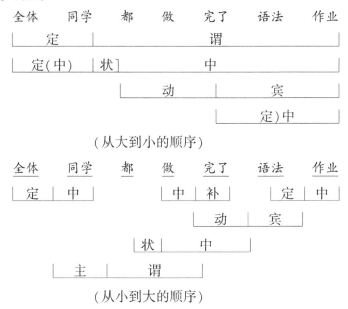

（从大到小的顺序）

（从小到大的顺序）

采用这两种顺序，虽然分析结果一样，但在实际操作中，我们认为采用从大到小的顺序更有优势，主要表现在：第一，采用从小到大的顺序进行分析，需要先确定构成短语的基本语言单位——词，有时会遇到词与非词的界限难以确定的问题，而采用从大到小的分析则可以一定程度上避免这个问题。第二，采用从小到大的顺序进行分析，必须分析到最大的层次才可以结束，而采用从大到小的顺序进行分析就可以做到适可而止。第三，多重复句的结构分析只能用从大到小的顺序，短语的结构分析最好与它保持一致。

（二）句子成分分析法

在层次分析法流行之前，我国语法学界一直使用"句子成分分析法"。句子成分分析法又叫中心词分析法，它是以传统语法理论为指导，从预定的句子成分出发，在句子里提取主语、谓语、宾语等主要成分，然后提取主语和宾语里的定语，谓语里的状语和补语，这样进行分析，有利于说明句子的

格局。早期的句子成分分析法是以黎锦熙的《新著国语文法》(1924)为代表，认为句子成分只能由实词充当，短语不能直接充当句子成分。中期的句子成分分析法是以《暂拟汉语语法教学系统》(1956)为代表，认为包含有中心词的短语要分解出中心词和非中心词，把某些中心词定为基本成分(主语、谓语)，把非中心词定为附加成分(定语、状语)或连带成分(宾语、补语)；并且还认为，在主谓短语、偏正短语、联合短语、动宾短语、中补短语、联合短语中，因为偏正短语、中补短语和动宾短语能分析出中心词，所以这些短语不能整体充当句子成分。后期的句子成分分析法是以《现代汉语》(第一版)①为代表，认为宾语也是基本成分，规定只有名词性偏正短语不能作主语、宾语，但可以充当定语、状语等成分；动词性短语不能充当谓语，但这两种短语和其他各种短语都可以充当别的句子成分。这样处理，有利于确定句型和检查病句。例如：

(全体) 同学 ‖ [都] 做 <完>了 (语法)| 作业
定语 主语 状语 谓语 补语 定语 宾语

双竖线前头"全体同学"是主语部分，由名词性短语充当，要分解出中心词"同学"才找到基本成分——主语。双竖线后面是谓语部分，是由动词性短语充当，要分解出中心词"做"才找到基本成份——谓语。在基本成分前后找出一个个实词，依据关系定为附加成分——定语("全体""语法")和状语("都")，以及连带成分——宾语("作业")和宾语补足语("完")。

五、多义短语

多义结构产生的主要原因是语言结构有限而意义无穷，用有限的结构表达无穷的意义，一定会产生某个语言结构表达多种意义的现象。只有一个意义的短语是单义短语，不止有一个意义的短语是多义短语。造成短语多义的原因很多，下面只介绍由语法因素造成的多义短语。

短语多义可以从结构层次、结构关系、语义关系等方面进行解释，结构层次不同表现为句法结构的层次切分不同，结构关系不同表现为句法成分不同，语义关系不同表现为语义成分或语义角色如施事、受事等的不同。

---

① 黄伯荣，廖旭东. 现代汉语[M]. 西安：甘肃人民出版社，1979.

(一)结构层次不同造成的多义短语

①新职工宿舍

a. (新职工)宿舍，表示"宿舍是新来职工的"。

b. (新)职工宿舍，表示"职工宿舍是新的"。

②三个学生的意见

a. (三个学生)的意见，表示"意见是三个学生提的"。

b. (三个)学生的意见，表示"学生的意见是三个"。

(二)结构关系不同造成的多义短语

①进口彩电

a. 动宾关系，"彩电"是进口的对象。

b. 偏正关系，进口的彩电。

②学生家长

a. 联合关系，学生和家长。

b. 偏正关系，学生的家长。

(三)语义关系不同造成的多义短语

①反对的是张主任

a. 反对的　是　张主任

　　| 动作 | 受事 |　　（表示人家反对张主任）

b. 反对的　是　张主任

　　| 动作 | 施事 |　　（表示张主任反对人家）

②母亲的回忆

a. 母亲　的回忆

　| 施事 | 动作 |　（表示母亲回忆什么）

b. 母亲　的回忆

　| 受事 | 动作 |　（表示儿女回忆母亲）

这类多义短语的结构层次和结构关系都相同，运用层次分析法不能进行分化，所以只能用语义分析标记它们的不同。

(四)结构关系和语义关系都不同造成的多义短语

结构关系和语义关系都不同的多义短语，我们既要分析出句法结构层次和关系，又要指明语义关系。

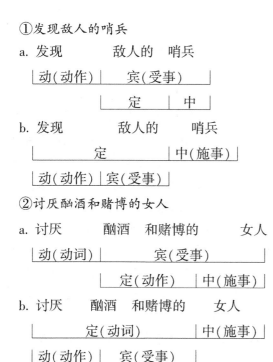

①发现敌人的哨兵

②讨厌酗酒和赌博的女人

（五）动词语义特征不同造成的多义短语

语义特征是指词在句法结构中相互比较时显示出来的语义特点。例如"挂了两天了"是多义短语，它既可以表示"挂"这一动作完成后所经历的时间（这幅画早就挂上了，都挂了两天了），也可以表示"挂"这一动作持续的时间（这幅画太难挂了，都挂了两天了，还没挂上）。"挂了两天了"中的动词"挂"具有[+完成，+持续]的语义特征，所以导致它产生了多义。但是，像"死了两天了"中的"两天"只表示"死"这一动作完成后所经历时间，"等了两天了"中的"两天"只表示"等"这一动作持续的时间，也就是说，它们都是单义短语。从结构形式上看，这三个短语都可表示为"动词+了+时量+了"的格式，但为什么"死了两天了"和"等了两天了"是单义短语？这是因为动词"死"具有"[+完成，−持续]"的语义特征，动词"等"具有"[−完成，+持续]"的语义特征。

（六）语义指向不同造成的多义短语

语义指向是指句法结构中某些句法成分之间存在语义上的联系或所指的方向。例如"老王有一个女儿很骄傲"是多义短语，它既可以理解为"老王有一个女儿，老王很骄傲"，也可以理解为"老王有一个女儿，女儿很骄傲"，很显然，这是由于"骄傲"的语义指向不同造成的，它既可以指向"老王"，又可以指向"女儿"。

在书面语中，我们总是会采用一些方法来消除短语的多义，这些方法主要有：(1)层次分析可以分化由于结构层次不同造成的短语多义，例如"写好文章""弟弟和妹妹的同学"等。(2)对于因结构层次相同但结构关系不同造成的短语多义，大多可以根据结构关系添加适当的成分进行分化，例如"煎鸡蛋"可以变换成"煎的鸡蛋(定中关系)"或"煎了鸡蛋(动宾关系)"。对于因语义关系不同造成的短语多义，除了添加某些成分，有时还需要通过替换、移位等手段进行分化。例如"通知的人"可以变换为"他们通知的人('通知的人'是受事)"或"通知他们的人('通知的人'是施事)"，这是通过添加成分分化不同的语义关系。又如"山上架着炮"可以变换为"山上正在架炮(动态)"或"炮架在了山上(静态)"，这是通过添加成分和移位来分化多义的。

需要说明的是，变换分析对于鉴别是否是同形结构具有明显优势。例如：

A. 台上坐着主席团。——→主席团坐在台上。

B. 外面下着雨。——→＊雨下在外面。

A 句和 B 句的结构都可以表示为"处所词语+动词+着+名词"。对它们进行句法分析，结果是一样的，但通过变换分析可以得知 A 句和 B 句并不是真正的同形结构。

句法分析的局限性在一定程度上促进了变换分析的运用，但变化分析却无法解释造成多义的原因，而语义特征分析法、语义指向分析法却能解释为什么某些短语是多义的。很显然，这为我们进一步探讨句法结构形式和意义之间的关系提供了更有效的分析手段。

【思考与练习五】

一、什么是短语？短语有哪些不同的类型？

二、汉语中词是通过哪些语法手段组合成短语的？试举例说明。

三、指出下列短语的结构类和功能类。

（1）住了一年

（2）分析研究

（3）进行了热烈的讨论

（4）船长老王

（5）迅速发展

（6）升学或就业

（7）宝岛台湾

（8）有病不能来

（9）有人敲门

（10）阅览室里

（11）比昨天冷

（12）选班长当代表

（13）说清楚

（14）木头房子

（15）群众的支持

（16）禁止嬉戏打闹

（17）奖励先进

（18）今天星期一

（19）练习时间

（20）学习很努力

（21）应该参加

（22）接受批评

（23）觉得不错

（24）说话不清楚

（25）江苏南京

（26）写的文章

（27）怎么去

（28）屋里没人

（29）喝红茶

（30）我写不好

（31）研究糖尿病人的饮食问题

(32)朝着四个现代化的宏伟目标前进

(33)本国生产的和从外国进口的

(34)根据学校的规定对他进行处罚

(35)提高分析问题和解决问题的能力

四、运用直接成分分析法分析下列短语。

(1)他的病假条一直揣在口袋里没有拿出来

(2)他有一个朋友住在北京

(3)划分词类的主要目的是讲清楚词的用法

(4)分析研究一下实地考察的报告

(5)学校附近那个新开业的超市

五、分别用直接成分分析法和中心词分析法分析下列短语。

(1)他迅速地从操场东头跑到西头

(2)从操场东头跑到西头的学生很多

(3)小明用小棍儿把虫子拨到了水里

(4)请获奖的同学给大家谈谈体会

(5)月亮从云后面慢慢地钻出来

六、分析下列多义短语。

(1)关心自己的孩子

(2)桌子上放着许多朋友送来的礼物

(3)车上睡不好

(4)他哥哥和妹妹的三位朋友

(5)对报纸的批评

(6)几个农场的青年

(7)热爱人民的领袖

(8)拿篮球的老师和学生站在操场上

(9)反对用人唯亲的张××

(10)关于批判继承问题的讨论

(11)我买的梨

(12)哥哥骑的摩托车

(13)在火车上写标语

(14)梅兰芳的唱片

（15）他谁也不认识

第六节　句 法 成 分

【目标要求】掌握八种配对的句法成分的构成材料、语义分类，以及特殊句子成分——独立语，学会分析句中各类句法成分，为现代汉语句型判定打好基础。

一、主语　谓语

（一）主语的构成材料

主语是谓语陈述的对象，作为被陈述的对象，能回答"谁"或者"什么"等问题。从构成材料上看，主语可分为名词性主语和谓词性主语，用"＝"标示。

1. 名词性主语

名词性主语由名词、数词、代词以及定中短语、同位短语、方位短语、"的"字结构、名词性联合短语、数量短语等名词性短语充当。例如：

①我们的祖国‖伟大而富强。（定中短语）

②明天‖是七夕节。（名词）

③北京‖新建了很多立交桥。（名词）

④焦裕禄同志‖是我们学习的好榜样。（同位短语）

⑤我们‖今天就准备回家了。（代词）

⑥桥头上‖站着一个女孩儿。（方位短语）

⑦棉花和花生‖都是经济作物。（联合短语）

⑧九‖是三的三倍。（数词）

⑨一公里‖等于一千米。（数量短语）

⑩闪光的‖并一定都是金子。（"的"字短语）

时间名词、处所名词具有事物性和时地性。体现事物性的时间名词、处所名词充当主语；谓语或陈述时间或处所本身怎么样，或说明时间或处所是行为的对象。例如：

⑪一九九七年‖是令人难忘的一年。

⑫杭州‖我还没去过。

体现时地性的时间名词、处所名词充当主语，是指明事情发生或事实存在的时间或处所。例如：

⑬去年‖发生了一件大事。

⑭书店‖进了一些新书。

如果时间名词或处所名词后面还出现了表示施事、受事或工具的名词，那么它们就不再是主语，而成了句首状语。例如：

⑮[去年]这个村子‖发生了一件大事。

⑯[在北京]我们‖经常小聚。

动词前面同时有几个名词性成分，如果要选择一个作为主语，其选择的顺序是施事、受事、处所、时间。但"在村子里去年发生了一件大事"这个例子中，主语是"去年"，这是因为在汉语里介词结构不能充当主语。

2. 谓词性主语

谓词性主语由动词、形容词、代词、动词性短语、形容词性短语充当。例如：

⑰说说‖容易。（动词）

⑱提高产量‖需要依靠先进的技术和设备。（动宾短语）

⑲辱骂和恐吓‖绝不是战斗。（联合短语）

⑳干得投入‖是他成功的重要因素之一。（中补短语）

㉑去香山看红叶‖最好选在10月中旬以后。（连谓短语）

㉒虚心‖使人进步。（形容词）

㉓两国总统互访‖意义重大。（主谓短语）

㉔请别人吃饭‖是一件挺麻烦的事儿。（兼语短语）

㉕每天锻炼身体‖很有必要。（状中短语）

㉖公正廉洁‖是公职人员的行为准则。（联合短语）

(二)谓语的构成材料

谓语是对主语进行叙述、描写或判断，能回答"怎么样"或"是什么"等问题。从构成材料上看，谓语可分为名词性谓语和谓词性谓语，用"‾"标示。

1. 名词性谓语

名词性谓语由名词以及定中短语、数量短语、"的"字短语、中心语是名词的状中短语、谓语是名的主谓短语等名词性短语充当。例如：

㉗这个小孩儿‖黄头发。(定中短语)

㉘一打‖十二个。(数量短语)

㉙今天‖星期六。(名词)

㉚这本字典‖新买的。("的"字短语)

㉛山上‖净石头。(状中短语)

㉜白菜‖一块钱一斤。(主谓短语)

2. 谓词性谓语

谓词性谓语由动词、形容词以及动宾短语、中补短语、连谓短语、兼语短语、中心语是动词或形容词的状中短语、谓语是动词或形容词的主谓短语、联合项是动词或形容词的联合短语等谓词性短语充当。例如：

㉝你‖再试试。(状中短语)

㉞他‖是一个特别勤奋的人。(动宾短语)

㉟他们‖急得像热锅上的蚂蚁。(中补短语)

㊱我们‖有信心克服困难。(连谓短语)

㊲我‖请朋友帮了一个忙。(兼语短语)

㊳他‖在教室里自习。(状中短语)

㊴这个人‖我从来没见过。(主谓短语)

㊵这个小孩‖又哭又闹。(联合短语)

㊶他家的姑娘‖端庄大方。(联合短语)

㊷哪本书‖好?(形容词)

动词性短语经常用作谓语，但动词单独用作谓语却要受到一定条件的限制：(1)用在对话里，例如"你吃!"(2)用在复句的分句里，特别是在先行句和后续句里，例如"你来，我就走!"(3)用在对比句里，例如"一个人干，十个人拆。"

形容词性短语经常充当谓语，但形容词单独用作谓语却要受到一定条件的限制：(1)对话里的提问句和回答句，例如"哪个地方凉快?"(2)用在复句的分句里，主要是对比句或先行句、后续句里，例如"昨天冷，今天热。""天冷，你多穿点儿衣服。"

(三)主语的语义类型

主语和谓语的语义关系很复杂。根据主语与谓语之间的语义关系，主语可分为施事主语、受事主语、中性主语。

1. 施事主语

主语表示动作、行为的主体，主语和谓语之间的语义结构关系是"施事
+ 动作"。例如：

㊸金色的太阳 ‖ 从东方升起。

㊹我们 ‖ 要做好自己的本职工作。

2. 受事主语

主语表示动作、行为所涉及的对象，主语和谓语之间的语义结构关系是
"受事 + 动作"。例如：

㊺石头 ‖ 已经搬开了。

㊻这样的机会，‖ 你可别错过了。

3. 中性主语

主语表示施事和受事以外的人或事物，又叫中性主语。例如：

㊼天空 ‖ 蔚蓝蔚蓝的。

㊽我们家 ‖ 跑丢了一只猫。

㊾他们 ‖ 急得一点办法也没有。

㊿这件事 ‖ 我们千万不能怪他。

(51)跌倒的 ‖ 是一位老太太。

中性主语包括多种语义角色，可以表示动作所凭借的工具，例如"钝刀
割肉"；可以表示原因，例如"外伤容易感染"；可以表示动作的结果，例如
"文章写好了"；可以表示处所，例如"汤里加点儿葱花"。

需要指出的是，如果句子的谓语中心不是动词，而是形容词、名词、数
量短语或非动作动词"是、有、姓、属于"等，那么其主语都属于中性主语。

(四)谓语的语义类型

根据谓语对主语的作用，谓语可分三大类：

第一类着重于叙述。叙述主语发出的动作行为或与主语有关的一件事
情，由动词或动词性短语充当，表示主语"做什么"。例如：

(52)我 ‖ 打碎了一个碗。

(53)中华民族 ‖ 创造了辉煌灿烂的文明。

第二类着重于描写。描写主语的性状，由形容词或形容词性短语充当，
表示主语"什么样"。例如：

(54)天气 ‖ 真热。

(55)他的态度‖非常诚恳。

第三类着重于判断说明。指明主语的类属或情况。例如：

(56)他‖是学习标兵。

(57)荷叶‖是小青蛙的摇篮。

二、动语 宾语

（一）动语的构成材料

动语和宾语是共存共现的两个句法成分。动语由动词或动词性短语充当，用“..”标示。例如：

①他已经解决了那个技术难题。（动词）

②山路上走下来一个人。（中补短语）

③她脸上露出了满意的笑容。（中补短语）

④他走肿了脚。（中补短语）

⑤我们要学好用好祖国的语言文字。（联合短语）

（二）宾语的构成材料

宾语表示动语所支配或涉及的对象，能回答“谁”或者“什么”的问题。从构成材料上看，宾语可分名词性宾语和谓词性宾语，用“﹏﹏”标示。

1. 名词性宾语

名词性宾语由名词、代词以及“的”字结构、定中短语、同位短语、数量短语、体词性联合短语等名词性短语充当。例如：

⑥我们看电视。（名词）

⑦老师叫我。（代词）

⑧他是卖菜的。（“的”字短语）

⑨我们见到了物理学家杨振宁。（同位短语）

⑩大家都赞扬他和他所领导的设计小组。（联合短语）

⑪我们肩负着历史的重任。（定中短语）

⑫这鱼很新鲜，我打算买两条。（数量短语）

2. 谓词性宾语

谓词性宾语由动词、形容词、复句形式以及动词性短语、形容词性短语充当。例如：

⑬最有效的防御手段是攻击。（动词）

⑭人人都爱<u>美</u>。(形容词)

⑮教育成功的秘密在于<u>尊重学生</u>。(动宾短语)

⑯我希望<u>他能够成功</u>。(主谓短语)

⑰我认为<u>洗干净了</u>。(中补短语)

⑱早上一起来,大家发现<u>风停了,浪也静了</u>。(复句形式)

(三)宾语的语义类型

动语和宾语的语义关系很复杂。根据动语与宾语之间的语义关系,宾语可分为施事宾语、受事宾语、中性宾语。

1. 受事宾语

受事宾语表示动作行为直接支配、涉及的人或事物,包括动作的承受者、动作的对象。例如:

⑲大家正在田里收割<u>麦子</u>。

⑳你要把这个消息尽快告诉<u>大家</u>。

㉑我们最终战胜了<u>对手</u>。

2. 施事宾语

施事宾语表示动作行为的发出者、主动者,可以是人或物。例如:

㉒家里来了<u>一位客人</u>。

㉓天上飞过<u>一只鸟</u>。

㉔荷叶上滚着<u>几颗露珠</u>。

㉕一辆车坐<u>十个人</u>。

3. 中性宾语

表示施事、受事以外的宾语,即非施事非受事宾语。细分起来,中性宾语主要有以下几类:

(1)结果宾语,表示动作行为的结果。例如:

　　打<u>毛衣</u>　　挖了<u>一个坑</u>　　写<u>文章</u>

(2)工具宾语,表示动作行为的工具。例如:

　　写<u>毛笔</u>　　洗<u>冷水</u>　　捆<u>绳子</u>

(3)方式宾语,表示动作行为的方式。例如:

　　存<u>定期</u>　　邮<u>快件</u>　　唱<u>高音</u>

(4)处所宾语,表示动作行为的处所。例如:

　　出<u>校门</u>　　逛<u>商场</u>　　站<u>前面</u>

(5)时间宾语，表示动作行为的时间。例如：

　　过<u>春节</u>　　过<u>夏天</u>　　过<u>中秋节</u>

(6)原因宾语，表示动作行为的原因。例如：

　　愁<u>没钱</u>　　担心<u>怕出事</u>　　抓<u>痒痒</u>

(7)使动宾语，表示使动对象。例如：

　　滚<u>铁环</u>　　方便<u>顾客</u>　　斗<u>蛐蛐</u>

(8)目的宾语，表示动作行为的目的。例如：

　　躲<u>清净</u>　　交涉<u>财产问题</u>　　考<u>研究生</u>

(9)存在宾语，表示存在主体。例如：

　　山下是<u>一片花田</u>　　河里有<u>鱼</u>

(10)类别宾语，表示判断的类别。例如：

　　李老师是<u>一位文艺工作者</u>　　他是<u>一位学识渊博的教授</u>

三、定语

(一)定语的构成材料

定语用来修饰限制名词性成分，位于被修饰被限制的中心语之前，由各类实词或短语充当，用"( )"标示。例如：

①这里真是(一个)(冰雪)的世界。(数量短语)(名词)

②这是(一片)(神奇)的绿洲。(数量短语)(形容词)

③他拾到的是(一枚)(金)戒指。(数量短语)(区别词)

④(我)的妈妈是老师。(代词)

⑤(吃)的东西很讲究。(动词)

⑥(戴帽子)的(那个)人已经走了。(动宾短语)(指量短语)

⑦(人多)的地方是非也多。(主谓短语)

⑧(请他吃饭)的理由很简单。(兼语短语)

⑨他取得了(非常出色)的成绩。(状中短语)

⑩这是一幅(画得很好)的油画。(中补短语)

⑪(长篇历史小说《三国演义》)的改编非常成功。(同位短语)

⑫(他)的精彩表演赢得了(观众)(雷鸣般)的掌声。(代词)(名词)(比况短语)

⑬(抽屉里)的书已经被老师收走了。(方位短语)

⑭这是(一个)(关于牛郎织女)的故事。(数量短语)(介词短语)

(二)定语的语义类型

定语从不同方面修饰限制中心语。根据定语的作用,可将其分为限制性定语和描写性定语。限制性定语一般能回答"哪一种、多少、何时何地"等问题,描写性定语一般能回答"什么样"的问题。

限制性定语是对中心语所指对象的范围加以限制,使中心语所指对象在性质、特征上能与同类的其他事物区别开来,它的主要作用是给事物分类,增加语言表达的准确性、严密性。一般来说,限制性定语由名词、代词、动词、区别词、数量短语、介词短语等充当,表示事物的领有者、时间、处所、范围、用途、质料、数量、属性、来源等。例如:

⑮(这个班)的学生每人都得到了(一份)纪念品。

⑯我们要采取措施保护(野生)动物。

⑰(今天)的报纸送来了没有?

⑱(教室里)的同学都到外面去。

⑲(全村)的老百姓都过来给他送行。

⑳(从学校借来)的教参书放在办公室了。

㉑他是(汉语)老师。

㉒(这里)的(旧)房子早就没有人住了。

描写性定语是对中心语所指对角加以形容,它的主要作用是描绘人或事物的性质、状态,增加语言表达的生动性、形象性。一般来说,描写性定语由状态形容词、性质形容词的重叠形式、拟声词、比况短语充当。例如:

㉓(绿油油)的麦浪翻滚着。

㉔他妹妹是个(非常可爱)的小姑娘。

㉕我们终于迎来了(丹桂飘香)的九月——大学开学的时间。

㉖伟人总是拥有(大海一般)的胸襟。

㉗半夜里楼梯间总是响起(叮叮当当)的声音,怪吓人的。

㉘我嫂子(高高)的个子,(长长)的头发,很漂亮。

多数描写性定语和所有限制性定语的语义指向都是"顺向指向",即指向后面的中心语;少数描写性定语的语义指向是"逆向指向",即指向前面的名词而不指向中心语。例如:

㉙我们终于熬过了那些(苦闷)的日子。("苦闷"指向"他")

㉚这孩子今天又做了一件(蠢)事。("蠢"指向"这孩子")

㉛他在旧社会里没吃过一顿(饱)饭。("饱"指向"他")

(三)多层定语

定中短语整体上加上定语就形成多层定语。例如：

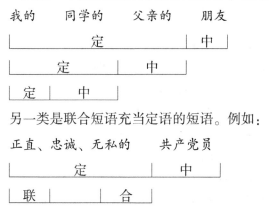

下面两类复杂短语中的定语不是多层定语，而是由偏正短语或联合短语充当的一层定语。

一类是一个偏正短语充当定语的短语。例如：

另一类是联合短语充当定语的短语。例如：

一般来说，一个中心语前的多个定语是按照逻辑关系来排序的。也就是说，跟中心语越密切的定语就越靠近中心语。从距离中心语的最外层的定语算起，一般次序如下：

265

(1)表示领属关系的名词、代词(表示"谁的?")

(2)表示时间、处所的词语(表示"什么时候? 什么地方?")

(3)指量短语或数量短语(表示"多少?")

(4)动词或各类谓词性词语、介词短语短语(表示"怎样的?")

(5)形容词性词语(表示"什么样的?")

(6)表示质料、属性、类别或范围的名词(表示"什么?")

例如：

㉜(我们学校)(80年代)(两位)(有三十年教龄)的(优秀)(语文)教师也当选为了代表。

㉝(他)的(那件)(刚买)的(新)(羊毛)夹克也拿来了。

(四)定语与结构助词"的"

定语和中心语之间，有时必须加"的"，有时不能加"的"，有时可加可不加。加不加"的"，涉及多种因素，如定语的词类、定语和中心语音节的多少以及其间的语义关系等。下面从定语和中心语之间关系的紧密程度方面进行分析。

1. 定语和中心语之间关系松散加"的"

定语和中心语之间的关系如果是松散的，即定语表示的是中心语所指称的对象非本质的、临时的、不稳定的、不持久的属性，通常需要加"的"。例如：

(1)表示人对物的领有关系加"的"。例如：

　　　我的书包　　　朋友的房子　　　同学们的校服

(2)表示时间的名词、方位短语用作定语加"的"。例如：

　　　昨天的报纸　　　最近的事　　　星期天的活动

(3)表示处所的方位短语用作定语加"的"。例如：

　　　桌子上的花瓶　　　火车站的车次表　　　脸上的灰尘

(4)表示属性的数量短语用作定语加"的"。例如：

　　　二斤的鱼　　　70多岁的老人　　　200页左右的书

(5)表示情态的状态形容词或性质形容词的重叠式用作定语加"的"。例如：

　　　冰凉的水　　　整整齐齐的房间　　　厚厚的灰尘

(6)表示动作行为的动词用作定语加"的"。例如：

送的礼物　　研究的课题　　拜访过的朋友

(7)介词短语、同位短语、连谓短语、主谓短语、中补短语、状中短语等短语用作定语时加"的"。例如:

关于鲁迅的小说　　铁人王进喜的事迹　　去北京出差的时间

中国制造的商品　　摔坏的杯子　　常去的地方

需要说明的是，领属关系中表示人与人、人与集体、人与机构、人与方位等方面的关系，在不凸显区别作用时，可以不加"的"。例如:

她妈妈　　我朋友　　你们公司　　我们办公室　　玛丽前边

2. 定语和中心语之间关系紧密不加"的"

定语和中心语之间的关系如果是紧密的，即定语表示的是中心语所指称对象本质的、固定的、稳定的、持久的属性时，一般不需要加"的"。例如:

(1)量词短语用作定语不加"的"。例如:

这本书　　二百辆汽车　　哪个地方

(2)区别词用作定语不加"的"。例如:

中式礼服　　彩色照片　　女教练

(3)表示材质的名词用作定语不加"的"。例如:

铜茶壶　　木头家具　　羊毛围巾

(4)表示国籍、职业、专业等名词用作定语不加"的"。例如:

美国人　　儿科医生　　英语专业

(5)表示范围的名词用作定语不加"的"。例如:

全部学生　　部分员工　　全体师生

(6)某些表示性质的单音节形容词用作定语不加"的"。例如:

新时期　　旧房子　　大企业　　小学生

四、状语

(一)状语的构成材料

状语主要是用来修饰限制动词、形容词等谓词性成分的，位于被修饰限制的中心语之前，由各类实词和短语来充当，用"[ ]"标示。例如:

①这儿有[非常]多的名胜古迹。(副词)

②他[昨天]回来了。(名词)

③咱们[上海]见。(名词)

267

④我们[应该]回去。(动词)

⑤老师[没有]来上课。(副词)

⑥我们[认真]考虑一下吧!(形容词)

⑦头发[这么]长了。(代词)

⑧科长[在办公室]看文件。(介词短语)

⑨大家[你一言我一语]地讨论。(联合短语)

⑩师母[极其亲切]地招呼我们。(状中短语)

⑪师傅[手把手]地教我们技术。(主谓短语)

⑫他[一遍一遍]地重复着刚才说的话。(数量短语)

⑬阿毛[兔子似]地跑了。(比况短语)

(二)状语的语义类型

状语从不同方面修饰限制中心语。根据状语的作用,可将其分为限制性状语和描写性状语两类。

限制性状语主要是从时间、处所、程度、否定、方式、手段、目的、范围、对象、数量、语气等方面限制中心语的。例如:

⑭我们[明天早上六点]就走。(表示时间)

⑮同学们[在操场上]踢足球。(表示处所)

⑯王老师[对所有同学][都][很]有耐心。(表示对象)(表示范围)(表示程度)

⑰我们[电话]联系吧。(表示方式)

⑱[为尽快完成项目],我们[已经]加了两周班了。(表示目的)(表示时间)

描写性状语是对动作、性状进行修饰或描写。例如:

⑲大家把教室[彻底]打扫了一遍。

⑳小雨[淅淅沥沥]地下个不停。

㉑姐姐[默默]地擦干了脸上的泪水。

描写性状语从性质和状态方面对中心语加以描写,在句法上是修饰谓词性成分,但在语义指向上,有些是描写动作状态,指向谓词性成分;有些是描写动作者的情态,指向名词性成分。例如:

㉒他[急切]地对我说。("急切"指向"他")

㉓我们[圆圆]地围成了一个圈儿。("圆圆"指向"圈儿")

㉔病人的血压[急剧]下降。("急剧"指向"下降")

(三) 多层状语

状中短语整体加上状语就形成多层状语。例如:

多层状语的语序问题比较复杂,哪个在前,哪个在后,主要取决于谓语内部的逻辑关系和表意的需要。从距离中心语的最外层算起,一般次序如下:

(1)表示时间的名词(指明何时)(限制性状语)

(2)表示处所的介词短语(指明何地)(限制性状语)

(3)表示范围的副词(指明什么范围)(限制性状语)

(4)表示情态的形容词(指明怎样)(描写性状语)

(5)表示对象的介词短语(指明同谁)(限制性状语)

例如:

㉕我们[昨天][在休息室里][都][热情地][同他]交谈。

㉖他[整整一个下午][都][在操作台上][紧张地]忙碌着。

一般来说,为了让听话人清楚明确地把握说话人要表达的意思,主语和谓语之间的距离不宜过大,即主谓之间的状语不宜过长、过多。因此,表示时间、处所、范围、情态、条件、原因、关涉对象或者语气的状语有时也会放在主语之前。放在主语前的状语叫句首状语。例如:

㉗[昨天],他乘飞机去上海开会了。

㉘[在回家的路上],我一直在想应该怎么向妈妈解释考试的事情。

㉙[任何景物中],他都能发现美。

㉚[由于突如其来的大风雪],班机误点了。

㉛[关于会议的具体安排],我们还需要再研究研究。

㉜[按照学校的规定],无故旷课一周就会受到警告处分。

㉝[在这三天里]，[按以往的习惯]，我们要去探亲访友。

㉞[早几年]，[在延安城墙上]，我们曾经看见过很多这样的标语。

那些可以有两种位置的状语，放在句首时常常有一些特别的作用；或者是强调状语；或者是照顾上下文的连接，或者状语较长、较多，放在句首可以让主语和谓语中心靠近，使句子的结构更加紧凑；或者放在句首修饰几个分句，这样既照顾了结构，也避免了用语重复。

出于语言表达的需要，状语有时还可以放到中心语后面，出现状语后置的情况。例如：

㉟我们都会想你，[永远永远]！

㊱大家聚拢来了，[从北疆]，[从南国]，[从东溟之滨]，[从西陲之巅]。

(四)状语与结构助词“地”

结构助词“地”表示状语和中心语之间的限制描写关系，可以看作是状语的书面语标志。状语和中心语之间加不加“地”的情况比较复杂。单音节副词用作状语一般不加“地”，有些双音节副词加不加“地”均可；单音节形容词用作状语也大都不加“地”，双音节形容词用作状语有相当一部分加不加“地”都可以；至于代词、名词、能愿动词、方位短语、介词短语用作状语，都不能加“地”。下面从状语类别的角度进行叙述。

1. 限制性状语一般不用“地”。例如：

㊲[赶快]走啊！(表示时间)

㊳学生们[在餐厅里]吃饭。(表示处所)

㊴孩子们[都]到齐了。(表示范围)

㊵我[的确][不]饿，你自己吃吧！(表示语气)(表示否定)

㊶他的人气[直线]上升。(表示方式)

2. 描写性状语一般可以用“地”。例如：

㊷孩子们[目不转睛]地盯着老师手里的玩具。

㊸我[幸福]地沉浸在对往事的回忆中。

㊹他[清清楚楚]地写下了自己的名字。

㊺我[很无聊]地翻阅着杂志。

需要说明的是，状语和中心语之间可加可不加的，加上“地”往往有强调意味。试比较：

㊻他轻轻地打开门，蹑手蹑脚地出去了。

他轻轻打开门，蹑手蹑脚出去了。

五、补语

(一)补语的构成材料

补语用来补充说明动作行为、状态变化的结果、趋向、可能、程度、情状、数量以及处所等，位于中心语之后。它一般由谓词性成分充当，部分数量短语、介词短语、程度副词也可以用作补语。补语用"< >"标示。例如：

①办公室已经打扫<干净>了。(形容词)

②衣服已经晾<干>了，我们要把它收<起来>。(形容词)(动词)

③我伤心<极>了。(副词)

④我们激动得<热泪盈眶>。(主谓短语)

⑤我们都来<自五湖四海>。(介词短语)

⑥他走路走得<很快>。(状中短语)

⑦我已经去过<两次>美国了。(数量短语)

(二)补语的语义类型

1. 结果补语

结果补语表示动作行为的结果，由动词、形容词充当。例如：

晒<黑>　　挂<满>　　点<亮>　　摆<正>

洗<干净>　说<清楚>　看<着迷>

气<哭>　　救<活>　　叫<醒>　　喝<醉>

压<断>　　看<懂>　　跑<丢>　　病<死>

结果补语与中心语在搭配组合方面有一些特点，主要表现为：

(1)结果补语大多由单音节的动词或形容词充当。例如：

打<碎>了　　砍<断>了　　做<完>了

(2)结果补语紧跟在中心语(动词或形容词)之后，中心语和结果补语之间不能插进去别的成分。例如：

打<通>了电话　　喝<醉>过酒　　完<成>了作业

(3)结果补语通常表示结果的完成和实现，因此补语之后可以加"了"或"过"，但不能接"着"，句中也不能出现"在、正在"等表示进行态的时间副词。例如：

271

听<清楚>了——＊听<清楚>着——＊正在听<清楚>

治<好>过——＊治<好>着——＊正在治<好>

(4)结果补语的否定形式一般用"没"，在表示假设的情况下，可以用"不"。例如：

我吃<饱>了——我没吃<饱>——＊我不吃<饱>

⑧你一上午的课，早饭吃不<饱>可不行呀。(假设)

(5)动词后面既出现结果补语，又出现宾语，这时宾语只能位于结果补语的后面。例如：

⑨我听<懂>了他的话。

⑩案板上爬<满>了蚂蚁。

结果补语的语义指向并不都指向中心语，有时还指向主语或宾语。例如：

⑪我们踢<赢>了球。("赢"指向"我们")

⑫我们踢<完>了球。("完"指向"踢")

⑬我们踢<破>了球。("破"指向"球")

2. 程度补语

程度补语表示某种性状所达到的程度，位于某些形容词或表心理活动的动词后面。程度补语可以由副词"极、很"以及语义虚化的某些动词、形容词充当，表示达到极点或很高的程度；也可以由数量短语"一点、一些"充当，表示轻微的程度。

从形式上看，程度补语有不带"得"和带"得"两种形式。

(1)不带"得"的程度补语。例如：

高兴<极>了　　糟糕<透>了　　脏<死>了

好<多>了　　　累<坏>了　　　想<疯>了

好<一些>　　　轻<一点>　　　差<远>了

(2)带"得"的程度补语。例如：

痛苦得<很>　　贵得<要死>　　难听得<要命>

疼得<厉害>　　好得<不得了>　难受得<不行>

强得<多>　　　饿得<慌>

需要说明的是，程度补语本身没有否定形式。也就是说，不能在程度补语前加上"不，没"等否定副词。

3. 趋向补语

趋向补语表示动作行为的趋向或状态发展的方向，由趋向动词充当。根据趋向动词的意义情况，趋向补语可分为两类：

(1)表示动作行为的趋向。例如：

登<上>山顶	打<开>电视
拿<出来>一本杂志	扔<过来>一个皮球
扑<过去>救那个球	扶<起来>一位跌倒的老人

这些趋向补语中的趋向动词都用基本义，表示动作行为的趋向。

(2)表示动作行为、性质状态的变化情况。例如：

爱<上>旅游了	孩子又哭<开>了
终于明白<过来>了	他们又吵<起来>了
天色渐渐暗<下来>了	你继续说<下去>

这些趋向补语中，趋向动词的意义发生了虚化，表示动作行为或性质状态发生了变化。

下面是常见趋向动词意义虚化的用法。

"起来"或表示开始并继续，如"笑<起来>、天又热<起来>了"；或表示从某个方面评论人或事物，如"这苹果看<起来>不怎样，但吃起来却很甜"。

"下去"表示继续进行或保持，如"写<下去>、坚持<下去>"。

"出来"表示由隐蔽到显露，即：由原来的看不见的，到让人看得见或知道。如"他的论文已经写<出来>了"。

"出去"表示向外转移、扩散，如"这件事不要说<出去>"。

"起来"表示变化的开始，多由静态转为动态；"下来"可以表示从变化开始一直到完结，多由动态转入静态，如"热闹<起来>、安静<下来>"。

双音节趋向动词用作补语的中补短语如果带上事物宾语，那么宾语会有三种位置，例如"拿<出来>一本书、拿一本书<出来>、拿<出>一本书<来>"。如果是处所宾语，那么宾语只有一种位置，例如"把箱子搬<进>房间<去>"。

单音节趋向动词"来、去"的用法也需要注意。通过动作使人或事物向说话人方向移动的，用"来"；离说话人而去的，用"去"。例如：

⑭狼向东郭先生扑<来>。(叙述人立足于东郭先生的位置←———狼)

⑮一群大雁向南方飞<去>。(叙述人的位置———→远方)

如果动词后接事物宾语，"来、去"在动词之后，事物宾语之前；如果动词后接处所宾语，"来、去"在处所宾语之后。例如：

⑯小狗叼<来>一块骨头，高兴地叫着。

⑰马上就开学了，我明天要回学校<去>。

4. 情态补语

情态补语表示由动作、性状而呈现出来的情态。中心语和补语之间常用"得"。情态补语一般由动词、形容词、短语或小句充当。例如：

⑱他的皮鞋擦得<锃亮>。

⑲这个小女孩儿长得<真可爱>。

⑳秋天来了，枫树的叶子变得<殷红殷红>的。

㉑她哭得<眼睛都肿了>。

㉒孩子们把屋子里弄得<乱七八糟的>。

㉓小李写得<清楚>。

情态补语的作用有两种：一种是用于描写，多由状态形容词或谓词性短语充当，如例⑱、例⑲、例⑳、例㉑、例㉒；另一种是用于评价，由性质形容词充当，如例㉓。情态补语前有时还会用上"个、得个"，例如"雨下个不停、打个稀巴烂、闹得个鸡犬不宁"。

需要说明的是，描写性情态补语用在"把"字句中没有否定形式。例如：

㉔他把我送他的花瓶摔得粉碎。——＊他把我送他的花瓶没摔得粉碎。

一般来说，结果宾语和情态补语不能同时出现在动词的后面。汉语通过两种不同的表达方式解决这个问题。一种是采用主谓谓语句的形式，大主语是施事，小主语是结果；另一种是让动词重复出现，分别与结果宾语和情态补语组合，也就是说，谓语由连谓短语充当。例如：

㉕玛丽汉字写得<很工整>。

㉖玛丽写汉字写得<很工整>。

有情态补语的句子，句子语义表达的重心在补语部分，因此，用作谓语中心的动词、形容词之前就不能再出现描写性状语了。例如：

㉗＊他拼命地跑得像兔子一样快。

㉘＊妈妈很难过得流下了眼泪。

5. 可能补语

可能补语主要表示是否有可能出现动作的结果或状态的改变。从形式上看，可能补语分为三类：

（1）在结果补语或趋向补语和中心语之间插进"得/不"，构成肯定形式"V 得 C"和否定形式"V 不 C"，表示动作的结果、趋向是否能够实现。例如：

肯定形式	否定形式
说得<清楚>	说<不清楚>
站得<起来>	站<不起来>
离得<开>	离<不开>

该类型中的肯定形式"V 得 C"可以变换为"能 VC"格式，例如：

㉙这篇文章一个小时能打出来。

㉚这篇文章一个小时打得出来。

例㉙中的"能打出来"表示"打字这一主观能力"，例㉚表示"根据文章的长度和时间条件，认为'打出来'这个结果是可能的。

（2）可能补语由"得了""不了"充当，构成肯定形式"V 得了"和否定形式"V 不了"，表示主客观条件下是否容许实现某种动作行为或变化。例如：

肯定形式	否定形式
去<得了>	去<不了>
吃<得了>	吃<不了>
抽<得了>烟	抽<不了>烟

其中的肯定形式"V 得了"可以变换为"能 V"，例如"抽得了烟——能抽烟"；否定形式"V 不了"可以变换为"不能 V"，例如"抽不了烟——不能抽烟"。下面通过例子说明"不能 V"和可能补语的否定形式"V 不了"之间的区别。

第一，当表示客观条件或外界条件是否允许时，只可以用"不能 V"。例如：

㉛a. 教室里不能抽烟。

　b. ＊教室里抽不了烟。

第二，当表示行为人自身能力或条件时，可能补语"V 不了"和"不能 V"都可以用。例如：

㉜a. 他身体不好，不能抽烟。

　b. 他身体不好，抽不了烟。

（3）可能补语由"得"或"不得"充当，构成肯定形式"V 得"和否定形式"V 不得"，表示主客观条件是否容许实现某动作或情理上是否许可某动作发生。例如：

㉝这东西晒<得>晒<不得>？（相当于"能晒不能晒"）。

㉞那个地方太偏僻，咱们可去<不得>。（相当于"不能去"）

㉟这事儿要快点儿，千万耽搁<不得>。（相当于"不能耽搁"）

这类可能补语用在句子中，多表示规劝、提醒、警告，所以一般只用否定形式，用来表示不要做某个动作或避免某种现象发生。

有些动词和这类可能补语总是结合在一起，已经形成了一种固定结构，甚至凝固成了一个词。例如：

怪不得　　恨不得　　由不得　　巴不得　　顾不得

值得/值不得　　舍得/舍不得　　记得/记不得

在语言表达中，可能补语的否定形式比其肯定形式使用频率更高，而肯定形式一般用于疑问句和应答句中。另外，这类可能补语可以用肯定、否定相叠的形式表示疑问。例如：

㊱这种病治得<好>治<不好>？治得<好>。

㊲我们赢<得了>赢<不了>？赢<得了>。

㊳这种料子用水洗<得>洗<不得>？洗<不得>。

含有可能补语的中补短语如果带有宾语，宾语常常出现在可能补语之后；如果宾语比较长，则往往放在句子的开头。例如：

㊴我都记<不清楚>哪一天了。

㊵他一定考得<上>大学。

㊶老师说的话我听<不懂>。

可能补语的肯定形式和情态补语的肯定形式相同，例如"这件事做得好"，其中的"好"，既可以理解为情态补语，也可以理解为可能补语。判断的方法可用扩展法：补语前能加状语（程度副词"很"）的是情态补语，不能加的是可能补语。

以"做得好"为例，可以从以下三个方面判断它到底是情态补语的肯定形式还是可能补语的肯定形式。第一，否定形式不同。情态补语"做得好"

的否定形式是"做得不好"，可能补语"做得好"的否定形式是"做不好"。第二，提问形式不同。情态补语"做得好"用"做得好不好？"来提问，可能补语"做得好"用"做得好做不好？"来提问。第三，是否有扩展形式。情态补语"做得好"有扩展形式，如"做得很好、做得好极了"，可能补语"做得好"没有扩展形式。

这些不同如表 6-1 所示：

表 6-1　　　情态补语的肯定形式与可能补语的肯定形式的区别

	情态补语：做得好	可能补语：做得好
否定形式	做得不好	做不好
提问形式	做得好不好？	做得好做不好？
扩展形式	做得很好 / 做得好极了	——

6. 数量补语

数量补语主要表示动作行为发生次数的多少或持续时间的长短。根据意义，数量补语可分为两类：

（1）动量补语

动量补语表示动作行为发生的次数，由表动量的量词短语充当。例如：

看了＜几遍＞　　去了＜两回＞　　　打我＜一下＞

如果出现动态助词"了、过"等，要放在动词后、补语前的位置。例如：

㊷马丁来中国后去过＜三次＞长城。

㊸对于选谁，我们已经交换了＜两次＞意见。

如果动量补语和宾语同现，一般事物名词用作宾语通常位于时量补语之后；人称代词用作宾语通常位于时量补语之前；人名、地名用作宾语，根据表达需要，可前可后。例如：

㊹你帮我站＜一下＞队，我马上回来。

㊺那个卖保险的骗过我＜一回＞了。

㊻我去医院探望过＜两次＞小王了。

　　我去医院探望过小王＜两次＞了。

（2）时量补语

时量补语或表示动作、状态持续的时间，或表示动作实现以后所经历的整段时间，由表示时间的量词和数词构成的数量短语或数量名短语充当。例如：

住了<一年>　　　等了<一个钟头>　　　成立<五年>了

如果时量补语和宾语同现，一般事物名词通常位于时量补语之后；人称代词、指人名词位于时量补语之前；处所名词也位于时量补语之前。例如：

㊼我们开了<一晚上>会。

㊽老师已经等了你<半个多小时>了。

㊾我来中国<一年多>了。

(3)比较数量补语

比较数量补语大多是用在形容词之后，表示比较相差的数量。例如：

㊿我比妹妹高<一头>。

(51)他们公司的产值比我们公司高<五倍>。

7. 介词补语(时地补语)

介词补语或表示动作行为发生的时间或处所，或表示动作的终止地点，多由“于、自、在、到、向、往、给”等介词与其宾语构成的介词短语充当。例如：

(52)他毕业<于复旦大学>。

(53)这件事发生<在 2015 年>。

(54)他们两个人一起走<向海边>。

(55)这段文字摘<自鲁迅的散文>。

(二)多层补语

中补短语整体上带上补语形成多层补语。例如：

青年们‖走　散　到　各个革命根据地　去

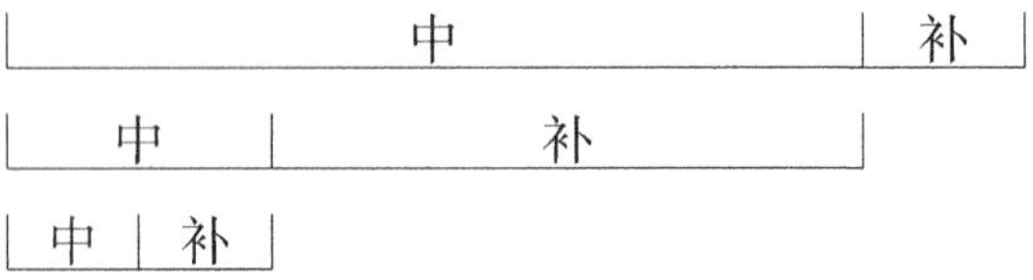

多层补语大多为两层，也有少数是三层。能出现在多层补语中的补语有四种，它们的排列顺序是：最外一层(离中心语最远的一层)是趋向补语，其次是介词补语或数量补语，紧靠动词中心语的是结果补语。例如“打<倒>

<在地>", 其中"倒"是结果补语,"在地"是介词补语;"哭<醒>了<两回>", 其中"醒"是结果补语,"两回"是数量补语;"放<到桌子上><去>", 其中"到桌子"是介词补语,"去"是趋向补语。

六、中心语

中心语是指定中短语、状中短语,中补短语里的中心成分,因此,中心语可分定语中心语、状语中心语、补语中心语三类。

(一)定语中心语

定语中心语指与定语配对的句法成分,通常是由名词性词语充当,如"学生的书包、漂亮的洋娃娃、对曹操的评价",谓词性词语有时也可以充当定语中心语。例如:

①经济的振兴要靠科技的发展和人才的培养。

②他的突然离去让很多人都感到十分震惊。

"振兴、发展、培养、突然离去"是定语中心语。谓词或谓词性短语进入"定语＋的＋X"这个名词性框架中获得了指称性。

(二)状语中心语

状语中心语指与状语配对的句法成分,通常是由谓词或谓词性短语充当。例如:

③我最近很忙,没有时间去找你。

④医生很仔细地给他检查。

但在名词谓语句中,状语中心语由名词性成分充当。例如:

⑤现在已经春天了。

⑥宿舍里就我一个人。

(三)补语中心语

补语中心语指与补语配对的句法成分,由动词、形容词或谓词性短语充当。例如:

⑦溪水欢快地流向远方。

⑧他比我有经验得多。

七、独立语

独立语又叫独立成分,是句子中的特殊成分,它和句内的语气词、语调等被称为"零碎"。它身在句内却不与句内的词或短语发生结构关系，因此没有配对的成分。独立语可以在句首、句中或句末出现，在表意上有其特定的作用。根据作用，它可以分为插入语、称呼语、拟声语、感叹语四类。

（一）插入语

插入语的主要作用是补足句意，使句子表意严密化，主要有以下几类：

（1）表示肯定或强调语气，例如"毫无疑问、不可否认、不用说、十分明显、尤其是、主要是、特别是"等。

（2）表示对情况的推测和估计，例如"看来、看样子、说不定、算起来、我想、充其量、少说一点"等。

（3）表示消息的来源，例如"听说、据说"等。

（4）表示引起对方的注意，例如"你看、你瞧、你想、你说、你晓得"等。

（5）表示总括性的意义，例如"总之、总而言之"等。

（6）表示注释、补充、举例的，例如"也就是、包括、正如"等。

（7）表示对语意的附带说明，例如"严格地说、不客气地说、一般来说、不瞒你说、说句笑话"等。

（二）称呼语

用来称呼对方，引起注意。例如：

①老师，咱们什么时候补课？

②师傅，请把我送到车站吧。

（三）感叹语

由叹词充当，表示惊讶、感慨、兴奋、难过等感情的呼声。例如：

③哎呀，想不到是你来了。

④嗯，我马上走。

⑤啊，这是一个多么令人振奋的好消息啊！

感叹词后面如果用上句末点号，就构成了一个独立的句子——叹词句。例如：

⑥哈哈！太有趣了！（独立成句）

（四）拟声语

由拟声词充当，模拟自然界的声音，给人以真实感，目的在于增强表达效果。例如：

⑦砰，砰，忽然响起了一阵急促的敲门声。

⑧呼，呼，狂风夹着砂石又刮起来了。

⑨哗哗，水管爆了！

拟声词后面如果用上句末点号，就构成了一个独立的句子——拟声词句。例如：

⑩哗哗！流水了！（独立成句）

【思考与练习六】

一、指出下列句子中的主语和谓语，并说明是由哪种功能的词或短语充当的。

（1）这个学生，我教过他英语。

（2）康熙皇帝对当时西方传教士所带来的一切欧洲学术，几乎都产生了浓厚的兴趣。

（3）领导叫他去北京开会。

（4）提高整个民族的科学文化水平，是亿万人民群众的切身事业。

（5）这座房子里住着一位年过古稀的老人。

二、指出下列句子中的宾语和补语，并说明宾语和补语所属的语义类别。

（1）老木匠一眼不眨地等在车门旁。

（2）我们左右张望了一下。

（3）一条船可以坐十个人。

（4）我终于找到了那位曾经帮助过我的好心人。

（5）远处传来了一阵急促的脚步声。

三、运用直接成分分析法分析下列短语，并指出其中的修饰成分是由什么充当的？如果是短语，指明结构类型；如果是词，指明词性。

（1）很不满意地朝他看了一眼

（2）上海高校学生课余生活的一个侧面

（3）许多亟待解决的严重的思想问题

（4）高高兴兴、平平安安地和我们一起回来

（5）一件从商场刚买的新羊绒大衣

四、指出下面两个句子的不同。

（1）来客人了。

（2）客人来了。

五、为什么只能说"衣服买来了"，而不能说"一件衣服买来了"？

六、下列句子中哪些是处所宾语？哪些不是处所宾语？

（1）我决定把这些书送给学校。

（2）我爱北京。

（3）他去学校了。

（4）欢迎你来上海。

（5）他一直注视着门口。

（6）我们住厂里。

（7）这次卫生评比，辅导员特别表扬了 426 寝室。

七、下面两组中补短语是否有歧义？如果有，分析造成歧义的原因。

（1）挖深了、炒咸了　　　（2）挖浅了、拉长了

八、修改下列病句，并说明理由。

（1）他要把这里所有的书都运来美国。

（2）晚上我再电话你吧！

（3）他把蛋糕放在桌子。

（4）他们打算一次上海的旅游。

（5）餐厅在一楼里。

（6）他周末打算做这些事：跟朋友打网球、聊天儿、看电视，等等。

（7）现在我忙，没有多时间给你写信。

（8）墙太高了，没有梯子我们恐怕上不得。

（9）这箱子不重，你看，我拿起来。

（10）那时候我正在读关于天文学的一些书。

九、下列句子中的状语、补语在语义上指向哪个成分？

（1）他打死过一条蛇。

（2）妈妈脆脆地炸了一盘花生米。

（3）小溪边孤零零地坐着一个女孩儿。

（4）我被这突如其来的状况吓傻了。

（5）一宿舍的人聊得毫无困意。

第七节　单　句

【目标要求】了解句型、句式、句类的分类依据，学会判断各类单句的下位句型，掌握常见句式的结构特点和语用条件，认识变式句的种类、语用价值以及句子变换的方法，理解现代汉语单句的系统性。

一、句型

句型是根据结构对句子划分出来的类。从结构的角度分析句子，需要分析句子的结构层次和结构关系。但句子分析并不是要仅仅满足这些，更重要的是揭示句子的格局，归纳出句型。

（一）非句型因素

既然句型是指句子的结构类型，所以那些与句子结构无关的因素就不会影响句型判定。一般来说，非句型因素主要包括以下几类：

（1）句子的语气、语调以及表达语气的语气词不影响句型判定。例如"他走了。""他走了吗？""他走！"尽管这三个句子的语气不同，但结构相同，所以属于同一句型。

（2）句子中的独立语、追加成分、连续反复成分等不影响句型判定。例如：

①小李来了。——听说小李来了。（"听说"是插入语）

②我认识小李。——我认识小李，你的那位好朋友。（"你的那位好朋友"是追加成分）

③他经常这样静静地坐着。——他经常这样静静地、静静地坐着、坐着。（第二个"静静地"和"坐着"是连续反复成分）

（3）句子中功能相同的词的替换不影响句型判定。例如"我看电视。""他读报纸""哥哥打篮球"属于同一句型。

（4）句子的语用变换不影响句型判定。例如：

④祖国的山河多么壮丽啊！——多么壮丽啊，祖国的山河！

（5）句子中主语和谓语之间的停顿，动语和宾语之间的停顿以及重音等节律形式不影响句型判定。例如：

⑤她这个人，就是个热心肠。——她这个人就是热心肠。

⑥我认为，这样做不合适。——我认为这样做不合适。

（6）句子的深层语义结构不影响句型判定。例如"鸡不吃了。"中的"鸡"既可以理解为施事，也可以理解为受事，尽管深层次结构不同，但都同属于一种句型。

（二）句型判定

1. 注意句型的层级性

句型具有层级性，因此根据句子结构来确定句型时，需要考虑句型的不同层次。

现代汉语句型系统有三个层级：

句型的第一个层级：单句和复句。

句型的第二个层级：单句分为主谓句和非主谓句；复句分为联合复句和偏正复句。

句型的第三个层级：主谓句可分为动词谓语句、形容词谓语句、名词谓语句；非主谓句可分为动词性非主谓句、形容词性非主谓句、名词性非主谓句、叹词句、拟声词句；

联合复句可分为并列复句、顺承复句、解说复句、选择复句、递进复句；偏正复句可分为条件复句、假设复句、因果复句、转折复句、目的复句。

判定句型需要逐层进行。也就是说，先确定上位句型，再确定下位句型。例如，单句是主谓句和非主谓句的上位句型，主谓句是动词谓语句、形容词谓语句、名词谓语句的上位句型；相反，主谓句和非主谓句则是单句的下位句型，动词谓语句、形容词谓语句、名词谓语句是主谓句的下位句型。

2. 排除非句型因素

排除非句型因素，是归纳句型必须考虑的另一个重要问题。如前所述，非句型因素主要有三种：（1）句中表示语气的成分；（2）句中的插入语、称呼语；（3）句首状语以及句中的定语、状语等修饰成分。

下面就用具体例子进行说明。

⑦据报道，从明天起，浦东新区政府部门就要正式挂牌办公了。
　　A　　　B　　　　C　　　　　　　D　E　　　　F

例句中 A 是独立语，B 是句首状语，C 是定语，D 和 E 是状语，F 是语气词，这些都是非句型因素，在确定句型时应排除。所以，这个句子的句型可分析为：单句，单句中的主谓句，主谓句中的动词谓语句。

二、单句

(一)主谓句
由主语和谓语两个成分构成的单句叫主谓句。根据谓语的功能类型，它可分为三个小类：

1. 动词谓语句
谓语由动词或动词性短语构成的单句叫动词谓语句。例如：

①树叶‖落了。(主‖动词)

②鲸鱼‖是一种哺乳动物。(主‖动语+宾语)

③他‖去了一趟上海。(主‖动 + 补 + 宾语)

④张教授‖去北京参加学术会议。(主‖连谓短语)

⑤我‖已经向老师请假了。(主‖状 + 状 + 动)

⑥大家‖选王明当代表。(主‖兼语短语)

2. 形容词谓语句
谓语由形容词或形容词性短语构成的单句叫形容词谓语句。例如：

⑦苹果‖熟了。(主‖形容词)

⑧现在的房价‖很高。(主‖状语 + 形容词)

⑨我的心里‖乱极了。(主‖形容词 + 补语)

3. 名词谓语句
谓语由名词或名词性短语构成的单句叫名词谓语句。例如：

⑩今天‖星期一。(主‖名，表时间)

⑪后天‖清明节。(主‖名，表节日)

⑫今天‖晴天。(主‖名，表天气)

⑬老舍，‖北京人。(主‖名词短语，表籍贯)

⑭烩面‖一碗，烧饼‖两个。(主‖数量短语，表数量)

⑮三个人‖一个房间。(主‖定中短语，表数量)

⑯她‖长头发。(主‖名词短语，表特征)

⑰山上‖净石头。(主‖副＋名，表存在)

⑱他的小儿子‖刚刚十二岁。(主‖副＋数量短语，表年龄)

⑲这台电脑‖新买的。(主‖"的"字短语，表类属)

⑳窗外‖一幅繁华的街景。(主‖定中短语，表存在)

名词或名词性短语一般情况下不用作谓语，但在以下四种条件下却可以充当谓语。(1)只能是肯定句，不能是否定句；(2)只能是短句，不能是长句；(3)只能是口语句式，不能是书面语句式；(4)只限于说明时间、天气、籍贯、年龄、容貌、数量等。

(二)非主谓句

分不出主语和谓语的单句叫非主谓句。它是由主谓短语以外的短语或词加上句调形成的。根据谓语的功能类型，可分为五个小类：

1. 动词性非主谓句

由动词或动词性短语构成。例如：

㉑马上出发！

㉒反对霸权主义！

㉓站起来呀！

㉔有条河叫流沙河。

2. 形容词性非主谓句

由形容词或形容词性短语构成。例如：

㉕真香！

㉖太好了！

3. 名词性非主谓句

由名词或名词性短语构成。例如：

㉗1958 年秋天。

㉘多么感人的故事啊！

㉙夏天了。

4. 叹词句

由叹词构成。例如：

㉚啊！

㉛啧啧！

㉜嗯！

5. 拟声词句

由拟声词构成。例如：

㉝扑通！

㉞哗哗！

三、常用句式

句式是指那些结构上有一定的特点或有显著标志的句子，它是根据句子的局部特点划分出来的类。汉语中常用的句式有："把"字句、"被"字句、连谓句、兼语句、双宾句、存现句、主谓谓语句。

(一)"把"字句

"把"字句是指在谓语动词前面用介词"把"或"将"引出受事，对受事加以处置的一种主动句。例如：

①小王把小李打伤了。

②妈妈把我的脏衣服洗干净了。

"把"字句又叫处置式。处置是指谓语动词所表示的动作行为对"把"字引出的受事加以影响，使它产生某种结果，发生某种变化或处于某种状态。

大多数情况下，"把"字的宾语可以看作是谓语动词的受事，但有些也不是受事。例如"这件事把我的心凉了半截儿。"中的"我的心"就不是受事。

"把"字句有如下特点：

(1)"把"字句中的谓语动词前后总有别的成分，或前面有状语，或后面有补语、宾语、动态助词。也就是说，动词一般不能单独出现，尤其不能单独出现单音节动词。例如：

③师傅已经把车修好了。

④我们把教室的门都锁上了。

⑤出版社在开学之前把书赶印出来了。

(2)"把"字的宾语一般是名词性成分，并且在意念上表示有定的事物。例如：

⑥小明把那本书细细读了一遍。

⑦我已经把《红楼梦》看了好几遍了。

⑧他把自己的房间打扫干净了。

(3)"把"字句中的谓语动词一般都有处置性。也就是说，谓语动词所表

287

示的动作行为会对"把"字的宾语有一定的影响。一般来说,具有强烈动作性的动词都有处置性,而非动作性动词都没有处置性。因此,像下面这些动词是不能进入"把"字句的。例如"是、有、像、姓、好像、标志着、意味着"等表示关系的动词;"爱、喜爱、记忆、感觉、感到、觉得、认识、知道"等表示心理、认知活动的动词;"能、会、可能、能够、得"等能愿动词;"来、下、进、出"等趋向动词。

(4)"把"字句中,能愿动词、否定副词、时间名词等用作状语只能置于"把"字前。

在日常口语里,我们会听到"恨不得把一分钱掰成两半儿花"("一分钱"不是已知的、特定的),"把人不当人看"(否定副词"不"在"把"之后)。这些句子不是典型的"把"字句,有特定的语用环境或带有熟语色彩。

需要注意的是,介词"把"还可以表示"让、使"的意义,这时它构成的句子没有处置义,而有致使义,例如"怎么把罪犯跑了"。这些句子中"把"的宾语不是受事,而是施事,所以这类不属于表处置的"把"字句。

(二)"被"字句

"被"字句是指在谓语动词前面,用介词"被(给、叫、让)"引出施事或用助词"被"的被动句,属于受事主语句的一种。例如:

⑨那只凶恶的老虎被武松打死了。

⑩夜空让五颜六色的焰火照得光彩夺目。

⑪房屋被冲塌了。

汉语中的被动句按有无形式标志可分为两类:一类是无标志的被动句,例如"饭小王吃完了";另一类是有标志的被动句,"被"字句就属于其中的一种。"被"字句是用介词"被"引入谓语动词所表动作行为的主体(主要是施事,主动者)于动词前用作状语而把动作涉及的对象置于句首的一种句式,有时"被"字所介引的动作主体也可以不出现。

1."被"字句的类型

(1)介词"被(给、叫、让)"引出施事。例如:

⑫小树让风刮得东倒西歪的。

⑬房间被孩子们给弄得乱七八糟。

(2)助词"被"直接附着在动词之前。例如:

⑭轮番的轰炸后，这个美丽的小镇被夷为平地。

⑮我的心灵第一次深深被震撼了。

2. "被"字句的特点

(1)"被"字句中的谓语动词具有处置性，这跟"把"字句里的动词差不多。但与"把"字句相比，进入"被"字句的动词要更宽泛一些，有些表心理活动的动词也可以进入"被"字句。例如：

⑯他的不良企图被我们感觉到了。

⑰他的行踪被特务知道了。

(2)"被"字句中的谓语动词不能是简单形式，它前后一般要有别的成分。例如：

⑱衣服被火星儿烧出了一个小洞。

⑲小王被老板骂了一顿。

⑳地里被种上了庄稼。

有时少数双音节动词的简单形式也能进入"被"字句。例如：

㉑他们没有被土匪收买。

㉒风浪中行船的人随时会被风浪吞噬。

(3)"被"字句的主语是有定的。也就是说，"被"字句主语所表示的事物是听说双方已知的。"被"字句的主语有的带有修饰成分，有的是专有名称，有的表示周遍性的事物。例如：

㉓那个违反校规的学生被学校予以警告处分。

㉔迟到的学生都被老师叫去训话了。

含有无定标志的名词用作"被"字句的主语，往往是有条件限制的。例如：

㉕她一推开门，发现一个人已经被警察按倒在地。

㉖开学后，有一名学生被开除了。

例㉕中，"被"字句充当"发现"的宾语，"发觉、看见、见、预知"等动词宾语中的"被"字句，其主语可以是无定的；例㉕中，"被"字句的主语"一名学生"在"有"的后面，"一名学生"是兼语成分，兼语可以是无定的。

(4)"被"字句中，能愿动词、否定副词、时间名词等用作状只能置于"被"字前。例如：

㉗我没有被他的花言巧语所欺骗。

㉘杯子刚刚被他们打破了。

（三）连谓句

连谓短语充当谓语或者由连谓短语直接构成的句子叫连谓句。例如：

㉙我‖站起来轻轻打开门走了出去。（表示先后发生的动作）

㉚领导‖表扬先进树榜样。（前后表方式和目的关系）

㉛南方人‖过冬不穿棉衣。（后一动作表示前一动作的方式）

㉜他的病假单‖一直揣在口袋里没有拿出来。（从正反两方面说明一件事，互相补充）

㉝大家‖听了很高兴。（后一性状表示前一动作的结果）

㉞他‖喝酒喝醉了。（表示因果关系）

㉟我的导师‖有资格申请出国。（前后有条件和行为的关系）

连谓句有如下特点：

（1）连用的谓词或谓词性短语共用一个主语。例如：

㊱你马上过来见我 —— 你马上过来 + 你见我

㊲你去叫小王来 —— 你去叫小王 + 小王来

例㊱是连谓句，例㊲则不是连谓句。

（2）连用的谓词或谓词性短语之间不能有语音停顿。例如"我站起来，轻轻拉开门，走了出去。""她在家扫地、舂米、劈柴。"不是连谓句。

（3）连用的谓词或谓词性短语之间不能有关联词，也不能有复句中分句间的逻辑关系。例如"他一来就开始干活。""他拿起帽子就往头上戴。"不是连谓句。

（四）兼语句

兼语短语充当谓语或者由兼语短语直接构成的句子叫兼语句。例如：

㊳领导‖让他去北京出差。

　　　　Ⅰ Ⅱ｜＿Ⅲ＿｜

㊴我‖命令你赶快离开。

　　　Ⅰ Ⅱ｜＿Ⅲ＿｜

兼语句的谓语部分包含三个部分：Ⅰ是兼语动词，Ⅱ是兼语部分，Ⅲ是兼语陈说部分。

一般来说，兼语动词大多含有使令、促成的意义，例如"使、叫、让、请、命令、派、禁止、指定"等。兼语动词所表示的动作行为多半是兼语陈说部分的原因，而兼语陈说部分则是动作要达到的目的或要产生的结果。如例㊴中"命令"是"赶快离开"的原因,而"赶快离开"是"命令"的目的。

兼语句与连谓句不同。"老王低头想着心思。""他拉住我说个不停。"是连动句,不是兼语句。连谓句中连用的谓词性成分共用一个主语,而兼语句中第二个动词(即兼语陈说部分)的主语是第一个动词的宾语(即兼语部分),与第一个动词的主语不同。如果两个动词既能共用一个主语,第二个动词又能以第一个动词的宾语为主语,则是连谓兼语融合句,例如:

㊵指导员率领战士们冲了上来 —— 指导员带领战士们 + 战士们冲了上来 + 指导员冲了上来

㊶队长带领大家上山采药 —— 队长带领大家 + 大家上山采药 + 队长上山采药

兼语句与主谓短语用作宾语的句子也不同。试比较:

㊷我们派小王去。(兼语句)

㊸我们知道小王去。(主谓短语用作宾语)

它们之间的不同主要有以下四个方面:

(1)从停顿位置看,"我们知道小王去。"可以在第一个动词"知道"后停顿,还可以插入状语,例如:我们知道小王去——"我们知道,小王去。""我们知道明天小王去。"而"我们派小王去。"则不能在第一个动词"派"后停顿或插入状语,只能在"小王"后停顿或插入状语,例如"我们派小王去。——我们派小王明天去。"

(2)从提问形式看,"我们知道小王去。"可以用"什么"提问,"你们知道什么?"而"我们派小王去。"不能用"什么"提问," *你们派什么?"

(3)从变换情况看,用作宾语的主谓短语可以提到句首,如"我们知道小王去。——小王去我们知道。"而兼语句却不能这样移位,"我们派小王去。—— *小王去我们派。"

(4)从第一个动词的性质看,兼语句的第一个动词往往具有使令性,它支配的对象的是人;主谓短语用作宾语的句子的第一个动词没有使令性,而是表示心理、感知活动的动词,或是"说明、证明、主张"等谓宾动词,它支配的对象是一件事。

(五)双宾句

动词(或动词性短语)后面出现指人和指物两个宾语的句子叫双宾句。两个宾语中,紧靠动词的是近宾语,远离动词的是远宾语。例如:

㊹我问他一个问题。

㊺母亲教我许多生产知识。

㊻他给我十块钱。

大多数情况下,双宾语中一个宾语指人,另一个宾语指物。指人宾语在前,回答"谁"的问题;指物宾语在后,回答"什么"的问题。例如:

㊼王教授问了他两个问题。(王教授问了谁两个问题?)(王教授问了他什么?)

远宾语和近宾语有时候都指人,但指人的远宾语不能用"谁"提问,只能用"什么、什么人、多少人"等提问。例如:

㊽他给了我们一个对外汉语教学专业的研究生。

远宾语和近宾语有时候都指物,但指物的近宾语不能用"什么"提问,只能用"谁、什么单位、什么部门"之类提问。例如:

㊾我给了资料室两套书。

一般情况下,指人宾语在前,指物宾语在后,但当动词是"复、致"、指物宾语是"信、函、电"时,两个宾语的位置可以互换,这种用法常见于报纸的标题。例如:

㊿党和国家政府领导人致电南斯拉夫总统

○51我驻联合国代表致函安理会主席

双宾语的两个宾语一般都是名词或名词性短语,但有时候远宾语也可以是非名词性成分。例如:

○52他问我整天待在家里干什么。

不过,这些非名词性成分是用于指称,和名词性成分一样回答"什么"的问题。

双宾句有如下特点:

(1)双宾句中的动词一般含有"给予""给出""取进""询问""称说"等意义。

(2)双宾句中的两个宾语分别都能与动词构成动宾关系。例如:

㊼送我一幅画 —→ 送我 + 送一幅画

㊼教我英语—→教我 + 教英语

严格地讲，指人宾语是与动词的"给予"义发生关系的，指物宾语是与动词的动作义发生关系的，所以以"动词 + 指人宾语 + 指物宾语"一般可以变换成"动词 + 指物宾语+ 给 + 指人宾语"。例如：

㊺老师送我一本书。—→老师送一本书给我。

㊻母亲教授我生产知识。—→母亲教授生产知识给我。

(3)双宾句大多可变换为非双宾同义句。例如：

㊼伯父给我了两本书。—→伯父把那两本书给了我。

㊽王老师教我们古代文学。—→王老师教我们的古代文学。

㊾大家称她祥林嫂。—→大家称她为祥林嫂。

(六)存现句

存现句是指某处或某时存在、出现或消失了某人或某物的句子。例如：

㋀门口有两个大石狮子。

㋁沙漠里出现了一队骆驼。

㋂我们班转走了一位同学。

存现句的基本格式可以概括如下：

某处或某时 + 存在着/出现了/消失了 + 某人或某物

↓ ↓ ↓

前段(处所或时间主语) 中段(存现动词) 后段(存现宾语)

1. 存现句的类型

根据动词的意义，存现句可分为三类：

(1)存在句，表示某处存在有某人或某物。例如：

㋃院子里种着一些花草。

㋄宾馆大厅里挤满了客人。

(2)出现句，表示某处(或某时)出现了/过某人或某物。例如：

㋅墙头上长出一丛杂草。

㋆我们系里新调来一位古代汉语老师。

(3)消失句，表示某处(或某时)消失了某人或某物。例如：

㋇村子里死了一头牛。

㋈教室里少了几把椅子。

出现句和消失句合称隐现句。

2. 存现句的结构特点

（1）存在句的结构特点

存在句按照谓语的不同形式，可分为以下几类：

第一类是"V着"句。这类存在句中，动词后面有动态助词"着"。有些存在句中的"V着"表示一种静态存在状态，所以也叫静态存在句。例如：

⑥⑨衣服上绣着一朵牡丹花。

有些存在句中的"V着"表示动作行为正在进行，所以也叫动态存在句。例如：

⑦⓪外面正下着鹅毛大雪。

"V着"句的前段大多是表示处所的词或短语，后段一般是名词或由数量短语充当定语的名词性短语。

第二类是"V过"句。这类存在句中，动词后面有动态助词"过"，表示某处曾经存在过某人或某物。例如：

⑦①这根绳子上曾经晾过孩子们的衣服。

第三类是"V了"句。这类存在句有时也表示静态存在的状态，所以"了"可以换为"着"。很显然，"了"表示"完成"的意义已经不明显了。例如：

⑦②候车室里挤了一大群人。——→候车室里挤着一大群人。

如果"了"不能换为"着"，则不是静态存在句，例如"他的头上撞了一个大包。——→＊他的头上撞着一个大包。"这类存在句是完成体动态存在句。又如：

⑦③村东头挖了一个水塘。

第四类是"有、是"句。这类存在句中的动词是表存在的"有"或"是"。例如：

⑦④院子里有一口井。

⑦⑤山下是一片稻田。

第五类是表存在的名词谓语句。这类存在句是名词性成分直接用作谓语。例如：

⑦⑥村外一片繁忙的景象。

⑦⑦村子里一间间新瓦房。

表存在的名词谓语句中，主语和谓语之间往往可以加上"是、有、V

着", 例如"村外是一片繁忙的景象。""村子里有一间间新瓦房。"表存在的名词谓语句, 其表达作用不是叙述、判断、说明, 而是描写, 尤其是用于文学作品中的场景描写。

(2) 出现句的结构特点

出现句的前段是表示处所的词语, 以方位词或方位短语居多。中段的动词有"出现"义, 例如"出现、露、闪现、来"等, 并且动词后面会出现由趋向动词"出、起、进、来"充当补语或助词"了"。后段是由数量短语充当定语的名词性短语, 表示不确定的人或物。例如:

⑱他脸上露出了幸福的微笑。

⑲午夜响起了一阵雷声。

(3) 消失句的结构特点

消失句的前段和后段与出现句的一样, 但中段的谓语动词却不同。消失句的动词表示"消失"意义, 例如"走、丢、掉、逃、少、死"等, 动词后面一般带"了"或由"丢、掉、走、下、去"等充当补语。例如:

⑳昨天监狱里跑了一个犯人。

(七) 主谓谓语句

谓语由主谓短语构成的单句叫主谓谓语句。根据大主语和小主语之间的关系, 主谓谓语句主要有以下几类:

(1) 大主语是受事, 小主语是施事, 句子的语义关系是: 受事‖施事——动作。例如:

㉛这件事‖他也同意。

㉜停车难的问题‖我们一定会想办法解决。

(2) 大主语是施事, 小主语是受事, 句子的语义关系是: 施事‖受事——动作。例如:

㉝父亲‖一句话也没说。

㉞老雷‖什么也没有做。

这类句子的受事大多具有周遍性(即所说没有例外)。表示周遍意义的受事, 有时前面有表示任指的"什么", 后面有"都"或"也"相呼应, 往往有夸张的意味。

(3) 大主语和小主语有广义的领属关系。例如:

㉟老人家‖身板儿很硬朗。

⑱护士们 ‖ 态度很温和。

(4)大主语前暗含介词"对于、对、关于"等，大主语之前如果加上介词，就变成了句首状语而不再是一个主谓谓语句了。例如：

⑰田间管理， ‖ 我的经验很丰富。

从以上的例子不难看出，主谓谓语句的主语大多是说话的起点，具有话题性质，而这一特点在第四类主谓谓语句上表现得尤为明显。

(八)比较句

比较句是用来比较不同的人或事物在性质、程度方面差别的句式，主要包括差比句和等比句。

1. 差比句

差比句用于比较性质、程度、数量上的差别。典型的差别比是"比"字句，用介词"比"引进比较对象，构成介词短语用作状语。例如：

⑱他比我懂得如何做人。

⑲姐姐比我多吃了不少苦。

还有一种"形容词+过+比较对象"的差比句，多见于书面语中。例如：

⑳改革开放的热潮一浪高过一浪。

差比句经常通过"没(有)""不如"等构成否定形式。例如：

㉑爷爷的身体不如以前硬朗了。

2. 等比句

也叫平比句，用介词"跟、和、同、与"引进比较的对象，比较对象后面有"一样、一致、相同"等形容词。等比句中的比较对象与前面主语具有相同的特点或性质。例如：

㉒我跟他一样，都是北方人。

㉓我国在这一方面的法律规定与贵国的法律规定相同。

四、变式句

在语言交际中，有时出于语用的需要，人们可以故意减省某些句法成分或调换某个句法成分的位置，这些变化了的句子是变式句，变化前的句子是常式句。变式句可分为省略句和倒装句。

(一)省略句

在一定的语境中，出于经济原则的考虑，说话人往往会省去句中某些句法成分, 即省去已知的信息。如果离开了特定的语境, 意思就无法表达清楚, 必须添补相应的词语才可以, 这就是省略。

省略作为一种语用现象, 目前语言学界的认识还不很一致。一般都只承认主语省略, 对其他句法成分的省略还保留不同意见。下面只就省略句的特点和类型进行分析。

1. 省略句的特点

(1)省略的句法成分具有可还原性。

省略句中省略的成分一般都可以根据语境确定地补充出来, 这是省略句与非主谓句的主要区别。例如:

①我回到了故乡, ( )顺道去拜访了一位多年不见的老朋友。

②出太阳了!

例①是省略句, 依据上下文可以补充出第二个分句的主语"我"。例②是非主谓句, 它在结构上是独立的、完整的, 不必补上什么, 也无法补出什么, 不具有可还原性。

(2)句法成分的省略受一定条件的制约。

一般来说, 省略的句法成分常常是在上文已经出现或在下文即将出现的, 因此即使省略了, 也不会影响意义理解。例如:

③它先是离我较远, ( )见我不去伤害它, ( )便一点点挨近, 然后( )蹦到我的杯子上, ( )俯下头来喝茶, ( )再偏过脸瞧瞧我的反应。

(3)主语的省略比较常见。例如:

④老张送我一幅画, ( )不是他自己画的。(承前一个分句的宾语省)

⑤我儿子三岁了, ( )刚上幼儿园。(承前一个分句的主语省略)

⑥以他的资格, ( )本来是有很多机会出国学习的。(承句首介词短语中宾语中的定语)

2. 省略句的类型

(1)对话省

交际双方面对面的语言表达, 一问一答, 容易出现省略。例如:

⑦问: (你)今天上英语课了吗?

　答: (我)上了。

(2)因上下文而省

在特定的篇章或话语表达中，依据上下文提供的信息可以省略某个句法成分。具体来说，有两种情况：一种是承前省略。上文已经出现的事物，在下文中出现可以省略。例如：

⑧他背起行囊，（　　　）坐上火车，（　　　）来到了这个陌生的城市开始为生活打拼。

⑨他有一个儿子，（　　　）在北京读大学，（　　　）平时不经常回来，（　　　）只是放假的时候，（　　　）才会在家里住几天。

另一种是蒙后省略。下文即将出现的事物，在上文的叙述中可以省略。例如：

⑩（　　　）饭还没吃完，小李就又急匆匆地去单位了。

(二)倒装句

倒装句是调换句法成分位置的变式句，也叫易位句。它与原句基本意思一样，只是语用价值不同。

1. 倒装句的特点

(1)倒装的成分可以复位。例如：

⑪多乖巧呀，这孩子！→这孩子多乖巧呀！

⑫李教授要从国外回来了，下个月。→李教授下个月要从国外回来了。

(2)后移部分与前置部分之间经常用逗号隔开。例如：

⑬进来吧，你！

⑭都吃饭了吗，他们？

(3)倒装句的意义重心是前置部分，后移部分有补充作用。

(4)句末语气词不能在后移部分之后出现，一定紧跟前置部分。例如：

⑮怎么了，你？

2. 倒装句的类型

(1)主谓倒装

主语在前，谓语在后，这是一般的语序。但有时会颠倒过来，把谓语前置，主语放在后面。这是为了强调谓语，先把重点说出来，然后再追加主语，所以这类倒装句的谓语和主语之间会有标点符号以示停顿。这种倒装现象多见于疑问句、祈使句和感叹句。例如：

⑯进来吧，孩子！

⑰多么美啊，这地方！

（2）状语、定语后置

定语、状语在前，中心语在后，这是一般的语序。但有时为了表达的需要，会把定语、状语移至中心语后面。一般来说，后置定语或状语，或者是出于强调，或者是为了照顾句子的结构。例如：

⑱她走下了飞机，慢慢地，步履沉重地。

⑲他写了一部小说，长篇的。

【思考与练习七】

一、根据句子的结构，可以把句子分为哪几类？

二、分析下列句子的句型（主谓句和非主谓句及其小类）。

（1）有个孩子叫马良。

（2）请多多关照！

（3）这位同志我好像在哪儿见过。

（4）我喝两杯烧酒壮壮胆子。

（5）他脸上长了很多小疙瘩。

（6）这些日子小王天天看书写文章。

（7）这种野兔子，我一次就能捕获两三只。

（8）同事送我两盒信阳毛尖。

（9）刮风了！

（10）新来的厂长四十来岁。

（11）糟糕透了！

（12）石榴红了。

（13）我，你还不相信吗？

（14）大家选王明当语文课代表。

（15）灯光亮得让人的眼睛都睁不开。

（16）在人类文明发展史上，我们中华民族曾经有过不可磨灭的贡献。

（17）用不同的方法解决不同性质的矛盾，是马克思主义者必须严格遵守的一项原则。

（18）历史赋予的重任我们青年一代一定要完成。

（19）中山大学成立于 1924 年。

（20）学校里的网速跟家里的一样快。

（21）刚才告诉他了。

（22）前边跑过来一个小孩儿。

（23）禁止践踏草坪！

（24）笑得我肚子都疼了。

（25）天空飘着几朵白云。

三、下列句子属于哪种句式？

（1）他送我几本杂志。

（2）有不少人自愿去前线医院照顾伤员。

（3）大家要团结起来走共同富裕的道路。

（4）屋子走廊的墙上挂满了成串的玉米棒子。

（5）田先生毛笔字写得很好。

（6）我过来拿本书。

（7）那么好的人你怎么看不上？

（8）小王请求我允许他留下来继续工作。

（9）我派他去北京出差。

（10）班里同学都羡慕王明考上了北京大学。

四、改正下列病句，并说明理由。

（1）请大家把这个问题考虑，以后抽时间再继续讨论。

（2）作者把要求改正文章中某些错误的信件，没有寄给编辑部。

（3）今天比昨天很暖和。

（4）如果把端正的工作态度放在第一位，我们的工作就不可能做好。

（5）爷爷在旧社会受尽了剥削和压迫，剥夺了上学读书的权利。

（6）农业现代化的开展，有力地促进了农业的发展，促进了农田水利基本建设的高潮。

（7）经过大家的讨论，一份切实可行的计划终于被拟好了。

（8）她们多么渴望一个学习的机会啊！

（9）今天上午，我去新华书店把一本书买了。

（10）黄老师夫妇探亲留学国外的女儿去了。

五、指出下列主谓谓语句中大主语和小主语以及大主语与谓语成分之间的语义关系。

(1)这个姑娘个子高高的。

(2)这个意见大家都赞成。

(3)麦子农民已经收割完了。

(4)老雷一个字儿也没给我们透露。

(5)兄弟俩谁不服谁。

六、按要求改写下列句子。

(1)王老师教我们的古代文学。(改为双宾句)

(2)我认识刚才进去的那个人。(改为主谓谓语句)

(3)一只小青蛙从池塘里跳出来。(改为存现句)

(4)我们说服了老林。(改为"被"字句)

(5)唐代有个著名诗人,他叫杜甫。(改为兼语句)

第八节 复 句

【目标要求】理解复句的内涵和类型,学会区分单句和复句,掌握多重复句的结构分析,在表达中会正确使用复句。

一、复句概说

(一)什么是复句

复句是由两个或两个以上意义上密切相关、结构上互不包含的分句构成的句子。例如:

①因为他生病了,所以没有来上课了。

②她既会唱歌,又会跳舞。

(二)复句的特点

(1)在构成上,复句包含了两个或两个以上的分句。

复句由分句构成。分句是指结构上类似单句但没有完整句调的语言单位。分句在结构上与单句一样,可以是主谓结构,也可以是非主谓结构。例如:

③因为雨下得太大,运动会不能如期举行了。(主谓结构构成的分句 +

主谓结构构成的分句)

④因为下大雨，运动会不能如期举行了。(谓词性非主谓结构构成的分句＋主谓结构构成的分句)

⑤刮了一夜的狂风，也下了一夜的大雨。(谓词性非主谓结构构成的分句＋谓词性非主谓结构构成的分句)

⑥蓝天，远树，金黄色的麦浪。(体词性非主谓结构构成的分句＋体词性非主谓结构构成的分句＋体词性非主谓结构构成的分句)

分句与单句有着本质的不同：单句有完整的句调，分句没有句调。也就是说，单句是一个独立的句子，而分句不是一个独立的句子，它不能参与交际。

一个复句不管包含有多少个分句，从作为句子的角度来看，复句是一个句子，所以只有一个句调和句末点号。

(2)在结构上，分句之间相互独立，互不包含。也就是说，构成复句的分句不能做另外分句的句法成分。例如：

⑦他获得了一等奖学金，父母都很高兴。(充当因果复句中的分句)

⑧不是他获得了一等奖学金，而是我获得了一等奖学金。(充当联合复句中的第一个分句)

⑨他获得了一等奖学金的消息迅速在同学中传开了，大家都很吃惊。(充当第一个分句中"消息"的定语)

⑩我们已经知道他获得了一等奖学金，是老师亲自告诉我们的。(充当第一个分句中"知道"的宾语)

⑪他获得了一等奖学金使许多同学深受鼓舞，大家纷纷表示要向他学习。(充当第一个分句中的主语)

例⑦、例⑧中的"他获得了一等奖学金"结构独立，是分句；例⑨、例⑩、例⑪中的"他获得了一等奖学金"分别充当了定语、宾语、主语，是分句中的句法成分。

(3)在语意上，分句之间相互依存、相互关联。也就是说，分句之间一定存在某种逻辑关系。例如：

⑫因为我们不但有错误，所以他就给我们指出来。(因果关系)

⑬我们不但有错误，而且错误还很多。(递进关系)

如果分句之间没有逻辑关系，就不能构成复句。例如：

⑭＊因为地上湿了，所以下雨了。

⑮＊会议结束了，于是外面下起了大雨。

（三）复句与关联词语

1. 关联词语

复句中分句之间的关系有时用关联词语来表示，叫关联法；有时不用或不能用关联词语来表示，叫意合法。联结分句表示分句之间逻辑关系的词语叫关联词语。一般来说，关联词语主要包括了以下几种：

（1）连词

大多数连词可以连接分句，例如"因为、由于、既然、如果、要是、假如、只有、虽然、即使、无论、不但、不仅、而且、否则、那么、以免、但是、可是、并且、何况"等。

（2）副词

有些副词具有关联作用，它们也可以连接分句，例如"却、就、才、既、也、又、再、还、都、更"等。这些关联副词有时可以单独使用，有时可以配合使用，例如"既……又……""又……又……""再……也……""如果……就……""无论……都"等。

（3）助词"的话"

助词"的话"用在假设复句中，表明分句之间具有假设和结果的关系。

（4）超词形式

常见的超词形式如"如果说、与其说、否则的话、不然的话、要不是、若不是、这就是说、换句话说"等。

2. 关联词语的作用

（1）关联词语可以显示分句之间的逻辑关系。有些复句中分句之间的逻辑关系，一定要通过关联词语才能表示出来。也就是说，如果去掉关联词语，分句之间在意义上就联系不起来。例如：

⑯如果美是专指"婆娑"或"旁逸斜出"之类而言，那么，白杨树算不得树中的好女子。

⑰尽管他取得了很大的成绩，可他一再把自己的成绩归功于领导的支持。

（2）关联词语可以复现分句之间的逻辑关系。有些复句中包含的分句较多，如果不用关联词语，分句之间的逻辑关系就无法清晰地表达出来。

例如：

⑱我们如果既放下了包袱，又开动了机器，既是轻装，又会思索，那我们就会胜利。

⑲他虽然学习基础较差，但是要能狠下苦功，注意学习方法，也可以取得不错的成绩。

（3）关联词语可以有转化分句之间的逻辑关系。有些复句去掉关联词语，分句之间的逻辑关系就会发生变化；反过来，那些没有关联词语的复句如果加上关联词语，分句之间的逻辑关系也可能会发生变化。例如：

⑳只要他出门，就直奔办公室。（条件关系）

㉑如果他出门，就直奔办公室。（假设关系）

二、复句的类型

复句可以从不同角度进行分类。根据分句之间的停顿情况，可分为紧缩复句和非紧缩复句。根据有无关联词语，可分为有标志复句和无标志复句。根据分句之间层次的多少，可分为一重复句和多重复句。

根据分句之间的意义关系，可分为联合复句和偏正复句。联合复句中分句之间意义上平等，分不出主从。偏正复句中分句之间意义上有主有从，也就是有正句有偏句。正句即主句，是全句的意义所在，是主要的；偏句即从句，用来说明、限制正句，意义从属于正句。

（一）联合复句

1. 并列复句

并列复句的各个分句分别叙述或描写有关联的几件事或同一事物的几个方面。分句之间或是平列关系，或是对举关系。常用的关联词语有"既 A，又 B""有时 A，有时 B""一方面 A，一方面 B""一边 A，一边 B""不是 A，而是 B""是 A，不是 B""也""又"等。

平列关系是指分句表示的几件事或几个方面并存。例如：

①他一边走，一边思考刚才讨论的问题。

②北京既是我国的政治中心，又是我国文化的中心。

对举关系又称对待关系，分句之间的意义相反相对，表示两种情况或两件事情对比对立，也就是用肯定和否定两个方面对照来说明情况或表达肯定的意思。例如：

③虚荣的人注视着自己的名字，光荣的人注视着祖国的事业。

④悲观的人虽生犹死，乐观的人永生不老。

2. 顺承复句

顺承复句又叫连贯复句、承接复句。它的各个分句按照时间、空间或逻辑事理上的顺序说出连续的动作或相关的情况，分句之间有先后相承的关系。常用的关联词语有"首先 A，然后 B""刚 A，就 B""于是""然后""接着""跟着"等。例如：

⑤竹子滑下溪水，转入大河，流进赣江，挤上火车，踏上了迢迢的征途。(按照时间顺序)

⑥遥远的夜空，有一个弯弯的月亮，弯弯的月亮下面是那弯弯的小桥，小桥的旁边是一条弯弯的小船。(按照方位顺序)

⑦棉花纺成纱，纱织成布，布做成军衣，用来支援前线。(按照逻辑事理顺序)

有些顺承接复句如果取消了分句之间的语音停顿，即书面语中没有逗号，就会变成连谓句；反之，有些连谓句如果增加句内停顿，即书面语中增加逗号，就会变成顺承复句。例如：

⑧我悄悄地披上大衫，带上门出去了。(顺承复句)

我悄悄地披上大衫带上门出去了。(连谓句)

顺承复句中分句之间是按一定的顺序作鱼贯式排列，所以一般不能变换次序，而并列复句中分句之间是雁行式排列，所以往往可以变换次序。

3. 解说复句

解说复句的分句之间有解释或总分关系，往往是后一个分句解说前一个分句。它一般不用关联词语，也有少数在后一个分句里会用上"即、(也)就是说、换句话说"等。例如：

⑨调查有两种方法：一种是走马观花，一种是下马观花。

⑩我不想多说了，也就是说，我觉得这个问题没有再深入谈的必要了。

解说复句中最常见的一种情况是总分解说。例如：

⑪他有两个儿子，一个是记者，一个是公务员。

⑫下课后，同学们有的在踢毽子，有的在打乒乓球，还有的在跑步，都在积极锻炼身体。

例⑪是先总说后分说，例⑫是先分说后总说。

4. 选择复句

选择复句的各个分句分别说出两种或几种可能出现的情况，让人从中选择。根据选择的类型，可分为两种：一种是取舍未定的选择复句。分句提供两个或两个以上的选择项，至于选择哪一项，说话者没有选定，即选择未定。常用的关联词语是"或者 A，或者 B""是 A，还是 B""不是 A，就是 B""要么 A，要么 B""要不 A，要不 B"等。例如：

⑬不是鱼死，就是网破。

⑭你是继续读书深造呢，还是找工作上班挣钱呢？

⑮或者你去上海，或者你去南京，或者你哪都不去。

"不是……就是"属于非此即彼，两者必选其一的选择复句。即说话人提出两种情况，这两种情况到底是哪一种，并未确定；"或者……或者"主要叙述、说明两项以上可供选择的情况、条件，用于叙述句；"是……还是"主要用于表疑问的句子，让对方在两个或两个以上的选项中任选一项。如果它用于陈述句，句中应有表疑惑的成分。例如：

⑯我真搞不懂他是真不懂还是装不懂。

另一种是取舍已定的选择复句。分句提供两个或两个以上的选择项，说话者已经明确选择，即选择已定。常用的关联词语是"与其 A，不如 B""宁可 A，也不 B""还不如""倒不如"等。例如：

⑰宁可站着死，也不跪着生。

⑱钱放在手里贬值得太厉害，不如拿出来做投资。

⑲与其临渊羡鱼，不如退而结网。

具有取舍意义的复句表示在两种情况下衡量得失，选择其中较好的，舍弃其中较差的。先舍后取的，语气比较委婉；先取后舍的，语气比较坚定，是一种强调的说法。

5. 递进复句

递进复句后面的分句比前面的分句在意义上更进一层。常用的关联词语有"不但……而且""不但 A，反而 B""尚且 A，何况 B""别说 A，就是 B""况且""甚至于""尚且""反而"等。

递进复句可分为一般递进关系复句和衬托递进关系复句两种。一般递进关系的复句，有的是分句都表示肯定，层层推进。例如：

⑳这样不仅可以帮人家解一时的燃眉之急，而且还能借机先锻炼一下

自己。

有的是前一分句表示否定，后一分句表示肯定，从反面把意思推进一层。例如：

㉑孙中山的一生中，曾经无数次地向资本主义国家呼吁过援助，结果一切落空，反而遭到了无情的打击。

衬托递进复句，前面分句是后面分句的衬托，后面分句的意思推进一层。例如：

㉒老年人的热情都那么高，更何况我们年轻人呢？

㉓2001 年的白庙尚且如此贫穷，六年之前就更是可想而知了。

(二)偏正复句

1. 转折复句

转折复句的正句不顺着偏句的意思说下去，而是与偏句的意思相反或相对，正句是说话人所要表达的正意。根据前后分句意思相反、相对程度的强弱，转折关系可分为重转、轻转、弱转。

重转关系的分句之间相反意味重，先让步后转折，又叫让步转折句。常用的关联词语有"虽然 A，但是 B""尽管 A，可是 B"等。例如：

㉔"五四"运动虽然早已过去了，但是它所高举的科学、民主的旗帜，至今还在我们心中飘扬。

轻转关系的转折意味比重转轻，分句里经常单用"虽然""但是""然而""可是""却""可"等关联词语。例如：

㉕麻雀虽小，五脏俱全。

㉖他在会场坐了大半天，可是一句话也没说。

弱转关系的分句之间意义对立不明显，正句里常用"只是""不过""只不过""倒"等关联词语。例如：

㉗今晚却很好，虽然月光还是淡淡的。

㉘坚持批评是对的，不过应该注意方式。

2. 条件复句

条件复句的偏句提出条件，正句表示在满足条件的情况下所产生的结果。根据条件的不同，条件复句可分为充足条件复句、必要条件复句和无条件复句三类。

表示充足条件的关联词语，例如"只要 A，就 B""一旦 A，总 B""只需

A，便 B"等。偏句表示充足条件，正句表示在具备这种条件下就能产生相应的结果，语气缓和。例如：

㉙只要多读多写，作文就会有进步。

表示必要关系的关联词语，例如"只有 A，才 B""除非 A，否则 B""唯有 A，才 B"等。偏句表示必要条件，缺少了这个条件，就不能产生正句提出的结果，语气坚定。例如：

㉚除非是到了春天，否则你根本看不到这漫山遍野的杜鹃花。

㉛在旧社会，只有消灭地主恶霸，农民才能过上好日子。

"只有 A，才 B"和"除非 A，否则 B"所表达的意思有差别。"只有 A，才 B"是从正面强调必要条件，"除非 A，否则 B"是从突出结果方面来强调必要条件。"否则"的意思是"要是没有前面分句所说的条件，那么就……"

表示无条件的关联词语，例如"无论 A，都 B""不管 A，都 B"，"任凭 A，也 B"等。偏句表示排除一切条件，正句表示在任何条件下都会产生这样的结果。例如：

㉜不管明天天气怎么样，我们都要按时出发。

㉝缺乏艺术性的文学作品，无论政治上怎么进步，都是没有力量的。

"越……越……"也是条件复句的关联词语，表示倚变关系。例如：

㉞成绩越大，我们越要谦虚谨慎。

有时为了突出正句，也可以让正句前移，这时偏句在后起补充说明的作用。例如：

㉟事实总是事实，不管你信还是不信。

3. 假设复句

假设复句的偏句提出假设，正句表示假设实现后所产生的结果。假设关系分为一致关系和相背关系两类。

表示一致关系的关联词语，例如"如果 A，就 B""倘若 A，就 B""要是 A，就 B"等。表示偏句提出假设，正句表示结果；假设如果成立，结果就能出现，即假设与结果是一致的。例如：

㊱如果你能坦白交代，组织上就会从宽处理。

㊲假如你临时有事的话，我可以帮你去接孩子。

"如果说……那么"是一种新兴用法，前一分句表示的是已然的事实，但故意当做"假设"提出来，目的是利用它所表示的充足条件关系来加强对后一分句的肯定。例如：

㊳如果说，南郭先生的装腔作势，只是骗了一个齐宣王，那么，在革命队伍里装腔作势，那就是骗党，骗群众。

表示相背关系的关联词语，例如"即使 A，也 B""就算 A，也 B""纵然 A，也 B""再 A，也 B"等。表示偏句、正句的意思是相悖的，假设和结果不一致。偏句先让一步说，把假设当做事实承认下来，正句则说出不因假设实现而改变的结论。例如：

㊴即使我们的工作已经取得了很大的成绩，也不能骄傲。

㊵宝石哪怕是混在垃圾堆里，也依然晶莹夺目。

这种复句都可以用"无论……都"变换成无条件复句，基本意义不变，只不过表现的角度不同。例如：

㊶无论我们的工作已经取得了多大的成绩，都不能骄傲。

㊷宝石无论放在哪里，都依然晶莹夺目。

相背假设复句，也叫让步假设复句，与让步转折复句相近，其区别在于：

相背假设复句偏句表示的是没有实现的事实，让步转折复句的偏句表示的是已经实现的事实。试比较：

㊸即使下雨了，运动会也要如期举行。

㊹尽管下雨了，运动会也要如期举行。

假设复句一般是偏句在前，正句在后，用"如果、即使"等关联词语的假设复句，有时也可以正句在前，偏句在后，这是为了突出正句，偏句有补充说明作用。例如：

㊺我想今天下午去拜访你您，如果您方便的话。

4. 因果复句

因果复句的偏句说明原因，正句说明结果。因果复句可分为说明因果复句和推论因果复句两类。

说明因果复句是就既成的事实说明原因和结果，所叙述的事实一般是已经实现了的。也就是说，是对客观存在的因果关系进行说明。常用的关联词语有"因为 A，所以 B""之所以 A，是因为 B""由于""因此""因而""致使""从而"等。例如：

㊻因为人的生命是以时间计算的，所以浪费时间就等于浪费生命。

　　说明因果关系的关联词语可以合用，也可以在后一个分句或前一个分句单用。合用关联词语显得郑重、严密，书面语中用得较多。单用表示原因的关联词语，侧重表达原因；单用表示结果的关联词语，侧重结果表达，口语中单用关联词语的情况比较多见。

　　"因为"和"由于"都表示原因，但略有不同："因为"经常和"所以"合用，"由于"经常单用，也可以和"因此、因而"合用。

　　"因此、因而"虽然都可以单用在后面的分句，作用相当于"因为……所以"，但仍存在不同："因此"联系的分句含有"因为这样，所以……"的意思，"因而"联系的分句所叙述的事实有连续关系。例如：

　　㊼今天进城要办的事情很多，因而一大清早他就出门进城了。

　　㊽知识的海洋是无穷无尽的，因此，学习是无止境的。

　　推论因果关系是以一定的事实或知识前提作为根据或理由，从而推出一种新的结果或预测某一种结果，结果不一定是实现了的，而且也可能是不真实的结果。常用的关联词语是"既然……就"。例如：

　　㊾你既然是为他好，就应该设身处地为他想一想。

　　推论性因果复句有的是"据因推果"，有的是"据果推因"。前者以已知原因为根据推断出某种结果，后者以已知结果为根据推断出某种原因。例如：

　　㊿小李既然病好了，就应该来上班。（据因推果）

　　51小李既然来上班了，病应该就是好了。（据果推因）

　　"既然"和"所以"可以合用，这是一种新兴的用法。例如：

　　52既然他已经抱有成见，所以我们大家跟他说再多也没用。

　　因果复句通常是偏句在前，正句在后。有时会把偏句移后，让正句放到前面，这是为了突出正句，偏句起补充说明的作用。例如：

　　53不要揭露别人的隐私，因为在你侮辱他人时，你的信誉也将受到损害。

　　5. 目的复句

　　目的复句的偏句表示行为，正句表示行为的目的。关联词语都单用。根据目的是求得什么还是求免什么，目的复句可分为积极性目的复句和消极性目的复句两类。

　　积极性目的复句中，偏句表示采取某种动作行为，正句表示想要实现或达到某种目的，常用的关联词语是“以便”“以求”“用以”“为的是”“好让”等。例如：

(54)你把大家的意见整理一下，明天好向领导汇报。

(55)稿件字迹要清楚，以便印刷工人能顺利排版。

消极性目的复句中，偏句表示采取某种动作行为，正句表示避免发生某种不希望出现的结果，常用的关联词语是“以免”“免得”“省得”“以防”等。例如：

(56)在出发之前，我把汽车又重新检修了一遍，以防中途发生故障。

(57)麻烦你把单位发的东西给他捎回去，省得我再专门跑一趟。

如果分句之间在意义上表示目的的关系很明确，也可以不用关联词语。例如：

(58)王华学习很勤奋，他想毕业后报考研究生。

实际上，求得句和求免句是互通的。“以便”之类词语后面如果是否定意思的，只要把否定意思改为肯定意思，“以便”类词语改为“以免”类词语，求得句就变成了求免句。例如：

(59)她总是认真学习，以便保留“学习模范”的称号。——→她总是认真学习，以免丢掉“学习模范”的称号。

如果把“以免”改成“以便避免”，求免句就变成了求得句。例如：

(60)迅速推进，以免被敌人打败。——迅速推进，以便避免被敌人打败。

三、多重复句

根据结构层次多少，复句可分为一重复句和多重复句。一重复句只有一个层次，多重复句是包含有两个或两个以上关系层次的复句，其中又分为二重复句、三重复句、四重复句等。例如：

例 1：①人不犯我，||（假设）②我不犯人；|（并列）③人若犯我，||（假设）④我必犯人。

例 2：①成绩能够鼓励人，||（并列）②同时会使人骄傲；|（并列）③错误使人倒霉，||（并列）④使人着急，|||（因果）是个敌人，||（并列）⑤同时也是我们很好的教员。

例 3：①我们无论评价什么样的历史人物，|||（条件）②都必须全面地看待，

‖ ③不但要看到他们的历史功绩和贡献，‖‖ ④而且要看到他们的过失和
解说　　　　　　　　　　　　　　　　递进
负面影响，｜ ⑤否则，就不可能作出全面、客观的评价。
　　　条件

　　例4：①小松收入微薄，‖ ②而且上有父母，‖‖‖ ③下有子女，‖‖
　　　　　　　　　　递进　　　　　　　　　并列　　　　　　　因果
④家庭负担不轻，｜ ⑤但是，为人慷慨大方，‖ ⑥经常帮助比他更困难
　　　　　　转折　　　　　　　　　　　　　解说
的朋友。

　　例5：①塑料不腐烂分解是一大长处，｜ ②因为当塑料垃圾被深埋时，
　　　　　　　　　　　　　　　　　因果
它永远不会变成任何有毒的化学物质污染人类生存的环境，‖ ③而且即便
　　　　　　　　　　　　　　　　　　　　　　　　递进
是被焚烧，‖‖ ④大部分塑料也不会释放出有毒的气体。
　　假设

　　例6：①有人由于不讲逻辑，｜ ②因此对别人不合逻辑的言论，不但
　　　　　　　　　　　　　因果
不能觉察它的荒谬，‖ ③反而随声附和，‖‖ ④人云亦云。
　　　　　　　递进　　　　　　　　　并列

　　需要注意的是，有些复句尽管包含有三个或三个以上的分句，但却不一
定是多重复句。例如：

　　例7：①读史使人明智，｜ ②读诗使人灵秀，｜ ③数学使人周密，
　　　　　　　　　　　并列　　　　　　　　　　并列
｜ ④物理使人深刻，｜ ⑤伦理使人庄重，｜ ⑥逻辑与修辞使人善辩。
并列　　　　　　　并列　　　　　　　　并列

　　一般来说，分析多重复句有以下几个步骤：

　　(1)确定分句数目，在每个分句开头标明数码。

　　判断构成多重复句的分句数目是正确分析多重复句的前提。主谓结构、
非主谓结构、谓词性短语、体词性短语都有可能成为分句。像下面这个多重
复句中，分句本身的结构各不相同：

　　例8：①有一年的冬初，四叔家里要换女工，②做中人的卫老婆子带她
进来了，③头上扎着白头绳，④乌裙，⑤蓝夹袄，⑥月白背心，⑦年纪大约
二十六七岁，⑧脸色青黄，⑨但两颊却还是红的。

　　这个复句中包含了9个分句(已在每个分句前用数字标示)，其中①②
③⑦⑧⑨是由主谓结构充当的分句，④⑤⑥是由名词性非主谓结构充当的分
句。

　　确定分句时，注意不要把单句中的句首状语、特殊成分、倒装成分等误
认为是分句。尤其是要避免关联词语的误导，如“无论、不论、只要、为

了、因为"等引导的成分，有时并不是一个分句。例如：

①<u>无论谁</u>，都不能践踏法律，因为法律面前人人平等，法律是神圣不可侵犯的。

②<u>那一年的春天</u>，我独自一人来到这个荒岛上，开始了我的野外生存研究实验。

③小胖把那首长诗全都背了出来，<u>完整地、一字不落地</u>。

上述例子中，画线的部分都不是分句。例如①中是主语，例②中是句首状语，③是后置状语。

（2）运用层次分析法，先用单竖线把第一层次的分句隔开，利用形式标志（关联词语）或意义关系，判定这个层次上分句之间的逻辑关系，然后用双竖线把第二层次的分句隔开，利用形式标志或意义关系，判定这个层次上分句之间的逻辑关系。依次这样逐层分析，一直分析到都是单个的分句为止。

如前所述，关联词语是表明分句间层次和关系的重要标志，因此，在划分变句结构时要全面分析这一形式标志。分析关联词语，不仅要明确每个关联词语所表示的意义，而且要正确把握关联词语所管辖的范围。例如：

例9：①今日虽然是五月初一，　|　②但山中的夜晚仍有点轻寒袭人，
　　　　　　　　　　　　　转折
||　③所以这一堆火使周围的人们感到温暖和舒服。
因果

这个复句中包含了"虽然""但""所以"三个关联词语，其中"虽然……但"是配合使用的，这里涉及"但"的管辖范围，也涉及了"所以"所引导分句的原因分句的范围。根据句意，本句中"但"管辖②③两个分句，所以第一层在①和②之间，是转折关系；"所以"只管辖②分句，因此第二层在②和③之间，是因果关系。

四、紧缩句

紧缩句是分句之间没有语音停顿的一种特殊复句。所谓"紧"，是指紧凑，分句之间的语音停顿被取消了；所谓"缩"，是指缩减，结构上有些词语被压缩掉了。

有不少一重复句可以转换为紧缩句。例如：

①只要天一亮，我就会出去锻炼。（一重复句）

②我天一亮就会出去锻炼。(紧缩句)

紧缩句和单句中的连谓句容易混淆。它们之间的区别在于结构上有无关联词语和意义上有无复句所具有的假设、条件等逻辑关系。例如：

③他一坐下来就看书。(紧缩句，有关联词语"一……就")

④他坐下来看书。(连谓句，没有关联词语，动作有先后关系)

紧缩句中可以单用一个关联词语，可以成对使用关联词语，也可以不用关联词语。例如：

⑤不问不开口。(关联词语"不……不"，表假设关系)

⑥无私才能无畏。(关联词语"才"，表条件关系)

⑦争气不争财。(没有关联词语，表转折关系)

紧缩句大多只表示一重复句的关系，但也有表示多重复句的关系的，例如"地肥水美五谷香""你爱信不信"。

紧缩句中有时也会用上关联词语，形成一些固定格式。

(1)"不……不……"表示假设，例如"不说不知道""不到黄河不死心"等。

(2)"非……不/勿……"，表示假设或条件，例如"非说不可""非诚勿扰"等。

(3)"不……也……"，表示假设，例如"不死也脱层皮""不成也值"等。

(4)"一……就……"，表示条件或顺承，例如"一喝就醉""一躺下就睡着了"等。

(5)"因……而……"，表示因果，例如"因爱而恨""因获奖而成名"等。

(6)"……也……"表示假设或转折，例如"输了也高兴""闹绯闻也成了名"等。

(7)"……就……"，表示顺承或条件，例如"说了就忘""用用就知道"等。

(8)"……又……"，表示并列或转折，例如"唱了又唱""想说又不敢说"等。

【思考与练习八】

一、什么是复句？复句有哪些特点？

二、下列句子哪些是单句？哪些是复句？

（1）小王站起来走过去把窗户关上。

（2）他是我的老师，同时也是我的朋友。

（3）只有这样，我们才能按时完成任务。

（4）思维敏捷，是这位青年同志的优点。

（5）激光是一种颜色最单纯的光，而我们平常看见的光，则是由各种颜色的光混合起来的。

（6）你再忙也要注意身体。

（7）离别的歌声，是回忆的歌声，是祝福的歌声，是极为热烈的互相勉励的歌声。

（8）他不是不知道，而是装糊涂。

（9）只有在特殊情况下，我们才可以改变计划。

（10）你上哪我都能找得到。

三、修改下列病句，并说明理由。

（1）我没有病，但是身体有点儿不太舒服。

（2）她一边点条鱼，一边点盘饺子。

（3）我学习很忙，也没有给你写信。

（4）姑娘长得很清秀，眼睛什么也看不见。

（5）只要抓紧时间，就你能按时完成。

四、分析下列多重复句。

（1）掌柜是一副凶面孔，主顾也没有好声气，教人活泼不得；只有孔乙己到店，才可以笑几声，所以至今还记得。

（2）困难是欺软怕硬，你的思想是硬的，它就变成豆腐，你要软，它就硬。

（3）北京是美丽的，我知道，因为我不但是北京人，而且到过欧美，看见过许多西方的名城。

（4）我们要隆重纪念阿尔伯特·爱因斯坦，不仅是因为他一生的科学贡献对现代科学的发展有着深远的影响，而且还因为他勇于探索、勇于创新、为真理和社会而献身的精神是值得我们学习的，是鼓舞我们为加速实现四个现代化而奋斗的力量。

（5）如果你做学问的功底不扎实，你就不可能成为专家学者；即使短期内有些成绩，也不可能做成大学问，更不可能成为一代宗师。

（6）李春这孩子说话直率，做事也勤快，从来不会藏奸取巧，挺对姚长庚的心意。

（7）这家老大娘看小妹是孤苦伶仃的一个妇女，就开了门，让进屋里，拿出饽饽给她吃。

（8）我赞美白杨树，因为它不但象征了北方农民的性格，尤其象征了今天我们民族那种质朴、坚强、力争上进的精神，所以我总想用我的笔来颂扬它。

（9）为了研究物体的机械运动，我们不仅需要确定描述物体运动的方法，还需要对复杂的物体运动进行科学合理的抽象，以便突出主要矛盾，化繁为简，有利于解决问题。

（10）如果把太阳设想为完全是由氢和氧组成的，氢和氧的比例是1∶3，而且氢可以被完全燃烧掉，那么，在此过程中，由于平均每克物质只能产生4千卡的热量，所以，如果靠这种化学能来维持，那么太阳最多只能生存3000年。

五、分析下列紧缩句的关系类别。

（1）条件不好也干出了成绩。

（2）面善心不善。

（3）看看就长见识。

（4）说了又怎样。

（5）不睡觉也要做完作业。

六、有些关联词语用在分句的主语前面。例如：

（1）如果情况允许，我明天就动身。

（2）不但我们去不了，而且他们也去不了。

有些关联词语用在分句的主语后面。例如：

（3）情况如果允许，我们明天就动身。

（4）我们不但要去，而且要马上去。

请收集尽可能多的例子，说明关联词语放在主语前还是放在主语后有什么条件限制？

第九节　句　类

【**目标要求**】理解句类的划分依据，掌握各种句类的特点，学会在表达中正确使用各种句类。

句子都有一定的语气。语气体现说话的目的，表明句子的用途——或陈述一件事情，或询问一个问题，或表示一个请求或命令，或表达一种感情。汉语中句子表达语气的主要手段是语调，其次是语气词。

句类是根据语气对句子划分出来的分类。现代汉语句类有四种：陈述句、疑问句、祈使句和感叹句。

一、陈述句

叙述或说明事实、具有陈述语气的句子叫陈述句。陈述句带有平直或略降的句调，句末用句号表示停顿。从结构上看，陈述句可以是主谓句，也可以是非主谓句。例如：

①今天是我妈妈的生日。

②起风了。

陈述句中用来肯定某一事实的是肯定句，例如"他是老师。"用来否定某一事实的是否定句，例如"他不是老师。"否定句一般都是在肯定句谓语动词前加上否定副词构成。

有些句子虽然用了否定副词，但不一定是否定句。例如：

③他不知疲倦地埋头干活儿。

④街上好不热闹。

为了表达的需要，肯定的意思有时可以用双重否定表示。双重否定的陈述句会用上两个互相呼应的否定词，如"不……不……""没有……不……""非……不……等。双重否定句跟对应的肯定句有时意思差别不大，只是显得更委婉一些；但有时意思完全不同。例如：

⑤您不会不同情我的。（＝您会同情我的。）

⑥他不能不去。（≠他能去。＝他必须去。）

⑦他不敢不来。（≠他敢来。＝他只好来。）

陈述句的句末有时会用上一些语气词。例如：

⑧你放心，这件事他会处理好的。(肯定、确定的语气)

⑨这里的夏天才热呢。(有点儿夸张的语气)

⑩他不是不会说，只是不想说罢了。(仅此而已的语气)

二、疑问句

具有疑问语气的句子叫疑问句。疑问句大多用升调。

(一)疑问句的类型

根据疑问信息的有无，疑问句可分为有疑而问和无疑而问两类。

1. 有疑而问

问话者确实有疑问，期待被问话者回答，目的是获取新信息，这种疑问句是询问句(真性疑问句)。询问句根据疑问形式和意义情况，可分为是非问、特指问、选择问、正反问四个小类。

(1)是非问

是非问句中没有疑问代词、并列选择项、肯定否定并列等表达疑问的形式，它是在陈述句加上疑问语气或兼用语气词"吗""吧"等构成。是非问一般是对整个命题的疑问，所以回答是非问句，只能对整个命题进行肯定或否定。常见的是用"是、对、嗯"或"不、没有"等回答，也可以用点头、摇头回答。例如：

①你下课后能来我这儿一趟吗？嗯。

②他不喜欢这本书吗？是。

问话者对某个问题已经有了一定的认识，但还不确定，于是提出问题希望被问话者给予证实，这种是非问句的句末常用"吧"。例如：

③你的身体恢复得差不多了吧？

是非问句的句末有时可以用上非疑问语气词"啊"，作用是舒缓疑问语句，这时句调上升得不明显。例如：

④你还没有做完作业啊？

用语气词的是非问句还可以有一些变化，即前面用陈述句的形式，后面用"是吗、对吗、行吗、可以吗、是吧"等。这类是非问句带有商量、推测的口吻。例如：

⑤我明天去拜访你，可以吗？

⑥你帮我照看一会儿小孩儿，成吗？

⑦你准备丢掉这些破衣服，是吗？

⑧这件事不是她的错，是吧？

是非问句可以用语气词"吗"和"吧"，但不能用"呢"。也可以不用疑问语气词，如果不用，句调上升得较为明显。

（2）特指问

特指问句用疑问代词（如"谁、什么、怎样"等）表明疑问点，问话者希望被问话者就疑问点进行回答。它可以用语气词"呢""啊"，也可以不用语气词。例如：

⑨谁做的早饭？

⑩他今天去了哪里呢？

⑪你什么时候出发啊？

特指问句中用"呢"，带有提醒、深究等意味；用"啊"，可以起到舒缓语气的作用。试比较：

⑫小王去了哪里？ —— 小王去了哪里呢？

⑬他们买了什么？ —— 他们买了什么啊？

特指问句的回答有简略式和完整式两种，例如：

⑭问：小王从图书馆借了几本书？

　　答：小王从图书馆借了 5 本书。/从图书馆借了 5 本书。/小王借了 5本。/5 本书。/5 本。

特指问句一般需要针对疑问点进行具体回答。当然，如果问话者误问，被问话者也无法具体回答，只好否定问句本身。例如：

⑮你今天去哪里了？ 我没去哪里。

⑯你买了什么礼物呢？ 我没买什么礼物。

如果是针对听说双方以外的，被问话者因为不知道而无法具体明确回答，或者知道也不说，只能用"不知道、不清楚"来回答。例如：

⑰小王今天去了哪里？ 不知道。

⑱他哪天生日？ 不清楚。

（3）选择问

问话者用复句结构提出两种或两种以上的情况供被问话者选择回答的疑问句。例如：

319

⑲你打篮球，还是打排球？

⑳他是今天走，还是明天走？

选择问句与是非问句、特指问句不同，问话者已经提供了询问的范围和可供选择的若干选择项。选择问句可以用语气词"呢"，"呢"的位置既可以在句末，也可以只在某一选择项后面，还可以选择项后面都用上"呢"。例如：

㉑a. 你是要小王，还是要小张？

　　b. 你是要小王呢，还是要小张？

　　c. 你是要小王，还是小张呢？

　　d. 你是要小王呢，还是要小张呢？

选择问句的回答有完整式和简略式两种。例如：

㉒小王去上海，还是小张去上海？小王去上海。/小王去。/小王。被问话者也可以就选择项之外进行回答。例如：

㉓小王去上海，还是小张去上海？他俩都不去。/他俩都去。

（4）正反问

正反问句的谓语由谓语（或谓语中的某个部分）的肯定形式和否定形式并列构成。从形式上看，它主要有三种：第一种是"V 不 V"，第二种是"V 不"，第三种是前面部分是一个陈述形式，后面部分是"是不是、行不行、好不好、对不好"等问话形式，前后两部分用逗号隔开。例如：

㉔你感觉舒服不舒服？

㉕明天他来不？

㉖他今天去北京开会，是不是？

㉗我们一块儿打篮球，好不好？

正反问的回答也有完整式和省略式两种。例如：

㉘爸爸去没去过北京？

　　爸爸去过北京。/ 爸爸去过。/ 去过北京。/ 去过。

　　爸爸没去过北京。/爸爸没去过。/ 没去过北京。/ 没去过。

正反问句也可以用"是、嗯、不、没、不是"或点头、摇头作答。

2. 无疑而问

说话者对某一问题已经有了明确的见解，但为了增强表达效果，选用疑问句把确定的意思表达出来，所以并不要求对方回答。这种无疑而问的句子叫反问句。例如：

㉙这件事是你经手办的，你会不知道？

㉚既然不想去，还商量什么？

㉛你是来帮我的，还是来拆台的？

㉜这么晚了，他还不回来，你说急人不急人？

（二）疑问句的特殊形式

有一种特殊的“呢”字问句，由“呢”附着在非疑问句后头加上升调构成。这种“呢”字问句可以认为是特指问的省略形式，也可以认为是正反问的省略形式，这要依据上下文来确定。例如：

㉝你的雨伞呢？——→你的雨伞在哪儿？（特指问）/你的雨伞带来了没有？（正反问）

㉞明天下雨呢？——→明天下雨怎么办？（特指问）/明天下雨去不去？（正反问）

回声问也是一种特殊的疑问句。这类问句在形式上重复对方的问话，目的或是为了证实，或是为了赢得时间以便考虑如何回答。例如：

㉟小张明天去开会吗？明天吗？/去开会吗？

“明天吗？”“去开会吗？”就是回声问，它实际表达的是“你是问明天吗？”“你是问去开会吗？”也就是说，回声问属于是非问句，因此句末可以用上语气词“吗”。

三、祈使句

句子是用来传递信息的。从句子传递的信息对听话人的要求来看，有两种不同的情况，一种是储存信息的句子，例如陈述句和感叹句；另一种是通过信息以求获得反馈的句子，例如疑问句和祈使句。疑问句要求听话人用言语反馈，祈使句要求听话人用行动反馈。要求对方做或不要做某事的句子叫祈使句，它多用降调。祈使句主要有以下一些小类：

（1）表示命令的祈使句

这类祈使句要求听话人必须服从，因而口气坚决、语调急降而短促，往往没有主语，也不用语气词。例如：

①滚出去！

②站起来！

③抓住他！

使用这类祈使句，要求说话人和听话人之间地位不平等，往往是上级对下级、地位高的对地位低的、长辈对晚辈、年龄大的对年龄小的、优势一方对弱势一方。如果说话人和听话人之间没有构成这种关系，就不能使用这种语气强烈的表命令的祈使句，否则会引起听话人的反感。

（2）表示请求的祈使句

这类祈使句语气比较舒缓，句末常带有语气词"啊、吧"，有时也会用上"请、您、诸位"等敬辞。例如：

④请多多美言！

⑤劳驾，请让一下！

⑥请您照顾照顾他吧。

（3）表示禁止的祈使句

这类祈使句表示要求听话人不能、不准做什么事，因此语气直率，一般不用敬辞和语气词，也没有主语，但会经常用上否定副词"别、不、甭"等。例如：

⑦不许大声喧哗！

⑧别听他胡说！

（4）表示劝说的祈使句

这类祈使句语气缓和、委婉，句末多用语气词"吧"，句首有时会用上敬辞"您、诸位"等，句子多数有主语。例如：

⑨各位去休息吧！

⑩您老少说几句吧！

⑪别再生气了！

（5）表示催促的祈使句

这类祈使句表示催促他人尽快做某事，句中常用"快、快些、快点儿、倒、倒是"等词。有些语气舒缓的催促句，会用上语气词"啊、吧"或敬辞"请、您"等。例如：

⑫你快点干吧！

⑬你倒是说啊！

（6）表示商请的祈使句

这类祈使句表示以商量的口吻建议听话人做某事，因而语气比较缓和，常带有语气词"吧"或敬辞"您"。例如：

⑭您请等一会儿再来吧！

⑮这件事就让他试试吧！

⑯各位稍等一会儿吧！

(7)表示许可的祈使句

这类祈使句表示同意听话人做某事，常会用上语气词"吧"或表示许可的能愿动词"能、可以"等。例如：

⑰您可以进来了。

(8)表示号召的祈使句

这类祈使句表示号召某人做某事，多见于标语、口号，一般采用非主谓句的形式。例如：

⑱要珍惜每一寸土地！

⑲为四化建设而努力学习吧！

(9)表示提醒、警告、威胁的祈使句

这类祈使句表示让听话人防备什么事情、警告对方不该做什么或者威胁对方不能做某事，有时句末会带上语气词"吧"，大多有主语。例如：

⑳当心受骗！

㉑你等着瞧吧！

四、感叹句

表达强烈的感情、具有感叹语气的句子叫感叹句。它多用来表达快乐、惊讶、悲哀、愤怒、恐惧、鄙视、厌恶等感情。感叹句一般用降调，句末都用叹号。例如：

①太好了！（喜悦）

②多么幸福的生活啊！（赞叹）

③唉，真是一点办法也没有呀！（无可奈何）

④哟，怎么回事呀！（惊疑）

⑤呸，真不要脸！（鄙弃）

感叹语气是感叹句的特点，表达感叹语气的手段主要是语调，另外还有某些叹词、语气词、副词等。

【思考与练习九】

一、指出下列句子属于哪一种句类。

(1)你认识刚才出来的那个人？

(2)我耳边响起了一个熟悉的声音。

(3)快往屋里搬东西吧！

(4)难道你还不相信我吗？

(5)他已经去上课了，是不是？

(6)你愿不愿意去看电影？

(7)小张，你女朋友又来信了吧？

(8)多听话的孩子啊！

(9)小心上当！

(10)你不能不去开会。

(11)还有什么不能战胜的呢？

(12)你把门打开！

(13)真不容易！

(14)是我去还是你来？

(15)我不知道能不能坚持到最后。

二、改正下列病句，并说明理由。

(1)王浩为什么没有来上课吗？

(2)谁也不会否认，地球不是绕着太阳转的。

(3)你是喝茶还是喝咖啡吧？

(4)我不知道这东西该不该还给他？

(5)你去学校不去？

三、给下列句子加上标点符号，并指出哪些是陈述句，哪些是疑问句，哪些是祈使句，哪些是感叹句。

(1)快点走	(2)快上课了
(3)快十二点了	(4)我怎么不知道
(5)站起来	(6)你去不去
(7)我不知道他去不去	(8)你什么时候来的

(9)你都长成大姑娘了　　　　(10)他什么都不知道

(11)我知道这是为什么　　　　(12)谁不认识他

(13)他谁也不认识　　　　　　(14)时间过得可真快

第十节　标点符号

【目标要求】掌握标点符号的用法，理解标点符号用法的规范性和灵活性，学会在书面表达中正确使用标点符号。

标点符号是辅助文字记录语言的符号，在书面语中表示停顿、语气或词语的性质。

标点符号可分为点号和标号两类。点号包括句末点号和句中点号。句号、问号、叹号是句末点号，逗号、顿号、分号、冒号是句中点号。点号主要表示语句中的停顿，句末点号兼表语气。例如：

①坐高铁的感觉好不好？（疑问语气）

②坐高铁的感觉太好了！（感叹语气）

③坐高铁的感觉很好。（陈述语气）

标号包括破折号、括号、省略号、书名号、引号、连接号、间隔号、着重号、专名号。标号具有标明词语或句子性质的作用。例如"鲁迅的《故乡》"，不同于"鲁迅的故乡"，也不同于"《鲁迅的故乡》"。有的标号兼表停顿，例如省略号、破折号和间隔号。

一、句号

表示陈述句末尾的停顿和舒缓的语气。例如：

①二十一世纪已向我们招手。

②国家推广全国通用的普通话。

语气舒缓的祈使句的末尾也可以用句号。例如：

③让我还是来说一段故事吧。

④你辛苦了，休息休息吧。

二、问号

表示疑问句末尾的停顿和疑问语气。例如：

①今天怎么回来得这么晚？

②你觉不觉得这糕饼有家乡的味道？

对某个说法或数据表示存疑也可以用问号。例如：

③作者马致远（1250？—1321），大都（北京市）人，元代戏曲作家、散曲家。

三、叹号

表示感叹句末尾的停顿和强烈的语气。语气强烈的祈使句末尾、陈述句末尾也可以用叹号。

①白色梨花开满枝头，多么美丽的一片梨树林啊！

②六十一个同志的生命，危在旦夕！一千支注射剂，非得空运不可！

感叹句中如果有主谓倒装，叹号不能放在句中，只能放在句末。例如：

③干杯吧，为我们的友谊！

四、逗号

表示句子内部的一般性停顿，主要用法有以下几种：

（1）用在两个句法成分之间。例如：

①无力清偿到期债务的柳州铁路工程建筑公司，日前被柳州铁路法院宣告破产。（主语较长，用在主谓之间）

②升学，是几乎所有教师和家长都不敢轻视的问题。（强调主语，用在主谓之间）

③应当清醒地认识到，当前在各个方面我们还存在不少需要花很大力气才能解决的问题。（宾语较长，用在动宾之间）

④我的日本朋友告诉我，樱花一共有300多种，最多的是山樱、吉野樱和八重樱。（用在双宾语之间，远宾语是复句形式）

⑤"八五"期间，我省增加了对能源工业的投入，因此，能源工业技术有了很大进步。（用在句首状语之后）

⑥起来，不愿做奴隶的人们！（用在倒装句中的谓语和主语之间）

⑦河滩上有许多好看的石子儿，红的，黄的，粉的。（用在倒装句中的中心语和定语之间）

⑧许多外国朋友来到桂林旅游，从伦敦，从纽约，从巴黎，从世界各地。（用在倒装句中的中心语和状语之间）

（2）用在独立语的前面或后面，或前后都用。例如：

⑨老王，你就别说这些见外的话了。（用在称呼语的后面）

⑩对于这种人，毫无疑问，我们只能诉诸法律。（用在插入语的前面和后面）

（3）用在较长的并列短语之间。例如：

⑪影片散文式的结构，如诗如画的景色，简洁、纯朴的对白，以及那深长的、带着淡淡忧伤的笛声，都深深地打动了观众的心。

（4）用在复句的分句之间。例如：

⑫因为我们是为人民服务的，所以如果我们有缺点，就不怕别人批评指出。

（5）用在表次序的词语后面。例如：

⑬首先，要加快开发、引进适合本地生产的蔬菜新品种，搞好加工。第二，要搞好产销衔接工作。第三，……

五、顿号

表示语句内部较短的并列词语之间的停顿。例如：

①原子弹、氢弹的爆炸，人造卫星的发射、回收，标志我国科学技术的发展达到了新的水平。

顿号还经常用在汉字次序之后，例如"一、……二、……"、"甲、……乙、……"用阿拉伯数字表次序时不用顿号，如"1.……2.……"。如果次序语用了括号，就不能用顿号了，例如"（1）……（2）……"

表概数的两个数词之间不用顿号。例如：

②那个孩子约莫十六七岁。

有时候，多个词并列，前面的词与词之间用顿号，最后两个词之间用"和、与、及"等连词而不能用顿号。例如：

③＊这次会议对玉米、油料、和棉花的收购任务，作了重新安排，大家都很满意。

几个并列的介词结构用作状语时，它们之间用逗号而不用顿号。例如：

④他们在朦胧的夜色中，在大青树下，在纺车旁边，用传统的诗一般的语言倾吐着彼此的爱慕和理想。

六、分号

表示并列关系的分句之间的停顿，起分清层次的作用。在一重复句中，逗号也能表示并列这种逻辑关系。如果分句之间已经用了逗号，那么较高层次的并列关系就用分号表示。例如：

①启明星把黑暗送走，却从不与朝霞争辉；红梅把寒冬送去，却从不与百花争春。

②硬件，指组成电子计算机的各个部分和实体；软件，指那些具有特定功能的专用程序和同计算机有关的各种资料。

非并列关系(如转折、因果、条件等)多重复句的分句之间的停顿，如果用逗号表示不能分清层次，用句号表示又容易把前后关系割断，这时也要用分号，即在全句第一层的前后两部分之间用分号来表明层次。例如：

③激光雷达是激光测距原理的具体应用；但主要任务不是测距，而是跟踪目标，同时测量目标的角坐标、运动速度和姿态等参数。

④赵七爷本来是笑着旁观的；但自从八一嫂说了"衙门里的大老爷没有告示"这话以后，却有些生气了。

单句中分项列举的各项之间要用分号。例如：

⑤我国的行政区域可分为：

(一)省、自治区、直辖市；

(二)省、自治区分为自治州、县、自治县、市；

(三)县、自治县分为乡、民族乡、镇。

七、冒号

表示提示性话语后或总括性话语前的停顿，主要用法有以下几种：

(1)用在书信、发言稿中称呼语的后面，表示提起下文。例如：

①同学们：今年七月，恰值我们中学毕业20周年，有人建议搞一个同学聚会。……

(2)在采访、辩论、座谈、法庭审讯等言谈的记录中，用于说话人之后，以引出说话内容。例如：

②记者：您二位一向关心中学语文教学，请谈一谈一个中学生怎样才能学好语文？

秦牧：要学好语文，必须注意多读、多写、多思索。……

（3）用在"问、说、想、是、即、写道、认为、证明、表示、指出、例如"等动词之后，表示提起下文。例如：

③莎士比亚说："书籍是全世界的营养品。"

④他心里想：这个女孩子完全有条件成为一个优秀的歌唱家。

⑤我深深明白：假如不是读过几百部真正的小说，我绝不可能写出那八百个字。

例句中的动词"说、想、明白"之后都用了冒号，如果不强调这类动词的提示作用，也可以用逗号。例如：

⑥朋友有点不好意思地解释说，买这座大房子时，孩子们还在上学，如今都成家立业了。

⑦我心想，这才是天空的真面目呢。

⑧现在我明白了，镇上那些老年人为什么坐在教室里。

冒号也可以与"即"配合使用，冒号用在"即"的后面以提起下文。"如"也有类似"即"的这种用法。例如：

⑨成品图书的质量标准分为二级，即：合格品、不合格品。

⑩古诗包括多种不同的体裁，如：王维的《观猎》，白居易的《钱塘湖春行》，格律严整，属于律诗；杜甫的《石壕吏》格律较宽，叫古风（古体诗）。

（4）用在总提语之后，提示下文的内容将会分项说出。例如：

⑪一般来说，质量好的文化产品应该符合以下标准：先进的政治性、思想性；较高的知识性、学术性、艺术性；较高的文字质量和印刷装帧质量；鲜明的特色和风格。

（5）用在总括性话语之前，总结上文。例如：

⑫张华考上了北京大学，在化学系学习；李萍进了中等技术学校，读机械制造专业；我在百货公司当售货员：我们都有光明的前途。

（6）用在需要解释说明的词语或分句之后。例如：

⑬三七：中药名，即田三七。

⑭原来鲁镇是僻静的地方，还有些古风：不上一更，大家便都关门

329

睡觉。

（7）用在标题中的主题词和说明补充部分之间。例如：

⑮国农业方向：发展生态农业

⑯信息消费：现代社会新潮流

（8）用在时、分、秒之间。例如：

⑰08：00（8 时）

⑱15：12：48（15 时 12 分 48 秒）

如果没有较大的停顿或明显的提示作用，不能用冒号。例如：

⑲＊几个校领导正在开会，讨论：明年学校的进人计划。

八、引号

表示文中直接引语或特别指出的词语。例如：

①为了经常提醒自己，鲁迅还在书签上写了一行字："心到、口到、眼到，读书三到。"

②"满招损，谦受益"这句格言，流传到今天至少有两千年了。

关于引文末尾的点号是放在引号内还是放在引号外的问题。如果引文的内容是完整照录人家的话，引文末尾的点号应该放在引号内，如例①；如果引文是作为引用者文句的一部分，点号应放在引号之外，如例②。

引语分为直接引语和间接引语。直接引语对所引用的原话不能做任何改动，如例①；间接引语，即所谓"转述"，可以在文字上有所变动，就不用引号。引用成语、谚语等，一般可以不用引号。

重要的或具有特殊含义的词语，也可以用引号。这种用法充分体现了引号的修辞作用。例如：

③人类在"足不出户"的时代就能够测算出，遥远的星星体积有多大，温度有多高，有些什么元素，在怎样运动。

"足不出户"是一个成语，意思是脚不出家门，形容见识浅陋，视野不广。这里赋予了它特殊含义，是指我们的祖先虽然处于远古时代，科学技术还远没有今天这样发达，然而他们已经能够从地球上探索出宇宙的某些奥秘。

引号里面还要用引号时，外面一层用双引号，里面一层用单引号。例如：

④我可以理直气壮地回答："朋友，人们不是说'沉默胜于雄辩'吗?"

"沉默胜于雄辩"是这句话直接引用之中的引用，为了表明层次，所以用单引号。

九、括号

表示文中注释性的话。例如：

①中国猿人(全名为"中国猿人北京种"，或简称"北京人")在我国的发现，是对古人类学的一个重大贡献。

②他又要所有的草灰(我们这里煮饭是烧稻草的，那灰，可以做沙地的肥料)，待我们启程的时候，他用船来载去。

③全国各民族大团结万岁!（长时间的鼓掌）

只注释句中的一部分词语的叫句内括号，如例①和例②。注释全句的叫句外括号，如例③。句内括号紧挨着被注释的词语，它的末尾不用句末点号；句外括号放在句子之后，句外括号内如有句末点号则须保留。无论是句内括号还是句外括号，括号内的文字不是正文，只是对正文的注释，一般不念出来。

括号还用在表示次序的词语的外面，如"(一)(二)(三)，（甲）（乙）（丙）"，这时它和顿号的作用相同，括号后面不能再用顿号。

除了圆括号"( )"之外，其他形式的还有方括号"[ ]"、六角括号"〔 〕"、尖括号"〈 〉"方头括号"【 】"等。同一形式的括号避免套用，必须套用括号时，应注意不同的括号形式配合使用。

十、破折号

表示文中解释说明的语句。例如：

①这就是我的朋友——字典。

②我国古代的三大发明——火药、印刷术、指南针对世界历史的发展有伟大贡献。

文章的副标题之前可以用破折号，起注释作用。例如：

③光辉的知识分子形象

　　　　——谌容和她的《人到中年》

破折号还表示语意转换、跃进，或语音的中断、延长。例如：

④和风吹送，翻起一层一层的绿波——这时你会真心佩服昔人所造的两个字"麦浪"，若不是妙手偶得，便确是经过锤炼的语言的精华。(表示语意转换)

⑤"团结——批评——团结"，是解决人民内部矛盾的正确方针。(表示语意跃进)

⑥"那怎么——"。(表示语音中断)

⑦"顺——山——倒——"林子里传出我们伐木连小伙子的喊声。(表示声音延长)

如果解释说明的话插在句子中间，就可以在前面和后面各用一个破折号，这叫双用。破折号双用相当于括号，但朗读时破折号内的内容要读出来，因为它是正文的一部分；括号内的文字不是正文，只是对正文的注释，不必念出来，例如：

⑧灯光，不管是哪个人家的灯光，都可以给行人——甚至像我这样的一个异乡人——指路。

⑨细细的秋雨——大约是今年的最后一场了吧——在窗外静静地飘洒着。

十一、省略号

表示文中省略的话。例如：

①鲁迅说："但在社会里，仓颉也不止一个，有的在刀柄上刻一点图，有的在门户上画一些画，心心相印，口口相传，文字就多起来……"(表示省略)

②什么都有：稻鸡、角鸡、鹁鸪……(表示列举未尽)

③孔乙己低声说道，"跌断，跌，跌……"他的眼色，像恳求掌柜，不要再提。(表示省略重复的话)

省略号还可以表示沉默，说话的中断，断断续续，语意未尽等。例如：

④"可是……太太……我不知道……你一定是认错了。"(表示说话断断续续)

⑤穿长袍的问："这一位是……"

"我的兄弟。"戴礼帽的回答。(表示说话的中断)

⑥"原来如此……"(表示语意未尽)

⑦何为：不行！梅伯母的身体已经经不起路上的颠簸了！

欧阳平：……（表示沉默）

破折号和省略号都可以表示话语中断，区别在于：破折号表示话语戛然而止，省略号则表示余音未尽。省略号的前面可以用句号、问号和感叹号，表示上文是个完整的句子。省略号后面一般不用任何点号，因为连文字都省略了，点号当然也可以不要。

文中如果用了"等""等等"，就不能再用省略号了，因为"等""等等"表示省略。

十二、着重号

表示提示读者要特别注意的字、词、短语、句子。例如：

①这个定律是两千多年以前希腊学者阿基米德发现的，所以叫作阿基米德定律。

要注意着重号与引号的不同，引号是用来标明着重论述的对象。例如：

②＊知己知彼是战争认识的主要法则，是"知胜"和"制胜"的认识基础。（着重号应改作引号）

③＊连词因为通常用在句子开头，后面用所以。

例②和例③中的着重号都应改为引号。

十三、连接号

表示把两个（或几个）密切相关的部分连接起来，表示时间、地点、数目等的起止，人或事物之间的某种联系。例如：

①孙中山（1866—1925），名文，字德明，号逸仙。（表示时间的起点）

②"北京—上海"特别快车就要进站了。（表示时间的起止）

③2018 年中国大学生足球联赛"北京队—江苏队"将于 5 月份在北京举行。（表示比赛双方）

连接几个相关项目表示事物递进式发展。例如：

④人类的发展可以分为古猿—猿人—古人—新人四个阶段。

⑤必须巩固和发展已经初步形成的"经济特区—沿海开放城市—沿海经济开发区—内地"这样一个逐步推进的开放格局。

十四、间隔号

表示分隔或分界。用在月份和日期、音译的名和姓、书名和篇名、词牌（曲牌）和词题等的中间。例如：

①《蝶恋花·答李淑一》的作者是毛泽东。

②查尔斯·狄更斯(1812—1870)，英国著名小说家。

③75 年前的今天，日本悍然发动"九·一八"事变，拉开了对中国全面武装侵略的序幕。

④《鸿门宴》节选自《史记·项羽本纪》。

十五、书名号

表示书籍、篇章、报刊、剧作、歌曲等名称。例如：

《论雷峰塔的倒掉》(文章名)　　《普通话异读词审音表》(表名)

《茶馆》(剧作名)　　　　　　　《无间道》(电影名)

《努尔哈赤》(电视剧名)　　　　《我的祖国》(歌曲名)

《霓裳曲》(曲名)　　　　　　　《俏夕阳》(舞蹈名)

《车技》(杂技名)　　　　　　　《长江万里图》(壁画名)

《东方欲晓》(雕塑名)　　　　　《庐山和金刚山》(邮票名)

《中国大百科全书》(书名)　　　《语文建设》(刊物名)

《在延安文艺座谈会上的讲话》(讲话名)

《宋拓王羲之十七帖》(书法作品名)

《四川出土的商朝青铜人头像》(插图名)

《邓小平理论研究文献数据库》(数据库名)

"杂志、周刊"之类名词如果是刊物名称的组成部分，用在书名号里边，例如"《东方杂志》《出版商周刊》"；如果不是刊物名称的组成部分，则用在书名号外边，例如"《读书》杂志、《书商》周刊"。大家熟悉的报刊名称，在不会引起误解的情况下可以不加书名号，例如"人民日报、新华月报"等。报社和出版社名称一般不加书名号，例如"人民日报社、外语教学与研究出版社"。

报刊名称和"编辑部"连用时加不加书名号根据需要确定。例如"《中国记者》编辑部、《读者》编辑部、《现代化》编辑部"，加书名号有助于明确概念。又如：

①新华社、人民日报、光明日报、中国国际广播电台、中央电视台等单位的代表，就如何发展网络媒体等问题先后作了发言。

例①中的"人民日报、光明日报"表示企事业单位的名称，不表示出版物的名称，所以不加书名号。

十六、专名号

表示人、地、山、河、国、机关团体等的专有名称，标在字的下边，一般只用在古籍或某些文史著作里。例如：

①文王拘而演《周易》；仲尼厄而作《春秋》；屈原放逐，乃赋《离骚》；左丘失明，厥有国语。

②司马相如者，汉蜀郡成都人也，字长卿。

十七、分隔号

分隔号或分隔诗歌接排时的诗行，或标示诗文中的音节节拍。例如：

①春眠不觉晓/处处闻啼鸟/夜来风雨声/花落知多少。

②曾经/沧海/难为水，除却/巫山/不是云。

分隔号还可以分隔供选择或可转换的两项，表示"或"；分隔组成一对的两项，表示"和"。例如：

③动词短语中除了作为主体成分的述语动词之外，还包括述语动词所带的宾语/补语。

④羽毛球女双决赛中国组合杜婧/于洋两局完胜韩国名将李孝贞/李敬元。

标点符号的用法具有一定的灵活性。标点符号的使用既有规范性，又有灵活性。规范性是指每个标点符号都有一定的适用范围，灵活性是指有些标点符号可以根据表达需要适当地变通使用。例如，演讲稿开头的称呼语后可用冒号，也可用叹号，这是把句意和标点的主要用法结合起来考虑。

顿号、逗号都可以用在句中并列成分之间，作者往往根据他所认为停顿时间的长短来选用。例如：

⑤从这一边看一边，岸滩，房屋，林木，全都清清楚楚，没有太湖那种开阔浩渺的感觉。

335

⑥院子里开辟了一块菜地，种着豆角、西红柿、辣椒等蔬菜。

点号表示的停顿时间有长有短，句末点号的停顿时间比句内点号长。在句内点号里，分号停顿时间比逗号长，顿号停顿时间最短。因此，句中用上不同的句内点号，就可以清楚地显示出层次。如果其中某个句内点号发生了改变，那么其他句内点号也往往跟着发生相应的变化，即递升或递降。例如：

⑦老张的屋里，书籍、衣服、杯盘碗碟都放得井井有条。

——老张的屋里，书籍，衣服，杯、盘、碗、碟都放得井井有条。

例⑦中的"书籍""衣服""杯盘碗碟"是并列关系，用顿号隔开，如果"杯盘碗碟"之间用上顿号，那么与之并列的"书籍"和"衣服"之间就要用上停顿时间稍长的逗号。

标点符号的位置也有一定的要求。标点符号是紧随文字的，书写转行时应注意：（1）点号占一个空格的位置，居一个空格的左下方，不能出现在一行的开头。（2）标号中的引号、括号和书名号，分为前后两部分，书写时各占一个空格的位置；注意前半个不能放在一行的末尾，后半个不能放在下一行的开头，如果遇到特殊情况，需要把它挤在上一行的最后一个空格内。（3）省略号和破折号各占两个字的位置，不应分作两截而分放在上行的末尾和下行的开头。

直行书写，点号放在文字底下空格的右上角。着重号放在文字的右边，书名号放在文字的上下。书名号如改用竖浪线，就放在文字的左边，专名号也放在文字的左边。

【思考与练习十】

一、什么是标点符号？

二、句中点号有哪几种？句末点号有哪几种？

三、指出并改正下列句子中使用不当的标点符号。

（1）去拜访李教授了？你。

（2）师范院校的学生必须学习《教育学》《心理学》等公共必修课。

（3）江面很平静，越往东越宽。在雨后的阳光下，笼罩着一层蒙蒙的薄雾。

(4)音乐家彭美女士说:"同学们的高尚精神感染了我,我争取创作出更好的作品献给大家。"

(5)我是孩子的时候,在斜对门的豆腐店里确乎终日坐着一个杨二嫂,人都叫伊豆腐西施。

第六章 修　　辞

第一节　修辞概说

【目标要求】理解修辞的含义，掌握修辞的基本原则，了解修辞和语音、词汇、语法、逻辑之间的关系。

一、修辞及其基本原则

我们用语言交流思想、传递信息，不仅要准确无误、清楚明白，而且还要生动形象、妥帖鲜明、新颖独特，尽可能给人留下深刻的印象。因此就有必要对语言进行有意识的选择和加工，这就是修辞。也就是说，修辞是表达者为了达到特定的交际目的而应合题旨情景，对语言进行积极调配以达到理想表达效果的一种言语活动，其中"对语言进行有效的调配"是指对某一语言中各种词语和句式的调遣与配置，让语言材料在特定的题旨情景中适得其所。

①要问白洋淀有多少苇地？不知道。每年出多少苇子，也不知道。只晓得每年芦花飘飞苇叶黄的时候，全淀的芦苇收割，垛起垛来，在白洋淀周围的广场上，就成了一条苇子的长城。女人们，在场里院里编着席。编成了多少席？六月里，淀水涨满，有无数的船只，运输银白雪亮的席子出口，不久，各地的城市村庄就全有了花纹又密、又精致的席子用了。大家争着买："好席子，白洋淀席！"

这段关于白洋淀苇地和苇席的描写朴素自然、清新别致，给人留下了深刻的印象。如果作者不用设问去引人注意，不用比喻、夸张、引用等修辞格去描绘苇地的大、苇子的多和苇席的好，而只是平铺直叙，用抽象的数字来说明苇地的面积、苇子的产量和苇席的质量，这样的表达效果就会大打折扣。

修辞是一种选择活动。在语言运用中，同一种意思往往可以选用不同的语言形式来表达，这些语言形式各有特点，并呈现出不同的表达效果。为了追求理想的表达效果，就需要选择恰当的表达形式，这其中就包括对语言材料和修辞方式的选择。修辞也是一种加工活动。我们要运用一定的技巧调整和修饰语言，使语言形式变得恰切完美，给人以深刻的印象和艺术的美感。

(二)修辞的基本原则

1. 适切原则

修辞以追求理想的表达效果为目的。所谓理想的表达效果，是指在具体的语境中，表达者准确完整地传递出自己的意图，接受者也准确完整地接收并理解表达者的意图。而衡量表达效果则要看它是否切合题旨情景。这正如陈望道先生所说，"修辞以适应题旨情境为第一义。"因此，适应题旨情境是修辞的基本原则之一。

"题旨情景"是指要表达的思想内容和语言交际时的环境。在思想内容和表达形式之间，思想内容始终起着主导作用。修辞活动中对语言材料、表达方式的选择和加工需要满足内容和语境的要求。只有这样，才能发挥应有的作用。为修辞而修辞，不仅无助于思想内容的表达，而且必然会"以辞害意"，因为任何绝妙的修辞技巧，都不能代替思想内容本身。例如：

②在我的后园，可以看见墙外有两株树，一株是枣树，还有一株也是枣树。

例②中作者没有用"可以看见墙外有两株枣树"，而是重复使用了两个相同的句式。为什么呢？因为这样可以很好地表现文章的主题思想：不仅突出了枣树的形象，而且强调作者住所客观景物的单调，运用反复手法表达出作者无聊、苦闷、压抑的心情。

③沿着荷塘，是一条曲曲折折的小煤屑路。这是一条幽僻的路；白天也少人走，夜晚更加寂寞。

例③中"寂寞"一词多形容人，这里描写路，准确传神，反映出作者不满现实、幻想超脱现实的落寞心情。

运用各种语言材料和表达方式追求理想的表达效果，而表达效果只有在一定的情境中才能体现出来，离开了情境，我们不仅难以评定语言材料、表达方式的优劣，而且也谈不上表达效果的好坏。也就是说一个寻常的词语或句子，如果恰到好处地置于合适的语境中，就会大放异彩，收到不同寻常的表达效果。例如，"扔""排""摸"本来是极平常的动词，鲁迅先生在写阿Q和孔乙己到酒店沽酒时使用了这几个动词：

④天色将黑，他睡眼蒙眬地在酒店门前出现了，他走近柜台，从腰间伸出手来，满把是银的和铜的，在柜上一扔，说："现钱！打酒来！"

⑤孔乙己一到店，所有喝酒的人便都看着他笑，有的叫道："孔乙己，你脸上又添新伤疤了！"他不回答，对柜里说，"温两碗酒，要一碟茴香豆。"便排出九文大钱。……"孔乙己，你又偷了东西了！"但他这回却不十分分辩，单说了一句"不要取笑！""取笑？要是不偷，怎么会打断腿？"孔乙己低声说道，"跌断，跌，跌……"他的眼色，很像恳求掌柜，不要再提。此时已经聚集了几个人，便和掌柜都笑了。我温了酒，端出去，放在门槛上。他从破衣袋里摸出四文大钱，放在我手里，见他满手是泥，原来他便用这手走来的。

例④中，"扔"是阿Q"中兴"时当着众人的面沽酒付钱的动作，刻画出阿Q当时在未庄人面前自我炫耀的心理状态。例⑤中，"排"和"摸"是孔乙己沽酒付钱的动作。因为阿Q、孔乙己两个人物沽酒付钱时的处境、心情不同，所以选用了不同的动词。作者之所以恰到好处地选对了动词，是因为切实依据情境因素解决了形式符合内容的问题。

2. 美感原则

修辞是构建语言美的活动，它充分利用语言的审美价值来满足人们的美感需求。因此，美感也是修辞的基本原则之一。

修辞以追求理想表达效果为目的，表达效果是多方面的，如准确、鲜明、幽默、委婉、含蓄、形象、新颖等，而这些效果都可以用美感原则来解释。人们把整齐、匀称、富于变化看作是一种美，对语言形式上的审美感受也同样如此。很多修辞手段的运用都是为了追求语言的形式美。例如，有意识地选用某些词语形成同音相谐、叠音相应、同韵相押的音韵美，选用某些句式整齐一致、参差错落的形式美，选用对偶、顶真、回环、排比等辞格形成特定的均衡美、节奏美、韵律美，这些无不体现出修辞的美感原则。

修辞的美感原则也体现在变异修辞上。变异修辞指修辞活动中，冲破语言常规，利用不合乎语法、逻辑或事理的语言形式表达思想感情的现象。比拟、夸张、拈连、仿词、转类、移就等就属于变异修辞。人们在语言表达中，有时需要突破常规与惯例，构成新颖别致的表达方式以获得美感。因此可以说，变异修辞从个体发生的角度来看，是出于不同的审美追求：或把抽象的事物化为具体生动的形象，或极力突出以强调人们的感受，或依托某一事物发生奇特的联想，或巧用逻辑语法谬误以增添情趣。这些不同的手法反映了语言审美的多样化标准。例如：

⑥欢乐的马头琴在歌唱。

例⑥若按常理分析，事理上荒谬，语义上搭配不当，但从表达效果方面来看，这样移情于物，借物拟人，把人内心的感受具体化和形象化了，能生动地传达出了蒙古人民的喜悦之情。

3. 创新原则

修辞贵在创新，创新是修辞的灵魂。所谓"创新"，是指破旧立新，在语言实践活动中创造出超越前人、超越他人的新用法。在修辞活动中，不论词语锤炼、句式选择，还是辞格运用，都应当有新意，防止落入俗套。

王国维在《人间词话》中说："红杏枝头春意闹，着一'闹'字而境界全出；云破月来花弄影，着一'弄'字而境界全出矣。""闹"和"弄"是两个极为普通的词，但因为诗人用得巧妙，所以对烘托意境起到了积极的作用，给人以耳目一新的感觉，这就是创新。

语言大师老舍在《济南的冬天》一文中写道："古老的济南，城内那么狭窄，城外又是那么宽敞，山坡上卧着些小村庄，小村庄的房顶上卧着点雪，对，这是张小水墨画，也许是唐代的名手画的吧。"其中的"卧"字新颖、传神，准确地表达出了一种安适平静的气氛。这一"卧"字，就是针对济南"有山有水，全在天底下晒着阳光，暖和安适地睡着"这个特定的语境而选择的最恰当最完美的词语。叶君健在《看戏》一文中写道："歌词像珠子似的从她的一笑一颦中，从她的优雅的'水袖'中，从她的婀娜的身段中，一粒一粒地滚下来，滴在地上，溅到空中，落进每个人的心里，引起一片深远的回音。"其中的"滚""滴""溅""落"本来是用来修饰物的，这里用来描写歌词，就是一种创新。作者十分巧妙地借助比喻，将无形化为有形，使语言表达更加生动形象。

二、修辞同语音、词汇、语法、逻辑的关系

（一）修辞同语音的关系

修辞同语音的关系比较密切。汉语的音节分明，元音占优势，并且有

声、韵、调之分，这些语音特点为进行修辞活动提供了便利的条件。它们不仅直接构成了双关、对偶、借代、摹声等辞格，而且还构成了双声叠韵的词语和对仗押韵的句式。语言表达中，恰当运用这些利用语音条件构成的修辞手段，可以增强音乐美和节奏感。因此可以说，语音在增强音律美方面为修辞提供条件，丰富了修辞方式的内容，而修辞则通过积极调动语音因素扩大了语音的功用。

（二）修辞同词汇的关系

修辞同词汇的关系十分密切。修辞要从筛选与锤炼的角度研究词语的运用，这必然会从声音、意义、色彩、用法等方面对词语加以调遣、安排，也必然会用到各种不同类型的词语，如同义词、反义词、多义词、同音词、褒义词、贬义词、外来词、古语词等。显然，词汇为修辞中的词语筛选与锤炼提供了语言材料，同时也为形成具体的修辞方式提供必要条件。汉语中几乎所有的辞格都与词汇有关，如语义双关、反语、仿词、婉曲、对偶、对比、借代、夸张、顶真、回环、拈连、比喻、移就等。因此可以说，词汇为修辞提供了必要的语言材料，而修辞使词汇在语言运用中发挥了重要而广泛的作用。

（三）修辞同语法的关系

修辞同语法的关系更为密切。语法为修辞提供基础法则。修辞要以合乎语法为基础。表达只有合乎语法，才有调整加工的可能，所以合乎语法是修辞的先决条件。话语的意蕴、气势、力量、情采、跌宕等方面的效果往往要借助于句式的选用和调整，要靠句子的有效组织来体现，如讲求句子的长短、句子的整散、句子的分合、句子的变化等。语法和修辞虽然都离不开句子，但修辞主要研究同义句式以及各种不同句式的表达效果。句子有各种不同的类型，在表达中究竟选用什么样的句子，则是由表达需要和预期要获得什么样的修辞效果决定的。

（四）修辞同逻辑的关系

修辞的目的是追求理想的表达效果，合乎逻辑是其一般要求。所以，修辞要以合乎逻辑为基础，这表明逻辑对修辞有制约作用，具体表现在：一方面，修辞要遵循逻辑规律，判断要准确。例如"理想是石，敲出星星之火；理想是火，点燃熄灭的灯；理想是灯，照亮夜行的路；理想是路，指引你走到黎明。"这句话中用了四个比喻，主体"理想"和客体"石、火、灯、路"之间构成了准确而恰当的判断，既合乎逻辑事理，又符合修辞规律。另一方面，修辞在推理上要求因果有据，有说服力。例如"革命是历史的火车头。"这句话中的"火车头"与"革命"之间存在着严密的因果推理关系。

修辞不仅要求把话要说得清楚、准确、合乎逻辑，而且还要求说得生动、活泼、新颖、有吸引力和感染力。所以从这意义上说，修辞有时也可以适当突破逻辑规约的限制。从逻辑角度来看，有些语言形式不合乎逻辑，属于"不通"之辞；但从修辞角度来看，这种"不通"之辞却可以收到意想不到的表达效果。例如，唐代大诗人李白的《秋浦歌》中有"白发三千丈，缘愁似个长"，其中"白发三千丈"这一说法明显是违背事理逻辑的"无理之辞"。但从古至今却没有人批评其"文理不通"，反而大加赞扬。这是因为从表达效果来看，它强烈凸显了作者内心的不平之情，有深切感人的力量，让读者心灵受到了极大的震撼，并能产生感情上的共鸣。如果这句诗换成"白发三尺三，缘愁似个长"，虽然合乎逻辑，是"合理之辞"，但表达效果却远不及"白发三千丈，缘愁似个长"这一"无理之辞"。总之，修辞既要遵循逻辑，但又要适时突破逻辑，以获得语言表达上"无理而妙"的艺术效果。

【思考与练习一】

一、什么是修辞？
二、修辞的基本原则是什么？

第二节　词语的选用

【目标要求】掌握从内容和形式两个方面选用词语的具体要求，学会在表达中锤炼词语，不断提高巧用词语的能力。

词语是表达意义的基本单位，也是组成句子的重要材料。词语选用得成功与否，直接关系到整个句子表达效果的好坏。汉语有丰富的词汇，这为我们的表达提供了有利条件。

词语选用作为修辞的一个重要内容，它是在深刻理解词义的基础上，根据表达目的和对象选择恰当的词语，力求把事物表现得更加形象，把思想表现得更加深刻，把感情表现得更加深沉，让语言表达增加特有的神韵，发出异样的光彩，从而给人以美的享受。

词语是音义结合体，因此选用词语，一般要考虑形式和意义两个方面，既要和谐悦耳，又要准确贴切，二者紧密结合，才能使词语及其所关联的句子更好地表达出深刻的含义和高远的意境，收到满意的表达效果。一般来说，语言表达中的词语选用应从以下三个方面入手。

一、力求准确妥帖，整体和谐

我们选用词语，不仅要求词语能准确地反映客观事物，妥帖地表达思想感情，而且还要求词语能切合内容、语境的需要，讲究上下文的配合和协调，给人一种质朴的美感和力量。那些看似普通平常的词语，如果精心选用，调遣得当，就能淡中藏美，平中寓奇，收到理想的修辞效果。例如：

①起先，这小家伙只在笼子四周活动，随后就在屋里飞来飞去，一会儿落在柜顶上，一会儿神气十足地站在书架上，啄着书背上那些大文豪的名字，一会儿把灯绳撞得来回摇动，跟着逃到画框上去了。

例①中"落、站、啄、撞、逃"等动词，准确而传神地描写了珍珠鸟出笼后的动作，从"拘束"到"放肆"，直到闯祸"逃"到画框上，显得真实、自然、有趣。

②我掀开帘子，看见一个小姑娘，只有八九岁光景，瘦瘦的苍白的脸，冻得发紫的嘴唇，头发很短，穿一身破旧的衣裤，光脚穿一双草鞋。

例②中"瘦瘦、苍白、短、破旧"等形容词，形象地勾勒出了小姑娘的肖像和衣着，贴切而真实，使人油然而生怜悯之心。

二、力求色彩鲜明

(一)感情色彩方面

词语的感情色彩不仅反映表达者的立场、感情和态度，而且还强调突出所描写人或事物的特征。例如：

①他们是历史上、世界上第一流的战士，第一流的人！他们是世界上一切伟大人民的优秀之花！是我们值得骄傲的祖国之花！

例①中选用"优秀、值得骄傲"等具有褒义色彩的词语，热情讴歌了志愿军战士，表达了作者及全国人民对志愿军战士的爱戴之情。

在具体语境中，可以变褒为贬或化贬为褒，临时改变感情色彩。例如：

②有时我们夫妇联成一帮，说女儿是学究，是笨蛋，是傻瓜。

③中国要作家，要"文豪"，但也要真正的学究。

例②中的"学究"与"笨蛋""傻瓜"并列，凸显的是贬义色彩；例③中的"学究"同"文豪""作家"相提并论，变贬为褒，指具有严谨治学态度的学者。

（二）语体色彩方面

词语的语体色彩是指某些词语因经常用于特定交际场合或语体中而形成了某种独特的语言表现风格。词语的语体色彩差别可以从普通用语和专门用语、口语和书面语等角度去观察。一般情况下，有些词语经常在某一语体中使用而不在其他语体中使用，所以这些词语就带上了某种语体的特殊色彩。例如"快活、哆嗦、生气"具有口语色彩，"惬意、战栗、愤懑"具有书面语色彩。具有某种语体色彩的词语总是与某一语体有着稳定的适应关系而与其他语体相排斥。也就是说，选用词语要充分考虑词语的语体色彩与篇章语体风格的一致性。只有这样，才会使表达风格整体和谐。例如：

④各界的人不经邀约，不凭通知，各自跑来瞻仰鲁迅先生的遗容，表示钦敬和志愿追随的心情。

⑤鲁贵：我看，你先回家去。（有把握地）矿上的事由你爸爸在这儿替你张罗。回头跟你妈、妹妹聚两天，等你妈走了，你回到矿上，事由还是有你的。

例④中选用了具有书面语色彩的"邀约、瞻仰、遗容、钦敬、追随"等古语词，表达了鲁迅逝世时庄严肃穆的气氛，以及各界人士对鲁迅先生的敬仰爱戴之情；例⑤中选用了"张罗、回头、事由"等具有口语色彩的词，表达通俗易懂，朴实自然。

（三）形象色彩方面

词语的形象色彩是指由词内部的组成成分引起的对事物视觉形象或听觉形象的联想。选用具有形象色彩的词语来状物、摹声，可以产生如临其境、如见其形、如闻其声的表达效果，这可以从"鸡皮疙瘩、羊肠小道、鸡冠花、喇叭花、金字塔、乒乓球、噼里啪啦"等词语中体会出来；选用具有形象色彩的词语来描写动作行为，可以使语言表达生动传神，富有感染力，这可以从"鱼跃、鲸吞、龟缩、雀跃"等词语中体会出来。具有形象色彩的词语是一种重要的修辞材料，它的恰当选用，能引发人们丰富的联想，给人留下栩栩如生的印象。例如：

⑥太阳出山了，小溪边的那座竹楼。绿茵茵的窗口，闪出一点红，火苗似的。哟，是个小女孩，红领巾在晨风里，微微地飘着。

例⑥中选用"绿茵茵、火苗、红领巾"等具有形象色彩的词语，绿与红交相辉映，构成了一幅清新优美的图画。

三、讲求音乐美

不同词语之间声音配合得当，会给人以和谐悦耳的美感，从而极大地增强语言的表现力。因此，选用词语也要讲求声音的配合。

（一）音节调配要整齐匀称

人们在表达中注重音节的调配，因为音节配合得当对听觉上语音美感的形成具有重要作用。音节调配的一般原则是：在连续的语流中，处于相同句法位置的词或短语的音节数目应该力求一致。音节调配所要追求的效果是音节协调，让人说起来顺口，听起来悦耳。例如：

①肖邦的钢琴协奏曲如春潮，如月华，如鲜花灿烂，如水银泻地。听了他的作品我会觉得自己更年轻，更聪明，更自信。

例①中"如春潮"与"如月华"相配，"如鲜花灿烂"与"如水银泻地"相配，"更年轻""更聪明""更自信"相配，相配项的音节数目相同。因为配合整齐，所以语言形式显得和谐匀称，自然会给人以美感。

汉语中四字格语言单位的使用频率较高，因为它不仅反映出汉民族崇尚对称和谐的文化心理，而且言简意赅，庄重典雅，具有很强的表现力。例如：

②周恩来同志的一生，高瞻远瞩，深明大义，处处以大局为重，事事从大局出发。他文能治国，武能安邦，功盖中华，誉满天下，从不居功。他光明磊落，忍辱负重，严于责己，宽以待人。他苦在人先，乐在人后，坚持同群众同甘苦、共患难。

例②中多用四字格成语，形成了音节整齐匀称、富于旋律的排比句，行文流畅、节奏鲜明。

（二）声调搭配要抑扬起伏

声调的搭配是指在连续的语流中，声调之间的配合要有高低抑扬的变化。古代汉语的声调分为平、上、去、入四种，简单分为平仄两声，平属于平声，上、去、入属于仄声。现代汉语的声调分为阴平、阳平、上声、去声四种，阴平和阳平属于平声，上声和去声属于仄声。一般来说，平声高昂、平缓、悠长，仄声低沉、曲折、短促。在连续的语流中，音节之间讲究平仄相配，会产生抑扬顿挫、和谐动听的音律美。例如：

③这个厂生产的金葵向日、孔雀开屏、红霞万朵、草木争荣、繁花似锦等花色的花布，富有民族特色，很受欢迎。

例③中"金葵向日、红霞万朵、繁花似锦"是"平平仄仄"形式，"孔雀开屏、草木争荣"是"仄仄平平"形式，平声和仄声交替出现，读起来给人一种抑扬起伏的美感。

④云中的神啊，雾中的仙，

神姿仙态桂林的山！

情一样深啊，梦一样美，

如情似梦漓江的水！

例④中两行句末的"仙"和"山"是平声，后两行句末的"美"和"水"是仄声，"神姿仙态桂林的山"和"如情似梦漓江的水"两句如果不计衬字"的"，它们的声调组合形式是"平平平仄仄平平"和"平平仄仄平平仄"。一句之内平仄相间，上下句之间平仄相对，读起来给人以起伏变化的美感。

(三)韵脚要和谐悦耳

押韵是汉语诗歌的一个基本要求，它是加强节奏的一种有效手段。借助韵脚，可以使前后诗行同声相应，给人一种回环复沓、和谐悦耳的美感。例如：

⑤卑鄙是卑鄙者的通行证，高尚是高尚者的墓志铭。看吧，在镀金的天空中，飘满了死者弯曲的倒影。

例⑤中的韵脚是"证、铭、影"。这样安排，可以造成声音的反复回环，形成一个统一的旋律，从而使表达和谐自然，悦耳动听，增强了艺术感染力。

(四)叠音要自然传神

叠音是指音节的重叠，它是汉语语音修辞的重要手段之一。叠音词可以使语言形式和声音的节奏更加整齐和谐，所以常用于自然景物、人物特征、动作情态以及环境气氛的描写。例如：

⑥五颜六色的街灯闪闪烁烁，远远近近，高高低低，时隐时现，走在路上，就像浮游在布满繁星的天空。

例⑥中的"闪闪烁烁、远远近近、高高低低"等叠音词，读起来很有节奏感，清新明朗，让人在领略街灯多姿多态的美的同时，在声音上也给人以美的享受。

⑦惊蛰一过，春寒加剧。先是料料峭峭，继而雨季开始，时而淋淋漓漓，时而淅淅沥沥，天潮潮地湿湿，即使在梦里，也似乎把伞撑着……

例⑦中的"料料峭峭、淋淋漓漓、淅淅沥沥、潮潮、湿湿"等叠音词，让人深切地体会到了台北初春的严寒和雨季阴雨绵绵的情状，同时给人以音韵和谐、节奏鲜明的美感。

(五)双声叠韵要自然巧妙

因为具有独特的声响表现力，所以双声和叠韵是汉语重要的语音修辞手段。两个韵母相同或相近的音节放在一起，声音回环复沓，悦耳响亮；两个声母相同的音节放在一起，自然顺口，流畅动听。例如：

⑧她彷徨在这寂寥的雨巷

　　撑着油纸伞

　　像我一样

　　像我一样地

　　默默彳亍着

　　冷漠、凄清，又惆怅

例⑧中"彳亍、凄清、惆怅"是双声词，"彷徨"是叠韵词。这些双声词和叠韵词配合运用，声音回环荡漾，对于表现诗句低沉、舒缓、优美的旋律和节奏具有积极作用。

⑨泉泉泉，珍珠灿烂个个圆，圆圆圆，晶莹芬芳老龙涎，涎涎涎，澄澈蜿蜒流万年。

例⑨是双声词和叠韵词构成的顶真句，短声长韵紧相接连，彼此应和，形成了铿锵婉转的音律美。

(六)摹音要真切形象

运用拟声词描写客观世界里的各种声音，不仅可以增强语言表达的生动性、形象性，给人一种如闻其声、如临其境的真实感，而且也可以增强语言的形式美。例如：

⑩当，当，当，——"洋瓷面盆呱呱叫，四角一只真公道，乡亲，带一只去吧。"

⑪果果跑上前，拿出早已准备好的辣椒、芹菜、小飞虫等，挨个儿给笼子里的昆虫喂食，很快，蟋蟀"曜曜曜"地唱起来；桃树虫用小小的脚卖力地踢着自己的肚子，开始"啪啪啪"地打鼓……

例⑩用"当，当，当"等一连串的摹声词，生动而真切地反映出店员卖力推销商品的情态；例⑪用"曜曜曜""啪啪啪"描摹虫子发出的叫声。这些拟声词形象逼真，能唤起人们的听觉想象，让人仿佛置身于当时的情境中，收到了声情并茂的艺术效果。

【思考与练习二】

一、选用词语应该从哪些方面入手？

二、从下列各句的括号里选用合适的词语。

（1）一（个、位）老大爷拉着我的手，把一双"红军鞋"塞给我。

（2）今天是我妹妹的（生日、诞辰），我准备送给她一件特别的礼物。

（3）这几天我心里颇不（寂静、宁静）。今晚在院子里坐着乘凉，忽然想起日日走过的荷塘，在这满月的光里，总该另有一番样子吧。

（4）朋友们，用不着（烦琐、过多）地举例，你已经可以了解到我们的战士是怎样的一种人。

（5）另一位先生听得厌烦，把嘴里的香烟屁股（扔、掷）到街心，睁大了眼睛说……

三、下列这些句子中的词语在声音配合上有什么特色？

（1）"轰隆隆、轰隆隆……"列车从隧道里钻出来，轻快地奔驰着。（曾果伟《告别》）

（2）老王太太嘴上说着："就这么的吧，不用换了，把坏的换给你们，不好。"眼睛却骨骨碌碌地瞅这个，望那个。（周立波《暴风骤雨》）

（3）雪中的北海，好像是专为她而安排。浓浓的雪花，纷纷扬扬，遮盖着高高的白塔、葱葱的琼岛、长长的游廊和静静的湖面，也遮盖着恋人们甜蜜的羞涩。（谌容《人到中年》）

（4）两杯水酒，一碟炒蚕豆，然后是羊肉酸菜热汤儿面，有味儿没味儿，吃个热乎劲儿。（老舍《正红旗下》）

(5)青春啊青春，美丽的时光，比那彩霞还要鲜艳，比那玫瑰更加芬芳。……青春啊青春，壮丽的时光，比那宝石还要灿烂，比那珍珠更加辉煌。(歌曲《青春啊青春》)

四、下列句子中哪些词语用得好？找出来并进行分析。

(1)我到了自家的房外，我的母亲早已迎接出来了，接着便飞出了八岁的侄儿宏儿。(鲁迅《故乡》)

(2)马路上一个水点也没有，干巴巴地发着白光。便道上尘土飞起多高，跟天上的灰气联接起来，结成一片毒恶的灰沙阵，烫着行人的脸。(老舍《骆驼祥子》)

(3)雪野中有血红的宝珠山茶，白中隐青的单瓣梅花，深黄的磬口的腊梅花；雪下面还有冷绿的杂草。(鲁迅《雪》)

(4)不幸的是，尽管我们攻克了不少城市，打了不少胜仗，但总是跟上他的胃口。这老头简直是贪得无厌……每天我一到他家，准会听到一个新的军事胜利……(都德《柏林之围》)

(5)房胖子是在年末经考核而获得三级跳远冠军的工人工程师，这工程师……对于人与人之前的"函数"关系是很融会贯通的。

第三节　句式的选用

【目标要求】理解长句、短句、整句、散句、主动句、被动句、肯定句、否定句、口语句、书面语句、常式句、变式句等句式的特点和表达作用，学会根据思想内容和语言环境正确选用句式。

句式的选用，在较多的情况下其实是指同义句式的选用。从修辞角度来看，表示相同或相近的意义而在风格色彩、修辞功能、表达效果等方面存在细微差别的一些句式，我们称为同义句式。例如：

①江南的夏夜，蛙声如潮，月色如银。

②江南的夏夜，蛙声，月色。

例①和例②是同义句式。例①是并列关系的复句形式充当谓语的主谓语句，用两个明喻来描述江南夏夜之美，视听形象鲜明生动；例②是复句，包含了三个名词非主谓句构成的分句，运用白描的手法，画物意象叠加，好似一幅形式优美、蕴涵丰富的静态风景画。

汉语中的句式多种多样。从句子构成成分的多少看，分为长句和短句；从句子结构是否整齐看，分为整句和散句；从句子主语和动词的施受关系看，分为主动句和被动句；从句子的判断形式看，分为肯定句和否定句；从句子经常出现的语体看，分为口语句式和书面语句式。

要达到理想的表达效果，必须选择合适的句式。选择句式需要考虑三个因素：一是根据内容的需要和不同句式本身表意的鲜明程度；二是适合语境的需要；三是照顾上下文的协调、通畅。

一、长句和短句

长句是指词语多，结构复杂的句子。短句是词语少，结构较简单、形式短小的句子。长句表意丰富、细致、周密，多用在书面语中；短句表意简洁、明快、灵活，多用在口语中。例如：

①小草偷偷地从土里钻出来，嫩嫩的，绿绿的。园子里，田野里，瞧去，一大片一大片满是的。坐着，躺着，打两个滚，踢几脚球，赛几趟跑，捉几回迷藏。风轻悄悄的，草软绵绵的。

②全党全国人民一个共同的认识是：实现四个现代化，必须实行民主集中制，造成一个安定团结的政治局面；如果不搞民主集中制，没有安定团结，也就没有四个现代化。

例①中多是短句，简洁明快、活泼自然、生动地写出了洋溢着无限生命力的春草的特点，以及人们在这片春草上表现出的活力。例②是长句，丰满细腻，严肃庄重，准确而严密地概括了我国人民经过动乱，付出了很大的代价才得来的共同认识。

语言表达中长短句交错出现，可使行文疏密有致，文气有张有弛，语意有轻有重，特别富有表现力。例如：

③果然，过了一会儿，那里出现了太阳的小半边脸，红是红得很，却没有亮光。这太阳像负着什么重担似的一步一步，慢慢儿努力往上升。到了最后，终于冲破了云霞，完全跳出了海面，颜色真红得可爱。一刹那间，这深红的东西忽然发出夺目的亮光，射得人眼睛发痛，它旁边的云也突然有了光彩。

例③中先用短句写太阳初升，简单交代了初升太阳的形状、颜色、光芒；接着用长句描写太阳的上升，句中用了好几个状语加以修饰，形象描绘了太阳上升的过程与情态；最后用短句，写太阳跳出海面，以至发出夺目的亮光。这样长短句交错使用，语气有急有缓，文笔富有变化，大大增强了感染力。

在语言表达中，有时从修辞角度考虑不宜使用长句，那就需要把长句变换为短句。一般来说，长句变换为短句的方法有：

(1)把长句中复杂的修饰限制成分抽出来，变为复句里的分句，或者单独成句(可以是单句，也可以是复句)。例如：

④原句：这篇作品以生动的艺术形象有力地揭露和讽刺了"怀疑一切、打倒一切"，颠倒敌我，搞乱阶级阵线，阴谋篡党夺权的"四人帮"一伙。

改句："四人帮"一伙"怀疑一切、打倒一切"，颠倒敌我，搞乱阶级阵线，阴谋篡党夺权，这篇作品以生动的艺术形象对其进行了有力地揭露和讽刺。

例④原句中，宾语的修饰成分太长，使得宾语离谓语动词较远，造成结构拖沓松散；例④改句中，将"四人帮"抽出来充当分句的主语，将其定语转化为谓语，整个句子变换为复句中的一个分句，这样化长为短，简洁精练，紧凑有力。

(2)把复杂的联合成分拆开，分别与联合短语直接相配的成分组合，构成并列句。例如：

⑤原句：这出戏一开始就给观众展现了草原上欣欣向荣的大好风光和牧民群众为开辟草原牧场，架设桥梁而战斗的动人场面。

改句：这出戏一开始就给观众展现了草原上欣欣向荣的大好风光，同时也展现了牧民群众为开辟草原牧场，架设桥梁而战斗的动人场面。

例⑤原句是一个长句，"展现"的宾语是一个复杂的联合短语；例⑤改句中，拆开联合短语的两个直接成分，让它们分别与"展现了"组合，这样就构成了包含两个分句的并列复句。

有时也需要把短句变换为长句。例如：

⑥原句：他是三好学生。他身体健康，学习刻苦，工作积极，立志为四化奋斗终生。

改句：他是一个身体健康、学习刻苦、工作积极并且立志为四化奋斗终生的三好学生。

例⑥原句是短句，表达上显得过于松散；例⑥改句是长句，与原句相比，加深了描述的意味，表达更严谨周密。

二、肯定句和否定句

肯定句是对事物作出肯定判断的句子，否定句是对事物作出否定判断的句子。同样一种意思，既可以用肯定句表达，也可以用否定句表达，但语气强弱轻重不同，表达效果也不一样。例如：

①a. 这件衣服好看。

　b. 这件衣服不难看。

例①a 是肯定句，语意重，语气直截了当；例②b 是否定句，语意轻，语气和缓委婉。

肯定的意思有时可以用双重否定句来表达，但与对应肯定句相比，双重否定的语气更强烈。例如：

②a. 从前线回来的人说到白求恩，都很佩服他，都为他的精神所感动。

　b. 从前线回来的人说到白求恩，没有一个不佩服，没有一个不为他的精神所感动。

例②a 是肯定句，表示一般的肯定语气；例②b 是双重否定句，强化了语意，语气更强烈。

有时双重否定句可以表示一种委婉的语气。例如：

③我们不能不感谢那些为了公司而默默忘我工作的员工们。

肯定句、否定句配合使用，互相映衬，可以起到加强语气的作用。例如：

④困难不是铁，困难不是钢，困难是弹簧，你强他就弱，你弱他就强。

⑤自由是人民争取来的，不是什么人恩赐的。

例④先用否定句，后用肯定句；例⑤先用肯定句，后用否定句。肯定和否定交错使用，正反对照，可以强化肯定的语气。

三、整句和散句

整句是指结构相同或相近，形式匀称整齐的一组句子，散句是指结构不同，形式长短不一、参差错落的一组句子。

整句和散句各有其表达效果。整句多用来构成排比、对偶、反复等辞格，形式整齐，气势贯通，意义鲜明，在散文、诗歌、唱词中较多使用，适合于表达丰富的感情，能给人留下深刻的印象。例如：

①我看见过波澜壮阔的大海，欣赏过水平如镜的西湖，却从没看见过漓江这样的水。漓江的水真静啊，静得让你感觉不到它在流动；漓江的水真清啊，清得可以看见江底的沙石；漓江的水真绿啊，绿得仿佛那是一块无瑕的翡翠。

例①开头两个分句结构相近、形式对称，第二句中的三个分句形式也大体对称，用排比句式抒发了对漓江水的赞美之情。

散句结构多样，长短交错，富于变化，给人以自然、灵动、富有生气之感。例如：

②年轻人往往不知珍惜光阴，犹如拥资巨万的富家子，他可以任意挥霍他的钱财，等到黄金垂尽便吝啬起来，而懊悔从前的浪费了。

例②中各分句的结构不同，形式上虽不够整齐，但散而不乱，舒卷自如，富于变化。

大多数情况下，整句和散句可以配合使用。例如：

③燕子去了，有再来的时候；杨柳枯了，有再青的时候；桃花谢了，有再开的时候；但是，聪明的，你告诉我，我们的日子为什么一去不复返？

例③中前一部分是整句，后一部分是散句。整句和散句交错使用，形式多变，语气跌宕，既活泼又自然。

四、主动句和被动句

主动句是施事用作主语的句子，被动句是受事用作主语的句子。大多数情况下，同样的意思，既可以用主动句来表达，也可以用被动句来表达，但究竟是用主动句还是用被动句，要依据具体的表达内容、特定的语境以及陈述的对象等来确定。

一般来说，下面几种情况选用被动句更合适。

(1)以受事为陈述对象，而施事或不需要说出，或不愿意说出，或无从说出。在此情况下，通常选用"被"字句。例如：

①宿营地被敌人包围了，打了整整的一天……队伍垮了。

②小飞家原来也住在橙子家住的大院子里，1967年被强迫搬迁到现在的房子里……这里别的一些房屋里，是另外被赶来的两家住的。

例①使用被动句是为了突出受事"宿营地"，例②中的施事不愿说出或无从说出，因此也选用了"被"字句。

（2）在特定的上下文中，为了让前后分句的主语保持一致，且后续句主语由受事充当。在此情况下，通常后续句会以"被"字句形式出现。例如：

③可惜正月过去，闰土必须回家去了，我急得大哭，他也躲到厨房里，哭着不肯出门，但终于被他父亲带走了。

例③中的第六个分句使用"被"字句，是为了与第四个分句、第五个分句的主语"他"保持一致，这样可以使叙述重点突出，语意前后贯通。

与被动句相比，主动句中，施事为陈述对象，它反映已知信息；主动句中的"把"字句具有较为明显的处置意味。根据这些特点，下列场合适合运用"把"字句。

（1）强调对受事加以处置，通常选用"把"字句。例如：

④一个浪头打来，河水灌进我嘴里，把我呛得好久都喘不上气来。

例④选用"把"字句，突出了施事的动作、行为所产生的结果或达到的状态。

（2）当动词后面既有补语又有宾语时，通常选用"把"字句，这样可以使句子结构疏朗明晰。例如：

⑤他让卖粥大嫂把粥盛在饭盒里。

例⑤中动词"盛"有宾语"粥"和补语"在饭盒里"，用介词"把"把受事"粥"提前，这样句子的结构显得清晰明朗，表意也更清楚了。

五、口语句式和书面语句式

口语句式是指口语中经常出现而在书面语里较少出现的句子，其特点是用词口语化，多用短句，结构松散，简洁、活泼、自然是它主要的表达效果。书面语句式是指书面语里经常出现而在口语里较少出现的句子，其特点是用词书面语化，多用长句，句式结构复杂，严谨、周密、文雅是它主要的表达效果。例如：

①看管房子的是位六十多岁的老人，叫邹文楷，身材矮小，模样儿寻常。

②不管任何政治力量，任何个人如何设想，愿意或不愿意、自觉或不自觉，中国必须实现以四个现代化为中心任务的历史转变。

例①是口语句式，例②是书面语句式。

另外，口语句式追求自然，省略句、变式句多，少用或不用关联词语；

书面语句式讲究润色，完全句、常式句多，关联词语用得较多。例如：

③南坡庄穷人多，地里的南瓜豆荚常常有人偷。雇着看庄稼的也不抵事，各人的东西还得各人操心。

④尽管古代一些作家，并不完全是唯物主义者，但是他们既然是现实主义者，他们思想中就不能不具有唯物主义的成分，因而他们能够从艺术描写中反映出一定的客观真理。

例③中分句之间没有使用关联词语，省略句较多，口语色彩浓厚；例④中使用了"尽管、但是、因而"等关联词语，使表达具有严密的逻辑性，同时也增强了论辩的力量。

六、常式句和变式句

汉语句子中，句法成分或分句的语序是比较固定的，一般都是主语在前，谓语在后；修饰语(定语和状语)在前，中心语在后；偏句在前，正句在后。但有时为了表达的需要，可以在不改变基本意义的前提下，改变句法成分或分句的先后顺序，以达到特定的表达效果。这种改变了一般语序的句子叫变式句(或倒装句)，与之相对的则叫常式句。

汉语中常见的变式句主要有以下几类：

(一)主谓倒装的变式句

把主语置于谓语之后形成主谓倒装的变式句。例如：

①终于过去了，中国人民哭泣的日子，中国人民低头的日子。

例①中把谓语"终于过去了"提到主语之前，强调解放了的中国人民摆脱屈辱和压迫后的那种欣慰、自豪的感情。

(二)定语后置的变式句

把定语置于中心语之后形成定语后置的变式句。例如：

②荷塘四面，长着许多树，蓊蓊郁郁的。

例②中"树"的定语"蓊蓊郁郁"后置，不仅突出强调了定语，而且还增加了对树的一种情态描写，渲染了环境，使之与幽僻的小路、寂寞的夜晚、清淡的月光组成了一幅阴森森的画面，寓情于景，情景交融，形象地表现了作者的苦闷和忧郁。

(三)状语后置的变式句

把状语置于中心语之后形成状语后置的变式句。例如：

③如果我能够，我要写下我的悔恨和悲哀，为子君，为自己。

例③中把状语"为子君，为自己"后置，产生了一种"隐态绘声"的艺术效果，表达了主人物涓生的无限伤感之情。

语言表达中是以常式句为主，偶尔穿插使用变式句。变式句的选用，应该依据具体的题旨情景和话语结构的需要。只有这样，才会运用恰当，收到新颖奇特的表达效果。

【思考与练习三】

一、什么是同义句式？句式选用的主要依据是什么？

二、从句式选用的角度，指出下列句子属于哪种句式，并分析其表达效果。

（1）抑不住的颂歌呀，尽情地唱吧，止不住的喜泪呀，甜甜地流吧，金子般的光辉题词啊，把各族人民团结的金桥飞架！

（2）这部影片向观众展示了北大荒那广袤的田野和知识青年们为开垦荒地，建设粮食基地而艰苦劳动的动人场面。

（3）冬天已经来了，春天还会远吗？

（4）在和煦的阳光下，田野里东一片，西一片，都是菜园。芥蓝开满了白花，白菜簇生着黄花，椰菜在卷心，枸杞在摇曳，鹅黄嫩绿，蜂舞蝶喧，好一派艳阳天景色！

（5）中山大学，在广州，不在中山。

三、按要求变换句式。

（1）你不用紧张，更不必那样气势汹汹，如果你有理的话。（变换为常式句）

（2）古往今来，没有一场真正的革命不是大大推动社会生产力发展的。（变换为肯定句）

（3）那个蓄着山羊胡子，骑着小毛驴，"爱管人间不平事，要为穷人出口气"的阿凡提形象，赢得了许许多多小朋友的心。（变换为短句）

（4）在附近的牧场上，你会经常看到一个青年，他骑着一匹枣红马，穿着蓝色蒙古袍，腰间系着一根绿腰带，肩上挂着红十字包。（变换为长句）

（5）去年大家选她为劳动模范，今年她又做出了新成绩。（变换为被动句）

第四节　辞　格

【目标要求】理解辞格的定义和特点，掌握常见辞格的内涵和表达效果，学会在语言表达中正确运用常见的辞格。

辞格，又叫修辞格、修辞方式、语格、辞式，它是为了提高修辞行为的效果而运用的组织语言材料的策略性方法。

一般来说，辞格具有以下特点：第一，辞格的作用是为了增强语言的表现力，提高语言的表达效果。第二，辞格是从语言事实中归纳出来的，是带有规律性的修辞现象，这种规律性会涉及语音、词汇、文字、语法等因素。第三，辞格总是通过某种特定的格式来表达特定的修辞意义。

一、比喻

比喻就是打比方，是用本质不同而又有相似点的事物描绘事物或说明道理的一种辞格，也叫"譬喻"。

运用比喻，不仅可以使事物生动形象、具体可感，给人留下鲜明的印象，而且还可以使深奥、抽象的事理浅显化，便于人们理解。

一般来说，比喻有四个构成要素：本体、喻词、喻体、两种不同事物之间的相似点。例如：

①月光如流水，静静地泻在荷花和荷叶上。

例①中，"月光"是被比喻的事物，是本体；"流水"是用来打比方的事物，是喻体；"如"是连接两者的词语，是喻词；"月光"给人以流动的感觉，与流水有相似之处，通过"如"把有相似点的本体和喻体连接起来构成了比喻。

根据构成要素的不同，比喻可分为明喻、暗喻、借喻。

（一）明喻

从结构上看，明喻中本体、喻体、喻词都出现，常用的喻词有"像、好像、好似、如、有如、如同、仿佛"等。例如：

②叶子出水很高，像亭亭的舞女的裙。

③春天像刚落地的娃娃，从头到脚都是新的。

（二）暗喻

从结构上看，暗喻中本体、喻体同时出现，但用"是、成、成为、变为"等词代替"像"一类的喻词。例如：

④母亲啊！你是荷叶，我是红莲。

⑤更多的时候，乌云四合，层峦叠嶂都成了水墨山水。

暗喻虽然不用"像、如"等喻词，但与明喻比较起来，本体和喻体的关系更为紧密。这种比喻直接指出本体就是喻体，所以相似点得到了更进一步的强调。

（三）借喻

从结构上看，借喻中本体和喻词都不出现，直接用喻体代替本体。例如：

⑥鲁迅在一篇文章里，主张打落水狗。他说，如果不打落水狗，它一旦跳起来，就要咬你，最低限度也要溅你一身的污泥。

⑦我抬头看见母亲的双鬓又添了一些银丝。

例⑥中，用喻体"落水狗"直接代替本体"挨了打的敌人"；例⑦中，用喻体"银丝"直接代替本体"白发"。借喻以喻体代替本体，具有突出本体的某种特性的作用。

运用比喻，要注意以下几个方面：一是喻体要通俗易懂；二是对喻体和本体之间相似点的概括要贴切；三是要区分比喻和非比喻，例如"独生子的头发像我，有点自来卷儿。"不是比喻，是类比，拿儿子的头发和我的头发相比，两者是同类的事物。

二、比拟

比拟是根据想象，把物当作人或把人当作物，或把此物当作彼物来写的一种辞格。被比拟的事物称为"本体"，用来比拟的事物称为"拟体"。

运用比拟，既可以让人对所表达的事物产生鲜明印象，也可以感受到作者对所表达事物的强烈感情，因而有助于渲染气氛，使语言表达形象亲切。

在结构上，比拟有本体与拟体，但拟体有时可以不出现。例如：

①我们共产党人要和人民打成一片，在人民中间生根、开花、结果。

例①中，把"共产党人"当成植物来写，突出了依靠人民的重要性，形象而具体。

比拟可分为拟人和拟物两大类。

(一)拟人

把物当作人来写，赋予"物"以人的言行和思想感情。例如：

②兴安岭多么会打扮自己呀，青松作衫，白桦为裙，还穿着绣花鞋。

③单是周围的短短的泥墙根一带，就有无限趣味。油蛉在这儿低唱，蟋蟀们在这里弹琴。

例②中，把"兴安岭"当作人来描写，形象生动，意境优美。例③中，把油蛉、蟋蟀比作音乐家，将其鸣叫声比作是优美动听的乐曲，生动地表现了孩子们天真烂漫的情怀。

抽象的概念有时也可以拟人化。例如：

④真理总是悄悄地走进勇敢者的心间，向他昭示智慧的魔力。

例④中，"真理"是抽象的概念，赋予它以人的动作"走"，活泼生动，形象鲜明。

(二)拟物

把"人"当作"物"来写，也就是使人具有物的情态或动作，或把甲物当作乙物。例如：

⑤我愿做一颗螺丝钉，党把我拧在哪里，我就在哪里闪闪发光。

⑥沙漠竟已狂虐到了这样地步，它正在无情地吞噬着一座孤立的大山！

例⑤运用了拟物，把"我"当作螺丝钉，用"拧"和"闪闪发光"说明听党的话和充分发挥自己作用的态度，形象而生动。例⑥中，把"沙漠"当作生物来写，用了"狂虐、吞噬"等词，形象地说明了沙漠极强的破坏力。

比拟和比喻有某种相似点，即都是两事物相比。不同点在于：比喻重在"喻"，即用乙事物来"喻"甲事物，甲乙两事物一主一从；比拟重在"拟"，即将甲事物"当作"乙事物来写，甲乙两事物彼此交融，浑然一体。

运用比拟，应注意准确把握本体和拟体在形态、动作、特征等方面的相似点，这样才能把物写得像真正的人一般，或把人写得像真正的物一样。例如把"儿童"比拟成"小鸟"，欢快地"飞出来"是恰当的，但同样的比拟用在成年人身上就不合适。另外，运用比拟还必须是自己真实感情的自然流露，而感情又必须符合所描写的环境和气氛，防止矫揉造作。

三、借代

不直接说出要说的人或事物，而是借与要说的人或事物有密切关系的其他人或事物来代替，这种辞格叫借代，也叫"换名"。被代替的事物称为"本体"，用来代替的事物称为"借体"。

借代重在事物之间的相关性，也就是利用客观事物之间的种种关系巧妙地形成一种语言上的艺术换名。运用借代，可以突出事物的特征，增强语言的形象性。不仅如此，还可以使表达简练含蓄，从而给人以新颖别致的美感情趣。

根据本体与借体的关系，借代可分为不同的类型。

(一)特征、标志代本体

用借体(人或物)的特征、标志去代替本体事物的名称。例如：

①先生，给现钱，袁世凯，不行吗？

②他端坐在主宾席上，左边是米业巨商李老板，右边是商业巨头马会长。在这群光头、毡帽、长衫、马褂中间，他有种鹤立鸡群的气度。

例①中用银元上"袁世凯"头像代银元。例②中不直接说商业界的上层人物，而用他们的外貌或衣着特征"光头、毡帽、长衫、马褂"来代替。

(二)产地代产品

用地名代替该地出产的东西。例如：

③走，今天我请你喝新买的龙井。

例③中用茶叶的著名产地龙井来代指"茶叶"。

(三)具体代抽象

用具体事物代替抽象的事物。例如：

④我们管好老百姓的"菜篮子"。

例④中用"菜篮子"代指"副食品"。

(四)专名代泛称

用具有典型性的人或事物的专有名称充当借体来代替本体事物的名称。例如：

⑤中国人民中间，实在有成千成万的"诸葛亮"，每个乡村，每个市镇，都有那里的"诸葛亮"。

例⑤中用"诸葛亮"代指"有智慧的人"。

（五）品牌代产品

用品牌代替这种品牌的产品。例如：

⑥到了电影制片厂，歌声飞入重霄九。到了第一汽车厂，"红旗"正逐"东风"流。

例⑥中用"红旗、东风"等汽车品牌代指"汽车"。

（六）工具代使用这种工具的人

用劳动工具代替使用这种劳动工具的人。例如：

⑦老杨同志到场子里什么都通，拿起什么家具来都会用，特别是好扬家，不只给老秦扬，也给那几家扬了一会，大家都说"真是一张好木锨"。

例⑦中用"木锨"代扬场的人。

（七）作家代作品

用作家代替该作家的代表性作品。例如：

⑧我们都记得他不但翻译过基希、翻译过肖洛霍夫，而且在延安时还翻译过雪莱……

例⑧中用作家"基希""肖洛霍夫""雪莱"分别指他们的作品。

（八）部分代整体

用事物的具有代表性的一部分代替本体事物。例如：

⑨我还向他们一再言明，有人敢拿百姓一针一线的，只杀勿赦。

例⑨中用"一针一线"代指"财产"。

（九）结果代原因

用某事情所产生的结果代替本体事物。例如：

⑩好吧，咱们多勒勒裤腰带吧！

例⑩中"勒勒裤腰带"是饿肚子的结果，这里代指饿肚子。

借代和借喻有相似的地方，都是本体不出现，直接用借体、喻体代本体，但它们之间又有区别，主要表现在以下几个方面：

（1）两者构成的客观基础不同。借喻源于相似关系，即喻中有代（以乙喻甲）；而借代源于相关关系，即代而不喻（以乙代甲）。

（2）变换方式不同。借喻可以还原出本体，即改为明喻，但借代的本体却无法显现出来。

（3）修辞效果不同。借喻重在追求语言的生动形象，而借代则是运用相关联想来揭示事物的特征，以达到渲染气氛，将情感与形象融为一体的目的。

下面通过例子来具体说明借代和借喻的不同。

⑪教师培育祖国的花朵。

⑫一群红领巾向公园走去。

例⑪中的"花朵"与儿童有相似性，所以用"花朵"喻指儿童，这样表达生动形象；本体"儿童"能通过变换在句子里显现出来——"教师培育祖国像花朵一样的儿童"。例⑫中的"红领巾"与少先队员有相关性，所以用"红领巾"代指少先队员，这样表达能凸显特征，给人留下深刻印象；本体"少先队员"不能通过变化在句子里显现出来。

运用借代，一方面要注意借体的明确性。也就是说，借体和本体要有密切的关系，在上下文里，作者应有所交代，使读者看到借体时，能清楚本体是什么。否则，人们会感到突兀，不知所云。另一方面要注意借体的褒贬色彩。如用"诸葛亮、伯乐、包青天"等作借体，常常是指代正面人物，有"歌颂、赞扬、钦佩"等褒义色彩；而以"光头、一撮毛"等作借体，往往指代反面人物，有"讽刺、厌恶、蔑视"等贬义色彩。

四、夸张

夸张是故意言过其实，对客观的人或事物在形象、特征、作用、程度、数量等方面作或夸大或缩小或超前描述的一种辞格。它对事物的某方面的特征加以合情合理的渲染，使人感到虽不真实，却胜似真实。

运用夸张，有利于凸显事物的特征，引起人们丰富的联想，增强语言的感染力，给人留下深刻的印象。

夸张可分为扩大夸张、缩小夸张和超前夸张。

扩大夸张是故意把一般是事物往大（多、快、长、强……）处说。例如：

①依妲是个巧姑娘，她绣的蝴蝶差点儿就飞起来，她绣的花朵连蜜蜂也停在上面。

例①运用扩大夸张，说"依妲绣的东西十分逼真，蝴蝶几乎能飞起来，花儿能吸引蜜蜂停在上面"，极言依妲姑娘刺绣技巧之高超。

缩小夸张是故意把一般事物往小（少、慢、矮、短、弱……）处说。例如：

②五岭逶迤腾细浪，乌蒙磅礴走泥丸。

例②运用缩小夸张，把逶迤起伏的五岭说成是细小的波浪，把气势磅礴的乌蒙山说成小小的泥丸，目的是强调红军战士不畏艰险的乐观。

超前夸张是指故意把后出现的情况说成是先出现的情况。例如：

③农民们都说，看见这样鲜绿的麦苗，就嗅出白馒头香味儿来了。

例③运用了超前夸张，"看见这样鲜绿的苗"，就嗅出"香味儿"，极力渲染了农民渴望丰收的喜悦之情。

运用夸张，要注意要以客观事实为基础，强调突出所表达的感受是真实的，千万不能信口开河，否则难以给人真实感。另外，运用夸张要明确、显豁，不能既像夸张，又像真实。我们说"祖国大地换新颜，一天等于二十年"，这是明显的夸张；但如果说"离家一两天，胜似五六天"，这很难说是夸张还是事实了。

五、拈连

利用上下文的联系，把用于甲事物的词语巧妙地用于乙事物，这种辞格叫拈连，又叫"顺拈"。甲事物一般是具体的，多数在前；乙事物一般是抽象的，多数在后。

拈连是把本不能搭配的两个词语巧妙地组合起来，不仅可以增强语言的生动性，而且还可以使表达含蓄、简炼、别致。

拈连可分为全式拈连和略式拈连。全式拈连是指甲事物、乙事物、拈连词都出现。例如：

①好哇，大风，你就使劲地刮吧。你现在刮得越大，秋后的雨水就越充足。刮吧，使劲地刮吧，刮来个丰收的好年景，刮来个富强的好日子。

例①中的"刮"，本来用于甲事物"大风"，这里顺势"拈"来"连"在乙事物"丰收的好年景"和"富强的好日子"上，巧妙自然，生动新颖地表现了人们的美好愿望。

略式拈连是指甲事物省略，或甲事物中的拈连词省略，但乙事物必须出现，借助上下文，省略的内容还是清楚的。例如：

②我只是伫立凝望，觉得这一条紫藤萝瀑布不只在眼前，也在我心上缓缓流过。

例②中省略了与甲事物"在眼前"搭配的拈连词"流过"。

运用拈连，要贴切自然，这要求我们不能只注意字面上的联系，更应从内容方面考虑，这样才能"拈"得自然，"连"得贴切。不仅如此，甲乙两个事物在语义上还要有内在联系。

六、双关

双关是借助语音或语义条件，有意使语句同时关顾表里两种意思的一种辞格。恰当地运用双关，不仅可以使语言表达含蓄幽默、生动活泼，而且还能加深语意，给人留下深刻的印象。

双关分为谐音双关和语义双关。谐音双关是利用音同或音近的条件使词语或句子语义双关。例如：

①东边日出西边雨，道是无晴却有晴。

例①中，"晴"表面上是说晴雨的"晴"，暗中却是在说情感的"情"，运用了谐音相关，使语言表达显得含蓄自然。

利用词语或句子的多义性在特定语境中构成语义双关。例如：

②匪徒们拣了这条没有雪的大背山，作为掩护逃窜的道路。为了不露他们的马脚，想了个"雪里藏死尸"的穷点子，把马蹄全用麻布片、破布、乌拉草包裹起来……他没想到包马蹄的麻袋片全烂掉在路上，露出了马脚。

例②中的"露出了马脚"一方面是实指马脚露了出来，另一方面是指做事不周密，伪装得不好，让人看出了破绽。一语双关，这样表达含蓄曲折，意味深长。

运用双关，既要含而不露，又要让人体会得到，寻味得出。如果造成误会或歧义，那就有失自然和巧妙了。不仅如此，还要注意内容的积极和健康，不能单纯追求风趣。

七、反语

反语是故意运用跟本来意义相反的词语来表达本意的一种辞格。它的特点是：词语表里不一，但并不影响正面理解。

反语有表里两层意思，表层意思是词语本身所具有的，里层意思是特定的上下文赋予的，一般要通过某个词语、语气及特定语境体现出来。

反语可分为以正当反和以反当正。以正当反指的是用正面的话语去表达反面的意思。例如：

①你也真行，就这样的零件居然也会出厂，姐夫，你这书记怎么当的？

要是我，有个地缝我都能钻进去！

例①中"你也真行"是反语，其实是说"你的质量意识太不行"，这样冷嘲热讽的目的是促使对方转变观点，重视产品质量。

以反当正指的是用反面的话语去表达正面的意思。例如：

②几个女人有点失望，也有些伤心，各人在心里骂着自己的狠心贼。

例②中的"狠心贼"是反语，表达了几个女人对自己丈夫深沉的爱，具有戏谑、风趣的表达效果。

反语和双关有相似之处：都有表里两层含义，都能产生含蓄风趣的表达效果，但它们又存在不同：双关的表里两义是双向关涉的，反语的表里两义相反相对。

运用反语，一方面要分清对象，注意态度和分寸；另一方面要力求鲜明，切忌含混。另外，还要积极创造语境，在书面语中可借助于引号、着重号等来提示反语。只有这样，才可以增加表达的力量，使意思更为明确、显豁。

八、对偶

对偶是把一组结构相同（或相似）、字数相等的句子（或短语）并列起来，表达相关或相对意思的一种辞格。

对偶的修辞效果是：形式整齐匀称，音调铿锵，节律感强；内容凝练集中，概括力强，有着独特的审美效果。

从意义关系来看，对偶可分为正对、反对和串对。

正对，从两个角度、两个侧面说明同一事理，表示相似、相关的关系，内容上相互补充，通常以并列复句为表现形式。例如：

①泰山不辞抔土才能成其高，河海不择细流方可成其大。

②宝剑锋从磨砺出，梅花香自苦寒来。

反对，上下句表示一般的相反关系和矛盾对立关系，借正反对照、比较以突出事物的本质特点。例如：

③勤奋是点燃智慧的火花，懒惰是埋葬天才的坟墓。

④我们是旭日东升，霞光万丈；他们是日落西山，气息奄奄。

串对，上下句内容根据事物的发展过程或因果、条件、假设等方面的关联，连成复句，一顺而下，也叫"流水对"。这种对偶句一气呵成，语势连贯，结构匀称，朗朗上口。例如：

　　⑤提高课堂教学效率，减轻学生学习负担。

　　⑥野火烧不尽，春风吹又生。

　　对偶还可分为严对和宽对。严对要求上下句字数相等，结构相同，相对部分词性一致，平仄相对，不重复用字。例如：

　　⑦黑发不知勤学早，白首方悔读书迟。

　　宽对在形式上要求不那么严格，只要求字数相等，结构基本相同，音韵大体和谐就可以了，有的上下句还用相同的字。例如：

　　⑧惨象，已使我目不忍视；流言，尤使我耳不忍闻。

　　运用对偶，不仅要注意上下句结构上的整齐匀称和语音上的协调，更要注意内容上的凝练集中，否则只能以辞害意，适得其反。

九、排比

　　排比是把几个内容相关、结构相同或相似、语意连贯的句子或句子成分排列组合在一起，以加强语势的一种辞格。

　　运用排比，可以使语意鲜明，语气连贯，语势增强。用它来抒情，则感情激越，气势磅礴；用它来说理，则缜密细致，论证有力，说服力强。

　　排比可分为句子排比和句法成分排比。

　　①溪流时而宽，时而窄，时而缓，时而急……

　　②延安的歌声，是革命的歌声，战斗的歌声，劳动的歌声，极为广泛的群众的歌声。

　　③鲁迅是文化战线上，代表全民族的大多数，向着敌人冲锋陷阵的最正确、最勇敢、最坚决、最忠实、最热忱的空前的民族英雄。

　　④起超，关键是时间，时间是生命，时间是速度，时间就是力量。

例①是谓语的排比，例②是宾语的排比，例③是定语的排比；句法成分排比，具有结构紧凑，典雅流畅的整齐美。例④是三个分句的排比；分句排比，结构一致，语气连贯，增强了语言的气势，提高了表达效果。

　　排比和对偶在形式上比较相似，但也存在不同，主要表现为：（1）排比是三项或更多项的平行排列，而对偶只是两项的对称并列；（2）排比的每项字数可以不完全相等，而对偶的两项字数必须相等；（3）排比常常反复使用相同的词语，而对偶则力避使用相同的词语。

运用排比，目的是为了更好地表情达意，因此必须从内容出发，不能生拼硬凑成排比形式。如果排比项过多，可以列出主要的，其他的用省略号表示，这样留有余地反倒能启发读者深思。

十、对比

对比是把两种不同的事物或者同一事物的两个方面放在一起相互比较的一种辞格，也叫"对照"。

运用对比，可以使客观存在的对立统一关系表达得更集中、更鲜明。

对比可分为两体对比和一体两面对比。

两体对比是把两种根本对立的事物放在一起比较对照。运用两体对比，可以揭示好与坏、善与恶、美与丑的对立，使人们在比较中鉴别。例如：

①有的人活着，他已经死了；有的人死了，他还活着。

例①是两体对比，歌颂了"永远活在人们心里的人"，讽刺了"行尸走肉般的人"，对比强烈，褒贬分明。

一体两面对比是指把同一事物的正反两个方面放在一起比较对照。运用一体两面对比，可以揭示事物的对立面，反映事物内部既矛盾又统一的辩证关系，使人们全面地看问题。例如：

②时间是勤奋者的财富，创造者的宝库；时间是懒惰者的包袱，浪费者的坟墓。

例②运用对比，鲜明透彻地说明了时间对四种人的不同意义。

对比和对偶不同，主要表现为：对比的基本特点是内容上"对立"，对偶的基本特点是形式上"对称"。对比是从意义上说的，它要求意义相反或相对，而不管结构形式如何；对偶主要是从结构形式上说的，它要求结构对称、字数相等。对偶中的反对就意义而言是对比，就形式来说是对偶。例如：

③革命家赤胆忠心，虽死犹生，野心家祸国殃民，生不如死。

当然，对比不一定是对偶，这主要取决于它的结构形式是否对称。例如：

④有的人死在战场上，有的人死在酷刑下，而我们的钱班长却死在他的岗位上——锅灶前。

运用对比，必须对所要表达的事物的矛盾本质有深刻的认识。对比的两种事物或同一事物的两个方面，应该确有互相对立的关系，否则不能构成对比。

十一、层递

根据事物的逻辑关系，连用结构相似、内容递升或递降的语句，表达层层递进的事理，这种辞格叫层递。

运用层递，可以突出被表达事物间内在逻辑事理关系的层级性，使人们的认识层层深化，从而对表达的事理产生深刻印象。不仅如此，还可以使语意表达层次分明，条理清楚。

层递可分为递升和递降。递升是按照事物的发展，由小到大，由少到多，由低到高来排列。例如：

①看，站起来，

你，一个雷锋，我们跟上去，

十个雷锋，

百个雷锋，

千个雷锋。

例①中"一个、十个、百个、千个"，数量由小到大，层层递增，很好地突出了雷锋的榜样作用，以及全国上下学习雷锋的蔚然风气。

递降是按照事物的发展，由大到小，由多到少，由高到低来排列。例如：

②祖国是一座花园。

北方就是园中的腊梅。

小兴安岭是一朵花，

森林就是花中的蕊。

花香呀，

沁满咱们的心肺。

例②中的"祖国、北方、小兴安岭、森林"和"花园、腊梅、花、蕊"，交叉配合，从大到小，层层递降形象生动地描绘了祖国的秀美。

层递和排比不同，主要表现为：(1)层递着眼于内容上的级差性，也就是说，构成层递的几个语句在内容上必须是递升或递降的；排比主要着眼内容上的平列性，也就是说，构成排比的内容可以是一个问题的几个方面，也可以是相关的几个问题。(2)层递在结构上不强调相同或相似，往往不用相同的词语；排比在结构上必须相同或相似，往往要用相同的词语。

运用层递，应注意让事物按照步步推进的逻辑关系依次排列，避免零乱。只有这样，人们的认识才能层层深入，逐渐深化。

十二、顶真

顶真，又叫"联珠"，就是在句子与句子之间，用前一句末尾的词语或分句作为后一句的开头来巧妙连接的一种辞格。

顶真在形式和内容上都会给人以流畅明快的蝉联美感。用它来议事说理，可以使表达准确、谨严、周密；用它来状物叙事，可以使条理清楚，语意顺畅；用它来抒情写意，格调清新，形式别致。例如：

①指挥员的正确的部署来源于正确的决心，正确的决心来源于正确的判断，正确的判断来源于周到的和必要的侦察，和对于各种侦察材料的连贯起来的思索。

②有个农村叫张家庄，张家庄有个张木匠。张木匠有个好老婆，外号叫个"小飞蛾"。小飞蛾生了个女儿叫"艾艾"。

例①中运用顶真，对"正确的部署""正确的决心""正确的判断""周到必要的侦察""连贯的思索"之间递相依存的内在联系进行了清楚的阐述，周密谨严，气势贯通。例②中运用顶真，前递后接，首尾蝉联，把"张家庄""张木匠""小飞蛾""艾艾"之间的关系清晰地表达了出来。

运用顶真，应以客观事物相互依存、相辅相成的关系为基础，要根据实际的表达需要去选择，绝不可纠缠词面，流于文字游戏。

十三、回环

把两个或两个以上相同的词或短语变换排列次序，循环往复，首尾重合，形成一个封闭式的环行结构，这种辞格叫回环。

回环用于抒情，使人感到深情无限；用于叙景，容易让人体会出事物间的联系，景与情的的融合；用于论理，有利于揭示事物之间的辩证规律。例如：

①理性认识依赖于感性认识，感性认识有待于发展到理性认识，这就是辩证唯物论的认识论。

②用人不疑，疑人不用。

例①运用回环，阐明了"理性认识"和"感性认识"之间的辩证关系；例②运用回环，强调突出了"疑"和"用"之间的对立关系。

顶真和回环在首尾蝉联这一点上相似，但又有不同，主要表现为：顶真是反映事物之间的顺接和联结关系，它从一个事物到另一个事物，顺连而下，其轨迹是直线形；回环是在词语相同的情况下，巧妙地变换词语顺序，利用它们不同结构关系的不同含义形成回环往复的语言形式，反映从甲事物到乙事物，又从乙事物到甲事物，其轨迹是圆周形。回环在视觉和语感上都能给人以循环往复的意趣和美感。

十四、反复

反复是为了突出某个意思，强调某种感情，有意重复某些词语或句子的一种辞格。

反复具有突出语意、强调感情、分清楚层次、加强旋律感的修辞效果，因此被广泛运用于各种语体中。议论文、记叙文中运用反复，能起到加强论点、分清条理的作用；诗歌中运用反复，能起到强调主题思想、增强旋律美的作用。

反复可分连续反复和间隔反复。连续反复是指接连重复相同的词语或句子，中间没有其他词语出现；间隔反复是指相同的词语或句子间隔出现，即有别的词语或句子隔开。例如：

①他们带着肃穆庄严的面容，迈着踏碎一切障碍的步伐，在前进，前进！爱国救亡的怒火，在他们胸中燃烧，燃烧！

②风雪一天比一天大，人们的干劲一天比一天猛，砍下的毛竹一天比一天堆得高，为竹滑道修的架在两座高山之间的竹桥，也在一天比一天往上长。

例①中"前进、前进"和"燃烧、燃烧"连续反复使用，表达了人民奋勇向前的决心和爱国主义的激情。例②中"一天比一天"四次间隔反复使用，抒发了强烈的感情。

间隔反复和排比都有强化语义、增强节奏感的表达效果，但它们又明显不同，主要表现为：(1)反复是着眼于词语或句子字面的重复，排比是着眼于结构相同或相近、意义连贯的词语或句子的排列。(2)反复的主要修辞作用是强调突出，排比的主要修辞作用是增强语势。

运用反复，要注意有节制，如果多次使用，很可能会造成语意重复而成为语言累赘。

十五、引用

引用是在话语中引入熟语或名言警句来说明事理的一种辞格。其修辞效果是：可使论据确凿，增强说服力；可使语意含蓄，富于启发性；可使语言简练，提高表现力。

引用可分为明引、暗引和意引。

明引是直接引用原文，并注明引文的作者、出处。例如：

①写作过程常常能引导着我们的思想进入新的境地，"山重水复疑无路，柳暗花明又一村"的苦恼和喜悦，在写文章的过程中常常会经历到的。

暗引是只引用原文，但不加引号标记，也不注明出处和作者。暗引与非引用的内容联系很紧密，已经融为了一体。例如：

②于是，当年被奉若神明的老拔贡，一下子被弃之如敝屣，打起行囊铺盖，古道西风瘦马，回北京孵豆芽去了。

意引是不直接引用原文，所引文字只引述原文的大意，不加引号。例如：

③尼采就自诩过他是太阳，光热无穷，只是给予，不想取得。

运用引用，首先要注意不宜引用得过多，以免淹没了自己的观点。其次要忠实于原文原意，切忌擅自增删修改。另外，引用还要与自己的论述巧妙结合起来，融为一体，这样才能增强表达的可信度和说服力。

十六、仿词

仿词是更换现成词语中的某个成分，形随境变，临时仿造出新的词语的一种辞格。仿词是在现有词语的基础上，通过更换其部分成分实现的，所以仿词和被仿词往往要同时出现。这样，仿词在意义上就有所依托，人们理解起来就比较容易。仿词有时也可以单独出现，其实被仿词这时在潜在地发挥作用。

运用仿拟，可以使语言表达平添情趣，从而给人以新鲜活泼、生动明快、幽默风趣的感觉，这样，仿词在意义上就有所依托，人们理解起来就比较容易。仿词有时也可以单独出现，其实被仿词这时在潜在地发挥作用。

仿拟可分为义仿和音仿。义仿是指换反义或类义语素仿造出另一个词

语。例如：

①龙二井又有油和水的矛盾，这是它的特殊性。周队长说，要促使矛盾转化，就要捞水，把水捞干。我们想一不做，二不休，搞它个水落油出。

②好不值钱的干儿子！你有多少干儿子，湿儿子，我还不清楚！

例①中"水落油出"仿"水落石出"而造，以"油"易"石"，不仅表达贴切，而且也增强了语言的表现力。例②中"湿儿子"仿"干儿子"而造对照，色彩鲜明。

十七、设问

设问是无疑而问、自问自答或只问不答的一种辞格。其修辞效果是：在阐明观点之前，有意先提出问题，引起读者的注意和思考。例如：

①什么是路？就是从没有路的地方踏出来的，从只有荆棘的地方开辟出来的。

②施鹅山的松柏为什么这样青？因为她力争走上迎接英雄的凯旋门；甸溪河的流水为什么格外清？因为她准备为凯旋的亲人洗征尘。

例①是一问一答，先用问句引起读者的注意，随后给出答案，准确地解释了路的内涵。例②是连续运用设问句，先问后答，突出了边境人民迎接亲人胜利归来的热烈真挚的感情。

设问是一种应用广泛的辞格。文章有时用它直接作标题，目的是吸引读者，引发思考；有时用在文章开头或结尾，起承上启下的过渡作用。在议论文中，为了使论证深入，突出语意，使文章起波澜，有变化。在关键性的内容上，也会用设问题进行说理。

十八、反问

反问是用疑问的形式表达确定的意思，用以加重语气的一种辞格，也叫反诘。反问只问不答，把要表达的确定意思包含在问句中，与陈述句比较，反问这种表达方式的语气更强烈，更能给读者留下深刻印象。例如：

①历史上没有一个反人民的势力不被人民毁灭的！希特勒、墨索里尼，不都在人民之前倒下去了吗？

②在黄洋界和八面山上，还用它摆过三十里竹钉阵，使多少白匪魂飞魄散，鬼哭狼嚎；如今，早就不再用竹钉当武器了，然而谁又能把它忘怀呢？

例①运用反问，强调希特勒、墨索里尼等都已经垮台，语气强烈。例②用反问的形式强化了语意，表明人们在任何时期都不会忘记井冈山上的翠竹。

反问和设问都是无疑而问，但又有不同，主要表现为：（1）设问不表示肯定或否定，反问明确表示肯定或否定。（2）设问主要是提出问题，用以引起注意，启发思考；反问主要是加强语气，用特定的语气表明作者的观点。（3）设问是有问有答，答在问外；反问是寓答于问，有问无答。

十九、通感

通感是把不同感官的感觉（视觉、听觉、嗅觉、味觉、触觉等）沟通起来，借联想引起感觉转移，"以感觉写感觉"的一种辞格，又叫"移觉"。

运用通感，可以突破语言的局限，引发人们的联想，从不同角度去抒情状物，既能使描述的事物更具可感性，又能增添表情达意的审美情趣。例如：

①微风过处送来缕缕清香，仿佛远处高楼上渺茫的歌声似的。

例①中"缕缕清香"诉诸嗅觉，"渺茫歌声"诉诸听觉，作者将两者沟通起来，用若有若无、断断续续、轻而飘的歌声来形容随风飘散、缕缕不绝、淡而雅的荷香，勾画出一个令人陶醉的优美意境，表达了作者倾心品味荷香，暂时排遣郁闷的淡淡愉悦之情。

②建筑家说，建筑是凝固的音乐。

例②中"建筑"诉诸视觉，"音乐"诉诸听觉，作者将两者自然沟通起来，用感染力极强的富有动感的音乐艺术美来形容处于静态的建筑艺术美，可谓匠心独运，发人深思。

通感常常借助比喻、比拟等辞格来表达。但它与比喻又有明显的不同：比喻重在"喻"，本体和喻体属于同一感官感受到的事物；通感重在"移"，由一种感觉移向另一种感觉，将两者沟通起来，让人们体会其中的微妙。

【思考与练习四】

一、比喻有哪些基本类型？试举例说明。

二、借代和借喻有何不同？试举例说明。

三、层递和排比有何不同？试举例说明。

四、顶真和回环有何不同？试举例说明。

五、设问和反问有何不同？试举例说明。

六、指出下列句子所使用的辞格。

(1)乌云四合，层峦叠嶂都成了水墨山水。

(2)这一切，都是为了在四个现代化的储蓄罐里投下一枚枚外币。

(3)鸟儿将巢安在繁花嫩叶当中，高兴起来了，呼朋引伴地卖弄着清脆的喉咙，唱出婉转的曲子，跟轻风流水应和着。

(4)这山峡，天晴的日子，也成天不见太阳，顺着弯曲的运输便道走去，随便你什么时候仰面看，只看见巴掌大的一块天。

(5)那笛声里，有故乡绿色平原上青草的香味，有四月的龙眼花的香味，有太阳的光明。

(6)春雨滋润了大地，也滋润了每个人的心田。

(7)宁可信其有，不可信其无。

(8)那些新芽，条播的行列整齐，撒播的万头攒动，点播的傲然不群，带着笑，发着光，充满了无限生机。

(9)这真是座活山啊，有山就有水，有水就有脉，有脉就有苗，难怪人家说下面埋着聚宝盆。

(10)一棵大树可以制成千万根火柴，一根火柴可以烧毁千万棵大树。

(11)一个荔枝花序，生花可有一二千朵，但结实总在一百以下，所以有"荔枝十花一子"的谚语。

(12)张爱玲的名句"人生是一袭华美的袍，上面爬满了虱子。"被后人改成了"婚姻是一袭华美的袍，上面爬满了虱子。"

(13)为什么我的眼中常含泪水？因为我对这土地爱得深沉。

(14)不写情词不写诗，一方素帕寄心知，心知接了颠倒看，横也丝来竖也丝。这般心事有谁知？

第五节　辞格的综合运用

【目标要求】理解语言表达中辞格综合运用的类型，学会在语言表达中综合运用辞格，明确辞格在综合运用中应该注意的问题。

有时在一句或一段话里，同时会运用几种辞格，这就是多种辞格的综合运用。辞格综合运用有连用、兼用、套用三种基本形式。

一、辞格的连用

辞格的连用是指在一段文字中接连使用两种以上同类或异类辞格。具有不同修辞效果的辞格前后配合，交错使用，互补互衬，珠联璧合，可以把内容表达得更加丰富多彩、鲜明有力。

①半夜里，忽然醒来……耳朵里有不可捉摸的声响，极远的又是极近的，极洪大的又是极细切的，像春蚕在咀嚼桑叶，像野马在草原上奔驰，像山泉在呜咽，像波涛在澎湃。

②摇动的车轮，旋转的锭子，争着发出嗡嗡、嘤嘤的声音，像演奏弦乐，像轻轻地唱歌。

例①是同类辞格比喻连用。连续使用四个明喻，从不同角度描述这种不可捉摸的声响。例②是异类辞格比拟和比喻连用。先用比喻，然后用拟人，把纺车纺布时的情况描写得绘声绘色。

二、辞格的叠用

辞格的叠用是指一种表达形式兼用多种辞格，即几个辞格有机地交织融合在一起，也叫"兼格"。恰当地运用兼格，多种修辞效果相得益彰，多姿多彩，从不同角度增添了文采和力量。例如：

①赶超，关键是时间，时间是生命，时间是速度，时间就是力量。

②英雄门第出英雄，英雄来自群众。光荣人家增光荣，光荣属于人民。

例①是排比和反复的兼用，强调了时间的重要。例②是兼用对偶、顶真、反复辞格，突出了"英雄出自群众，光荣归于人民"的观点。

三、辞格的套用

辞格的套用是指一种辞格里又包含着其他辞格，分层组合，形成大套小的包容关系。几种辞格分层包容，灵活组合，形成一体，大层次辞格有所借力发挥，小层次辞格有所依托挂联，彼此照应陪衬，相得益彰，这样可以使表达更加严密细致，也更富有变化和表现力。例如：

①大理花多，多得园艺家定不出名字来称呼。大理花艳，艳得美术家调不出颜色来点染。大理花娇，娇得文学家想不出词句来描绘。大理花香，香得外来人一到这苍山下，洱海边，顿觉飘飘然，不酒而醉。

②春天像刚落地的娃娃，从头到脚都是新的，它生长着。春天像小姑娘，花枝招展的，笑着走着。春天像健壮的青年，有铁一般的胳膊和腰脚，它领着我们上前去。

例①以排比形式表达大理花的无与伦比，各个排比项分别用顶真形式赞美大理花的品种、颜色、形态、香味，而各个顶真形式的蝉联部分再运用夸张进行渲染，整个句子的辞格结构是：排比（第一层次）包容顶真（第二层次），顶真再包含夸张（第三层次）。例②按照人的成长变化顺序把"春天"分别比喻成"刚落地的娃娃""小姑娘""健壮的青年"，又分别给以人格化的动作，赞美了春天的新生、可爱和活力；整个句子的辞格结构是：层递（第一层次）套着比喻（第二层次），比喻中又套着比拟（第三层次）。

【思考与练习五】

一、什么是辞格的连用？它的修辞效果是什么？
二、什么是辞格的兼用？它的修辞效果是什么？
三、什么是辞格的套用？它的修辞效果是什么？